EUGEN DREWERMANN

Den eigenen Weg gehen

EUGEN DREWERMANN

Den eigenen Weg gehen

Predigten zu den Büchern Exodus bis Richter

Herausgegeben von
Bernd Marz

Piper
München Zürich

ISBN 3-494-03787-9

Gesetzt aus der Baskerville-Antiqua
Umschlag: Federico Luci,
unter Verwendung des Gemäldes
von Friedrich Hundertwasser
(831) Tender Dinghi

Gesamtherstellung: Clausen & Bosse, Leck
Printed in Germany

Inhalt

Vorwort

DER Glaube Israels, wie er sich in den Büchern des Alten Testamentes mitteilt, steht seit geraumer Zeit im Mittelpunkt der Meditationen und Predigtauslegungen von Eugen Drewermann. Dabei geht es ihm nicht vordringlich um die Vermittlung von Erkenntnissen, welche die alttestamentliche Einleitungs- und Exegesewissenschaft bereithält, sondern um die existentielle Mitte des israelitischen Glaubens und seine Bedeutung für die ständig gegenwärtigen Sinnfragen. Das ist keine leichte Aufgabe, weil die Texte dieses »ersten« Testamentes im Abstand von oft mehr als dreitausend Jahren zu lesen und zu interpretieren sind. Es ist erstmalig, daß ein Theologe sich so konsequent an den Texten orientiert und sich dieser Herausforderung stellt.

Hingegen wurden und werden die Geschichten des Alten Testamentes in der offiziellen Liturgie und Bibelauslegung der Kirche häufig vernachlässigt. Das Zweite Vatikanische Konzil war sich der Schwierigkeiten wohl bewußt, wenn es in seiner »Dogmatischen Konstitution über die göttliche Offenbarung« (Nr. 16) unter Berufung auf Kirchenväter eher kryptisch als klärend formuliert: »Gott, der die Bücher beider Bünde inspiriert hat und ihr Urheber ist, wollte in Weisheit, daß der Neue im Alten verborgen und der Alte im Neuen erschlossen sei. Denn wenn auch Christus in seinem Blut einen Neuen Bund gestiftet hat, erhalten und offenbaren die Bücher des Alten Bundes, die als Ganzes in die Verkündigung des Evangeliums aufgenommen wurden, erst im Neuen Bund ihren vollen Sinn, wie sie diesen wiederum beleuchten und deuten.«

Gleichwohl erkannten auch die Konzilsväter in den alttestamentlichen Texten »Unvollkommenes und Zeitbedingtes«. Aber Gottes

Geschichtsplan im Alten Bund hätte ja vor allem zum Ziel gehabt, »das Kommen Christi, des Erlösers des Alls, und das Kommen des messianischen Reiches vorzubereiten, prophetisch anzukündigen und in verschiedenen Vorbildern anzuzeigen« (Nr. 15).

Der vorliegende Band, »Den eigenen Weg gehen«, setzt die Predigtreihe zum ersten Buch Moses (Genesis) »Ich lasse Dich nicht, Du segnest mich denn« (Patmos 1994) fort. Er beginnt mit der Erzählung des Aufenthaltes von Josef und seinen Brüdern in Ägypten (Buch Exodus) und endet mit der Auslegung des Buches der Richter, jener geschichtstheologischen Deutung über die »Retter Israels«.

In unsere Gegenwart hinein gesprochen, werden die alttestamentlichen Texte zum eindringlichen Appell, mit der Hilfe und den Verheißungen Gottes den Mut zu haben, sich aus jeglicher Knechtschaft zu befreien und aufzumachen in das Land der Verheißung. Die alttestamentlichen Erzählungen versteht Drewermann nicht so sehr als politische Historie, sondern als Geschichte unserer Seele auf der Suche nach dem eigenen Weg. Insofern sich in ihnen politische Historie findet, bewertet er sie überaus kritisch.

So gelesen und interpretiert, können die vergangenen Geschichten des Alten Testaments in unserer Gegenwart wieder lebendig, und handelnde Gestalten wie z. B. Moses, zum biographischen Spiegelbild unserer Seele werden: Brannte doch in diesem Mann »das Verlangen nach Freiheit, nach Würde, nach Größe für sich selbst und für das Volk, dem er entstammt, ohne daß er von ihm auch nur die eigene Mutter und den eigenen Vater seit Kindertagen hat sehen dürfen, ein Mann auf der Suche nach sich selbst, nach seiner Zugehörigkeit und Identität« (S. 27).

Fest der Erscheinung des Herrn 1995 *Bernd Marz*

Hinweis: Die differierende Schreibweise von Eigennamen zwischen der zugrundeliegenden Übersetzung der Zürcher Bibel und der heute gebräuchlichen ökumenischen Form wurde beibehalten.

Einleitung

»EIN umherirrender Aramäer war mein Vater; der zog hinab mit wenig Leuten nach Ägypten und blieb daselbst als Fremdling und ward daselbst zu einem großen, starken und zahlreichen Volke. Aber die Ägypter mißhandelten uns und bedrückten uns und legten uns harte Arbeit auf. Da schrien wir zu Jahwe, dem Gott unserer Väter, und Jahwe erhörte uns und sah unser Elend, unsere Mühsal und Bedrückung; und Jahwe führte uns heraus aus Ägypten mit starker Hand und ausgerecktem Arm, unter großen Schrecknissen und Zeichen und Wundern, und brachte uns an diesen Ort und gab uns dieses Land, ein Land, das von Milch und Honig fließt. Und nun bringe ich dar die Erstlinge von den Früchten des Landes, das du mir gegeben hast, o Jahwe.«

Diese Worte, wohl aus dem 7. Jahrhundert v. Chr., enthalten das früheste Credo Israels; es war zu sprechen beim Darbringen der Erstlingsfrüchte des Feldes aus Dankbarkeit für die Führung und Rettung, die Gott den Nachkommen Jakobs zuteil werden ließ (5. Mose 26, 5–10). Die gesamte Glaubensüberzeugung des »auserwählten Volkes« der Bibel spricht sich in diesen wenigen Worten aus. Was aber sagen sie uns Heutigen, angesichts der Erfahrungen menschlicher Geschichte am Ende des 20. Jahrhunderts? Wie glaubwürdig sind sie in den Nöten und Krisen auch nur eines einzigen Menschenlebens?

Die vorliegenden Predigten, gehalten in einer Paderborner Schulaula im Jahre 1994, sind den Texten gewidmet, die von den Ereignissen des »Auszugs« bis hin zur »Landnahme« berichten. Sie folgen im wesentlichen der Darstellung, die vermutlich in der frühen Königszeit (um 1000 v. Chr.) entstanden ist und literarkritisch nach der Verwendung des Gottesnamens Jahwe als der *Jahwist* bezeichnet wird; nur wenige Texte wie die Verkündigung der Zehn Gebote (2. Mose 20, 1–21) oder die Schilderung vom Tod des Moses (5. Mose 34, 1–12) sind als unverzichtbar mitaufgenommen worden. Der Erzählstrang, der auf diese Weise vor allem im Buche *Exodus* und in einigen Abschnitten des Buches *Numeri* sichtbar wird, ist weit mehr als eine Sammlung lokaler Sagen; Israel als ganzes soll hier vor Gott gestellt werden, im Kreis einer Menschheit, die seit Urzeittagen Gott den Rücken gekehrt hat. »Wie schön sind deine Zelte, Jakob, deine Wohnungen, Israel!« (4. Mose 24, 5) – diese Worte Bileams verdeutlichen das religiöse und politische Selbstgefühl Israels, wie es das Königtum Davids begründete. Der Gott, der dem Menschen die Freiheit ermöglicht und ihm Grund und Boden unter den Füßen schenkt, wird noch von *Josua* auf dem Reichstag zu Sichem mit Formulierungen, die ebenfalls aus dem 7. Jahrhundert stammen dürften, als der »wahre« Gott zur Wahl gestellt (Jos 24, 2–15). Wird aber diese Freiheit nicht wieder vertan, sobald Menschen sich zur Herrschaft über andere Menschen aufwerfen? Das ist die Frage vor allem im Buche der *Richter*. Läßt sich ein Führertum innerer Berufung institutionell nach der Art des Königtums der Völker auf Dauer stellen?

Das Anliegen dieser Auslegungen ist es, die zeitbedingten Vorstellungen des biblischen Gottesbildes in die Problemstellungen unseres heutigen Denken zu übersetzen.

Völkergeschichte als Gottesgeschichte – wieviel an Nationalegoismus, Habgier und Grausamkeit ist nicht mit diesem Konzept ideologisch gerechtfertigt worden? »Ich gab euch ein Land, um das ihr euch nicht abgemüht, und Städte, die ihr nicht gebaut habt« (Jos 24, 13) – was ist da Zynismus, was berechtigte Dankbarkeit? Erst wenn man die Geschichten von Israels Volkwerdung symbolisch als die Beschreibung des langen Weges eines Menschen von Entfremdung und Selbstfindung versteht, indem man die Geschichtstheologie der Bibel in ihren projektiven Bildern in die Seele des Menschen zurückübersetzt, gewinnt die Botschaft der Religion Israels ihre innere Freiheit und humane Größe.

Eugen Drewermann

1

Ein neuer König über Ägypten

WIR wollen beginnen, die Geschichten des zweiten Buches Moses, des Buches Exodus, miteinander zu lesen. Es ist keine so leichte Aufgabe, die Geschichten der Bibel nacheinander durchzugehen mit der Frage, was sie im Abstand von oft mehr als dreitausend Jahren uns Heutigen zu sagen haben.

Wollten wir im Geschichtsbuch die Epoche nachschlagen, die da erzählt von Josef und seinen Brüdern und ihrem Aufenthalt in Ägypten, so müßten wir's tun unter der Überschrift: Die zweite ägyptische Zwischenzeit, betreffend das 18. bis 16. Jahrhundert vor Christus. In dieser Zeit, schreibt der ägyptische Historiker Manetho, drangen die Hyksos in das Gebiet des Nildeltas ein. »Hyksos« ist ein zusammengesetztes Wort aus ägyptisch »cheka – der König« und »sos – der Hirte«. Nomadisierende Hirtenkönige, Aramäer also, müssen es gewesen sein, die, aus den Steppengebieten mehr oder minder gewalttätig oder auch friedlich einsickernd, über zwei Jahrhunderte, wie die Archäologen uns versichern, in Auares ihre Herrschaft ausübten und ganze Teile Ägyptens im Norden für sich beanspruchten. Die biblische Erzählung beginnt den gesamten Sagenkranz um die Gestalt des Moses mit den Worten: »Es kam aber ein Pharao, der von Josef nicht mehr wußte.« Diesen Mann kennen wir aus der ägyptischen Geschichtsschreibung mit Namen: Khamose. Von Theben aus erklärte er den Eindringlingen den Krieg und vertrieb sie, indem er Unter- und Oberägypten in der Gestalt des Neuen Reiches einigte, und die Neugründung wurde gefestigt unter Ahmose.

Das alles ist interessant, um es in der Schule zu lernen und darüber in Geschichte gute Prüfungen zu machen. Nichts von alledem hat irgend etwas von religiöser Botschaft an sich. Gott sei Dank, muß man sagen, erzählt die Bibel denn auch in dieser Weise nicht. Was sie überliefert, ließe eine historische Rekonstruktion dieser Art nicht im entferntesten zu. Statt dessen malt sie uns in der Erzählform der Sage einzelne menschliche Gestalten, Familiengeschichten, große, elementare menschliche Gefühle, und so ist die Frage an uns beim Lesen dieser Erzählungen, wie sich unser eigenes Leben und Erleben in dem nunmehr gar nicht so Fremden widerspiegelt und wiederfindet. Erst dann können wir mit derselben Erregung und Aufregung fragen nach uns selber, nach den Menschen an unserer Seite, nach Gott, der dies alles begleitet – schweigend, sprechend, vergebend, zürnend – wie die Bibel es erzählt.

In mindestens drei verschiedenen Quellentexten liegen die Erzählungen von Moses und dem Auszug Israels aus Ägypten in der Bibel selber vor. Einen Strang davon, den man dem sogenannten Jahwisten zuschreibt, trage ich Ihnen in den ersten beiden Kapiteln einmal isoliert und im Zusammenhang vor. Er lautet:

TEXT: Ex 1, 6–12. 22; 2, 1–3. 5–6. 10–22

Und Joseph starb und alle seine Brüder und jenes ganze Geschlecht. Die Israeliten aber waren fruchtbar und nahmen überhand, mehrten sich und wurden über alle Maßen zahlreich, so daß das Land von ihnen voll ward. Da erstand ein neuer König über Ägypten, der nichts von Joseph wußte. Der sprach zu seinem Volke: Seht, das Volk der Israeliten ist uns zu zahlreich und zu stark. Wohlan, wir wollen klug gegen sie vorgehen, daß ihrer nicht noch mehr werden und daß sie nicht, wenn ein Krieg über uns kommt, sich auch noch zu unsern Feinden schlagen und wider uns kämpfen oder aus dem Lande wegziehen. So setzte man denn Fronvögte über sie, um sie mit Fronarbeiten zu bedrücken, und sie mußten dem Pharao die Vorratsstädte Pithom und Ramses bauen. Aber je mehr sie das Volk bedrückten, um so mehr nahm es zu und breitete sich aus, so daß ihnen vor den Israeliten graute. Da gebot der Pharao allen seinen Leuten: Alle Knaben, die den Hebräern geboren werden, werft in den Nil, alle Mädchen aber laßt am Leben.

Und ein Mann vom Hause Levi ging hin und heiratete eine Levitin. Und das Weib ward schwanger und gebar einen Sohn. Als sie sah, daß er schön war, verbarg sie ihn drei Monate lang. Und da sie ihn nicht länger verbergen konnte, nahm sie ein Kästlein von Rohr, verklebte es mit Asphalt und Pech und legte das Kind darein; dann setzte sie es ins Schilf am Ufer des Nil. Da kam die Tochter des Pharao an den Nil herunter, um zu baden. Während nun ihre Dienerinnen am Ufer des Nil hin und her gingen, sah sie das Kästlein mitten im Schilf, und sie sandte ihre Magd hin und ließ es holen. Und als sie es auftat und das Kind sah – es war ein weinendes Knäblein –, da hatte sie Mitleid mit ihm, und sie sprach: Das ist eins von den Kindlein der Hebräer. Und als der Knabe groß geworden war, brachte sie ihn der Tochter des Pharao. Die nahm ihn als Sohn an und nannte ihn Mose, indem sie sprach: Ich habe ihn ja aus dem Wasser gezogen.

Zu jener Zeit nun, als Mose groß geworden war, ging er einst hinaus zu seinen Brüdern und sah ihren Fronarbeiten zu. Da sah er, wie ein Ägypter einen Hebräer, einen seiner Brüder, schlug. Und er schaute sich nach allen Seiten um, und als er sah, daß kein Mensch zugegen war, erschlug er den Ägypter und verscharrte ihn im Sande. Als er am nächsten Tage wieder hinausging, zankten gerade zwei Hebräer miteinander. Da sprach er zu dem, der im Unrecht war: Warum schlägst du deinen Nächsten? Der aber erwiderte: Wer hat dich zum Obersten und Richter über uns gesetzt? Gedenkst du mich auch zu töten, wie du den Ägypter getötet hast? Da fürchtete sich Mose; denn er dachte: Wahrhaftig, die Sache ist ruchbar geworden. Auch der Pharao hörte von der Sache, und er trachtete danach, Mose zu töten. Aber Mose floh vor dem Pharao und nahm Aufenthalt im Lande Midian; da setzte er sich an einen Brunnen. Nun hatte der Priester der Midianiter sieben Töchter; die kamen, schöpften Wasser und füllten die Tränkrinnen, um die Schafe ihres Vaters zu tränken. Da kamen die Hirten und jagten sie weg. Aber Mose erhob sich, half ihnen und tränkte ihre Schafe. Als sie nun zu ihrem Vater Reguël heimkamen, sprach er: Warum kommt ihr heute so bald heim? Sie antworteten: Ein Ägypter hat uns gegen die Hirten geholfen; ja, er hat uns sogar Wasser geschöpft und die Schafe getränkt. Da sprach er zu seinen Töchtern: Wo ist er denn? Warum habt ihr den Mann dort gelassen? Ruft ihn her, daß er mit uns esse. Und Mose willigte ein, bei dem Manne zu bleiben, und dieser gab dem Mose seine Tochter Zippora. Die gebar einen Sohn, und er nannte ihn Gersom, denn er sprach: Ich bin Gast geworden in fremdem Lande.

Jahrhunderte der Geschichte eines Volkes können in der Sage verdichtet werden zu der Erzählung weniger Jahrzehnte im Leben eines einzelnen Menschen, einer einzigen Familiengeneration. Um so näher rücken die zeitlos schwebenden dichterischen Erzählungen der Bibel uns selber, indem wir die Frage spüren, die dort verborgen, bohrend und suchend sich an uns richtet und weit über uns hinaus in die Tiefe der Geschichte selbst: Wer sind wir Menschen?

In der Zeit des Expressionismus konnte der Maler George Grosz einmal auf seine Weise in den Schrecken des beginnenden und schon sich austobenden Ersten Weltkriegs hinein fragen und sprechen unter der Überschrift »Lied«:

In uns sind alle Leidenschaften
und alle Laster
und alle Sonnen und Sterne,
Abgründe und Höhen,
Bäume, Tiere, Wälder, Ströme.
Das sind wir.
Wir erleben
in unseren Adern,
in unseren Nerven.
Wir taumeln.
Brennend
zwischen grauen Blöcken Häuser.
Auf Brücken aus Stahl.
Licht aus tausend Röhren
umfließt uns,
und tausend violette Nächte
ätzen scharfe Falten
in unsere Gesichter.

Dieses Menschenantlitz, verbrannt, zersetzt, verätzt, findet sich in den Geschichten am Anfang des Buches Exodus in der Gestalt der Ausgesetztheit Israels im Land Ägypten. Keine vergleichbare Völkerüberlieferung existiert, die so sehr die Hilflosigkeit und die Ohnmacht eines Volkes in seiner eigenen Berufungsstunde wiederzugeben versucht. Es ist das Porträt einer Gefühlslage, die, verdichtet in einzelnen Menschen, so überaus bezeichnend, quälend und sprechend sein kann. Wir brauchen nur die paar Striche, in denen dieses Bild gemalt wird, in unser eigenes Leben zu übertragen oder zur Deutung des Lebens der Menschen an unserer Seite zu verwenden, und wir tauchen mit einemmal ein in die Resonanz, die vom eigenen Erleben her diese Bilder in uns hinterlassen.

Da ist das Volk der Hebräer auf der Flucht vor dem Hungertod hinübergewechselt ins Fremdland und zum Gastsassen auf fremder Erde geworden. Es darf dort leben, grade geduldet, aber je fleißiger und tüchtiger, je fruchtbarer und erfolgreicher es wird, desto weniger ist es gelitten und desto bedrohlicher wird es seinen Gastgebern. Und wiederum: Das Maß der Unterdrückung, mit dem diese sich zur Wehr setzen, verstärkt gradewegs die Kräfte der Selbstbehauptung und der Selbstausbreitung der Hebräer, ein Konflikt, der sich immer mehr steigert und nicht zu lösen ist.

Nehmen wir allein den Komplex dieser Beschreibung als Widerspiegelung der Grundempfindung im Leben so vieler. Da gibt es Menschen, die als Beschreibung ihrer ganzen Existenz genauso von sich sagen müßten: »Wir haben uns von der Geburt an inmitten einer Welt vorgefunden, in der wir niemals heimisch werden konnten. Immer am Rande der Not, des Grade-noch-leben-Dürfens, wurde von uns verlangt, daß wir uns nützlich machten, daß wir mit unserem Tun, mit aller Anstrengung verwertbar wurden. Man akzeptierte uns, wenn wir lernten, hilfsbereit zu sein, wenn wir den anderen dienstbar wurden, und es war die einzige Strategie, um zu überleben. Was wir hervorbrachten, sollte nie uns selber gehören.« Mit offenen Augen sich umzuschauen, was der anderen Wunsch sei, das wie einen Treiberstecken auf dem eigenen Rücken zu fühlen, war die Bedingung des ganzen Daseins. Es ist ein bitteres, schmerzhaftes Porträt, aber überaus lebensnah. Menschen, die so empfinden müssen, können niemals ein wirkliches Selbstwertgefühl entfalten, nie sich selber einen eigenen Wert zusprechen. Das Paradox existiert, daß, je besser das ist, was sie hervorbringen, es desto weniger auf sie zurückkommt. Es gibt kein Lob, keinen Dank, keine Anerkennung, es gibt nur die Zwingpeitsche des »Du mußt!« und »Jetzt erst recht!«

Man spricht in der Psychiatrie oft davon, daß die Bedingungen für Lohn und Strafe im Vorfeld des Wahnsinns heillos verwirrt seien, weil in sich widersprüchlich, weil prinzipiell unerfüllbar. Geradewegs mustergültig beschreibt die Bibel diese Ausgangssituation. Man sollte denken, für Tüchtigkeit, für Produktivität am Ende den entsprechenden Verdienst, die entsprechende Belohnung ausgezahlt zu bekommen; in dieser Geschichte aber vermehrt sich die Furcht vor einem allzu stark werdenden Israel, also daß man den Fleiß bestraft, den man selber verlangt hat. Es gibt für Israel in dieser Situation kein Entkommen. Man wird es nicht ziehen lassen, weil man es braucht; man wird es nicht leben lassen, weil's dann gefährlich würde. Es ist der Status der unentrinnbaren Abhängigkeit und Ausgeliefertheit, der die Lage Israels und eines jeden Menschen in dieser Situation bis ins Ausweglose hinein verschärft. Dabei hören wir in der ganzen Darstellung von Gott nicht ein einziges Wort. Es gibt parallele Überlieferungen wie in der Priesterschrift, die diesen Spannungsbogen nicht aushalten, die gleich hier schon sagen: Aber Gott hörte den Schrei seines Volkes. Dieser Autor, den wir den Jahwisten nennen, zeigt uns einen Gott, der mit unglaublichem Atem sich zurückhält und die Dinge sich entwickeln läßt. Nichts ist von ihm in diesem Moment spürbar, einzig die menschliche Klage ist der Ort, wo Menschlichkeit sich bewähren soll. Das Vorfeld der Frömmigkeit hier ist nicht das Reden von Gott, sondern das Mitgefühl, die Parteinahme für die Unterdrückten, das Einstehen für die Ausgelieferten.

Die Geschichte der Hebräer findet hier eine einzelne Person, die in der Gestalt des Moses zwischen Fremdland und Rückkehr in die versprochene Heimat vermittelt: Der Mann Moses wird zu dem Führer und dem Gotteserwählten, dem Wegegeleiter und dem Visionär einer Freiheit im Gelobten Land. Auch von ihm erzählt uns die Bibel eine Sage, die sie auf ihn überträgt. Merkwürdig, daß von den Rettergestalten in der Antike fast immer derselbe Topos überliefert wird. Von Sargon von Akkad bis hinüber zu Romulus und Remus in der alten lateinischen Überlieferung geht diese Geschichte. Das Retterkind erblickt das Licht der Welt sozusagen verbotenermaßen, von Anfang an geheimen Verfolgungen ausgesetzt, so daß seine Mutter es nicht bei sich behalten kann. Es wird in der Fremde erzogen von anderen Personen und findet nur sehr mühsam zurück. Dieser Rückweg zum eigenen Ursprung aber steht stellvertretend für den Aufbruch eines ganzen Volkes. In der Geschichte von Romulus und Remus ist es ein Tier, ist es eine Wölfin, die die Staatsgründer Roms aufzieht, und das Bild spricht für sich selbst, ist Rom doch selber unter den Völkern wie ein Raubtier in Gefährlichkeit und kriegerischer Kraft. Moses, im Schilfkörbchen ausgesetzt, treibend auf den Wassern des Nil wie Sargon von Akkad in Mesopotamien, wird gefunden von einer ägyptischen Prinzessin, die ihn aufzieht an Sohnes Statt und ihm den Namen Moses gibt. Da wird in die Ursprungssage des Moses selbst die ägyptische Erziehung hineingelegt. Es ist sehr unwahrscheinlich, daß eine Ägypterin einem hebräischen Knaben einen Namen nach der Etymologie der fremden Sprache Israels gegeben haben sollte. »Mosche« kann heißen »der Ziehende«, aber es macht keinen Sinn mit Bezug auf den Mosesknaben. Das Wort »Moses« stammt in sich selbst aus dem Ägyptischen und bedeutet dort »gezeugt von« oder »das Kind von«, und man muß sich als Vordernamen den Namen eines ägyptischen Gottes hinzudenken, den die Hebräer aus Taktgefühl fortgelassen haben. »Thutmosis – der Gott Thot hat ihn, den Pharao, den Gottessohn, gezeugt«, oder »der Sonnengott Ra hat ihn gezeugt« in dem Namen »Ramses«... So hier »Moses – das Kind, der Sohn eines buchstäblich unbenennbaren, verborgenen Gottes«. Das wäre die Deutung des Namens dieses Mannes.

Immer wieder hat allein dieser Umstand die Phantasie der Gelehrten beschäftigt. Sollte die Religion der Hebräer angeregt worden sein, ja sogar womöglich ihre tiefsten Impulse empfangen haben von dem gebildeten, schreibkundigen Volk am Nil? Wieviel Sprengkraft und Energie in dieser Frage liegt, mögen Sie daran erkennen, daß kein Geringerer als Sigmund Freud fast sein Leben lang an einem Werk über den »Mann Moses« gearbeitet hat. Es ist ein Mythos, den dieser große Jude sich selbst zurechtlegt. Befreundet mit dem

Ägyptologen Löwy an der Wiener Universität, meinte er, daß man Moses vielleicht zurückdatieren könnte in die kurze Epoche des Ketzerkönigs Echnaton im 14. Jahrhundert, ein kurzer Aufbruch, in dem ein einziges Mal ein Pharao alle Macht auf sich vereinigt und einen Gott dem Volk vor Augen stellt, der ein einziger ist im Strahlenglanz der Sonne. Der Schein der Sonne sollte das Wesensbild eines verborgenen Gottes sein, so der Gedanke des Echnaton. Wäre es denkbar, daß der Ein-Gott-Glaube, der Monotheismus Israels, dort seine Wurzel hätte? Freud meinte, die Wahrheit der biblischen Religion weise im Grunde zurück zur Weisheit Ägyptens, und er versuchte auf seine Art, mit Hilfe der Psychoanalyse die gesamte jüdische und inbegriffen die christliche Religion zu vermenschlichen durch Rückführung auf die Humanität der Ägypter. Wenn es gelingen würde, dachte er, die biblische Überlieferung selbst zu universalisieren, sie als ein menschheitliches, im Grunde heidnisches Ergebnis hinzustellen, dann wären Menschlichkeit und Frömmigkeit, Humanität und Gottesglaube ein und dasselbe. Er warf der biblischen Überlieferung vor, aus der Weite der Theologie des Echnaton wieder eine archaische, primitive Stammesreligion gemacht zu haben. Ein großartiges Konstrukt, aber sicher nicht die Wahrheit des Moses, wie die Bibel selber ihn darstellt. Alles, was er am Hof der Ägypter lernt, ist das Gefühl für eine Gerechtigkeit, die dem Unterdrückten dienen will und soll. Auch die Daten lassen sich historisch nicht belegen. Die große Konstruktion des Thomas Mann über Echnaton und Moses ist mißraten an den Geschichtsdaten selbst, wahrscheinlich müssen wir die Epoche des Auszugs Israels aus Ägypten festmachen im letzten Drittel des 13. Jahrhunderts vor Christus.

Wer aber ist dann der Mann Moses? Ein einziges Bild steht in dieser Anfangsszene, das sich weiter und weiter entwickeln wird, und das Eigentümliche liegt darin, daß, so gebrochen eine Sage auch immer sein kann, sie in ihrer psychologischen Stimmigkeit so etwas verrät wie den Nachhall wirklicher Historie, einer individuellen, großen Gestalt, die wie eine unsichtbare Lichtquelle im Hintergrund alles erleuchtet, was an einzelnen Bildern beim Lesen, beim Hören uns vor das geistige Auge tritt. Wir begegnen Moses als einem Erwachsenen, wie er bei den Fronarbeiten seines eigenen Volkes der Mißhandlung eines einzelnen ansichtig wird. Und alles in ihm empört sich, bis zum Mord, bis zum Totschlag. Es ist ein Paradox, daß Menschen in den Jähzorn geraten können aus einem Übermaß an gutem Willen, daß sie buchstäblich zu Verbrechern werden können in einem überstarken Empfinden der Rechtlichkeit. Allein dieser winzige Zug am Anfang der Mosessage könnte das gesamte Nachdenken über Gut und Böse, über Tugend und Verbrechen, über die Randzonen am Übergang zwischen bürgerlicher Seßhaftigkeit und ausbrechender Gesetzlosigkeit ins Fließen bringen. Wer sind wir Menschen, wenn wir so sein können wie der Mann Moses? Es ist erschütternd, mitzuerleben, wie beste Antriebe imstande sind, sich ins Gegenteil zu verkehren; und umgekehrt zwingt uns die Person des Moses, an dieser Stelle darüber nachzusinnen, ob das, was uns als Verbrechen erscheint, nicht vielleicht geboren wurde aus über die Maßen achtenswerten Quellen des Gefühls, dem Empfinden eines Leids, das nur keinen Weg mehr weiß, sich auszudrücken und mitzuteilen.

Der amerikanische Dichter Herman Melville hat in einer Novelle über den Matrosen Billy Budd eine fast vergleichbare Geschichte erzählt. Auf der »Indomitable« intrigiert ein Offizier gegen den bis zur Naivität aufrichtigen und unbekümmerten Matrosen. Als Billy Budd stotternd, sprachgehemmt, kaum Laute hervorbringend, Stellung nehmen möchte, redet der Kapitän ihm begütigend zu: »Ganz ruhig, sprich nur.« Und in dem Moment bricht es aus Billy Budd heraus. Er schlägt den Offizier, so daß dieser unglücklich fällt und sich zu Tode stürzt. Vor dem Schiffsgericht spricht Billy Budd: »Ich hatte keine Worte zu sagen; deshalb tat ich's.« – »Ich glaube dir, mein Junge«, sagt der Kapitän, kann aber nicht verhindern, daß Billy Budd wegen Mordes hingerichtet wird.

Wir werden zwei Kapitel später im Buche Exodus hören, daß Moses von sich selbst seinem Gott, der ihn beauftragen möchte zum Zeugen vor dem Pharao und vor den Augen seines ganzen Volks, die Klage führen wird: »Ich bin doch ein Mann schwer an Worten, schwer mit der Zunge« – ich kann nicht reden, mit anderen Worten. Sollten wir denken, daß ein ganz starkes Empfinden für das Recht einfach keine Sprache mehr hat, nur noch die Gebärde, nur noch das Ausdrucksvermögen, in gewissem Sinn wie ein Tier, das anders sich nicht mehr mitteilen kann? Dann könnten wir uns vermutlich hineindenken in die Tat und in das Motiv des Moses. Es überfällt ihn mit elementarer Wucht etwas, das so nicht sein darf. Einen Menschen schlagen zu Unrecht, das ist, wie wenn er selbst geprügelt würde, das ist, wie wenn er selbst sich zur Wehr setzen müßte für sein eigenes Leben. Und es ist derselbe Widerstand zurückzuschlagen. Der Mann, der später einem ganzen Volk das Gebot geben wird: »Du sollst nicht töten!«, wird hier zum Opfer seines eigenen Rechtsempfindens. Wir nennen's Jähzorn, was Moses überkommt. Aber sollten wir einem Menschen begegnen, der unter diesem anfallartigen Gefühlsstau leidet, werden wir immer wieder im Hintergrund solch heftiger Gefühlsausbrüche bemerken, wieviel da an gutem Willen gespeichert wurde, welch ein Ausmaß an berechtigten Wünschen unterdrückt wurde, wie vieles ungesagt blieb, weil es dafür kein sprachliches Ausdrucksvermögen gab. Und man müßte einen solchen Anfallstäter, einen solchen Anfallskranken bei der Hand nehmen und ihm sehr langsam den Mund öffnen, bis er auszusprechen vermag, was in ihm vorgeht. Es schließt sich allerdings um die Seele solcher Menschen eine eherne Klammer. Das, was sie in ihrem Gefühl sagen möchten, ist in sich so eruptiv, so wuchtig aggressiv, daß sie dafür wirklich keine geordneten, der Umwelt verständlichen Worte haben. »Ich *kann* das doch nicht sagen«, erklärte mir vor einer Weile eine Frau, »ich habe solche Wut in dem Moment, daß ich nur noch weggehen kann; ich kann mir nur noch den Mund zubinden. Das, was ich dann sagen möchte, ist nicht mehr mitteilbar.« – Sie war schon sehr weit gekommen, daß sie diesen Teufelskreis zwischen Stummheit, aufgestautem Zorn, überschießender Aggression und neuerlicher Verdrängung wenigstens bemerkte.

Natürlich läßt sich aus diesem Kessel der Gefühle nur ein Entrinnen finden, wenn man lernt, sich viel früher zur Wehr zu setzen, sehr viel im Vorfeld noch, eher dem anderen zu sagen, was da an Recht zu beanspruchen sei. Und es gehört dazu das Gefühl, selbst im Recht zu sein, also nicht gleich und sofort bis in die Tiefe hinein sich als rechtlos und ausgeliefert zu fühlen. Genau das aber ist das Empfinden Israels, und stellvertretend für dieses niedergedrückte und gebeugte Volk die Person des Moses selbst. Als Grenzgänger zwischen zwei Völkern hat er gelernt, die Gedanken der Treiber und der Fronaufseher zu denken, und steht doch mit all seinem Gefühl auf der Seite der Gepreßten und der in den Staub Gebeugten. Wie aber übersetzt man das Rechtsanliegen eines Volkes, das im Grunde völlig rechtlos ist? Aus einer solchen Verwirrung der Gefühle entsteht allzumal das Schlimmste. Um es möglichst konkret zu sagen: Vor langer Zeit erzählte mir ein junger Mann, wie er als Wiederholungstäter straffällig wurde. Er hatte schon mit 25 Jahren einsitzen müssen wegen Raubmordes. Er hatte einer Frau die Tasche weggerissen und auf sie eingeschlagen. Man braucht nur das Faktum seines Tuns zu hören, und man muß denken, man habe einen Wüstling vor sich, einen Unhold, einen gefühlsrohen und asozialen Menschen. In Wirklichkeit habe ich selten jemanden kennengelernt, der so sensibel bemüht war, allen alles recht zu machen. Ein ständiges Fragen: Was muß ich jetzt tun? Wie ist es richtig? Als ob sämtliche Antennen dafür, wie man mit anderen leben muß, überfein und überanstrengt das ganze Leben lang hätten funktionieren müssen. Irgendwann kommt bei soviel Rücksichtnahme auf die anderen ein Schub der Reaktion. Es geht nicht länger mehr so weiter. Eine urtümliche Kraft, sich zu wehren, bricht dann los, ein Egoismus, der, aufgestaut, keine weitere Kontrolle zuläßt. Das, was er in einem kriminellen Tun an sich reißen wollte, wäre sein gutes Recht, wenn es sich hätte übersetzen lassen in kleinen Schritten, in Bitten und Wünschen, womöglich auch in Forderungen und in Praktiken, sich besser durchzusetzen. Nicht seine Gewalttätigkeit, sondern sein Unvermögen, sich richtig und adäquat zu äußern, zu wehren, ist sein Problem.

Sie mögen bei alledem denken: Was hat das mit Gott zu tun? Das ist mehr oder minder Psychologie, verstehbar als ein menschliches Problem, aber wie führt das hinüber zu einer Erfahrung von der Größe des Moses? – Die Geschichte beginnt eigentlich erst an dieser Stelle. Da ist ein Mann, der nichts weiter in seiner Seele trägt als das Gefühl für Gerechtigkeit, und er beginnt fast so, wie wir noch heute die meisten Völker handeln sehen, wenn wir die Zeitung lesen: Man bekommt sein Recht nur auf blutigem Wege. Man müßte sehr stark sein, um so weitermachen zu können. Man müßte seine Feinde besiegen, um dem Recht Bahn zu brechen. Der Weg des Moses und der Weg Israels ist zum Glück so nicht. Moses muß fliehen, und er nimmt bereits vorweg, was später seinem ganzen Volk zum Schicksal wird: bei Nacht und Nebel in die Freiheit mehr zu entlaufen als ihr nachzugehen.

Kaum hat das Leben des Moses begonnen, da ist er ein sozusagen steckbrieflich Gesuchter und ein Flüchtling vor seiner eigenen Untat, und es ist sein eigenes Volk, es sind die Hebräer, die sein Tun publik machen könnten. Nicht einmal die Nähe derer, für welche er einstehen wollte, ist Moses vergönnt. Der Kreis der Einsamkeit um ihn ist endgültig, er ist vogelfrei, jenseits aller Grenzen.

Da wechselt die Szene und beginnt noch einmal ganz neu. Ein neuer Topos, eine neue Sagenerzählung, wie wir sie in der Bibel verschiedentlich bereits erlebten. Wie Isaak um Rebekka am Brunnen freit, wie Jakob seine geliebte Rahel beim Wasserschöpfen an der Tränke traf, so findet hier Moses die sieben Töchter des Raguël vor, des Priesters der Midianiter. Auch sie erleiden Gewalt von den Hirten, nur weil sie Frauen sind. Jeder der Männer, muß man denken, nimmt sich auf Grund seiner stärkeren Körperkraft das Recht, die Schwächeren zu verdrängen und als erster Wasser zu schöpfen aus den Zisternen, ein langer, mühseliger Vorgang, so daß gewohnheitsmäßig die Töchter Raguëls sehr spät vom Wasserschöpfen nach Hause kommen. Jetzt zeigt sich, daß Moses etwas gelernt hat. Wieder tritt er ein für Schutzlose, wieder versucht er, Recht zu schaffen, doch diesmal mit angemessenen Mitteln. Er als Mann stellt sich zur Verfügung, die Arbeiten der Frauen zu tun, ohne Nachsinnen auf Belohnung, ohne Erwarten von Dankbarkeit, einfach so, ein Fremder unter Fremden, ein Mensch unter Menschen.

An der Stelle hat Sigmund Freud doch recht: Es gibt etwas in der Bibel, das universell ist und viel größer, als die Verehrung irgendeines Nationalgottes zu zeigen vermöchte. Es gibt ein Empfinden für Gerechtigkeit, und es herrscht überall, wo Menschen sind, in gleicher Weise. Jeder versteht es, jedem gebührt es, und es ist für Moses am Ende auch ein Grund, einzutreten in die Gemeinschaft mit anderen Menschen und Liebe zu erringen von seiner Frau, die den Namen »Zippora – das Vögelchen« trägt. Selbst noch der Name seines ersten Sohnes, Gerschom, erinnert an das Fremdsein, an das Ausgesetztsein, an die Unbehaustheit des Mannes Moses im Lande der Midianiter.

Da spinnt sich in die Anfänge Israels selbst im Raum des Religiösen ein feines Flechtwerk von Verweisungen hinein. Könnte es sein, daß Moses vieles für die religiösen Einrichtungen des auserwählten Volkes bei den Heiden gelernt hätte? Die Bundeslade, die er später bauen wird – manche schreiben sie der Herkunft nach den Midianitern zu, ein Wanderheiligtum, wie es für Nomaden in Gebrauch sein konnte. Wäre es da denkbar, daß eine Fülle von Anregungen religiös erwachsen wäre auf ägyptischem und midianitischem Grunde und man überhaupt nicht trennen könnte, was Gott den Menschen zu sagen hat und was Menschen einander zu geben imstande sind? Religion wäre, wenn es so stünde, nicht länger ein Prinzip der wechselseitigen Ausschließung, der Rechtbehauptung, sondern eine Vermittlung der Dankbarkeit, ein Geben und Nehmen. Noch ist von dem Gott Israels an dieser Stelle kein Wort gefallen, aber wohl von einem heidnischen Priester in Midian, Raguël, in einer anderen Überlieferung Jitro genannt, und es scheint, als ob in der Stille, beim Hüten der Schafe, Moses in die Lehre ginge, nach seinem Gott zu suchen und einen Weg der Freiheit zu ersinnen für sein Volk.

Adolf von Hatzfeld hat einmal eine Sammlung von Fragen an Gott, von Gedichten formuliert, lauter Überlegungen, abgründige Gedanken, wie Moses sie sich gemacht haben könnte in der Ferne von Midian. Wer ist er selbst? Wo steht er jetzt? Was ging in ihm vor, und wie geht es mit ihm weiter? Was ist seine wirkliche Bestimmung? Worin gründet das, was seine Person ausmacht? Heimatlos von Geburt, vertrieben durch eigenes Tun, wer ist er als Mensch? Eine ganz und gar moderne, aufwühlende Frage. Im Munde von Adolf von Hatzfeld klingt sie so:

Ist dieses wahr, daß ich aus Eitelkeiten
nur liebte und in falscher Nacht zerbrach,
und daß mein Lied entflohen in Unendlichkeiten
und war nicht rot von Schmach?
War ich denn eitel, wenn sich meine Seele breiten,
fruchtbar sein konnte, wenn am Sommertag
ich wie Gewitter durch die eigne Schwere brach,
daß wie die Blitze meine Lieder niedergleiten?
War alles falsch, als ich entblößt und nackt,

zu Tod gehetzt wie ein gehetzter Hase
im Irrenhaus im wüsten Katarakt
sinnlosen Seins zu eitlem Spiel und Takt
mir selbst die Flöte blies?

Ist dies die Wahrheit, daß ich tausend Lieben,
die dem Gesange meiner Seele glühten,
mit leichtem Mund verstieß,
daß ich mich freute, wenn ich tausend Blüten,
Fliegen und Schmetterlinge in den Tod getrieben?
Ist dies die Wahrheit, daß ich Flehn zertrat,
das mütterlich und wie im Irrsinn bat,
weil ich, o Gott, den Weg zu dir verließ,
daß ich in dies Gebet wie eine Seifenblase blies?

Ist Wahrheit dies, daß meine Sinne morden wollten,
dich, o mein Gott, den großen Unbewußten,
um den Gebirge wurden und die Meere rollten,
um den ein Sonnenaufgang in den Himmel zieht,
um den die kleinste Wiesenblume blüht,
um den der runde Zug
des Raubtiers seine Kreise zieht,
um den das Sternenmeer die ewgen Bahnen schreibt,
um den der Bauer seinen Pflug in Erde treibt,
daß ich aus Eitelkeit dich tausendmal bespie und dich verriet?
Und wenn die Welt von meiner Mörderhand gequält
zu Tode sank, entleibt, entseelt,
daß ich wollüstig jeden Schämens bar
mich selbst genoß und jeder Falschheit trächtig war?

O Gott, wenn ich dir heute leise nah
und sage: »Sieh mich, Gott, sieh, ich bin da,
sieh, ich bin schlecht, o mache du mich gut
und laß mich einmal wissen, wie es tut,
wenn man in Liebe ausgeruht.
Ich will, du sollst an meiner Glut verbrennen,
ich will mit allen Zärtlichkeiten dich benennen,
ich will dich streicheln – Gott, wenn ich so spreche,

dann mach, daß ich erst tausendmal zerbreche.
Nimm mich wie Kot und spei mir ins Gesicht.
Um dieses bitt ich: Sei du mein Gericht
und richte mich, der nichts als Aussatz ist,
daß ich, o Gott, erkenne, wer du bist.

Oh, wer du bist, der in den Dingen glüht,
um den das Spiel des Regenbogens blüht,
daß du die Mutter warst, die um mich weint,
daß du der Bettler warst, den ich gesteint,
daß du die Frau warst, deren Leib mich trug,
daß du der Hund warst, den ich schlug,
daß du der Idiot warst, den ich ausgelacht,
die schwangre Frau, aus der ich einen Witz gemacht,
daß du der Feind warst, den im Krieg ich niederstach,
das fremde Kind, dem ich sein Spiel zerbrach.
Gib, daß ich dich erkenne, der in allem ist,
daß ich, o Gott, erkenne, daß du Liebe bist.

16. Oktober 1993

2

Ich will in deinem Munde sein

IM Mittelpunkt unserer Schriftlektüre steht heute die Gestalt des Moses. Wir haben am letzten Samstag die Person des großen monotheistischen Religionsgründers Israels im Rückzugsgebiet der Steppe der Midianiter zurückgelassen, auf der Flucht zum Teil vor seinem eigenen Volk, ausweichend ganz gewiß der Gefahr der Strafe durch die Ägypter, deren einen er erschlug wegen Mißhandlung eines seiner eigenen Volksangehörigen. Moses, verheiratet mit einer midianitischen Priesterstocher, Vater des Gerschom geworden, lebt im Niemandsland, äußerlich niemandem zugehörig, innerlich aber erfüllt von einer unbeantworteten Frage und einer noch auf kein genaues Ziel gerichteten Leidenschaft. So ungestüm der Ausbruch beim Erschlagen des Ägypters uns anmutet, der Ausbruch eines Rechtsgefühls, das noch keine Sprache hat, so sicher, brennt in diesem Mann das Verlangen nach Freiheit, nach Würde, nach Größe für sich selbst und für das Volk, dem er entstammt, ohne daß er von ihm auch nur die eigene Mutter und den eigenen Vater seit Kindertagen hat sehen dürfen, ein Mann auf der Suche nach sich selbst, nach seiner Zugehörigkeit und Identität.

Die theologische Frage wird sein: Was eigentlich ist eine Offenbarung Gottes, oder, an den Menschen gerichtet, was ist eine Berufung zu Prophetentum und Führerschaft?

Wir werden miteinander aus dem dritten und vierten Kapitel des zweiten Buches Moses die Geschichte lesen, da Gott sich den Führer zur Befreiung seines Volkes erwählt.

Es hat in der Neuzeit vermutlich musikalisch-spirituell keine innigere Verbindung gegeben als die zwischen der Freiheitssehnsucht Israels im Buche Exodus und den Gefühlen, den Klageliedern und den Freudengesängen der Menschen, die man im Christentum in den Südstaaten Nordamerikas Anfang und Mitte des 19. Jahrhunderts als Analphabeten erzogen hat. Die Verheißung eines Landes, in dem man Gott begegnet, für Israel noch irdisch zu erobern, ist für Menschen am Rande der Verzweiflung auf Erden kaum noch zu erwarten, aber diese gleiche Hoffnung ist nicht totzukriegen. Alles aber muß am Anfang durchgearbeitet werden in einem Einzigen, und die Geschichte, in der das passiert, erzählt sich nach der sogenannten jahwistischen Überlieferung wie folgt:

TEXT: Ex 3,1–5. 7–8. 16–17; 4,1–4. 6–7. 10–12

Mose aber hütete die Schafe seines Schwiegervaters Jethro, des Priesters der Midianiter. Einst trieb er die Schafe über die Steppe hinaus und kam an den Gottesberg, den Horeb. Und der Engel des Herrn erschien ihm in einer Feuerflamme, die aus dem Dornbusch hervorschlug. Und als er hinsah, siehe, da brannte der Busch im Feuer, aber der Busch ward nicht verzehrt. Da dachte Mose: Ich will doch hinübergehen und diese wunderbare Erscheinung ansehen, warum der Dornbusch nicht verbrennt. Und der Herr sah, daß er herüberkam, um nachzusehen. Und Gott rief ihm aus dem Dornbusch zu: Mose! Mose! Er antwortete: Hier bin ich. Da sprach er: Tritt nicht heran! Ziehe die Schuhe von den Füßen; denn die Stätte, darauf du stehst, ist heiliges Land. Und der Herr sprach: Ich habe das Elend meines Volkes in Ägypten wohl gesehen, und ihr Schreien über ihre Treiber habe ich gehört; ja ich kenne ihre Leiden. Darum bin ich herniedergestiegen, sie aus der Gewalt der Ägypter zu erretten und sie aus jenem Lande hinauszuführen in ein schönes, weites Land, in ein Land, wo Milch und Honig fließen, in das Gebiet der Kanaaniter, Hethiter, Amoriter, Pheresiter, Hewiter und Jebusiter. Gehe hin und versammle die Ältesten Israels und sprich zu ihnen: Jahwe, der Gott eurer Väter, der Gott Abrahams, Isaaks und Jakobs, ist mir erschienen und hat gesagt: »Ich habe achtgehabt auf euch und auf das, was euch in Ägypten widerfahren ist. Da beschloß ich, euch aus dem Elend in Ägypten herauszuführen in das Land der Kanaaniter, Hethiter, Amoriter, Pheresiter, Hewiter und Jebusiter, in ein Land, wo Milch und Honig fließen.«

Da entgegnete Mose: Wenn sie mir aber nicht glauben und nicht auf mich hören wollen, sondern sagen: »Der Herr ist dir nicht erschienen« –? Der Herr sprach zu ihm: Was hast du da in der Hand? Er antwortete: Einen Stab. Da sprach er: Wirf ihn auf die Erde! Und er warf ihn auf die Erde; da ward er zu einer Schlange, und Mose floh vor ihr. Aber der Herr sprach zu Mose: Strecke deine Hand aus und fasse sie beim Schwanze! Und er streckte seine Hand aus und ergriff sie; da ward sie in seiner Hand wieder zum Stabe. Und der Herr sprach weiter zu ihm: Stecke doch deine Hand in den Busen! Und er steckte die Hand in den Busen; und als er sie wieder hervorzog, siehe, da war sie vom Aussatz weiß wie Schnee. Und er sprach: Stecke deine Hand nochmals in den Busen! Und er steckte die Hand nochmals in den Busen; und als er sie hervorzog, siehe, da war sie wieder wie sein [anderes] Fleisch. Mose aber sprach zu dem Herrn: Ach Herr, ich bin kein beredter Mann; ich war es von jeher nicht und bin es auch jetzt nicht, seitdem du mit deinem Knechte redest, sondern schwerfällig ist mein Mund und meine Zunge. Da sprach der Herr zu ihm: Wer hat dem Menschen den Mund geschaffen? Oder wer macht ihn stumm oder taub oder sehend oder blind? Bin nicht ich es, der Herr? So gehe nun hin: ich will mit deinem Munde sein und dich lehren, was du sagen sollst.

Was ist, oder besser: wie ereignet sich eine Offenbarung Gottes?

Folgt man den üblichen theologischen Erklärungen, laufen sie auf ein Drehbuch in der Art von Hollywood hinaus, ein Spektakel. Irgendwann an einem Nachmittag bricht etwas Überraschendes, Kolossales, aber Sichtbares in die Menschenwelt ein, ein reines Wunder, unerklärlich. Gott spricht – ein Schauspieler mit sonorem Baß tönt im Hintergrund. In erschütterndem Tremolo wird der Mensch angeredet, und er beugt sich in den Staub und wird umgeformt zum Werkzeug Gottes. So der erbauliche Kitsch und das, was in der Regel das Sonntagschristentum in Feierlichkeit und den Werktagsatheismus für die Praxis begründet. Es ist großartig, die Ausnahmen zu verehren, aber kein Mensch kann mit ihnen leben. Und vor allem: Man setzt immer wieder eine Distanz zwischen dem Großartigen, dem Moses-Ähnlichen, und dem Persönlichen, das leider nicht heranreichen kann an solche Genialität oder solche gnadenhafte Auszeichnung. Die ganze Erschütterung, die wirkliche Auseinandersetzung, die innere menschliche Dramatik, das Ringen eines in Jahren sich nur mühsam aus der Zerquälung zusammenformenden Lebens geht völlig unter, und nicht einmal die Symbolsprache, die wie in einer Traumszene all das zusammenfaßt, als ob in einem Moment sich ereignete, was ganzen Lebensstadien abgerungen werden muß, findet Eingang in das theologische Kommentarwerk.

Ich entsinne mich noch, wie meine ersten Schwierigkeiten mit diesem Text begannen, als ich etwa vierzehn war und Herman Melvilles großen Walfängerroman »Moby Dick« las. Seit Kindertagen hatte ich diese Szene in Erinnerung, wie ein Dornbusch in Brand steht, ohne Feuer zu fangen, und las da plötzlich, wie in der Südsee ein Orkan ausbricht und auf den Spitzen der Rahen der »Pequod« das Elmsfeuer lodert. Alle Leute sind vom Schrecken wie gebannt. Eine kalte Flamme leuchtet da auf, und Kapitän Ahab, auf der Jagd nach dem schlechterdings Bösen, selbst immer dicht am Rand der Hölle, macht sich zum Halbgott seiner Mannschaft, indem er die Harpunen in seiner Hand zusammenhält, noch einmal das Elmsfeuer auflodern läßt, um es mit seinen Fingern wegzustreichen vor den Augen der staunenden Seeleute, die sich verschwören, nunmehr als *eine* Mannschaft zusammenzuhalten, die Bestie Moby Dick zu jagen. Natürlich fragte ich meine Lehrer: »Was ist ein Elmsfeuer?«, schlug in den Lexika nach und erfuhr: Es gibt so etwas, es gibt in einem Kondensator eine Funkenentladung, und es kann sein, daß Gewitterwolken, wenn sie über bestimmten Spitzen hängen, die die Elektrizität abfangen, getrennt durch ein Dielektrium, eine solche Funkenstrecke zuwege bringen. Wär's möglich, daß die Vision des Moses, daß Gott erscheint in einem Feuer, das nicht verbrennt, so eine Art Elmsfeuer gewesen wäre, und die Bibel hätte nur, weil sie von Elektrophysik noch nicht genug verstand, die ganze Szene mißdeutet und Marx und Engels hätten eigentlich recht: die ganze Religion ergibt sich nur aus Unkenntnis der Naturzusammenhänge und aus magischem Mißverstand? Man hört gar nicht mehr auf, darüber nachzusinnen, wo denn die *Wahrheit* in solchen Texten liegt. Was ist hier Humbug, und was ist Wirklichkeit?

Es hat sehr lange gedauert, bis ich begriff, daß die ganze Szene hier anders verstanden werden muß, als daß man sie aus dem Äußerlichen heraus zu erklären versucht. Noch die besten Kommentare faseln heute irgend etwas von dem »optischen Anschein«, der z. B. einen Stechdornstrauch in der Wüste flammenumspielt erscheinen lassen kann bei tiefstehender Sonne. Aber was hat das mit Gott zu tun? Und was für eine Stimme, die ein ganzes Menschenleben ändert, soll daraus hervorgehen?

Lassen wir einmal die Bibel selbst reden, was sie dichterisch mit Stechstrauch und Dornbusch im Sinn trägt. Zu der Frage, die Moses an dieser Stelle dem ganzen Kontext nach in sich trägt, gibt es einen gar nicht so schlechten Kommentar. Er steht im Buch der Richter. Wir müssen unterstellen, daß Moses gepeinigt wird von einer inneren Unruhe, wie es möglich sei, sein Volk aus dem Elend der Unterdrückung und der Knechtschaft herauszuführen in Freiheit, Selbständigkeit und Größe. Es gibt in ihm eine Vision von einer solchen Wucht, von einer solchen Steilheit, daß von seinen eigenen Möglichkeiten her gar kein Zugang gegeben zu sein scheint. Sollte die Vision dessen, was dringend sein müßte, irgendwie sich mit seiner Person verbinden können? Dann müßte in ihm die Unruhe liegen, ob es denn möglich sei, Führer eines Volkes zu werden – eine vermessene Idee, etwas ganz unmöglich Scheinendes. Es gibt Menschen, die sind bedenkenloser. Davon gerade erzählt das Buch der Richter. Irgendwann sehr viel später – schon ist Israel im sogenannten Gelobten Lande seßhaft geworden – in der Auseinandersetzung mit den indogermanischen Philistern, die die Küste besetzt halten, liegt es in gewisser Weise in der Luft, den andern Völkern gleich zu werden und eine zentrale Königsmacht auszuprägen. Der Gedanke ist reif, die Propheten verhindern ihn. Aber es gibt z. B. in Sichem einen Mann wie Abimelech; der erklärt ohne Umschweife, daß er ab sofort als Stadtkönig von Sichem und den umliegenden Landen zu betrachten sei. Derjenige ist ein König, der den Mut hat, es zu sein, das ist die ganze Logik des Abimelech; Macht hat der, der sie in Anspruch nimmt und der weiß, damit umzugehen. Da gab es bei Sichem einen Mann, Jotam mit Namen, der den höchsten Berg der Gegend, den Garizim, bestieg und, unerreichbar, von oben den Leuten die stärkste antimonarchische Dichtung ins Ohr sang, die die

Weltliteratur kennt: Die Bäume überlegten, wie sie sich einen König wählen könnten, und fragten den Palmbaum, weil er der schönste, der größte und der nützlichste unter allen Bäumen ist. Aber der Palmbaum lehnte ab; er hatte überhaupt kein Interesse, König zu sein und zu verzichten auf die Wohltaten, die er allen schenkte. Man fragte den Ölbaum, den zweitnützlichsten unter allen Bäumen. Auch er lehnte ab; lieber Öl spenden als regieren, war seine Meinung. Man fragte den Feigenbaum. Auch der, nützlich und mit süßen Früchten, lehnte ab. Schließlich verfiel man auf den Stechstrauch, und der war gleich einverstanden mit der Königswürde und drohte allen anderen Bäumen mit vernichtendem Feuer! Und Jotam fügte hinzu: Und Feuer ging aus vom Stechstrauch und fraß alle Bäume des Libanon. Er wollte sagen: Die Leute, die das Zeug haben, über Menschen zu herrschen, sind die schlimmste Gefahr für sich und alle andern. Die Menschen brauchen keine Könige; sie sollten das tun, was in ihrem Wesen liegt, dann helfen sie allen andern, gewinnen ihre Schönheit, und eine Regierung über Menschen ist ein Unding von Anmaßung, Unverschämtheit und Frechheit, und es sind immer die Niedrigsten, die im Grunde Gemeinsten, die sozusagen in Kompensation ihrer eigenen Unwürdigkeit sich die Krone aufs Haupt setzen wollen. Man muß sich vor ihnen hüten.

Angewandt auf das Bild, das Moses hier vor sich sieht, liegt eine Erklärung fast auf der Hand. Könnte es nicht sein, daß diese ganze Idee einer Führerschaft über Israel auf dem Weg in die Freiheit nichts ist als eine wahnsinnige Anmaßung? Was ist denn Moses für ein Mensch, daß er so etwas sollte tun können? Ist das Ganze nicht einfältige Hybris und Vermessenheit? Welch ein Mensch hat schon die Befähigung, andere Menschen zu führen, und wer könnte vor den anderen hintreten und sagen: Ich weise dir den Weg in deine Freiheit? Verbirgt sich darin nicht immer nur Machtgier, Herrschlust, Hoffart? Das ganze Spülicht des Gemeinen in der menschlichen Seele schwemmt sich da zusammen, schäumt auf und bildet Blasen, die eine kurze Zeit in der Sonne prächtig funkeln. Kann es nicht sein, daß auch Moses etwas so Unwertes und Unbrauchbares ist wie ein solcher Stechstrauch?

Noch wissen wir mit dem Bild am Eingang dieser Erzählung kaum etwas anzufangen. Wir lassen es einmal auf sich beruhen, schauen nur in die angedeuteten Perspektiven. Aber dann wird die Frage, die in dem Bild selbst hier liegt, sehr gut verstehbar. Wonach Moses sucht, wenn überhaupt er Israel aus der Knechtschaft hinausbringen sollte in ein Land der Verheißung, müßte darin bestehen, daß Gott Besitz ergriffe von ihm, dem Unwürdigen. Und genau das liegt in der ganzen Vision. Der Engel Gottes, die sichtbare Seite dessen, was namenlos, gegenstandslos, bilderlos, ewig geheimnisvoll auf hebräisch »Jahwe« genannt wird, zeigt sich da in einer Flamme, die alles ergreift, aber nicht vernichtet. Wie das möglich ist, will Moses sehen und *muß* Moses sehen. Denn könnte er das verstehen, wäre das Rätsel gelöst, das ihn quält und bedrängt, die Frage seiner ganzen Existenz fände ihre Ruhe. Moses weiß nicht, wie es sein kann, was ihm da vorscheint oder vorschwebt, und auch wir verstehen's am Anfang noch nicht. Die Geschichte selbst muß es uns erzählen und auflösen.

Es genügt, daß Moses sich in Bewegung setzt, hinüberzugehen, das große Gesicht zu sehen, und die Erzählung berichtet, daß, während dies geschieht, der Engel Gottes, die erscheinende Seite des Göttlichen, Moses sieht, wie er herüberkommt zu sehen. Viermal steht an dieser Stelle im Original »sehen«. Es ist ein Spiel, das wir uns im Deutschen durch Zusammensetzungen der Wörter ein wenig erklären müssen. Das Hebräische kennt, anders als die indogermanischen Sprachen, keine Zusammensetzung von Verben. Was »sehen« alles heißen kann, ist im Deutschen in vielerlei Weise abzuwandeln. Da gibt es das Er-sehen, das An-sehen, das Hin-sehen, das Nach-sehen- Voraus-sehen, und in das ganze Feld möglicher Ansichtsweisen taucht hier die Beziehung, die Moses mit seinem Gott aufnimmt, um etwas zu sehen, was ihn längst anschaut, während er herüberkommt.

Ich sagte eingangs, Geschichten dieser Art seien traumverdichtete Zusammenfügungen von etwas, das im wirklichen Leben sich im Prozeß von Jahren einstellen mag. Die kleine Bewegung: »Ich will doch sehen das große Gesicht, warum der Dornbusch nicht verbrennt«, müssen wir uns vorstellen als ein inneres Reifen an einem Problem, das Moses nicht mehr losläßt. Kann es sein, daß er, ein Mensch, wertlos, abgetan, verbannt, im Exil, unansehnlich, sperrig wie ein Stechstrauch in der Wüste, dennoch vielleicht, wenn es möglich wäre, durchglüht, durchschienen, durchläutert würde von einem göttlichen Auftrag? Es wäre seine Bestimmung, aber er müßte verstehen, wie das geschehen könnte. Alles läge daran. Es wäre aber weder Moses noch einem anderen Menschen möglich zu begreifen, wie das sein kann. Die einzige Erfahrung, die sich machen läßt beim Nachforschen in Richtung dieser Möglichkeit, würde vielmehr darin bestehen, zu spüren: Du selbst, Moses, »der Ziehende« oder wie immer du auch sonst heißt, bist in all deinem Leben, in deinem Mühen, deinem Ringen, deiner Angst, deiner Leidenschaft, der Größe deiner Ahnungen längst schon ein Ersehener, Angesehener, Vorgesehener in den Augen Gottes. Alles, was du hier zu erkennen suchst, wird dich dahin bringen, daß es sich so verhält. Du *machst* dein Leben nicht, du entdeckst lediglich seinen roten Faden. Du konstruierst nicht, was du bist, du findest es nur langsam heraus. Du begreifst in dem Chaos einen verborgenen Sinn, so etwas wie eine Vorsehung, die dich getragen hat all die Zeit schon, du kommst nur langsam dahinter, wer du bist und als was du gemacht wurdest.

Es gibt in den Psalmen zweimal eine wunderbare Stelle, die so heißt: »Gott, in deinem Licht sehen wir das Licht«, und das soll heißen: alle Helligkeit, die wir mit unseren Augen wahrnehmen, geht daraus hervor, daß wir lernen, mit Gottes Augen selbst zu sehen. Man hat in der Theologie, in der Philosophie aus diesem Zusammenhang die gesamte Erkenntnislehre des Mittelalters, die ganze Lichtmetaphysik des 14., 15. Jahrhunderts entwickelt. Beginnend bei Platon, über Augustinus, konzipierte man menschliches Erkennen so, daß es nichts weiter sei als Teilhabe an den Gedanken, an den Einsichten, die Gott planend, absichtsvoll in seine Schöpfung hineingelegt habe; alle geistige Erkenntnis sei nur ein Nachvollziehen der Gedanken, die Gott sich gemacht habe, als er die Wirklichkeit aus dem Nichtsein ins Dasein rief. Das alles ist erkenntnismetaphysische Spekulation, aber existentiell stimmt es. Wir werden unser kleines Leben nur wirklich wagen, wenn wir uns gemeint fühlen, und die eigene Größe nur riskieren in einem größeren Gegenüber.

Merkwürdig dabei, daß gerade an dieser Stelle, wo zwischen Moses und Jahwe oder vielmehr der sichtbaren Außenseite Gottes, dem Engel Gottes, fast Einklang und Identität besteht, der Engel

Gottes Moses beinahe brüsk in die Schranken weist: »Komm mir nicht näher!« Es ist, als ob man den Menschen auch davor warnen müßte, nun sich selbst ins Vermessene zu vergessen und nur noch in die eigene Vorsehung und Berufung sich hineinzuprojizieren. Die Einheit der Berufung und der Abstand von der Berufung, beides in eins, soll und will hier gewahrt werden.

Dabei liegt das Seltsame der Stelle natürlich darin, daß Moses seine Sandalen von den Füßen streifen soll, mit der merkwürdigen Begründung, Heiligtumsboden sei dies. Die übliche Erklärung lautet, daß man ja in Heiligtümern die Schuhe nicht anbehalten solle, so zum Beispiel bei den Muslimen, wo man eine Moschee niemals mit Schuhen betreten darf, allenfalls mit den bereitgestellten pantoffelähnlichen Überziehern. Die Hindus, die Buddhisten werden uns versichern, daß es daran liege, daß man nicht mit lederbekleideten Füßen, mit Tierhäuten, also mit Produkten von Leben, das getötet wurde, die Götter beleidigen oder die Güte der Welt stören dürfe. All das sind sehr viel spätere Erklärungen, so wie alle theologischen Reflexionen über kultische, rituelle Zusammenhänge wie aufgesetzt wirken, gemessen an der ursprünglichen Erfahrung. Viel wahrer ist, daß ein Heiligtumsboden dazu bestimmt ist, dem Menschen Erlaubnis zu schaffen, ohne Hülle, ohne Bedeckung Gott gegenüberzutreten. Die alten Griechen wußten dies noch, wenn sie in Olympia bei den Feierlichkeiten, den Festen die Kleidung abwarfen, um sich der Gottheit zuzumuten: unverstellt, für christliche Betrachter später, ein halbes Jahrtausend danach, fast schamlos und aufdringlich. Es ist die Frage, wie Nacktheit erlebt wird. Man kann Menschen ausziehen und vorführen, dann ist sie erniedrigend, schutzlos machend und quälend. Anders ist es das Ergebnis eines wachsenden Vertrauens, nichts weiter mehr zu brauchen als das, was man ist, und dann wäre nackt sein zu dürfen wie ein großes Geschenk, das noch vor dem Sündenfall bestand. Damals, berichtet der Jahwist, erschien die ganze Erde wie ein solches Heiligtum. Kein Mensch hatte Grund, sich zu schämen vor dem anderen, vor sich selbst, vor dem Gott, der ihn geschaffen hatte und der in der Morgenfrühe durch den Garten seiner Welt zu den Menschen kam. Geblieben sind davon nur noch Ausnahmezonen, eben die Heiligtümer, an denen die Gottheit nahe ist. Im Grunde werden sie immer noch bewacht von den Branddrachen, den Seraphen mit dem Flammenschwert, furchteinflößend, schrecklich. Aber dann gibt es Momente, in denen die Gottheit selbst es dem Menschen erlaubt, ohne Angst hervorzutreten. Da muß es heißen: Streif deine Füße frei, zieh die Schuhe ruhig aus, sei, wie du bist, ungeschützt und bloßen Fußes. Es ist ein Teil fürs Ganze, für die Ehrlichkeit, die Ungeschütztheit, die Maskenlosigkeit, mit der Moses, so wie er ist, sein darf vor seinem Gott.

Da beginnt ein Gespräch, das mit einem Auftrag anfängt. Es ist, als wenn alle Klage, alles Bitten, alles Flehen des Moses in der Zeit seines Aufenthalts in Midian sich hineinverlegte in die Worte, die hier Gott wie ein Außenstehender an ihn selbst redet: Geh du und sag deinem Volk, ich, Jahwe, habe alles gesehen, alles gehört. Der riesige Abstand zwischen Himmel und Erde wurde von mir überwunden, um bei euch zu sein und euch bei der Hand zu nehmen, euch herauszuführen aus dem Land der Qual und des Elends in den Aufbruch einer nie geahnten Freiheit. Moses, sag das deinem Volk, bring die Botschaft deinem Volk. Tu, wonach du längst dich gesehnt hast, denn ich bin es selbst, der dir's befiehlt.

Alles, was Moses je gewünscht haben mag, als er aufstand gegen den Fronvogt, der auf den Hebräer einschlug, und alles, was mit ihm ging auf der Flucht in seiner Angst vor Strafe und was wieder auflebte im Hause des heidnischen Priesters der Midianiter, scheint in diesen Worten des Gottes Israels Gestalt gewonnen zu haben.

Wenn wir uns bis dahin fragten, wie geschieht eine große Offenbarung, wie wird ein Mensch berufen, dann müßten wir jetzt sagen: indem es auf diese Weise nach und nach Gestalt gewinnt, wer jemand sein kann, was jemands Auftrag ist. Und es gibt kein Zurückweichen mehr, es ist, als spräche es überdeutlich, und all die eigenen Gedanken fügten sich ein in eine Gottesrede, die es bestätigt. Da ist keine Kluft mehr zwischen innerem eigenem Wesen und göttlichem Auftrag. Das geht bis in die hebräische Formulierung hinein: »Ich, der Gott *deiner* Väter«, sagt da Jahwe von sich und will damit doch nur Moses gegenüber andeuten: Der Gott, der jetzt zu dir redet, ist nicht fremd und unbekannt, sondern er atmet aus deinem Blut, er klopft an im Schlag deines Herzens, er denkt in deiner eigenen Sehnsucht und Qual, er ist bei dir in der Ruhelosigkeit deiner Nächte.

Alles, was aus der Tradition dir kam als Heiliges, alles, was dir überliefert wurde als Kind, steht jetzt wieder auf und fordert dich ein als Erwachsenen. Der Gott deiner Väter ist soviel wie dein eigenes Wesen, so wie Gott es sieht und für dich bestimmt hat.

Wenn wir vielleicht einmal, um aus der spezifischen Situation des Moses ins Vorstellbare, für uns Ergreifbare hinüberzuwechseln, ein Beispiel aus unserem Jahrhundert wählen, wie denn Offenbarung und Berufung vorstellbar seien, fällt mir nichts Besseres ein als die Situation, in der Mahatma Gandhi in Südafrika war. Er erlebte, daß es genügte, ein dunkelhäutiger Inder zu sein, um ein Mensch zweiter Klasse zu werden. Gandhi, als ein Rechtsgelehrter, als ein frommer Hindu, kundig auch des Denkens der Christen, verständig auch in Auslegung der Gesetze, die Engländer und Buren sich zu machen wußten, erkannte den Widerspruch, der darin liegt, die Bill of Rights zu verkünden und als gemeinsames humanitäres Erbe der Aufklärung und der europäisch-amerikanischen Wertegemeinschaft der Welt vermitteln zu wollen, aber im eigenen Lande rassistisch zwischen den Menschen Klassenunterschiede zu befestigen. Mahatma Gandhi dachte, daß jemand, der einen anderen verachtet, nur weil er ein Inder ist und kein Weißer, an sich selbst leidet, weil es für ihn erkennbar erzwungene Grenzen seiner Humanität gibt; man müsse ihn nur daran erinnern, daß ein wirklicher Mensch sich durch solche abergläubischen Vorurteile nicht gefangennehmen lassen darf. Gandhi hatte keine Ahnung, daß er eines Tages als der Mahatma, der Mann der großen Seele, ganz Indien befreien würde vom Kolonialismus des großen britischen Empire, der stärksten Macht, die Asien in den vierziger Jahren beherrschte. Er wußte nur ein einziges: Ein Mensch ist ein Mensch, und man muß dem Unrecht widerstehen, wo immer es sich gegen die Menschlichkeit richtet. Besser ist es, geschlagen zu werden für den Stolz, als Inder ein Mensch zu sein, als zurückzuweichen. Diesen Stolz gab er seinen Landsleuten in Südafrika, und das war nur der Anfang eines Weges, der sich immer weiter fortsetzte. Nach Indien zurückgekehrt, bestand dasselbe Problem gegenüber den Briten. Immer dieselben Widersprüche, immer dieselben Fehler! Ein Mensch ist ein Mensch! – Und nun sagen Sie selbst: Was ist eine wirkliche Berufung? Es wird kein einziger Satz gesprochen, gesagt oder gehört, den wir nicht auch wüßten, den zu denken wir nicht auch imstande wären, ja dessen Wahrheit zu kennen nicht uns selbst, jedem von uns absolut selbstverständlich wäre. Es besteht offensichtlich die Tatsache, daß Gott mit Menschen redet, nicht darin, daß uns irgend etwas völlig Neues, Unausdenkbares, so Bizarres, daß es mit menschlichem Verstand gar nicht erkennbar wäre, mitgeteilt würde. Ganz im Gegenteil. Es wird etwas in die Pflicht genommen, was jedem sonnenklar ist. Das einzige, was geschieht, ist, daß es Menschen gibt, die bei dem, was sonnenklar ist, die Augen nicht zumachen, um wegzuschauen, sondern sagen: »Dieses Licht wollen wir aushalten, das ist unser Leben. Dieses Verhocken im Schatten ist kein Dasein, das geht nicht mit uns.« Und schon springt der Funke über, bildet sich die Feuerstrecke an der Kondensatorplatte, beginnt eine Form von elektrischer Entladung, die nicht verbrennt, aber alles ins Leuchten bringt, ein wirkliches Wunder. Gott, könnten wir sagen, ist immer gegenwärtig, redet allerorten. Das, was er zu sagen hat, lebt in einem jeden. Das wirkliche Wunder ist nur, daß es ab und an Menschen gibt, die die Kellerfenster öffnen und das Licht hereinlassen, das draußen scheint, und es *sehen* wollen. »Raus aus der Höhle«, das ist die ganze Berufung. Der Unterschied zwischen uns und Moses ist überhaupt kein wesentlicher. Er liegt nur darin, daß Moses wagt, das zu tun, was für alle gilt. Dann mag man ihn den Führer Israels nennen, aber nur so geht es, indem er ausspricht, was sie alle wollen. Er schreibt's ihnen nicht vor, er kann's nur wachrufen, weil es sein eigener Wunsch ist und weil er ohne diese innere Antriebskraft sich selbst gar nicht vollziehen könnte.

Wir nennen Leute wie Gandhi oder Moses groß, aber wenn Sie nachschauen, sind sie nicht anders als wir. Sie sind groß in *einem* Punkt: daß sie Scheu und Angst nicht benützen als Argumente, um zu resignieren. Denn merkwürdig jetzt: Kaum hört Moses ganz rein, ganz lauter und unverstellt ausgesprochen, was er fühlt, was er will, was er möchte, was er herbeisehnt, die ganze Vision in vollkommener Klarheit vor sich gestellt, da bricht es aus ihm heraus: Es wird scheitern müssen, weil ihm, Moses, niemand glaubt. Aber wenn sie sagen, Jahwe ist dir nicht erschienen? Aber wenn sie meinen Worten keinen Glauben schenken? Wie soll ein Mensch sich legitimieren vor den andern? Wie soll er die Glut seiner eigenen

Vision anderen einpflanzen? Alle Fragen, die vorher als Infragestellungen sich meldeten, kehren jetzt zurück. Wer bin ich, als Person? Mit wem ist das zu machen? Das genau ist die Frage, die uns am wirklichen Leben hindert, immer. Wir werden sagen: »Die Ideen haben wir alle, das ist kein Problem. Größe, Freiheit, Menschenwürde, Unabhängigkeit, Selbständigkeit, Aufbruch, immer neuer Wandel, Humanität, Offenheit, Grenzenlosigkeit – alles, ganz klar, wollen wir.« Aber sofort werden wir selbst auch dagegen sagen: »Das können wir nicht, wir sind nur Menschen, wir brauchen Führer, immer andere, an die wir uns halten können, wir brauchen von außen her Informationen, Unterstützungen. Ein einzelner Mensch ist ein Verlorener, nur in der Gruppe wird es gehen!« Und schon warten wir und warten wir auf das Dauerparadox, daß man uns Freiheit erlaubt. Man muß sie sich *nehmen*, das ist ihr ganzes Geheimnis; sonst kriegt man sie nie. Die erlaubte Freiheit ist lediglich die verlängerte Unfreiheit. Man wird auch nie eine eigene Person im großen Haufen, indem man sagt: »Wir gemeinsam machen es, sozusagen am Kegelabend, da werden wir eine richtige Person sein.« So klappt es nicht. Es ist nicht ein Beschluß von vielen zu erstellen, wer du und ich als einzelne sind, die sich zueinander verhalten können. Aber wer es für sich findet, der kann ein guter Spiegel sein für den andern, sich zu sehen und unverstellter wahrzunehmen. Die Frage des Moses ist so eindringlich wie nur möglich: Wer bin ich selbst, daß ich das, was ich da will und möchte, meinen Auftrag, mein Wirken und Leben, in die Hand nehmen könnte?

Da beginnt ein Spiel um Moses, das zum Sonderbarsten in der ganzen Bibel gehört. Noch einmal müssen wir allerdings die Äußerlichkeit der theologischen Erklärerei an dieser Stelle wegtun. Da lesen wir, daß Moses mit dem Stab und mit der Schlange und auch später mit der Hand, die aussätzig wird und dann wieder gesund, Zauberstückchen vorführt, die Sie noch heute auf jedem Basar in Indien und im Vorderen Orient betrachten können, Zaubertricks, Hypnose, Dinge, die auch bei den Ägyptern unter den Priestern üblich waren am Hofe des Pharao, Kabinettstückchen orientalischer Magie. Moses wird darauf vorbereitet, das Volk ordentlich zu beeindrucken. So äußerlich wie diese Erklärungen, so aberwitzig äußerlich ist die ganze Gedankenart, in der man sich da Gott vorstellt, und man begreift nicht, was sich wirklich hier begibt. Dabei erzählt der Text bis in den Wortlaut hinein das, was Gott hier mit seinem Moses will, aufs genaueste. Man muß es nur in die Frage hineingesprochen hören, wenn denn Jahwe fragt: »Was hast du in der Hand, Moses?« Es ist genau dasselbe wie vorhin: Was Moses denkt, kommt als Sprechen Gottes auf ihn zurück. Eben dieses Problem – Wer bin ich, und was habe ich in der Hand? – ist die Frage, die Gott ihn wirklich jetzt stellen läßt. Noch einmal: Wenn Sie wissen möchten, was Offenbarungsvorgänge und was Berufungserzählungen sind, dann ist die Antwort hier: Alles geschieht, indem das ernstgenommen wird, was sich in uns bewegt, so ernst, daß es kein Entrinnen gibt. Was habe ich da in der Hand? Das herauszufinden kann so lange dauern bei jedem wirklichen Aufbruch. Man zählt dann durch, was die Freiheit kostet, wieviel Geld man hat, ob es beruflich geht, wohin man sich wenden könnte, welche Chancen man hat für eine Weiterbildung; und das ist nur die äußere Frage. Wieviel Substanz hat man in sich, dem Druck von außen standzuhalten, der möglichen Kritik, dem Dorfklatsch, dem Gerede, der kirchlichen Zensur, den alten, überkommenen Moralvorstellungen, dem, was die Eltern und Geschwister sagen, dem, was die Nachbarn sagen werden? Vielleicht, daß nach einer Weile nicht einmal der eigene Hund uns noch wiedererkennt. Was ist und wird sein mit dem, was wir mitbringen? Was haben wir wirklich in der Hand? Die Frage des Moses ist eine göttliche Frage. Die Antwort wäre sehr einfach, wenn man es trotz der Angst dabei lassen könnte, einfach zu *sein*. Moses hat in der Hand einen Stab. Das ist nicht wenig, wenn Sie ihn als Bild nehmen. Er dient zum Stützen, er dient zum Abgrenzen, er dient zum Leiten, er dient auch zur Verteidigung der eigenen Position – es ist viel für eine Manneshand, mit einem Stab bewehrt zu sein. Das wäre Zuverlässigkeit, das wäre Abgestütztheit, das wäre Weggenauigkeit. Man kann das alles aber auch zu Boden fallen lassen. Und das ist das Spiel, das Gott jetzt beginnt: Probier's doch einmal umgekehrt, Moses. Sag einmal, du hast überhaupt nichts in der Hand. Wir beide wissen, unter uns gesagt, es ist eine Menge, was du in der Hand hast; was du bist, könnte auslangen, aber setze einmal auf die Gedanken deiner Angst, schmeiß das alles weg, du hast überhaupt nichts in der Hand, Moses, du stehst bettelarm da, du bist ein Nichts. Natürlich, Moses, solange du Angst hast, bist du wirklich nichts. Probier das so. – Moses tut das, wirft seinen Stab auf den Boden, und er wird eine Schlange. Das ist die entscheidende Erfahrung jetzt: daß Moses vor ihr flieht. Es ist, will Gott anscheinend dem berufenen künftigen Führer seines Volkes zur Freiheit sagen, durchaus möglich, du wirfst aus lauter Angst dein ganzes Wesen weg, du kennst dich selbst nicht mehr wieder. Dann wird das, was dein Eigentum ist, dein eigenes Leben dir selbst zur Gefahr, es kriecht hinter dir her, es droht dich selbst aufzufressen und zu vergiften. Du, Moses, wenn du dich nicht lebst aus lauter Angst, wirst dir selbst nicht nur zum Problem, du wirst aus lauter Angst am Ende selbst nur noch Angst haben vor dir und dem, was eigentlich dein Schutz und deine Stütze sein könnte. Der Stab, den du brauchen könntest, weggeworfen, wird am Ende sich in eine Quelle immer neuer Ängste verwandeln, es hört überhaupt nicht auf. Du hast, mit andern Worten, guter Moses, keine Alternative; du sitzt in einer göttlichen Falle, die ich dir so gestellt habe, daß du nicht mehr herauskommst. Angst zählt hier nicht, denn wenn sie zählt, vermehrt sie sich. Sie ist soviel wie Schulden bei der Bank, die Zinsen werden sie rasch vergrößern. Und dann wird es sehr bedenklich mit deinem Leben. Am Ende kannst du auf der Flucht vor der Angst dein ganzes Leben nur noch auf der Flucht zubringen. Und ob du das willst, ist die Frage. Mein Vorschlag: Du packst die Sache richtig an, du greifst noch einmal zu, und dann wirst du sehen: es langt allemal, was du in der Hand hast. – Daß Moses das tut, ist viel wert, eine ganz neue Art zu leben, aber noch immer nicht wirklich überzeugend für Moses.

Das, was man in der Hand hat, mögen Sie als äußerlich, in den praktischen Lebensfragen angesiedelt betrachten. Es geht viel hautnäher, es geht bis ins Körper-Ich, es geht bis ins eigene, persönliche Existieren hinein. Wer denn bin ich, als Mensch, als Person; nicht: was *habe* ich in der Hand, was *ist* denn meine Hand? Auch das kann man sich fragen. Ist nicht das Erlebnis des Moses schon sprechend genug? Er hat alles falsch gemacht, kaum daß es anfing. Gibt es nicht Menschen, die zwei verkehrte Hände haben? Wie denn äußert man sich so, daß es auch erfolgreich wird? Auch da, kann man sagen, gibt es eine Möglichkeit, in der Logik der Angst gefangen zu bleiben. Man ist nicht mehr auf der Flucht, man ist eigentlich einen Schritt weiter: Man setzt sich in der Angst hin und tut überhaupt nichts mehr, ein wirklich göttlicher Alternativvorschlag. Mach das einmal so, Moses. Du hast Angst, und du bist nichts, und deine Hände taugen auch nichts, steck sie in die Tasche. Vergiß, daß du überhaupt zwei Hände hast, tu gar nichts. Sehen wir, wie es dann weitergeht. Das Ergebnis zeigt sich bald, du mußt nur schauen, was aus deinen Händen wird. Du fängst an, bei lebendigem Leibe zu verschimmeln. Du, der du dich fürchtest vor allen Menschen, ausgesetzt, mit einer besonderen Berufung, wirst selbst ein Aussatz sein für alle. Keine Sorge, du mußt nicht vor den Leuten weglaufen, das tun sie vor *dir*, du bist ihnen zuwider. Sie wollen dich nicht mehr, du läufst herum wie eine Krankheit, mit der sie nicht umgehen können. Das wird aus dir werden, Moses, wenn du so weitermachst, mit deiner Angst. Du kannst auch deine Hände wieder vorholen und schauen: Das bist du. Und entschließ dich dazu; es ist alles lebendig, erfüllt, voller Kraft.

Man könnte denken: Besser geht es nicht, eine genauere Psychologie gegen die Angst läßt sich in hundert Stunden Psychotherapie nicht durchexerzieren. Alles, was hier gemacht ist, ist so, daß man jetzt sagen könnte: Moses, geh zum Pharao, und es wird ein wunderbarer Erfolg sein. Aber die Bibel, anders als die Hollywoodgeschichten, rechnet mit uns Menschen so überaus genau, daß man Moses gar nicht tiefer verstehen kann als es im nächsten Satz formuliert wird. Er ist in jeder beliebigen Übersetzung so glattgeschliffen, daß er nicht mehr aus dem Mund des Moses kommen kann. Selbst die Einheitsübersetzung bringt gutes Primanerdeutsch an einer Stelle, wo Moses miserables Hebräisch redet und reden *muß*, um sich auszudrücken als ein Mann, der um Ausdrücke ringt, die er nicht hat; sie werden zu Ausbrüchen, zu Wortkaskaden, die ungefügt da stehenbleiben. Am Anfang steht das Wort: »Aber bei mir, mein Herr...« Das soll heißen: Mein Herr, ich würde gerne tun, was du willst; nichts, was du forderst, wäre nicht das, was ich von Herzen ersehnen wollte. Alles, was du sprichst, ist mein Leben und müßte es sein, aber es geht nicht, weil ich ich bin; bei mir geht das nicht, mit mir und durch mich geht das nicht. Es wäre alles wunderbar, wenn ich nicht ich wäre. »Mein Herr« heißt: Ich täte gerne, nur allzu gern, aber ich stehe mir im Wege, und das ist nicht neuerdings so, das war schon immer so, seit gestern und seit vorgestern. Und, ich bitte dich, es ist so geblieben, auch seitdem du zu deinem Knecht redest. »Dein Knecht« heißt noch einmal: Ich würde gerne wollen, aber du, wenn du sprichst, hättest die Pflicht, wenigstens das zu ändern, was du in Dienst nehmen möchtest.

Tausend Gebete mag man sprechen, die um dieses Wunder ringen. Wenn Moses weiter ausführt: »kein Mann der Worte, sondern schwer die Zunge, schwer der Mund«, und dann noch einmal: »ich« – das ist kein Hebräisch, es müßte heißen: für mich, ich habe eine solche Zunge, einen solchen Mund; es läuft alles zusammen in eine einzige Erklärung: ich bin all das; Sie könnten sagen: inkommunikativ, asozial, nicht imstande, sich mitzuteilen, daß man's versteht, ein großer Visionär, aber voller Schranken sich selbst gegenüber. Wenn wir eingangs sagten: die Vision von einem Stechstrauch in der Wüste, stachelig und unnütz, der ergriffen werden soll vom Flammenatem Gottes, dann haben Sie hier jetzt beides ineinander. Aber bei mir, mein Herr – das ist das ganze Wunder, das Gott wirken müßte an seinem Mann Moses. Es ist unerhört, daß Gott im nächsten Satz genau das aufgreift und nicht einmal tröstet, sondern sogar in gewissem Sinn verstärkt: »Wer ist es denn«, sagt er, »der den Menschen setzt und macht – stumm oder taub oder sehend oder blind, nicht etwa ich?« Da steht genauso emphatisch dem verweigernden Ich des Moses in seiner Angst das Ich Gottes gegenüber, und er umfängt alles, was überhaupt an Einwänden, an Gebrochenheit, an Zerstörtheit im menschlichen Leben formulierbar ist, stellt sich selbst sogar dahinter und erklärt es als von ihm gewirkt.

Oft bei der Auslegung der Wundergeschichten vor allem des Neuen Testamentes, der zahlreichen Heilungslegenden im Umkreis Jesu, entsteht der Eindruck, daß die Begegnung mit Gott darin besteht, ein rundum gesunder, perfekter, vollständiger Mensch zu sein. Die Wahrheit ist, daß das oft gar nimmer möglich ist und, noch tiefer gesprochen, daß alle Heilung damit beginnt, daß Menschen lernen, sich so anzunehmen und gar zu mögen, wie sie sind, und das zu sehen, was im Rahmen ihrer Begrenztheit möglich ist. Ein Leben lang kann man dagegen protestieren, was einem zugefügt und weggenommen und zerstört wurde; es ist, daß Gott an dieser Stelle

Moses dahin bringt, alles das, was negativ ist, so stehenzulassen und dennoch dabei zu bleiben: Das bin ich selbst. Es ist, wie wenn ein Michelangelo sich vor einen großen Marmorblock gesetzt hätte und meißelte und meißelte, und jeder Schlag schmerzte, wenn wir uns den Block fühlend denken wie ein Menschenwesen, bis ins Innerste, immer würde da etwas weggetragen, ausgeschnitten, und es formte sich doch unter dieser bildenden Kraft am Ende die Gestalt der wirklichen Person, ihr eigenes Portrait, ihre Schönheit sogar. Ist es nicht oft zu entdecken, daß Menschen gerade in dem, was sie für ihre Mängel hielten, ihre wirkliche Chance finden konnten? Kann es nicht sein, daß Menschen manchmal durch Leid Mitleid lernen, durch die Unfähigkeit zu sprechen eine tiefere Art zu sehen, durch ein fehlendes Glück mitunter empfinden, was gemeinsames Glück schaffen und aufbauen könnte, in Einsamkeit die Fähigkeit ausprägen, zueinander zu finden, daß alles, was wie lahm erscheint, eine eigene Form der Behendigkeit ausprägt, was wie blind erscheint, den Reichtum innerer Gesichte herauffördert, die Taubheit gegenüber dem äußeren Gelärm eine um so größere Hörbarkeit des inneren Wesens vermittelt, und es geschähe schließlich, daß wir Gott am Werke sähen, wo wir bis dahin nichts weiter wahrzunehmen meinten als bedauernswerten Abbruch und Schädigung aller Art?

Es ist das letzte Angebot, das Jahwe dem Moses an dieser Stelle macht, so zu denken, so zu sehen. Mag sein, es bleibt dabei: Dornstrauch, Wüstenexistenz, sperrig, stachelig, lästig, ungenießbar in gewisser Weise, Moses eben, das mag so sein, aber genau dieser Stechstrauch ist durchglüht von Gott, und mehr ist nicht nötig; nicht Perfektion, nicht Ästhetik, aber daß das, was ist, wirklich *lebt*, das ist das ganze Wunder, äußerlich überhaupt nichts, kein neuer Moses, keine veränderte Außengestalt, kein runderneuertes Profil, kein Fitneß-Kurs, nichts auf diese Art zu Besorgendes, aber ein Mann, der *sich wagt*, und ein ganzes Volk, das er mitzieht.

Am Ende geht alles schnell und lautet simpel: »Und jetzt gehst du.« Und falls das noch nicht genügt, folgt dem Befehl ein Zuspruch: »Ich werde mit deinem Munde sein.« Das ist wieder Feuer und Dornbusch, eine zerbrochene Harfe und ein kostbares Lied. Und alle werden's hören, denn: Ich werde es dich lehren. – Der Abstand zur heutigen Theologie könnte nicht größer sein, wo es meist darum geht, zu lehren, was gelehrt wurde. Aber das Leben vor Gott hat genau die entgegengesetzte Richtung: Man weiß überhaupt nichts, man geht in eine Welt hinein, die man nicht kennt, man hat nur eine große Ahnung von dem, was sein müßte, und vertraut drauf, daß Gott es uns sagen wird, wenn's soweit ist. *So* redet Gott, wenn er selbst spricht.

Ich möchte schließen mit einem Psalm aus dem Gebetbuch Israels, das grade diese Erfahrungen, was ist ein Mensch in den Händen Gottes, in einer großen Dichtung so formuliert:

TEXT: Psalm 91

> Wer unter dem Schirm des Höchsten wohnt,
> wer im Schatten des Allmächtigen ruht,
> der darf sprechen zum Herrn: »Meine Zuflucht,
> meine Feste, mein Gott, auf den ich vertraue!«
> Denn er errettet dich aus der Schlinge des Jägers,
> vor Tod und Verderben.
> Mit seinem Fittig bedeckt er dich,
> und unter seinen Flügeln findest du Zuflucht.
> Du brauchst dich nicht zu fürchten vor dem Schrecken der Nacht
> noch vor dem Pfeil, der am Tage fliegt,
> nicht vor der Pest, die im Finstern einhergeht,
> noch vor der Seuche, die am Mittag verwüstet.
> Ob tausend fallen an deiner Seite,
> zehntausend zu deiner Rechten,
> dich trifft es nicht;
> Schild und Schutz ist seine Treue.
> Ja, mit eignen Augen darfst du es schauen,
> darfst sehen, wie den Gottlosen vergolten wird.
> Denn *deine* Zuversicht ist der Herr,
> den Höchsten hast du zu deiner Zuflucht gemacht.
> Es wird dir kein Unheil begegnen,
> keine Plage zu deinem Zelte sich nahen.
> Denn seine Engel wird er für dich entbieten,
> dich zu behüten auf all deinen Wegen.

Sie werden dich auf den Händen tragen,
daß dein Fuß nicht an einen Stein stoße.
Über Löwen und Ottern wirst du schreiten,
wirst zertreten Leuen und Drachen.
»Weil er an mir hängt, will ich ihn erretten,
will ihn schützen, denn er kennt meinen Namen.
Er ruft mich an, und ich erhöre ihn;
ich bin bei ihm in der Not,
reiße ihn heraus und bringe ihn zu Ehren.
Ich sättige ihn mit langem Leben
und lasse ihn schauen mein Heil.«

Es wird noch viele Samstage hin sein, daß wir Moses sehen, der das Land der Verheißung vor sich liegen sieht, das er nicht erreichen wird. Aber die Bibel wird sagen: Selbst in hohem Alter waren seine Augen hell. Und: Es stand kein Prophet mehr auf in Israel, mit dem der Herr geredet hätte von Angesicht zu Angesicht.

23. Oktober 1993

3

Blut kam über das ganze Land

DIE folgenden Kapitel zählen zu den bekanntesten und ganz gewiß zugleich dunkelsten Geschichtspassagen der ganzen Bibel, schillernd zwischen historischer Überlieferung und Mythos, breit ausgemalter Erzählfreude und ritueller Konzentration, in ganz und gar schillernden Motiven der Frömmigkeit und Poesie und in jedem Fall einer nicht endenden Sehnsucht nach Freiheit, koste sie möglicherweise an Leid, was sie wolle.

Die Geschichte beginnt damit, daß Moses seinem eigenen Volk vermeldet: »Gott hat euch angehört«; und damit beginnt die lange Wanderung in ein *eigenes* Leben zu einer *eigenen* Berufung.

Die Erzählung vom Auszug Israels aus Ägypten in einer der Quellenschriften Israels hat die folgende Form gefunden:

TEXT: Ex 4,19–20. 24–26. 29–31; 5,1–23; 6,1; 7,14–18. 20–21. 24

Und der Herr sprach zu Mose in Midian: Geh, kehre nach Ägypten zurück; denn sie sind alle tot, die dir nach dem Leben stellten. Da nahm Mose sein Weib und seine Kinder und setzte sie auf den Esel und kehrte nach Ägypten zurück; auch nahm Mose den Stab Gottes zur Hand.

Unterwegs aber, da, wo er übernachtete, trat ihm der Herr entgegen und wollte ihn töten. Da nahm Zippora einen scharfen Stein, schnitt ihrem Sohne die Vorhaut ab und berührte damit Moses Lenden und sprach: Ein Blutbräutigam bist du mir. Da ließ er von ihm ab. Damals sagte sie »Blutbräutigam« um der Beschneidung willen.

Da gingen Mose und Aaron hin und versammelten alle Ältesten der Israeliten. Und Aaron verkündete alle Worte, die der Herr zu

Mose geredet hatte; und dieser tat die Zeichen vor den Augen des Volkes, und das Volk glaubte. Und als sie hörten, daß der Herr sich Israels angenommen und daß er ihr Elend angesehen habe, verneigten sie sich und warfen sich nieder.

Darnach gingen Mose und Aaron hinein und sprachen zum Pharao: So spricht der Herr, der Gott Israels: Laß mein Volk ziehen, daß es mir in der Wüste ein Fest feiere. Der Pharao antwortete: Wer ist der Herr, daß ich ihm gehorchen und Israel ziehen lassen müßte? Ich weiß nichts von dem Herrn, und ich werde Israel auch nicht ziehen lassen. Da sprachen sie: Der Gott der Hebräer ist uns begegnet. Laß uns doch drei Tagereisen weit in die Wüste ziehen und dem Herrn, unserm Gotte, opfern, daß er nicht mit der Pest oder mit dem Schwerte über uns komme. Der König von Ägypten aber sprach zu ihnen: Warum, Mose und Aaron, wollt ihr das Volk von seiner Arbeit abziehen? Fort an eure Fron! Dann sprach der Pharao: Wahrlich des Gesindels ist schon genug, und ihr wollt sie noch von ihrem Frondienst feiern heißen? Darum befahl der Pharao am selben Tage den Fronvögten und Aufsehern des Volkes: Ihr sollt den Leuten zum Ziegelmachen kein Stroh mehr geben wie bisher. Sie sollen selbst hingehen und sich Stroh zusammenlesen. Doch die bestimmte Zahl der Ziegel, die sie bisher machten, sollt ihr ihnen gleichwohl auflegen; ihr dürft nichts davon ablassen, denn sie sind faul. Darum schreien sie: »Wir wollen hingehen und unserm Gotte opfern.« Die Arbeit soll schwer auf den Leuten lasten, daß sie damit zu schaffen haben und sich nicht an trügerische Worte kehren. Da gingen die Fronvögte und Aufseher des Volkes hinaus und verkündeten dem Volke: Der Pharao befiehlt, daß man euch kein Stroh mehr gebe. Geht selbst hin und holt euch Stroh, wo ihr es findet; von der Arbeit aber wird euch nichts erlassen. Da zerstreute sich das Volk im ganzen Lande Ägypten, um Stroh zu Häckerling zu sammeln. Und die Fronvögte bedrückten sie und sprachen: Ihr müßt dieselbe Arbeit leisten, an jedem Tage das bestimmte Maß, wie vorher, als das Stroh da war. Und die Aufseher der Israeliten, die von den Fronvögten des Pharao über sie gesetzt waren, wurden geschlagen, und man sprach zu ihnen: Warum habt ihr heute euer bestimmtes Maß Ziegel nicht voll abgeliefert wie bisher? Da gingen die Aufseher der Israeliten hinein und klagten vor dem Pharao: Warum verfährst du so mit deinen Knechten? Man gibt deinen Knechten kein Stroh, und doch sagt man zu uns: »Schaffet Ziegel!« Und nun werden deine Knechte gar noch geschlagen; so versündigst du dich an deinem Volke. Er aber sprach: Faulenzer seid ihr, Faulenzer! Darum sprecht ihr: »Wir wollen hingehen und dem Herrn opfern.« Nun fort an die Arbeit! Stroh wird euch nicht geliefert, aber die bestimmte Zahl von Ziegeln sollt ihr liefern!

Da sahen die Aufseher der Israeliten, daß es mit ihnen übel stand, weil man ihnen sagte: Ihr dürft eure tägliche Leistung an Ziegeln nicht vermindern. Als sie nun vom Pharao hinweggingen, trafen sie Mose und Aaron an, die dastanden und auf sie warteten, und sie sprachen zu ihnen: Der Herr strafe euch und ahnde es, daß ihr uns beim Pharao und seinen Leuten verhaßt gemacht und ihnen das Schwert in die Hand gegeben habt, uns zu töten. Da wandte sich Mose wieder an den Herrn und sprach: Herr, warum handelst du so übel an deinem Volke? Warum hast du mich denn gesandt? Seitdem ich zum Pharao gegangen bin, in deinem Namen zu reden, hat er an diesem Volke übel gehandelt; aber gerettet hast du dein Volk nicht.

Der Herr aber sprach zu Mose: Nun sollst du sehen, was ich dem Pharao tun werde; denn, durch eine starke Hand gezwungen, wird er sie ziehen lassen, ja, durch eine starke Hand gezwungen, wird er sie aus seinem Lande vertreiben.

Da sprach der Herr zu Mose: Das Herz des Pharao ist verstockt; er weigert sich, das Volk ziehen zu lassen. Begib dich morgen früh zum Pharao, wenn er ans Wasser hinausgeht; tritt ihm entgegen am Ufer des Nils, in der Hand den Stab, der zur Schlange geworden ist, und sprich zu ihm: Der Herr, der Gott der Hebräer, hat mich zu dir gesandt, um dir zu sagen: »Laß mein Volk ziehen, daß es mir in der Wüste diene!« Doch du hast bisher nicht hören wollen. Darum spricht der Herr also: Daran sollst du erkennen, daß ich der Herr bin: siehe, ich will mit dem Stab in meiner Hand auf das Wasser im Nil schlagen, und es wird sich in Blut verwandeln; die Fische im Nil werden sterben, und der Nil wird stinkend werden, daß es die Ägypter ekeln wird, Wasser aus dem Nil zu trinken. Mose und Aaron taten so, wie der Herr geboten hatte: er erhob den Stab und schlug vor den Augen des Pharao und seiner Leute auf das Wasser im Nil, und alles Wasser im Nil verwandelte sich in Blut; die Fische im Nil starben, und der Nil ward stinkend, so daß die Ägypter kein Wasser aus dem Nil mehr trinken konnten. Und das Blut kam über das ganze Land Ägypten. Alle Ägypter aber gruben in der Umgebung des Nil nach Wasser, um zu trinken; denn das Wasser aus dem Nil konnten sie nicht trinken.

Es wird nichts helfen; es wird die nächste Plage kommen. Frösche werden aus dem Nil ans Festland kommen. Es wird nichts helfen. Bremsen werden übers Land gehen und die Leute stechen samt dem Vieh. Es wird nichts helfen. Beulenpest wird Menschen und Tiere treffen. Es wird nichts helfen. Hagel wird niedergehen über Ägypten. Es wird nichts helfen. Eine Heuschreckenplage wird über Gesamtägypten fallen und alle Fruchtbestände zerfressen, bis es kahl steht. Es wird nichts helfen. Moses wird verlangen, alles mitnehmen zu dürfen, das gesamte Vieh, alle Frauen und Kinder, und wie früher schon wird der Pharao unter dem Gewicht göttlicher Drohungen und Strafen sagen: »Ich habe gesündigt, nun ziehet hin.« Kaum atmet er auf, nimmt er die Weisung zurück, und alles beginnt von vorn. Schließlich spricht er: »Hinweg! Hüte dich, mir nochmals unter die Augen zu treten. Sobald du mir wieder unter die Augen trittst, mußt du sterben.« Moses antwortete: »So sprichst du; ich werde dir nicht mehr unter die Augen treten.«

Text: Ex 11,1–6; 12,21–23. 27–39; 13,20–22

Darnach sprach der Herr zu Mose: Noch eine Plage will ich über den Pharao und über Ägypten bringen; dann wird er euch von hier wegziehen lassen, und wenn er euch entläßt, wird er euch sogar samt und sonders von hier fortjagen. Sage den Leuten, sie sollen sich ein jeder von seinem Nachbarn und eine jede von ihrer Nachbarin silberne und goldene Schmucksachen erbitten. Und der Herr verschaffte dem Volke Gunst bei den Ägyptern; der Mann Mose war sogar hochangesehen im Lande Ägypten, bei den Leuten des Pharao und beim Volke. Und Mose sprach [zum Pharao]: So spricht der Herr: Um Mitternacht werde ich mitten durch Ägypten schreiten; dann wird jeder Erstgeborene in Ägypten sterben, vom Erstgeborenen des Pharao, der auf seinem Throne sitzt, bis zum Erstgeborenen der Sklavin hinter der Handmühle, auch alle Erstgeburt unter dem Vieh. Da wird großes Wehklagen sein im ganzen Lande Ägypten, desgleichen nie gewesen ist und nie wieder sein wird.

Darnach sprach der Herr zu Mose und Aaron im Lande Ägypten: Dieser Monat soll für euch der erste Monat sein; von ihm an sollt ihr die Monate des Jahres zählen. Sprecht zu der ganzen Gemeinde Israels: Am zehnten Tage dieses Monats nehme sich ein jeder ein Lamm, nach der Zahl der Familien, je ein Lamm für eine Haushaltung. Wenn aber für ein Lamm in einem Hause zu wenige sind, so nehme er es zusammen mit dem Nachbarn, der zunächst bei seinem Hause wohnt, nach der Zahl der Seelen; so viele, als nötig sind, ein Lamm aufzuessen, sollt ihr auf das Lamm rechnen. Ein fehlloses, männliches, einjähriges Lamm soll es sein; aus den Schafen oder Ziegen sollt ihr es nehmen. Und ihr sollt es aufbehalten bis zum vierzehnten Tage dieses Monats; dann soll die ganze Gemeinde Israels es schlachten um die Abendzeit. Und sie sollen von dem Blute nehmen und die beiden Türpfosten und die Oberschwelle an den Häusern, in denen sie es essen, damit bestreichen, das Fleisch aber sollen sie in derselben Nacht noch essen; am Feuer gebraten sollen sie es essen und ungesäuertes Brot mit bittern Kräutern dazu. Ihr sollt nichts davon roh essen oder im Wasser gesotten, sondern am Feuer gebraten, den Kopf mitsamt den Schenkeln und den innern Teilen. Und ihr sollt davon nichts übriglassen bis zum Morgen. Was aber bis zum Morgen davon übrigbleibt, sollt ihr verbrennen. So sollt ihr es essen: die Lenden gegürtet, die Schuhe an den Füßen und den Stab in der Hand. Ihr sollt es essen in angstvoller Eile; ein Passa für den Herrn ist es. Und ich werde in derselben Nacht durch das Land Ägypten schreiten und alle Erstgeburt im Lande Ägypten erschlagen, von den Menschen sowohl als vom Vieh, und an allen Göttern der Ägypter werde ich ein Strafgericht vollstrecken, Ich, der Herr. Und das Blut soll ein Schutzzeichen für euch sein an den Häusern, in denen ihr seid; wenn ich das Blut sehe, werde ich an euch vorübergehen, und kein Schlag soll euch vernichtend treffen, wenn ich das Land Ägypten schlage. Und dieser Tag soll für euch ein Gedenktag werden, und ihr sollt ihn feiern als ein Fest des Herrn; von Geschlecht zu Geschlecht, als ewige Ordnung, sollt ihr ihn feiern.

Sieben Tage lang sollt ihr ungesäuertes Brot essen; gleich am ersten Tage sollt ihr den Sauerteig aus euren Häusern hinwegtun. Denn jeder, der gesäuertes Brot ißt, dessen Seele soll aus Israel ausgerottet werden – [das gilt] vom ersten Tage bis zum siebenten Tag. Am ersten Tage sollt ihr eine heilige Versammlung halten, ebenso am siebten Tage eine heilige Versammlung. Keinerlei Arbeit soll an diesen [Tagen] getan werden; nur was ein jeder zum Essen nötig hat, das allein darf von euch zubereitet werden. Und beobachtet [die Vorschrift über] die ungesäuerten Brote. Denn an ebendiesem Tage habe ich eure Heerscharen aus dem Lande Ägypten herausgeführt; darum sollt ihr diesen Tag halten von Geschlecht zu Geschlecht, als ewige Ordnung. Am vierzehnten Tage des ersten Monats, am Abend, sollt ihr ungesäuertes Brot essen bis zum Abend des 21. Tages des Monats. Sieben Tage lang darf sich kein Sauerteig in euren Häusern finden. Denn jeder, der Gesäuertes ißt, dessen Seele soll ausgerottet werden aus der Gemeinde Israels, er sei Fremder oder Einheimischer. Nichts Gesäuertes dürft ihr essen; in all euren Wohnsitzen sollt ihr ungesäuertes Brot essen.

Da berief Mose alle Ältesten Israels und sprach zu ihnen: Nehmt eilends Schafe, für jede Familie eines, und schlachtet das Passa. Dann nehmt ein Büschel Ysop und tunkt es in das Blut im Becken und streicht von dem Blut im Becken an die Oberschwelle und die beiden Türpfosten; von euch aber soll bis zum Morgen keiner vor der Türe seines Hauses treten. Denn der Herr wird durch das Land schreiten, um die Ägypter zu schlagen. Wenn dann der Herr das Blut an der Oberschwelle und an den beiden Pfosten sieht, so wird er an der Türe vorübergehen und den Würgengel nicht in eure Häuser kommen lassen, [euch] zu schlagen. Da verneigte sich das Volk und warf sich nieder. Und die Israeliten gingen hin und taten, wie der Herr dem Mose und dem Aaron geboten hatte; so taten sie.

Und es begab sich um Mitternacht, da schlug der Herr alle Erstgeburt im Lande Ägypten, vom Erstgeborenen des Pharao, der auf seinem Throne saß, bis zum Erstgeborenen des Gefangenen, der im Kerker lag, und alle Erstgeburt des Viehs. Da stand der Pharao auf in jener Nacht, er und alle seine Leute und alle Ägypter, und es erhob sich ein großes Wehklagen in Ägypten; denn es gab kein Haus, in dem nicht ein Toter war. Und er ließ noch in der Nacht

Mose und Aaron rufen und sprach: Macht euch auf und zieht hinweg aus meinem Volke, ihr sowohl als die Israeliten! Geht, dient eurem Gott, wie ihr gesagt habt. Nehmt auch eure Schafe und Rinder mit euch, wie ihr gesagt habt, und geht, und verschafft auch mir Segen. Und die Ägypter drängten das Volk, um es eilends aus dem Lande zu bringen; denn sie sagten: Wir sind sonst alle des Todes. Und die Leute nahmen ihren Teig mit, ehe er durchsäuert war, indem sie die Backschüsseln in ihre Mäntel gewickelt auf den Achseln trugen. Die Israeliten hatten aber nach dem Worte Moses getan und sich von den Ägyptern silberne und goldene Schmucksachen und Kleider erbeten. Und der Herr hatte dem Volke bei den Ägyptern Gunst verschafft, daß sie ihrem Begehren willfahrten; so beraubten sie die Ägypter. Nun brachen die Israeliten auf von Ramses nach Sukkoth, an die 600000 Mann zu Fuß, die Kinder nicht gerechnet. Auch viel fremdes Volk zog mit ihnen, dazu Schafe und Rinder, eine gewaltige Menge Vieh. Und sie buken aus dem Teige, den sie aus Ägypten mitgebracht, ungesäuerte Brotkuchen; denn er war noch ungesäuert, weil sie aus Ägypten vertrieben worden waren und nicht länger hatten zögern können; auch hatten sie sich keine Wegzehrung bereitet.

Darnach brachen sie von Sukkoth auf und lagerten sich in Etham am Rande der Wüste. Der Herr aber zog vor ihnen her, am Tage in einer Wolkensäule, um ihnen den Weg zu zeigen, und des Nachts in einer Feuersäule, ihnen zu leuchten, damit sie bei Tag und bei Nacht wandern könnten. Nie wich die Wolkensäule am Tage und nie die Feuersäule bei Nacht von der Spitze des Zuges.

Ist ein solches Bild von Gott überhaupt zumutbar, und was fangen wir an mit der biblischen Gestalt eines Jahwe, der seinem eigenen Gesandten in den Weg tritt in der Nachtstunde auf dem Weg zurück nach Ägypten, um ihn zu ermorden? Wie soll ein Gott verstehbar oder auch nur erträglich sein, der zur Mitternachtsstunde in Ägypten umgeht und die Erstgeburt mordet, wie ein Dämon blutsaufend und blutgierig, so daß man Schwelle und Pfosten mit Getötetem beschmieren muß, um ihn zu versöhnen und zum Weitergehen zu bestimmen? Es ist ein Gott schrecklich in den Strafen, präzise in seinen Schlägen, machtvoll in seinen Worten, das muß man zugeben – aber läßt sich mit ihm in der Parteilichkeit, mit der er ein Volk gegen das andere und sich selbst als Gottheit gegen die fremden Götter stellt, ein humanes Auskommen finden? Was soll die religiöse Botschaft solcher Texte sein? Muß man sie immer wieder lesen, in den Schulen schon, um die Kinder zu erschrecken, indem man sie so viele Strafen in der einen Quellenschrift und insgesamt zwölf im ganzen Pentateuch auswendig lernen läßt? So kann Gott tun, und immer sollen die Alpträume wahr werden oder gar noch den Hintergrund von Hoffnung bieten?

Eines verstehen wir: Genau diese Geschichte vom Auszug aus Ägypten hat eine gräßliche Modernität. Wahrscheinlich wird man im 21. Jahrhundert das ausgehende zweite Jahrtausend in der letzten Hälfte seines letzten Jahrhunderts als die Zeit des Exodus beschreiben. Kaum eine Geschichtsperiode hat eine solche Vielzahl von Freiheitskämpfen zu verzeichnen wie die unsere. Immer wieder stehen da Völker im Namen ihrer Hoffnungen auf Selbstbestimmung und Würde gegen ihre Tyrannen auf, schütteln das Joch einer oft jahrhundertelangen Ausbeutung und Sklaverei ab und wissen auf dem Wege zu sich selbst keinen anderen Weg mehr, als dem Gegner, dem Verbündeten von ehemals, jeden beliebigen Schaden zuzufügen, planvoll berechnet auf ein einziges Ziel hin: Man muß ihn dahin bringen, daß er förmlich winselt, man möge endlich die verweigerte Freiheit ergreifen und ihn in Ruhe lassen.

In dem italienischen Film von Pontecorvo »Die Schlacht um Algier« fragt einer der Untergrundkämpfer seine Genossen in der Überlegung, was man tun könne, die Kolonialherrschaft Frankreichs abzuschütteln: »Sag mir, wie hat Moses in Ägypten gehandelt?« Und die Augen des so Gefragten beginnen zu leuchten, denn er versteht: Er hat Qual und Plage gelegt auf den Pharao und schreckliche Last über das Land gebracht. »So werden wir tun«, sagen sie sich, und die Logik der Guerilla beginnt. – Sie können sie bis heute verfolgen: im Freiheitskampf zionistischer Juden gegen die britische Kolonialherrschaft in Palästina, im Freiheitskampf der Palästinenser gegen die Unterdrückung durch den israelischen Staat in Palästina und später in den eroberten Gebieten, im Freiheitskampf der Vietnamesen gegen die Franzosen, gegen die Amerikaner, im Kampf der Algerier, noch heute im Kampf der katholischen IRA gegen die britische Herrschaft über Irland. An jeder dieser Stellen sagt das Weltgewissen eigentlich, die Aufständischen haben recht, ihre Ideale, ihre Vorstellungen, gemessen an der UN-Charta vom Selbstbestimmungsrecht der Völker, sind recht. Aber dann sind wir wieder unschlüssig. Grad am heutigen Tag protestieren Tausende von Kurden mit dem Ruf nach einem unabhängigen, freien Kurdistan für mehr als 16 Millionen Menschen. Es gibt ein Selbstbestimmungsrecht der Völker, aber in Wirklichkeit haben wir nur ein Selbstbestimmungsrecht der Staaten, und deren Integrität scheint in jedem Augenblick wichtiger als das, was Menschen als Völker und Nationen wollen. Wo fängt das überhaupt an, ein Volk, das sich selbst bestimmten könnte, bei 2 Millionen Abchasiern, bei 16 Millionen Kurden, bei 17 Millionen Ostdeutschen, bei 60 Millionen Westdeutschen? An welcher Zahl mißt man menschliches Recht? Aber wenn das alles schon so unklar ist, was bleibt dann den Unterdrückten, als den Weg der Gewalt anzutreten?

Anscheinend ist er immer wieder nötig. Erste Phase des Guerillakrieges: Man muß Scheußlichkeiten begehen, die den Gegner zwingen zurückzuschlagen, noch härter, noch brutaler, damit seine Gewalt sich manifestiert und objektiv sichtbar wird. Also legt man Bomben in den Cafés, in der Nähe der Krankenhäuser, an den zivilen Versorgungsstationen. Es sind furchtbare Verbrechen, die begangen werden, damit sie blutig und brutal geahndet werden. – Die zweite Phase des Guerillakrieges: Es spalten sich die Gegner, die bis dahin vermischt, kooperativ zusammen gelebt hatten, in unversöhnliche Feinde. Die Kolonialmacht und die Unterdrückten polarisieren sich. Die Härte der Strafen erscheint selbst wieder ungerecht und verstärkt den Willen zum Widerstand. Es gilt, dem Gegner die Taktik zu erklären. Man wird immer wieder hingehen und erläutern, was geschieht, und immer weiter an der Spirale der Gewalt, des Schmerzes drehen.

Es gibt im 20. Jahrhundert nur eine einzige Befreiungsgeschichte, die anders aussah, als sie begann: unter Mahatma Gandhi in Indien. Und kaum war er tot, glitt auch dieser Subkontinent in die gleichen Praktiken ab, die überall üblich sind; Inder im Kaschmirtal, Greuel über Greuel.

Das ist die Geschichte, wie wir sie kennen, und das Furchtbare: Sie kann sich scheinbar auf heilige Urkunden berufen, auf die Bibel selbst. So muß es sein, so will es der Freiheitswille, so ist es scheinbar von Gott selbst legitimiert. Es nützt nichts zu sagen: Moses handelt ja gar nicht, Israel tut ja gar nichts, es ist Gott, der mit Hilfe der Natur all das über Ägypten bringt. Es ist im Grunde eine magisch projizierte Form des Sadismus, der Grausamkeit, der zugefügten Strafe. Fast noch schlimmer, als wenn es Menschen täten, ist diese Vergeltungsautomatik, die da abrollt Rad für Rad, Drehung für Drehung.

Wenn wir es dennoch wagen, die Geschichte des Exodus als eine wirklich religiöse Urkunde zu lesen, müssen wir einen Trennungsstrich ziehen zwischen all dem, was sich äußerlich und historisch mit der Erzählung Israels vom Auszug aus Ägypten verbinden läßt. Geschichten dieser Art müssen aufhören, die Legitimation für politische, moralisch ideologisierte Inhumanität und Grausamkeit zu bieten. Es gibt da keinen Kompromiß. Wenn der Weg in die Freiheit immer wieder nur durch die Schlächterei von Menschen beschritten werden kann, was für eine Freiheit ist das dann am Ende? Sollten wir den Zynismus des Erfolges einklagen und die Fragen beantworten, ob es jemals einen Staat Israel gegeben hätte ohne den Terror der Hagana in den dreißiger Jahren, ob es jemals Gespräche zwischen Palästinensern und Juden gäbe ohne den erbitterten Widerstand Tausender von Attentaten in den besetzten Gebieten, ob es jemals einen freien Baskenstaat oder ein freies Irland geben würde, ohne daß die ETA und die irische Untergrundarmee weiter ihre Terrorakte führen?

Schon wenn wir so fragen, stellt sich ja die Problematik tiefer. Warum fällt es Menschen so schwer, andere Menschen in die Freiheit ziehen zu lassen? Es nützt nichts, daß wir die Frage im allgemeinen beantworten, indem wir sagen: Es gibt ein Gesetz der Trägheit, nach welchem das Bestehende sich gegen das sich Verändernde, das Alte gegen das Neue, die Eltern gegen die Kinder, die Herrschenden gegen das eigene Volk wehren, es gibt eine Tendenz zur Beharrung im Verfestigten, so daß notfalls jeder Aufbruch identisch ist mit Revolution und Gewalt. Es ist *zu* allgemein, so zu sprechen, und richtiger, weiser jedenfalls wäre es, die inneren Widerstände auf dem

Wege zur Freiheit anhand dieser Erzählung durchzugehen, so daß sich *innerlich* begibt, was draußen schrecklich ist.

Eine solche Verlagerung, in welcher historisch scheinende Erzählungen, mythische, ritualisierte Texte der Vergangenheit nach innen gezogen werden und sich wie ein eigenes Erleben darstellen, scheint mir die einzige Form einer Vermenschlichung der religiösen Urkunden der Vergangenheit zu sein. Um es einmal so zu sagen: Wir Menschen tragen alles das in uns, wovon hier die Rede geht, aber wenn wir es nicht als *innerlich* durcharbeiten, geraten wir immer wieder in die Notlage, es nach außen zu tragen und dann so zu tun, wie wir es zunächst fühlen. In unserer Gesellschaft gibt es wohl nur einen einzigen Weg, wo man die nichtgelebten Aggressionen, die Rachephantasien, die Qualvorstellungen, verbunden mit geheimen Hoffnungen, ausagiert und austobt. Das sind die Winkel dessen, was wir heute Psychotherapie nennen. Erst wenn man symbolisch begreift, was da äußerlich dargestellt wird, vermeidet man, es auch in der Wirklichkeit draußen tun zu müssen, und hat mindestens eine Chance, es hinter sich zu bringen und zu integrieren in eine lebendigere Menschlichkeit. Dann auch ist es unvermeidbar, sich auf solche Texte einzulassen. Es hat ja keinen Sinn, daß wir sagen: Wir schaffen einfach diese Passagen der Bibel ab, wir reißen die Seiten heraus und tun sie in den Papierkorb der Vergangenheit. Es gibt für uns Christen die Bergpredigt, es gibt die Predigten der Aufklärer, es gibt die Vernunft eines Voltaire, irgendwann schütteln wir die ganze Vergangenheit ab und werden gute Menschen. Wir setzen vor allem den moralischen Imperativ gegen die Barberei, wir verbieten einfach, daß es so etwas gibt. Es kann nicht nützen, so zu tun, ganz im Gegenteil. Die Schatten der Vergangenheit würden nur noch größer. Die Herausforderung solcher Erzählungen besteht in der Tat darin, daß wir sie durchkneten und durcharbeiten, bis wir uns darin wiedererkennen, auch und grade im Ungeheuerlichen, und uns fragen, was da los ist, wieso der Weg zu unserer Freiheit immer wieder bis zum Ungeheuerlichen sich in der Dramaturgie der Seele so darstellt wie hier beschrieben.

Gleich der Anfang stellt die Bibelerklärer bis heute vor ein Rätsel. Kann denn Jahwe, der Gott, der grade noch zu Moses gesagt hat: »Geh und befreie dein Volk aus Ägypten!«, kaum daß dieser sich aufmacht, in dem Wissen, die ihm Nachstellenden seien verstorben, jetzt selbst ihm in den Weg treten in der Absicht, seinen Gesandten zu töten? Schon diese ungeheure Ambivalenz des Göttlichen, daß ein und dieselbe Kraft etwas befiehlt, das zu vernichten sie zugleich nicht weiter ansteht, ist unheimlich, rätselhaft, bedarf aber der Klärung, wenn ein Leben mit solchen Widersprüchen überhaupt gelingen soll.

Das Ritual der Zippora ist noch sonderbarer. Daß sie ihren eigenen Sohn beschneidet, um mit seiner Vorhaut die Lenden ihres Mannes zu bestreichen, – soll das ein Ritus der Beschneidung sein, und erst wenn er vollzogen wäre, ließe Jahwe ab von Moses? Sie begreifen sofort: So wahnsinnig diese Gespensterszenen sind, so sicher und notwendig brauchen sie eine Auflösung. Irgend etwas muß damit gemeint sein, so klar wie wenn wir nachts erschrocken aufwachen und einen Alptraum vor uns haben. Wenn wir ihn nicht verstehen, holt er uns ein. Nur: Welche Erklärungen gibt es für derlei Erfahrungen und Vorstellungen?

Beginnen wir mit diesem Eingangsbild und nehmen wir es als eine Szene ganz im Inneren, wirklich wie einen Traum, der uns heimsucht unterwegs auf einem Weg, den wir zurücklegen in eine Vergangenheit, vor der wir geflohen sind und bei der wir doch anknüpfen müssen, um nach vorn, zu uns selbst, zur Freiheit, zu einem Land unter den eigenen Füßen hinzugelangen. Nehmen wir sogar, noch konkreter, an dieser Stelle die Beziehung zu dem, was später ist. Unter den Auslegern ist es so nie gesehen worden, mir aber scheint, daß beides sich wechselseitig erklären muß. Da wird Moses gerettet durch ein Teilopfer des Bluts seines eigenen Sohnes. Das soll die Beschneidung sein, eines der Rituale Israels. Und am Ende der Geschichte, im Passah-Ritual, wird Gott als eine väterliche Macht einhergehen und die Erstgeburt der Ägypter töten und nur durch deren Blut sich besänftigen lassen. Offenbar gibt es irgendeine untergründige Verbindung zwischen Beschneidung und Passah, an dieser Stelle sogar eine bewußte Konstruktion der Verschmelzung und der inneren, wechselseitigen Beziehung. Wir verstehen am Anfang gerade soviel, daß Moses, noch ehe sein Weg eigentlich beschritten werden kann, am eigenen Leib, in der eigenen Familie in Angst vorwegnimmt, was später, gegen den Feind gewendet, zur Freiheit Israels geraten wird. Wenn das stimmt, können wir auch so sagen: Es ist nur dann möglich, zur Freiheit hinzufinden, wenn alle Ängste, die denkbar sind, alle Schrecknisse, die sich zufügen lassen, im Innersten selbst, im Nahbereich der eigenen Existenz, durchlebt und durchlitten worden sind. Eine wirkliche Initiationsszene des Führers Israels ist diese Art der Beschneidung hier am Anfang, und man versteht bis dahin in der ganzen Zerrissenheit des Gottesbildes, daß dieselbe Macht, die schrecklich genug ist, den Feind zu besiegen, auch diese furchtbaren Züge haben muß, damit sie bergend und schützend sei in all der Auseinandersetzung.

Noch genauer aber handelt es sich bei diesem Beschneidungsritus hier am Anfang um eine Szene zwischen Moses und Zippora. Und sprächen wir einen Moment lang – statt von der Freiheit, vom Aufbruch eines ganzen Volkes in seine eigene Geschichte – von dem Weg eines einzelnen Menschen in die Liebe, würde sich die Geschichte vom Exodus Israels weit intimer, persönlicher, verständlicher noch einmal neu erzählen. Mir scheint, daß die Beschneidung in dieser Form selbst psychoanalytisch einen merkwürdigen Hintergrund verrät. Man versteht ihn eigentlich nur, wenn man das Rätselhafte mit anderen, genauso merkwürdigen Berichten vergleicht, wie wir sie in den Märchen und Mythen der Völker sehr zahlreich finden. Was soll das, daß da einem Kind, einem Jungen, der auf die Welt kommt, in einem Zeremoniell unter Schmerzen die Vorhaut beschnitten wird? Schon das Thema mutet bizarr an, aber es bleibt uns nichts übrig, als ihm nachzugehen. Es liegen viele Gefühle in dem Absonderlichen, die darauf warten, daß wir sie kennenlernen, weil wir sie anders nicht werden abschütteln können. Wir finden in den Erzählungen der Mythen und Märchen der Völker die Eigentümlichkeit, daß ein Vater seine eigene Tochter oft genug nur dann in die Ehe gibt, wenn der künftige Schwiegersohn eine schier unlösbare, lebensgefährliche Aufgabe erfüllt. Die Tochter des eifersüchtigen Vaters wird als Preisjungfrau in die Ehe gegeben, aber die Hochzeit selbst ist wie ein Ringen zwischen dem Vater und dem neuen Liebhaber. Eine solche Geschichte finden Sie im ersten Buche Samuel im 18. Kapitel. David bewirbt sich da um Michal, die Tochter Sauls: der König aber verlangt, daß David ihm als Brautwerbungsgeschenk hundert Vorhäute erschlagener Philister bringt, in der Hoffnung, David komme dabei um; hundert Philister zu töten, das schafft er nie. Doch David, ein Mann wie er, bringt es auf zweihundert Vorhäute, und Saul kann nicht anders, als ihm Michal zu geben. Diese Frau wird später stets depressiv bleiben.

Da haben wir ein Motiv, durch das wir uns Aufklärung über vielerlei verschaffen können, was wir alltäglich erleben, die Mühe eines Vaters zum Beispiel, seine eigene Tochter in ihr Leben zu schenken. Er liebt sie, er hat sie geliebt all die Jahre, er hat sie großgezogen, er hat seine Freude an ihr gehabt, wir unterstellen gar nichts Böses. Aber nun soll sie von ihm gehen und verliebt sich in einen anderen Mann. Es ist nicht schwer vorstellbar, daß allein diese Umwendung eines heranwachsenden Mädchens, das zu einer Frau wird, in den Augen des Vaters wie Treulosigkeit erscheint, wie Undankbarkeit, wie ein Verrat, gegen den er sich wehren muß, und ein ganzer Teil in der Seele vieler Väter will diesen Schritt in die Freiheit der eigenen Tochter ganz und gar nicht und wird hundert Gründe erfinden, die dagegen sprechen. – Im Munde des Pharaos ein ganz einfacher Grund: Freiheit ist die Umschreibung für Faulheit. Du willst es dir nur bequem machen, du willst deine Pflichten nicht erfüllen, du bist kein anständiger Mensch mehr, du willst nur ein leichtes Leben haben – so klingt der Ruf nach der Freiheit stets in den Ohren der Unterdrücker. Bis in unsere Kirche hinein kennen wir diese Mißdeutungen. Sagt in unserer Gesellschaft heute jemand im Raum der Kirche: »Achtung des Gewissens, Rücksicht auf die persönliche Entscheidung, Wertschätzung der Reifung eines jeden Individuums!«, dann werden die Herren an der Spitze wieder sagen: »Das verrät lediglich Beliebigkeit, Willkür; da kann ja jeder machen, was er möchte, das ist nicht streng, nicht moralisch, ist nicht ordentlich.« Freiheit ist da das Tabuthema, das man niederzwingen muß mit um so härteren drakonischen Maßnahmen.

Wenn ihr frei sein wollt, so die Logik des Pharao, bitteschön, dann schafft euch eure Arbeitsmittel selbst, das sei eure Freiheit. Ihr könnt unabhängig sein, indem wir euch kein Häcksel liefern. Freiheit will erworben werden. Wenn ihr völlig unabhängig sein wollt, dann durch doppelte Leistung, das sei der Weg, der euch loslöst von den Bindungen, die ihr nicht mehr wollt.

Schon bereitet es sich vor, daß jemand auf dem Wege zu sich

selbst, zu den Menschen, mit denen er bisher gelebt hat, die ihn beschützten, die ihm hilfreich waren, die ihm ein Überleben garantierten, in Konfrontation und Gegensatz gerät. Die Geschichte aller heranwachsenden Jungen und Mädchen kann so sein, und je enger die Bindungen, je stärker die Abhängigkeiten, desto heftiger die Widersprüche. Am Ende ist es so schwer zu erklären, was Freiheit wirklich heißt. Sollte da ein Mädchen seinem Vater sagen: »Bitte vertrau mir doch, ich mache mir das Leben gar nicht leicht. Es wäre viel leichter, wenn ich hier sitzenbliebe, ewig verschüchtert, ewig abhängig, ewig nur deine Tochter; ich brauchte die nächsten fünfzig Jahre lediglich so zu bleiben, wie du mich wünschst, ich trage meine Haare niemals anders, ziehe immer die gleichen Kleider an, wenn sich dein Geschmack nicht ändert, ich spreche die Worte, die du mir vorsagst, mein ganzes Leben könnte ganz, ganz einfach sein. Wie eine Grammophonplatte könnte es ablaufen fünfzig Jahre lang, und du hättest dauernd deine Lieblingsmusik. So wäre mein Leben einfach. Aber meine Freiheit ist anstrengend, nur du siehst das nicht. Jeder eigene Schritt ist eine Gefahr, oft eine tödliche. Und ich weiß nicht, wie es weitergeht, aber dieses Abenteuer meiner Freiheit will ich, und ich hab einen Grund dafür. Es gibt eine innere Stimme, die sagt: Du mußt das tun.« – Das nennt die Bibel hier Jahwe oder Gott und läßt aus dem Munde des Moses den Israeliten sagen: »Gott hat euch angeschaut in eurem Elend.« Aber diesmal, als Israel sich niederbeugt, geschieht es nicht mehr in Angst und Furcht vor den eigenen Treibern und Bedrückern, sondern um sich aufzurichten in Stolz und Würde. Man will opfern dem *eigenen* Gott, und sei es in der Wüste. Da ist Erinnerung an den eigenen Ursprung, Verknüpfung mit dem eigenen Wesen, und es ist mehr wert, als ein Ein- und Auskommen zu haben, eine relative Versorgtheit und Sicherheit und ein nach Pflicht und Auftrag geregeltes Dasein. Die Freiheit und die Liebe, sie sind die Kräfte, die den Menschen wirklich bestimmen.

Es gibt aber für die merkwürdige Beschneidungsszene vielleicht noch eine andere Ebene der Erklärung, nicht in der Vertikalen zwischen den Generationen, zwischen Vater und Tochter oder Mutter und Sohn, sondern noch intensiver in der Horizontalen zwischen Mann und Frau.

Dieser Tage erzählte mir ein gerade Vater gewordener junger

Student, wie schwer es ihm geworden sei, daß seine Geliebte, seine Freundin, Mutter geworden sei: »Alle meine Gefühle mußten sich plötzlich ändern. Vor allem in den letzten Monaten, bevor sie das Kind gebar, stand ich wie hilflos daneben. Ich erlebte, daß da etwas Eigenes sich entwickelte; das hat mit mir zu tun, aber ich wußte nicht, wie ich darauf Einfluß hätte nehmen können. Auch was sie mir sagte, war oft nicht klar. Möchte sie allein sein? Möchte sie beschützt sein? Was sollte ich für sie tun? Die ehemaligen Formen der Zärtlichkeit wurden fast ganz und gar unmöglich. Sie verlangte, in sie hineinzuhören, teilzuhaben an ihrer Freude, die auch meine Freude war, ganz sicher, und trotzdem, wenn ich ehrlich bin, gab es auch so etwas wie Eifersucht und Neid auf ein Leben, das noch gar nicht sichtbar ist und diese Frau viel mehr beschäftigt als das, was ich ihr sage. Ich komme nach Hause und erzähle von dem, was im Studium los war, und sie erzählt pausenlos von dem, was sie machen wird, wenn das Kind da ist. Daß ich da bin, war ihr fast egal. Und als es dann da war, war es wieder schwierig. Ich stand einfach dumm daneben, so war das. Soll ich sie begleiten, wenn sie das Kind bekommt, oder weggehen? Daß ich ihr Blumen bringe, ist ja klar, aber was danach? Ich kann ihr Geschenke machen, ich kann sie loben, natürlich, und das Kind ist wunderschön, es ist unser Kind, aber meine Frau ist anders geworden, seitdem sie Mutter ist.«

Geschichten dieser Art begeben sich wahrscheinlich immer wieder zwischen Mann und Frau, es verändern sich ihre Rollen. Es gibt Märchen, die sogar dramatisch erzählen, daß Frauen existieren könnten, die Männer überhaupt nur ein einziges Mal brauchen, um ein Kind zu bekommen. Die Männer sind seitdem überflüssig. Nur wenn sie sich so vorkommen, kann man begreifen, daß sie, wie sie in Kindertagen eifersüchtig auf ihr junges Brüderchen waren, jetzt plötzlich auf ihren eigenen Sohn schauen. Mir scheint, daß die Erzählung von der Beschneidung hier solche Motive viel deutlicher zeigt. Es ist ein grausamer Ritus, wenn Zippora die Vorhaut ihres eigenen Sohnes nimmt, um die Geschlechtskraft des eigenen Mannes zu bestärken. Einen Sinn hat das ganze Ritual so in dieser Praktik nicht, und die Eifersucht, die tödliche Vernichtung des eigenen Lebens wie durch eine dämonische Gottheit läßt erst ab von Moses, wenn er Zippora in dieser Weise wiedergewinnt, wenn er ihr Blutbräutigam wird. Da geht die Eifersucht auf den eigenen Sohn dahin, die Frau zurückzugewinnen, indem sie einen Teil des eigenen Glücks des Sohnes opfert zugunsten des Mannes, den sie so wiederfindet.

Noch einmal gesagt: Etwas verstehen bedeutet ab sofort nicht mehr, es heiligzusprechen, es für göttlichen Willen zu erklären oder zu sagen: dabei muß es in Zukunft bleiben; viel besser ist es, wir sagen uns: solche Gefühle kennen wir, und erst dann überwinden wir sie. Kinder können nur leben, wenn Mann und Frau einander wiederfinden in einer Liebe, die nicht basiert auf Opferquälerei und Blutvergießen.

Aber dann müßte sie stark genug sein, die Gottheit selbst zu entdämonisieren und nur noch die Menschlichkeit leben zu lassen. Der Weg dahin geht über eine ganze Kette von Plagen über Ägypten.

Auch dies hat eine Frau mir vor Jahr und Tag einmal erzählt, die in enger kirchlicher Erziehung groß geworden war und nie die Chance gehabt hatte, Liebe und Freiheit kennenzulernen. Ihre Träume waren fast fünf Jahre lang wie ein Kaleidoskop sämtlicher Plagen Ägyptens. Im Hintergrund eine väterliche Macht, eine Moral, ein Überich, das verbietend, zensierend, einengend, festhaltend, mit Schuldgefühlen drangsalierend jede »Begründung« zu weiterer Verpflichtung im Munde hat, ein schrecklicher Pharao. Gott im Himmel, der Papst auf Erden, der Pfarrer am Ort, die eigenen Eltern, die Erzieher in der Schule, alle setzten sie sich zusammen zu diesem Nachtgespenst: Du darfst nicht, und ich will nicht. Wie diese Frau die Liebe lernte, begann ganz so wie hier bei der Geschichte von dem geschlagenen Wasser. Einer ihrer Träume war, daß sie sich am Ufer eines Flusses sieht, der faulig, morastig ist, und sie die Vorstellung hat, daß sie dort hindurchgehen müsse. Sie hatte große Angst davor. Alles, was sie in ihrem Leben aufbrechen wollte, war wie etwas Niederziehendes, schlammig Beschmierendes, Unreines, Fauliges, und sie ekelte sich vor sich selbst, grad vor den Kräften, die eigentlich in ihr fließen wollten, um leben zu dürfen. Ersatzweise grub sie sich andere Orte, im Wissen doch, daß es gar keinen anderen Weg gab.

Es ist möglich, daß man den Anfang zu Liebe und Freiheit zunächst, abgewehrt von den eigenen Moralvorstellungen, wie ein solches Versumpfen, wie ein solches Getötetwerden in den Ressourcen der Lebensenergien selbst erlebt. Und dann kriecht es an Land, macht sich selbständig, überwindet die Schranken. Sie kennen eine solche Geschichte etwa in dem Märchen der Brüder Grimm vom »Froschkönig«, gleich am Anfang der Sammlung. Da ist eine Jungfrau, eine Königstochter, die den Weg der Liebe nur lernt, indem sie ihr eigenes Ich, ihre goldene Kugel, im Brunnen verloren hat. Sie kann sich nur wiedergewinnen durch die Liebe, aber die erste Erscheinung der Gestalt, nach der sie sich sehnt, ist ein froschähnliches, glitschiges Etwas, das herumhüpft, widerlich, schleimig, schmierig, kalt und naß, und sie will es nicht. Genau das überzieht die gesamte Fläche des Landes Ägyptens und ist nicht mehr abzuschütteln.

Noch einen Schritt weiter, und Gott schickt die Bremsen. Es ist keineswegs jetzt mehr die Phantasie, es ist das Erleben am eigenen Körper, an der eigenen Haut. Jene Frau erzählte damals, wie es sie in den Nächten kratzen, jucken, beißen kann, wie ihre Haut aufquillt, lauter Sehnsüchte, die sich im Körper melden und nie eine Erfüllung finden, wie eine Geißel eine ganze Kette psychosomatischer Symptome.

Irgendwann beginnt der Weg zu einem wirklichen Leben, aber dann hebt auch eine Phase ständig niedergehender Ungewitter an: Strafängste, Donnerschläge, Hagel, der herniederfährt und alles an die Erde pressen möchte. Wie viele Mädchen gibt es, die die ersten Erfahrungen in der Liebe im Grunde nur als solch eine Hagelnacht in Erinnerung haben! Das, was hätte schön sein können, war nichts als Angst und Schrecken, niederdrückende Gewalt, voller Schuldgefühle, so daß niemand den andern mehr richtig wahrzunehmen vermochte. – An jeder Stelle steht die Bitte: Jetzt laßt mich endlich ziehen, laßt mich endlich leben, und immer wieder bleibt die Gestalt der Strafinstanz, der Pharao, hart und hartnäckig und weigert sich, dem Drang des Lebens und der Richtung der Vernunft zu folgen.

Am schlimmsten aber: Man weiß selbst nicht, wie es enden wird. Irgendwann kann es doch sein, daß man dasteht wie völlig leergeplündert, alles wie kahlgefressen, das, was bestimmt war, ein blühendes Leben zu sein, wie von Heuschrecken verwüstet. Ist vielleicht nicht doch alles ein Irrweg?

Die erschütterndste Szene der ganzen Exodus-Geschichte ist hier am Anfang bereits greifbar: daß die Aufseher der Israeliten selbst Moses vorwerfen: »Überhaupt nichts hat sich gebessert mit deiner Idee eines befreiten Volkes, sondern nur noch schlimmer ist alles geworden, siehst du, das hast du jetzt davon.« Moses selbst wirft gleich zu Beginn seinem Gott vor, eine wunderbare Vorstellung entworfen zu haben, ohne dafür auch wirklich Freiheit zu schenken. Wieviel an Unterdrückung, an Schmerz ist da nötig! Es wird all die Zeit später so weitergehen. Moses wird zu seinem Gott rufen und ihm sagen: »Bist du nicht vielleicht wirklich nur ein Götzenbild, eine dämonische Fratze, die uns hinausgelockt hat ins Niemandsland, und wir sind dir gefolgt, zum Gespött aller anderen? Wer bist du da, Gott?« Daß wir nie im voraus wissen, wenn wir unterwegs sind zur Freiheit, ob am Ende die Rechnung aufgeht, das ist das Unheimliche. In der Erzählung des Exodus haben wir bislang einen festen Grund unter die Füße bekommen, all die Menschen lieben zu lernen, die die Freiheit wagen und die Liebe lernen, sei's unter so vielen Risiken. Kann es nicht sein, daß selbst das Scheitern am Ende kein Einwand dagegen ist? Das Fatale ist, daß wir bis in den Raum der Religion hinein immer sagen: Es muß ja gut ausgehen, Gott hat es so gewollt, und das zeigt sich daran, daß der Erfolg am Ende alle Strapazen belohnt. Wir lesen die Lebensgeschichten von Menschen, weil sie uns irgendwo in Büchern überliefert sind, von rückwärts her, wir kennen den Ausgang. Aber das wirkliche Leben gestaltet sich umgekehrt: Wir wissen überhaupt *nie*, wie es ausgeht und daß es vielleicht trotzdem von Gott her angeregt wurde, selbst wenn's am Ende katastrophal wurde. Die Geschichte des Neuen Testamentes hält es absolut für möglich, daß es unter Menschenaugen so kommen könnte.

Es bleibt die letzte Strafe, das Passah selbst. Man sieht und weiß nicht, was da wirklich passiert. Plündern die Israeliten die Ägypter aus und füllen sich die Taschen, werden sie in Frieden ziehen gelassen oder hinausgeworfen, fliehen sie in Eile bei Nacht oder Nebel, oder organisieren sie über achthunderttausend Personen auf einem komplizierten Exodusmarsch in Größe und Planung? Wer weiß am Ende, rückblickend auch nur auf sein Leben, was da passiert ist? Da wurde viel gehofft, gedacht, gewünscht, gemacht, aber was war wirklich absichtsvoll, was ist einfach nur passiert? Was war am Ende wirklich krasser Egoismus, und was war wie ein heiliger Dienst, den man tun *mußte*? Wie viele Menschen kenne ich, die aus menschlichen Beziehungen haben aufbrechen müssen, und es tat dem anderen sehr weh. Und als sie's taten, wußten sie gar nicht klar zu unterscheiden: Was ist Flucht in Angst, und was ist Mut zum Sein, was ist eigentlich feige und hinterlistig und gemein, und was ist klar und couragiert und verdient Hochachtung? Alles geht in diesen Zeiten durcheinander.

Dann aber bleibt zu wünschen und zu hoffen, es könne uns ein Gott erspart werden, der nur um den Preis von blutigen Opfern der Erstgeburt bereitsteht, den Pharao zu lehren, wie er das Volk ziehen läßt. Irgendwann, sollte man denken, überwindet sich die Orgie der Zerstörung durch sich selbst. Ich habe, als ich vor über 28 Jahren Priester wurde, nicht geglaubt, daß man Menschen so lange begleiten müßte selbst in ihren Zerstörungsphantasien, ihren Destruktionsneigungen, bis sie's endlich ausagieren und loswerden. Aber da hat die Bibel an dieser Stelle psychologisch recht. Wie oft treffe ich Menschen, die völlig wehrlos sind, die kein Wort des Widerstandes haben, die sich nicht einmal vorstellen können, wie es klingen könnte, »böse« zu sein, d. h. dem anderen einmal unrecht zu geben. Dieselben Leute können plötzlich herzhaft lachen, wenn man die Vorstellung erweckt, jener andere würde phantasievoll mindestens so bestraft, wie er's verdient, oder sogar noch besser. Irgendwie braucht das eigene Ich, die eigene Selbstbestätigung einen Schuß an Aggressivität. Aggression ist ein Ichtrieb, meinte Sigmund Freud einmal; er hat den Zweck, für die Durchsetzung der eigenen Persönlichkeit zu sorgen. Wir werden all das äußerlich tun müssen, wenn wir uns nicht erlauben, es uns wenigstens innerlich so weit vorzustellen, daß es sich von allein ausräumt und abfließt. Da ist ein schrecklicher Gott, so ambivalent, so beschattet von seiner eigenen Unheimlichkeit, daß man irgendwann im Rückblick nicht mehr wünschen kann, die Gottheit der Bibel müsse so verehrt werden. Irgendwann soll die Hoffnung sein, daß man nicht mehr die Pfosten mit Blut bestreichen muß, um lebendig zu bleiben, und nicht mehr die Tötung von Kindern braucht, um hinauszufinden. Die zerstörte Zukunft, selbst die der anderen, ist kein guter Garant für die eigene Hoffnung.

Wie wäre es dann, wenn wir sozusagen mit einer langen Analyse all der Ängste, all der Zwänge, all der Widersprüche einheitlicher fühlen, erleben und träumen könnten? Wir hätten vor uns eine Welt, in der Menschen sich verständigen können, in der sie imstande sind, einander zu erklären: Es gibt keine Mächtigen mehr und keine Abhängigen mehr, sondern Leute, die selbstbewußt voreinander hintreten und sagen: Das brauche ich, und das brauchst du, und darüber laß uns verhandeln. Sie brauchen keine Gewalt mehr, sondern sie legen das Stück Aggression, das nötig ist, in die Peripherie der eigenen Worte zur Abgrenzung, zur Klarstellung, aber mehr auch nicht. Es gibt nicht mehr den Rückstoß der Revanche, es gibt nicht mehr die Aufreizung von Haßgefühlen. Das alles setzt voraus, daß man auf der Klaviatur der Gefühle zu spielen gelernt hat, auch auf den abgründigen Tönen, in den unheimlichen Szenen.

Der Exodus ist nicht, hoffentlich, die Geschichte der ewigen Wiederholung, sondern ein für allemal im Leben jedes Menschen ein Durchgang. Danach beginnt eine Zeit der Wüste, aber das ist schon eine neue Phase des Aufbruchs, eine neue Herausforderung. Bis dahin wird die Gottheit selbst wie eine Säule aus Feuer in der Nacht und eine Säule aus Wolken am Tage stehen. Ihr zu folgen an der Spitze des Zugs ist alles, was wir tun können.

Es gibt für die Tage des Passah in Israel eine Sammlung von Psalmen, die gelesen wurde und die den Ereignissen selbst gewidmet ist, die sogenannten Halleluja-Psalmen, Hymnen auf Gott und seine Macht. Zwei von ihnen lauten so:

TEXT: Psalm 114 und 115

> Als Israel aus Ägypten zog,
> das Haus Jakobs aus dem Volk fremder Zunge,
> da ward Juda sein Heiligtum,
> ward Israel sein Königreich.
> Das Meer sah es und floh;
> der Jordan wandte sich zurück.
> Die Berge hüpften wie Widder,
> die Hügel wie junge Lämmer.
> Was ist dir, du Meer, daß du fliehst?
> du Jordan, daß du zurückweichst?

ihr Berge, daß ihr wie Widder hüpft,
wie junge Lämmer, ihr Hügel?
Vor dem Herrn erbebe, o Erde,
vor dem Angesichte des Gottes Jakobs,
der den Felsen wandelt zur Wasserflut
und den Kiesel zum sprudelnden Quell.

Nicht uns, o Herr, nicht uns,
sondern deinem Namen schaffe Ehre
um deiner Gnade, um deiner Treue willen!
Warum sollen die Heiden sagen:
Wo ist denn ihr Gott?
Ist doch unser Gott im Himmel;
alles, was er will, vollbringt er.
Ihre Götzen sind Silber und Gold,
ein Machwerk von Menschenhänden.
Sie haben einen Mund und können nicht reden,
haben Augen und können nicht sehen;
sie haben Ohren und hören nicht,
haben eine Nase und riechen nicht;
sie haben Hände und können nicht greifen,
haben Füße und können nicht gehen,
geben auch keinen Laut mit ihrer Kehle.
Ihnen werden gleich sein, die sie machen,
alle, die auf sie vertrauen.
Israel, vertraue auf den Herrn!
Er ist ihre Hilfe und ihr Schild.
Haus Aarons, vertraut auf den Herrn!
Er ist ihre Hilfe und ihr Schild.
Die ihr den Herrn fürchtet, vertraut auf den Herrn!
Er ist ihre Hilfe und ihr Schild.
Der Herr hat unser gedacht: er wird segnen,
wird segnen das Haus Israels,
wird segnen das Haus Aarons.
Er wird segnen, die den Herrn fürchten,
die Kleinen samt den Großen.
Der Herr wolle euch mehren,

euch selbst und eure Kinder!
Gesegnet seid ihr vom Herrn,
der Himmel und Erde gemacht hat.
Die Himmel sind Himmel des Herrn,
aber die Erde hat er den Menschenkindern gegeben.
Die Toten preisen den Herrn nicht,
keiner von allen, die zur Stille hinabgefahren.
Wir aber, wir loben den Herrn
von nun an bis in Ewigkeit.
Halleluja!

30. Oktober 1993

4

Auszug aus dem Haus der Knechtschaft

WIR wollen den Auszug Israels aus dem Hause der Knechtschaft hinüber in seine Freiheit Station um Station begleiten in dem Wissen, daß es im Grunde unser eigener, in typische Schemata gefaßter Weg ist, den wir innerlich mitgehen müssen, um ihn wirklich zu begreifen. Nicht äußere Geschichte erzählt sich da, sondern das Geschehen eines Aufbruchs hinüber zum Ort der eigenen Verheißung. Wir werden kaum vermuten, wie lang es dauern kann, bei sich selbst anzukommen. Wir werden beim Lesen dieser Erzählungen immer wieder erstaunt innehalten, wie genau in der Abfolge diese sich scheinbar als geschichtliche Erinnerung gebenden Erzählungen unser Leben darstellen können. In allem aber waltet eine Hoffnung und ein Vertrauen, daß Gott uns vorangehe bei Tag und bei Nacht, als Wegmarke zur Orientierung und als Schutz in der Angst.

TEXT: Ex 14,5–31; 15,22–25; 16, 4–5. 35; 17,1–15

Als nun dem König von Ägypten gemeldet wurde, daß das Volk geflohen sei, da änderte sich der Sinn des Pharao und seiner Leute gegenüber dem Volke, und sie sprachen: Was haben wir da getan, daß wir Israel haben ziehen lassen, so daß sie uns nicht mehr dienen! Und er ließ seinen Streitwagen anspannen und nahm seine Leute mit sich. Er nahm sechshundert auserlesene Streitwagen und alle Streitwagen Ägyptens und Wagenkämpfer auf einem jeden. Und der Herr verstockte das Herz des Pharao, des Königs von Ägypten, so daß er den Israeliten nachjagte, obwohl sie unter dem Schutze einer hocherhobenen Hand auszogen. So jagten ihnen die

Ägypter nach und erreichten sie, als sie am Meere lagerten – alle Rosse der Streitwagen, die Reiter und die Kriegsmacht des Pharao –, bei Pihahiroth gegenüber Baal-Zephon. Als nun der Pharao schon nahe herangekommen war, erhoben die Israeliten ihre Augen und siehe, die Ägypter zogen hinter ihnen her; da fürchteten sie sich sehr. Und die Israeliten schrien zum Herrn und sprachen zu Mose: Gab es denn keine Gräber in Ägypten, daß du uns wegführen mußtest, damit wir in der Wüste sterben? Was hast du uns da angetan, daß du uns aus Ägypten weggeführt hast! Haben wir dir's nicht schon in Ägypten gesagt: »Laß uns in Ruhe! Wir wollen den Ägyptern dienen«? Denn es wäre uns ja besser, den Ägyptern zu dienen, als in der Wüste zu sterben. Mose aber sprach zum Volke: Fürchtet euch nicht! Haltet stand, so werdet ihr sehen, wie der Herr euch heute helfen wird; denn so, wie ihr die Ägypter heute seht, werdet ihr sie niemals wieder sehen. Der Herr wird für euch streiten, seid ihr nur stille.

Darnach sprach der Herr zu Mose: Was schreist du zu mir? Sage den Israeliten, sie sollen aufbrechen. Du aber hebe deinen Stab empor und recke deine Hand aus über das Meer und spalte es, daß die Israeliten mitten im Meere auf dem Trockenen gehen können. Und ich will dann das Herz der Ägypter verstocken, daß sie ihnen nacheilen, damit ich mich verherrliche am Pharao und seiner ganzen Kriegsmacht, an seinen Streitwagen und seinen Reitern. Die Ägypter sollen erkennen, daß ich der Herr bin, wenn ich am Pharao, an seinen Streitwagen und seinen Reitern mich verherrliche. Da machte sich der Engel Gottes auf, der vor dem Heere Israels einherzog, und trat hinter sie; und die Wolkensäule vor ihnen ging weg und stellte sich hinter sie. Und jener kam zwischen das Heer der Ägypter und das Heer Israels zu stehen. Es geschah aber, daß die Wolke sich verfinsterte; da zogen sie während der Nacht hindurch, so daß während der ganzen Nacht keiner dem andern nahekam. Und Mose reckte seine Hand aus über das Meer, und der Herr trieb das Meer die ganze Nacht durch einen starken Ostwind zurück und legte das Meer trocken; und das Wasser spaltete sich. So gingen die Israeliten mitten im Meere auf dem Trockenen, während die Wasser ihnen zur Rechten und zur Linken wie eine Mauer standen. Die Ägypter aber jagten nach und zogen hinter ihnen her, alle Rosse des

Pharao, seine Streitwagen und Reiter, mitten ins Meer hinein. Und um die Zeit der Morgenwache schaute der Herr in der Feuer- und Wolkensäule auf das Heer der Ägypter und verwirrte das Heer der Ägypter; er hemmte die Räder ihrer Wagen und ließ sie nur mühsam vorwärtskommen. Da sprachen die Ägypter: Laßt uns vor Israel fliehen; denn der Herr streitet für sie wider Ägypten. Und der Herr sprach zu Mose: Recke deine Hand aus über das Meer, daß die Wasser zurückfluten auf die Ägypter, auf ihre Wagen und ihre Reiter. Und Mose reckte die Hand aus über das Meer, und beim Anbruch des Morgens strömte das Meer in sein Bette zurück, während die Ägypter ihm entgegenflohen, und der Herr trieb die Ägypter mitten ins Meer hinein. Die Wasser strömten zurück und bedeckten die Wagen und Reiter, die ganze Streitmacht des Pharao, die ihnen ins Meer nachgefolgt war, so daß nicht einer von ihnen am Leben blieb. Die Israeliten aber waren mitten im Meere auf dem Trockenen gegangen, während die Wasser ihnen zur Rechten und zur Linken wie eine Mauer standen. So errettete der Herr an jenem Tage Israel aus der Hand der Ägypter, und Israel sah die Ägypter tot am Gestade des Meeres liegen. Als Israel sah, wie gewaltig sich die Hand des Herrn an den Ägyptern erwiesen hatte, da fürchtete das Volk den Herrn, und sie glaubten an den Herrn und an seinen Knecht Mose.

Darnach ließ Mose die Israeliten vom Schilfmeer aufbrechen, und sie zogen nach der Wüste Sur und wanderten drei Tage in der Wüste, ohne daß sie Wasser fanden. Da kamen sie nach Mara; aber sie konnten das Wasser wegen seiner Bitterkeit nicht trinken, denn es war sehr bitter. Daher hieß man den Ort Mara [d. i. Bitterquell]. Nun murrte das Volk wider Mose und sprach: Was sollen wir trinken? Er aber schrie zum Herrn, und der Herr wies ihm ein Holz; das warf er ins Wasser, und das Wasser wurde süß. Dort gab er ihm Satzung und Recht, und dort stellte er es auf die Probe.

Da sprach der Herr zu Mose: Siehe, ich will euch Brot vom Himmel regnen lassen; dann mag das Volk hinausgehen und sich Tag für Tag seinen Bedarf sammeln. Damit will ich sie auf die Probe stellen, ob sie nach meiner Weisung wandeln wollen oder nicht. Wenn sie dann am sechsten Tage zubereiten, was sie heimbringen, so wird es doppelt soviel sein, als sie sonst täglich sammeln. Die

Israeliten aber aßen das Manna vierzig Jahre lang, bis sie in bewohntes Land kamen; bis sie an die Grenze des Landes Kanaan kamen, aßen sie das Manna.

Darnach brach die ganze Gemeinde Israels nach dem Befehl des Herrn aus der Wüste Sin auf [und zog weiter,] von Station zu Station, und sie lagerten sich in Rephidim; aber da war kein Wasser für das Volk zum Trinken. Da haderte das Volk mit Mose und sprach: Schaffe uns Wasser, daß wir zu trinken haben! Mose erwiderte ihnen: Was hadert ihr mit mir? Warum versucht ihr den Herrn? Als nun das Volk daselbst nach Wasser dürstete, murrte es wider Mose und sprach: Warum hast du uns aus Ägypten heraufgeführt, um uns und unsre Kinder und unsre Herden vor Durst umkommen zu lassen? Da schrie Mose zum Herrn und sprach: Was soll ich mit diesem Volke anfangen? Es fehlt nicht viel, so steinigen sie mich. Der Herr antwortete Mose: Ziehe vor dem Volke einher und nimm etliche von den Ältesten Israels mit dir; auch deinen Stab, mit dem du den Nil geschlagen hast, nimm ihn zur Hand und gehe zu dem Felsen am Horeb; siehe, ich werde daselbst vor dich treten. Dann schlage an den Felsen, so wird Wasser hervorströmen, und das Volk hat zu trinken. Und Mose tat so vor den Augen der Ältesten Israels. Und man nannte den Ort Massa [d. i. Versuchung] und Meriba [d. i. Hader], weil die Israeliten gehadert und weil sie den Herrn versucht hatten, indem sie sprachen: Ist der Herr in unsrer Mitte oder nicht?

Da kamen die Amalekiter und stritten wider Israel in Rephidim. Und Mose sprach zu Josua: Erwähle dir Männer und ziehe morgen aus, wider die Amalekiter zu streiten. Ich aber will mich auf die Höhe des Hügels stellen mit dem Gottesstab in der Hand. Und Josua tat, wie Mose ihm befohlen hatte: er zog aus, wider die Amalekiter zu streiten; Mose aber und Aaron und Hur stiegen auf die Höhe des Hügels. Solange nun Mose seine Arme hochhielt, hatte Israel die Oberhand; wenn er aber seine Arme sinken ließ, hatte Amalek die Oberhand. Da jedoch die Arme Moses schwer wurden, nahmen sie einen Stein und legten denselben unter ihn, und er setzte sich darauf, während Aaron und Hur seine Arme stützten, der eine auf dieser, der andre auf jener Seite. So blieben seine Arme fest, bis die Sonne unterging. Und Josua warf die Amalekiter und ihr Kriegsvolk nieder mit der Schärfe des Schwertes. Darnach sprach der Herr zu

Mose: Schreibe dies zum Gedächtnis in ein Buch und schärfe es Josua ein: »Ich will das Andenken Amaleks ganz und gar austilgen unter dem Himmel.« Und Mose baute einen Altar und nannte ihn »Der Herr ist mein Panier«.

Wann immer in der Bibel die Rede geht von Krieg und Auseinandersetzung als einem Heilsweg Gottes, gilt es, all die Erzählungen als Bilder einer seelischen Auseinandersetzung zu verstehen. Denn damit muß Schluß sein, daß die Bibel immer noch verkommt zur ideologischen Begründung von Blutvergießen, Mord und Gewalt mit göttlicher Legitimation oder in göttlichem Auftrag. Selbst am Ende des zweiten Jahrtausends nach Christus ist der Spuk noch längst nicht vorüber. Nehmen wir aber den Krieg nicht dort auf, wo er beginnt, in unserer eigenen Seele, so werden wir ihn nie los. Was also reden wir von der Schlacht mit den Amalekitern? Es sind die Auseinandersetzungen, die wir mit uns selbst zu führen haben. Alle Widerstände, Gegensätze, Hinderungen existieren als erstes in unserer Psyche. Wer da von den Theologen sagt, die Bibel wird auf solche Weise falsch psychologisiert, sie wird enthistorisiert, sie wird in ihrer Realitätsbedeutung ausgehöhlt, mißversteht sich selbst. Sollen wir denn wieder dastehen wie in jeder christlichen Osternacht und das Tamburin nehmen und die Trommel schlagen und die Trompeten blasen und die Heldenlieder Israels singen auf die Leichen, die das Meer am Gestade auswirft? Und ist dies unser Glaube, daß Gott seine Hand hebt im Namen des einen Volks gegen das andere, Krieg mit Amalek auf immer und ewig?

Es ist noch keine hundert Jahre her, daß ein guter Deutscher betete zum Panier Jahwes, um den Erbfeind Frankreich niederzuwerfen mit der Schärfe des Schwertes. Da zog man 1914 in den Krieg wie in einen Gottesdienst, und vom Kaiser bis hinunter zu jedem protestantischen und katholischen Bischof war man in Deutschland der Meinung, so müsse es sein, und war man in Frankreich der Meinung, so müsse es sein, und man betete hüben und betete drüben und zerriß die Gottheit im Widerspruch der Menschen. Gott ist kein Nationalegoist, und selbst wo die Bibel es so darstellt, sollten wir sie tiefer verstehen, als sie den Worten nach klingt. Jede *äußere* Interpretation dieser Texte führt nur wieder zurück in den Formelkram: Gott hat uns ein Land versprochen, Gott hat uns auserwählt, Gott will es. Und schon geht es los mit dem Morden um Landbesitz, Grenzziehungen, Rechtsansprüche. Das sagt die Bibel auch auf ihren Anfangsseiten: daß kein Mensch leben kann auf einer Erde, die den Mund aufmacht, das Blut eines Bruders zu trinken, sondern nur wurzelloser und verstoßener werden die Menschen. Da ist zwischen Freiheit und Frieden eigentlich kein Unterschied. Dann aber müßten wir den langen Weg von Ägypten hinüber ins Land der göttlichen Weisung als einen Prozeß in uns selbst aufnehmen und begreifen. Schwer liegt uns da noch auf der Seele die Geschichte, mit der wir letzten Samstag geendet haben: Das Ritual des Passah schilderte in der Stunde des Aufbruchs Gott selbst wie einen Würgeengel, der die Erstgeburt Ägyptens mordet und nur an den Häusern vorübergeht, deren Pfosten blutgetränkt sind vom Erschlagen der Erstgeburt der Schafe. Nutzlos ist es, wenn uns die Historiker sagen, solch grausige Szenen seien vermutlich das ferne Echo von Schafzüchtern, die in der Furcht vor der Krankheit der Lämmer den immer zwiespältigen göttlichen Mächten freiwillig eins der Tiere, das älteste, fehlerlose, gaben, um den Rest ihrer Herden zu sichern. Und wie bei den Tieren, so bei den Menschen. Mag das so sein, was davon soll bleibende Erfahrung abbilden beim ersten Schritt in die Freiheit?

Ein Paradox scheint darin zu liegen, daß, wenn irgend jemand beginnt, seelisch zu ahnen, wozu er berufen ist, in ihm ein Zwiespalt entsteht, der das Heiligste schrecklich zu machen droht, die Wahrheit selber zu etwas Verstecktem und Verstohlenem, den Aufbruch zur Flucht und die Bewegung des Eigenen zu etwas scheinbar unter äußerem Druck Aufgenötigtem. Unklar wird da, was man selbst will, was die anderen wollen, und trotzdem ist in diesem unklaren Gefüge so etwas wie Führung erkennbar. Das schlimmste Problem aber all derer, die man begleiten darf über all die Stationen ihres unabsehbar langen Freiheitsweges, wird darin liegen, daß sie in gewissem Sinne Opfer bringen müssen, womöglich sogar schuldig werden müssen, indem sie Menschen weh tun und Unrecht tun, die es gar nicht verdient haben.

Übertragen wir diese Situation eines Aufbruchs in eigene Freiheit, einer Beendigung von Fremdherrschaft und Auslieferung, in eine ganz normale, sich immer wiederholende Szene, wo ein Mensch versucht, sich zu lösen von den Bindekräften, die ihn gefangen hielten. Ein Mann will seinen Beruf wechseln, ein Lehrer verläßt seine Schule, ein Pfarrer seine Gemeinde, eine Ehefrau ihren Mann, ein Mann seine Familie – keiner dieser Brüche wird folgenlos bleiben für alle Beteiligten, und je enger jemand in Verantwortung, in Verpflichtung, in Treue sich in das Alte gefügt hat, um so schmerzhafter wird es ihm sein, mit seiner Freiheit Unrecht zu tun den anderen, die in gewissem Sinn einen Anspruch haben darauf, daß sie oder er bei dem Gewesenen bliebe. Es geht aber nicht, weil es so kein Leben mehr ist. Man wird schuldig, indem man Schmerz zufügt denen, die dafür nichts können. Wie oft habe ich erlebt, daß in Situationen, wo eine Ehe zerbrach, auf Monate und Jahre hin dies jede Entscheidung blockieren konnte, daß sich als Vorwurf erhob: Was wird aus den Kindern? Was wird aus dem Ehepartner? Ist das, was ich jetzt tun werde, nicht für den andern tödlich? Was füge ich ihm wirklich zu? Es kann sein, daß die ersten Worte von Widerstand, von Protest, von einem sich meldenden eigenen Willen aus lauter Angst, sie den Richtigen zu sagen, gerade die treffen, die selbst zu schwach sind, um sich wehren zu können. Man erprobt an den Falschen die ersten Regungen einer eigenen Kraft, und wieder fügt man Unrecht zu. Wieviel Opfer darf die Freiheit kosten? Das ist die furchtbare Frage dieser Passah-Nacht, dieser unheimlichen Szenerie einer zutiefst zwiespältigen göttlichen Stunde.

Nur wer diese Hypothek noch in Erinnerung hat, wird in psychischem Sinne verstehen, was sich dann begibt. Kaum ist der Ausbruch und Aufbruch gelungen, besinnen sich der Pharao und alle seine Ratgeber auf die Dienstleistung und den Nutzen, den Israel in all der Zeit seines Sklavendaseins den Unterdrückern gebracht hat, und sie beschließen, mit Kampfwagen und Mannschaft hinter ihnen drein zu jagen, um sie wieder einzufangen. Da steht Israel mit einemmal am Ufer des Meeres, eingekeilt zwischen dem Abgrund vor den eigenen Füßen und der panischen Angst im eigenen Rücken. Es gibt an jeder Stelle, wo jemand wagt, dem alten Schema der Selbstentfremdung, des nicht gelebten Lebens, der unterdrückenden Dienstbarkeit und Abhängigkeit zu entkommen, immer wieder die gleichen Gefühle, daß das Wagnis auch nur der ersten Schritte eingeholt zu werden droht von denselben Kräften, die früher jedes Leben niederwarfen. Wenn wir es Schuldgefühle nennen, ist es ein fast zu schwacher Ausdruck. Es ist buchstäblich so, wie diese Bibelstelle es beschreibt: Man weiß nicht mehr ein noch aus, es gibt keinen Weg nach vorwärts, man ist ihn nie gegangen, man kann ihn gar nicht gehen, es wäre wie ein Untergang, wollte man noch weiter so fortfahren. Aber es gibt auch keinen Weg rückwärts mehr, man hat gebrochen mit den Mächten, die zumindest im Schatten ihres Zwangs ehedem gnädig waren, mit denen es doch wenigstens durch Willfährigkeit und Gehorsam früher ein Auskommen gab. Wenn sie jetzt uns erreichen, werden sie erbarmungslos sein und keine Schonung üben, und alles wird schlimmer sein als jemals zuvor. Was also ist da zu tun?

Die Art und Weise, wie sich die Kampfwagenabteilungen des Pharao seelisch darstellen, kann simpel aussehen, ganz banal. Vor Jahren überlegte eine Ordensschwester, ob sie aus ihrer Gemeinschaft austreten sollte. Die Frage war zu früh gestellt. Was wir üben mußten, waren simple, profane Entscheidungen weit unterhalb von solchen grundsätzlichen Festlegungen. Es war viel gewonnen, als diese Frau lernte, zum erstenmal eigenes Geld in einem gewissen Umfang für sich zu behalten, statt es dem Orden zur Verfügung zu stellen. Sie sagte sich: »Dies ist etwas, was ich selbst verdient habe, und ich möchte lernen, daß es mir selbst zugute kommt.« Also begann sie zu überlegen, was sie als Kleidung für sich kaufen könnte. Eine solche Frage würde für die meisten von Ihnen vermutlich ohne Probleme abgehen: Es wird Winter, und also braucht man eine veränderte Kleidung, und man richtet sich ein nach dem eigenen Geschmack, nach dem Nutzen und nach dem Geld, das man zur Verfügung hat. Bei dieser Frau, die eine eigene Wahl in dem, was sie möchte, in dem, was sie darf, nie gehabt hat, dauerte es Wochen, bis sie sich durchrang, tatsächlich ein Kleidungsstück zu kaufen. Es war ein Gang wie zur Hinrichtung. Zitternd am ganzen Körper, das Billigste aussuchend, mußte sie daran erinnert werden, daß sie früher ganz anders kalkuliert und geplant hatte, daß selbst schon in das, was sie sich zu sehen erlaubte, lauter Schuldgefühle eingingen. Schließlich brachte sie es fertig, einen Pullover nach ihrem Geschmack zu kaufen. Das war an einem verkaufsoffenen Samstag. Am Sonntag stand sie vor meiner Tür und bat, ich solle den Pullover an mich nehmen. Um Gottes willen, nicht dieses Kleidungsstück! Sie habe die ganze Nacht nicht geschlafen, es sei wie mit Furien über sie gekommen. Wie konnte sie Geld ausgeben für so etwas! Und was sollten erst einmal die Leute sagen! Sie hatte den Pullover wirklich angezogen, sie hatte gewagt, sich im Spiegel zu betrachten, es war ganz unmöglich. So hatte sie noch nie ausgesehen. Alles, was schon ihre Mutter dagegen gesprochen hatte, als sie als Mädchen dabei war, eine Frau zu werden, wurde jetzt wach. Es gab scheinbar nur einen einzigen Weg: dieses unselige Kleidungsstück, dieses Corpus delicti, Montag früh, gleich nach Ladenöffnung wieder zurückzutragen. – Es war viel gewonnen zu sehen, daß all diese Ängste, diese Vorwürfe, diese versuchten Wiedergutmachungsleistungen immer noch die alte Gefangenschaft bedeuteten und nichts weiter waren als die frühen Einschränkungen ihres Lebens, nur jetzt verstärkt durch den beginnenden Aufbruch.

Wenn immer jemand etwas wagt, was er so nie hat leben dürfen, werden hinter ihm dreinsprengen die Kampfwagenabteilungen der alten Unterdrücker und versuchen, ihn einzuholen. Es ist bei Triebwünschen so, es ist bei geistigen Regungen so. Versuchen Sie einen einzigen freien Gedanken im Raum der Religion zu formulieren – wie viele Ängste werden da aufbrechen! Sie diskutieren mit Theologiestudenten über dies und das; es wird die erste Antwort sein: Was sagt aber die Kirche? Dann wird man überlegen: Was sagt die Tradition, was haben wir gelernt? Und nach diesen Maßstäben – was befohlen wird und was immer schon war – wähnt man, die Wahrheit zu finden. Ein eigener Gedanke würde alles verunsichern. Etwas wirklich Neues, das da aufbrechen könnte, wird empfunden wie eine Drohung. Plötzlich erst merkt man, wieviel an Zwang, wieviel an Unfreiheit, wieviel an Nötigung in dem steckte, was man wie selbstverständlich bis dahin als Pflicht begriffen hat, als ganz selbstverständlichen Alltagsdienst, als die ganz normale Routine. Das, was früher schützend und tragend war, wird plötzlich zur Gefahr. Und vor einem liegt vielleicht ein ganzes Meer. Es ist nicht zuviel gesagt, wenn man darin etwas sieht, was oft genug ein Meer von Tränen ist. Die eigene Sache gewinnt plötzlich eine Tiefe, die erschreckend ist, man kennt sich nicht mehr aus, man weiß nicht mehr, wo man steht. Es gibt scheinbar keinen festen Standpunkt mehr, jeder Schritt nach vorn jetzt bedeutet ein Versinken in etwas, das über uns zusammenzuschlagen droht. Es kann die Traurigkeit sein, es kann die Angst sein, sie alle sind wie Meer und Abgrund. Nur soviel ist klar: Man weiß nicht, wie es jetzt weitergehen soll, da liegt es vor den eigenen Füßen wie eine Sperrwand, und man hockt da, verzweifelt darüber, den Aufbruch überhaupt gewagt zu haben. Alles erscheint so sinnlos, es führt doch zu nichts, das ist das Gefühl. Und hinterdrein die furchtbaren Schuldgefühle, daß man nicht mehr weiß: Was ist richtig und was falsch, was kann man noch verantworten, was *darf* überhaupt jetzt noch geschehen?

Es ist unglaublich viel, daß Moses in dieser Situation dem Volk den Ratschlag erteilt, still zu sein, also in gewissem Sinne überhaupt nichts zu tun. Die erstbeste Neigung wäre, gegen die realen oder die psychischen Verfolger ins Gefecht zu ziehen mit viel zu schwachen Kräften. Man würde sich sagen: Was mir da vorgeworfen wird, muß ich widerlegen; ich hab' ein Recht auf meine Freiheit. Man beginnt zu argumentieren, man beginnt sich zu wehren, man beginnt sich zu entschuldigen, zu erklären, und auf diesem Wege ist ein Sieg niemals zu erringen, denn man würde bei all den Argumenten doch nur wieder sich einlassen auf die Bahnen des Alten, man hätte die Stärke noch gar nicht, sich auf diesem Weg durchzusetzen. Aber in Ruhe zu bleiben bei dem, wie es jetzt ist, und auszuhalten fast mit Gleichmut gegenüber dem, was da kommt, das ist schon alles; eine Stille zu finden auf dem Weg in die Freiheit im Gegenüber der Angst. Was wir Psychotherapie nennen, ist kaum etwas anderes. Man lädt den anderen ein, bei sich selbst zu verweilen und noch einmal die Gründe zu klären, warum er da steht, die Motive zu prüfen, die ihn bis dahin führten, und die Angst zu vergessen, die seine inneren Vorwürfe ihm machen.

Da geschieht es, daß sich die Wegmarke, die in die Zukunft weist, die Wolkensäule am Tage, buchstäblich hinter Israel stellt. Es geht in diesem Moment nicht darum, noch tapfer weiterzumarschieren, nicht mit geschlossenen Augen einfach nach vorn den Marsch anzutreten, es geht darum zu spüren, daß die Macht der Berufung sich hinter uns stellt und uns schützt. Für die Verfolger entsteht eine nebelige, unklare Situation. Es werden die Menschen an unserer Seite womöglich sagen: »Was du tust, verstehen wir nicht, wir blikken bei dir nicht mehr durch, alles verschwimmt uns, so warst du noch nie; wie du dich jetzt darstellst, kennen wir dich nicht, was ist eigentlich mit dir los?« – Es ist ein wunderbares Bild der Bibel, wenn sie sagt, daß die Blendung der Verfolger soviel ist, wie wenn Jahwe in Gestalt der Wolkensäule zwischen Israel und den Pharao tritt. Es genügt, daß hier ein Aufschub dieser unmittelbaren nachstellenden Gefahr erreicht wird, denn in diesen Stunden wird Jahwe das Meer austrocknen. Es lassen die Ströme der Tränen, es lassen die Abgründe der Depression, es lassen die Unwägbarkeiten der Angst allmählich nach, es zeigt sich ein Weg da, wo früher gar keiner war, und es ist ein unglaublicher, tröstlicher Satz, den Moses da ausspricht: »So, wie du die Ägypter jetzt siehst, wirst du sie niemals mehr sehen.« Alle Angst, die hier aufbricht, ist ja nur ein Anfang. Alles, was da passiert, kann nur besser werden. Es ist, daß die wachsende Entfernung, daß die Zeit in Richtung des Aufbruchs selbst arbeiten wird. Da geschieht es schließlich, daß Jahwe Pharao und seine Streitwagenmacht selbst ins Meer hineintreibt, um sie zu ertränken. Es sind sozusagen die eigenen Niedergedrücktheiten, es sind die eigenen Traurigkeiten, mit denen all das untergeht, was an Furcht, was an Vorwurf, was an Zweifel von rückwärts her noch war, und Israel findet sich wieder am anderen Ufer.

Man könnte denken, wir schließen den Text an dieser Stelle, denn alles ist gut. Das Unglaubliche an diesen Erzählungen ist, sie kennen uns Menschen viel besser als wir selbst, und sie verfügen über einen fast unheimlich langen Atem. – Denn das nächste ist keinesfalls das Gefühl, es hinter sich gebracht zu haben. Die Wahrheit, im Bilde gesprochen, besteht darin, daß man sich an der anderen Seite des Meers der Ängste und der Traurigkeiten wiederfindet in einer Welt, die wie eine Wüstenei erscheinen kann. Es gibt plötzlich keinen Inhalt. Alles, was früher das Leben prägte, indem es wie vorgezeichnet war in seiner Bedeutung, in seinen Ansprüchen, in seinem Sollen, in seinem Müssen, ist jetzt fort. Was aber nun? Man hat den alten Beruf aufgegeben, man hat die alten Bindungen abgebrochen, aber es ist noch lange kein Eigenes nachgewachsen. Es ist eine Leere entstanden, so bedrückend, daß alleine sie schon dazu drängen könnte zu glauben, es wäre besser, nie fortgegangen zu sein. Was bis dahin noch vom Pharao ausging, was Gestalt annahm in den alten Verfolgern, erlebt man jetzt viel innerlicher. Was hat das für einen Sinn, so viel riskiert zu haben? Worauf soll das jetzt sich richten und woran sich orientieren, was als Lebensweg einmal geplant war? Der Ort jenseits des Meeres, an dem die erste Szene des Exodus spielt, heißt nicht umsonst »die Verbitterung – Mara«. Das, wovon man lebt, die eigenen Quellen, das Wasser, das man trinken möchte, ist bitter geworden und schmerzhaft. Es ist ein geringer Trost nur, wenn wir sagen, diese Bitterwasser von Mara seien soviel wie ein Medikament. Es ist einfach so, daß man ein Stück weiter weg von der Depression beginnt, allein den späten Zeitpunkt des Aufbruchs in Verbitterung zu empfinden. Warum erst jetzt?

Vor einer Weile klagte mir eine Frau genau das. Sie hatte so viel unternommen, zu überlegen, was sie ihrem Mann sagen könnte, wie sie die Ferien gestalten könnte, wie sie in ihrem Beruf einmal nein sagen könnte, aber an jeder Stelle, wo wir dies übten, begann sie zu weinen, schimpfte mit sich selbst: »Da muß ich erst fast fünfzig Jahre alt werden und hab' immer noch diese Probleme! Mein ganzes Leben ist mir gestohlen worden!« Sie hatte größte Lust, am Jüngsten Tage Gott vorzurechnen, wie viele Jahre sie unglücklich gelebt hatte. Warum erst jetzt? – Es war sehr schwer, daran zu erinnern, daß es mit achtundvierzig Jahren zumindest schon einen Fortschritt darstellt, selbst leben zu *wollen*, andere haben es vielleicht auch nicht anders gehabt. Alles, was man jetzt erkennt, ist eine Chance, sich selbst in die Freiheit zu begeben und das Leben noch einmal anzufassen. Sie verbitterte und grämte sich immer wieder über all das, was sie erlebt hatte: »Immer noch geht mir meine Mutter im Kopf herum. Das ist doch alles über vierzig Jahre her, wir haben es hier so oft besprochen, warum denn immer noch?«

Allein schon, daß man lernen muß, sich selbst Ziele zu setzen, kann dazu führen, mit sich selbst zu schimpfen, sich zu quälen und das Unglück noch zu vermehren. Die Bibel drückt es aus wie einen Zauber, wie eine Magie, daß Jahwe dem Moses ein Holz gibt, das er ins Wasser wirft, und es wird süß. In unserem wirklichen Leben besteht das Kunststück zumeist darin, Menschen nach und nach zu lehren, all das, was bitter schmeckt, noch einmal neu auf der Zunge zergehen zu lassen und ihm andere Geschmacksqualitäten abzugewinnen. Dasselbe Wasser, dieselbe Situation – es fühlt sich nur anders an, es sieht nur anders aus und riecht und schmeckt nur anders. Denn es wird wieder die Sonne aufgehen, es werden wieder die Wolken ziehen, es wird wieder ein Herbst kommen oder ein Winter und Frühling. Das Leben wird weitergehen, aber wie man es jetzt akzentuiert, das macht den Unterschied. Jene Frau beispielsweise kann dabei bleiben: »Ich bin achtundvierzig Jahre, ich habe noch nie gelebt, ich habe noch nie gelebt.« Und es wird bedeuten: Ich kann auch nicht leben, ich werde nicht leben. Sie kann aber auch sagen: »Gott sei Dank, ich hab's hinter mir. Achtundvierzig Jahre, mein Gott, das ist viel; jetzt fang ich an zu leben, und keiner hindert mich mehr, kein Pharao, nur noch ich selbst kann mir im Wege sein. Jetzt geht es los, es ist nicht zu spät, und ich fange an.« Da ist aus Bitterkeit mit einem Mal Süßigkeit zu gewinnen. Da beginnt man den Aufbruch endlich zu genießen wie eine Quelle, die lebendig macht und einem gehört. Alles formt sich neu an diesem sonderbaren Wandlungsholz in der Hand des Moses. Immer ist es auch ein Stück religiöser Erfahrung, daß man weiterziehen darf, ja sogar weiterziehen muß. Es ist die einzige Art, in der wir erleben können, daß Gott wirklich etwas will. Ganz im Verborgenen, fast Schweigenden unserer Seele redet Gott.

Und wieder könnte man denken: Nun ist's gelungen, der entscheidende Prozeß rundet sich. In Wahrheit gilt es, einen Schritt weiter, jetzt Tag um Tag das eigene Dasein in Empfang zu nehmen wie ein Geschenk des Himmels. Was da beschrieben wird, heißt im kultischen Wort »Manna«, und eine Erklärung der Bibel selbst kommentiert das Wort als Frage. Verwundert soll Israel gefragt haben: »Manhu? – Was ist nur das?« Es tritt mit einemmal ein Erstaunen darüber ein, auf dieser Welt zu sein. Man weiß noch lange nicht, was ein richtiges Leben ist, man kennt überhaupt noch keine großen Ziele, weiß nichts von einer weiterführenden Berufung, aber daß man zum Zeugen der Schönheit der Welt werden darf, die uns umgibt, daß man diese wenigen Jahrzehnte auf dieser Erde verbringen darf, daß man den Tau am Morgen spürt und die Wärme der Strahlen der Sonne und die Zärtlichkeit des Windes, das Rauschen der Blätter hört, das Glitzern der Sterne in der Nacht betrachtet, läßt jedes Detail dieser Welt als ein wunderbares Geschenk an uns selbst erscheinen. Nichts von alldem haben wir gemacht, aber es läßt uns leben. Und sich niederzubeugen und zwischen den Steinen aufzusammeln, was da genießbar und wohlschmeckend ist, das ist die Kunst, die es jetzt zu lernen gilt, nicht zum Überleben, sondern um richtig zu *sein.*

Makabre Erklärungen der Historiker sind es, dieses Manna sei abgesondertes Harz der Tamariskenstaude, die, von Blattläusen befallen, solches aussondere, und man könne es sammeln. Ein Volk von mehr als 600 000 Ausziehenden, wie uns beim Exodus versichert wurde, lebt nicht von Harz und von den Sekreten der Blattläuse – es ist ein Bild, wie es zu leben gilt. Dabei kultisch noch wieder eingeprägt: Der siebente Tag soll frei sein von Arbeit. Auch das, wohlgemerkt, gehört zur Kunst eines richtigen Existierens. Es muß Freiräume geben, in denen die Sorge um die Lebensnotdurft keine Rolle mehr spielt. Es gilt sogar ein Stück Vorrat zu gewinnen. Da gibt es Luxus und Überfluß. Nicht nur das zählt, was man, von der Hand in den Mund lebend, unbedingt braucht, sondern es gilt, aus der Hand Gottes zu empfangen, was uns hilft, ohne Mühsal und Plage und ohne Angst vor dem, was kommen wird, einfach in Ruhe es Gott gleichzutun und die Welt, die er gemacht hat, gut zu finden und uns in ihr.

An jeder dieser Stellen könnte man jetzt wieder denken: Das ist es. Wenn ich *das* gelernt habe, bin ich am Ziel, ich brauche darüber hinaus gar nichts weiteres. Und dennoch, wie in Wendeltreppen, wie in Spiralgängen, immer kreisend um denselben Punkt, erneuern sich die Konflikte. War es eben noch die Bitterkeit von Mara, wird es plötzlich das Haderwasser von Meriba. Mit einem Mal ist es so, daß man nicht nur gelernt hat zu leben, man will mehr, man will in Fülle leben und beklagt sich bei Moses darüber, daß es nicht an jeder Station, an jedem Reisepunkt so ist, wie man es wünscht und wie man's braucht. Es ist der Schritt von der Dankbarkeit zum Widerstand. Es melden sich plötzlich Regungen von Protest, von Aggression auch, von dem Gefühl, etwas beanspruchen zu können, was man so nicht hat. Das bringt Moses auf dem Wüstenzug selbst fast in tödliche Gefahr. Er fleht zu Jahwe um Rettung vor dem eigenen Volk, das ihn zu steinigen droht. Der Psalm 107 wird später diesen

Augenblick bei Meriba als Sünde Israels hinstellen. Es ist in Wahrheit nur ein überaus verständlicher weiterer Schritt. Es ist nicht mehr die Verbitterung, die, nach innen gerichtet, sich selber beschimpft, es ist jetzt ein Protest, der nach außen die Wirklichkeit ringsum den neuerwachten Bedürfnissen anzupassen sucht. Was gebraucht wird, ähnelt gleichwohl einem neuen Wunder, nämlich: daß Moses den Stab nimmt, ihn an den Felsen stößt, und die Wasser fließen, ein ganzes Volk damit zu tränken. Das war die Frage aus dem Munde Jahwes, die wir von der Berufung des Moses her schon kennen: »Was hast du in der Hand?« Und er konnte nur sagen, es sei sein Stab. Es werden selbst die Felsen, es wird die Härte des Lebens selbst sich erweisen als etwas, was das eigene Leben tränkt, stillt und sättigt. Es gibt Widerstände in der äußeren Realität, aber es ist möglich, sie umzuformen. Es braucht ein Stück Energie dazu, man benötigt einen Stab, und es gilt, hart zuzuschlagen, eh' es sich öffnet. Aber man kann das üben und lernen, sozusagen mit Energie auf etwas Bestimmtes so lange zu pochen und darauf zu bestehen, bis es zu fließen anfängt und die Steine hergeben, was wir brauchen.

Sie begreifen plötzlich, daß all diese Stationen in sich einer inneren Logik folgen, und Sie sind schon vorbereitet zu spüren, daß von Meriba, vom Widerstand, vom Protest, vom Hader aus, von der Energie, den eigenen Willen gegen die Wirklichkeit notfalls auch durchzusetzen, in der nächsten Geschichte die Auseinandersetzungen mit anderen Menschen anheben werden. Das Symbol dafür ist Amalek, ein Völkerstamm, der sich Israel in den Weg stellt. Das ist eine Situation, die zu dem Schwierigsten gehört, gerade für Menschen, die nie gelernt haben, sich in irgendeiner Weise auch nur bemerkbar zu machen, geschweige denn durchzusetzen. Wo irgendein Widerspruch sich meldet, werden sie geneigt sein, sehr scheu sich zurückzuziehen oder dem Widerspruch auszuweichen und ihn zu umgehen oder das, was gesagt werden müßte, aufzuschieben für eine günstige Gelegenheit, wenn es sich denn sagen *läßt*, aber sie werden sich nie konfrontativ verhalten, um keinen Preis standhalten, wo der andere sagt: Dies Terrain ist meins, hier dringst du nicht durch. Israel spürt in diesem Moment genau diese Angst. Es ist zu schwach, sich selbst zu behaupten, und noch genauer: Es hat tatsächlich überhaupt kein Recht auf das Stammesgebiet der Amalekiter, es ist nichts als ein streunender, durchziehender Stamm. Das älteste Recht aller Tiere, von den Fischen bis zum Menschen, besteht darin, daß der erste, der kommt, den Platz, den er einnimmt, behalten darf und als sein Revier verteidigen kann. Jeder natürliche Instinkt sagt uns dies: Wo Amalek wohnt, wohnt Amalek und nicht das Volk der Hebräer. Will Amalek nicht, daß hier Durchzug gewährt wird, gilt es den Umweg in Kauf zu nehmen. Aber oft läßt sich nicht mehr ausweichen, oft läßt sich nicht einmal mehr ein vernünftiger Kompromiß erreichen. Mitunter ist es nötig, die eigene Wahrheit und das eigene Leben geltend zu machen auch im Konflikt. Tatsächlich kenne ich kaum eine ergreifendere Szene als die, da Aaron und Hur auf dem Berge die Arme des Moses im Gebet schützen, während Josua kämpft bis Sonnenuntergang und siegreich wird. Was wir menschliche Tapferkeit nennen, läßt sich weder üben noch lernen, indem man dem andern sagt: »Beiß die Zähne zusammen!« oder schlimmer: »Hau drauf!« Was sich aber lernen und einüben läßt, ist ein Vertrauen auf Hilfe und ein Gefühl für die Berechtigung auch des eigenen Standpunkts, des eigenen Wegs, des eigenen Lebens. Auch das hat eine religiöse Qualität. Es gibt eine Legitimation, selbst sein zu dürfen, notfalls gegen Widerspruch und im Widerspruch. Erst wenn das feststeht: über unserem Leben liegt die Hand Gottes, die uns führt und beschirmt, lassen sich die Details trainieren.

Ich hätte vor vielen Jahren nicht geglaubt, wie lang da der Weg sein kann, auch nur Worte einzuüben, die so etwas wie Widerspruch signalisieren. Mitunter scheint es hilfreich, mit dem Tonbandgerät dem anderen zu zeigen, wie leise seine Stimme ist, wenn er haucht, daß er etwas Bestimmtes nicht will. Vielleicht sagt er gar nichts, und wer soll es hören? Oder er sagt etwas besonders Freundliches, aber wer soll es verstehen? Oder er sagt es als eine Frage, statt aufzuschreien vor Empörung. Oder er sagt lachend wie einen Witz, was ihn im Grunde quält. Es ist ihm so gewohnt, daß er's selbst gar nicht merkt. Man muß es ihm zeigen, indem er spielerisch übt, mit einem gegenüberstehenden Stuhl, mit dem Kopfkissen an der anderen Seite, mit dem Plüschteddy zu hadern, von Meriba bis Amalek sich auseinanderzusetzen und Worte zu finden, die stimmen. Unerhörte Worte, viel zu aggressive Worte, schuldbelastete Worte wird man finden, aber ganz nötige. Wie man richtig ordentlich schimpft, sollte eigentlich vom Kinderspielplatz bis zum Erwachsenenalter eingeübt sein. Jede Katze lernt das, aber Menschen lernen es oft nicht und geben sich verloren an den Stellen, wo es nötig wäre, nicht nur die Arme zum Himmel zu erheben, sondern auch Josua in der Ebene vorrücken zu lassen. Wir haben zu oft beides gespalten: Das Gebet um Erhörung haben wir als Trost für die Entmutigten eingerichtet und Religion zum Lebensersatz und die Frömmigkeit zu einer neurotischen Quälerei gemacht. Dies hier hat Kraft zu sagen: Gebet ist soviel wie eine Art von Widerstand, und richtig zu sagen, was stimmt und was nicht stimmt, wird getragen von Frömmigkeit. Das läßt sich nicht auseinanderziehen. Gottvertrauen und Selbstvertrauen sind eine Einheit.

Dann mag man denken: Auch Amalek siehst du nicht wieder. Aber wir sind noch lange nicht am Ende. Was sich da organisieren muß am Sinai und wie es weitergeht hinüber zum Land der Berufung, wird noch viele Stationen haben, aber sie alle werden organisiert sein wie ein Weg, ganz folgerichtig. Kein Mensch kann ihn errechnen, die Bibel hinterläßt uns keinen neuen Fahrplan fürs Leben, aber wenn's soweit ist, werden wir wissen und merken: Da stand's, so haben wir's einmal gehört, und dann wird's uns helfen und uns begleiten; wir sind nicht mehr ganz allein, es gibt Moses, es gibt Josua, es gibt Jahwe.

Text: Psalm 99

> Der Herr ward König – es zittern die Völker;
> er thront auf den Cheruben – es wankt die Erde.
> Groß ist der Herr in Zion,
> erhaben ist er über alle Völker.
> Man lobe deinen Namen, so hehr und groß –
> heilig ist er!
> Ein Starker, der das Recht liebt, ist König.
> Du bist's, der feste Ordnung geschaffen,
> Recht und Gerechtigkeit in Jakob geübt.
> Erhebet den Herrn, unsern Gott,
> und fallt nieder vor seiner Füße Schemel –
> heilig ist er!

Mose und Aaron sind unter seinen Priestern,
Samuel unter denen, die seinen Namen anrufen.
Sie riefen zum Herrn, und er erhörte sie;
in der Wolkensäule redete er mit ihnen,
die da bewahrten seine Gebote,
die Satzung, die er ihnen gegeben.
O Herr, unser Gott, du hast sie erhört;
du warst ihnen ein verzeihender Gott,
doch Rächer ihrer Vergehen.
Erhebet den Herrn, unsern Gott,
und fallt nieder vor seinem heiligen Berge;
denn heilig ist der Herr, unser Gott!

Erich Fried, Warnung vor Zugeständnissen

Ich habe mich
in Deutschland
gefragt
ob Freiheit
Zugeständnisse machen kann
und gefragt
was aus ihr wird
wenn sie Zugeständnisse macht
und ob die
die Zugeständnisse
von ihr verlangen
sich dann mit ihnen
zufriedengeben und
der Freiheit die Freiheit lassen
die sie sich so
wenn auch nur eingeschränkt
zu bewahren hofft

Mir fiel dabei immer
nur Rabbi Hillel ein
der Lehrer der Sanftmut
und der Geduld
der gesagt hat:

»Wenn *ich* nicht
für mich bin
wer *dann*?
Doch wenn ich *nur*
für *mich* bin
was bin ich?
Und wenn nicht jetzt
wann sonst?«

6. November 1993

5

Wenn ihr meinen Bund haltet ...

WÜRDE man uns fragen, welch ein Abschnitt aus dem, was wir die Bibel nennen, unbedingt jedem zur Kenntnis gegeben werden sollte, dann würden wir unzweifelhaft sagen: die Zehn Gebote; inmitten einer Zeit, die nach Halt und Orientierung sucht, sei dieser Text aus dem zwanzigsten Kapitel des Buches Mose wie ein Fels in der Brandung, um allen Veränderungen und Aufweichungen standzuhalten.

Wir haben so etwas wie die Zehn Gebote schon früher einmal gelesen im 34. Kapitel des Buches Exodus, aus *der* Überlieferungsgeschichte, die Gott bezeichnet als »Jahwe« und die deshalb von den Literarhistorikern als Jahwist bezeichnet wird. Das waren Gebote, wie wir sie vermutlich in den Tagen des Schulunterrichts oder danach nie gehört haben, sehr stark rituell gebundene Gebote. Was wir heute in dem klassischen Text des Dekalogs erfahren werden, hat mit Ritus nichts zu tun. Gott wird darin bezeichnet als »die Gottheit«, als »Elohim«, und so wird diese Quelle von den Literargeschichtlern als Elohist bezeichnet. – Wann eigentlich die Zehn Gebote eingesetzt wurden, vielmehr wann die schriftliche Formulierung dieser Überlieferung eingesetzt hat, das weiß heute niemand zu sagen, ganz sicher vor der Zeit der klassischen Schriftpropheten, vielleicht auch schon vor der Zeit, als Israel im Kulturland seßhaft wurde. Ob aber in einer bestimmten Szene an einem bestimmten Berg, womöglich mit dem Namen Sinai, der Mann Moses diese Worte je gesprochen hat, das alles scheint mehr als zweifelhaft. Dennoch macht die ganze mythisch arrangierte Szene ihren Sinn, wenngleich wir uns zunächst fragen müssen, wie wir sie auslegen sollen, damit sie wirklich uns Heutigen etwas zu sagen hat.

Text: Ex 19, 2–11; 14; 16–19; 20,1–21

Und Israel lagerte sich dort vor dem Berge. Und Mose stieg herauf zu ha-Elohim.

So sollst du zum Hause Jakob sprechen und den Israeliten kundtun: Ihr habt gesehen, was ich den Ägyptern getan, und daß ich euch auf Adlersflügeln getragen und euch zu mir gebracht habe. Und nun: wenn ihr auf mich hören und meinen Bund halten werdet, dann sollt ihr mein Eigentum sein unter allen Völkern. Denn mir gehört die ganze Erde. Und ihr sollt mir ein Königreich von Priestern werden und ein heiliges Volk. Dies sind die Worte, die du zu den Israeliten sagen sollst. Und Mose ging hin und berief die Ältesten des Volkes und legte ihnen alle diese Worte vor, die Jahwe ihm aufgetragen hatte. Und das ganze Volk antwortete einmütig und sprach: Alles, was Jahwe gesagt hat, wollen wir tun. Und Mose brachte die Antwort des Volkes Jahwe zurück.

Und Jahwe sprach zu Mose: Geh zum Volke und heilige sie heute und morgen, und sie sollen ihre Kleider waschen. Beim Ertönen des Widderhorns sollen sie den Berg besteigen. Und Mose stieg vom Berg herab zum Volke und heiligte das Volk, und sie wuschen ihre Kleider. Und das ganze Volk im Lager erbebte. Und Mose führte das Volk ha-Elohim entgegen aus dem Lager heraus, und sie stellten sich am Fuße des Berges auf. Mose redete, und ha-Elohim antwortete ihm im Donner.

Und Elohim redete alle diese Worte und sprach: Ich bin Jahwe, dein Elohim, der ich dich aus dem Lande Ägypten, aus dem Knechtshause, herausgeführt habe. Nicht sollst du andere Elohim haben neben mir. Nicht sollst du dir machen ein Schnitzbild, von irgendwelcher Gestalt oben im Himmel oder unten auf der Erde oder im Wasser unter der Erde. Nicht sollst du dich vor ihnen niederwerfen noch sie anbeten, denn ich, Jahwe, dein Elohim, bin ein eifersüchtiger El, der die Schuld der Väter an Kindern, an Enkeln und an Urenkeln heimsucht bei denen, die mich hassen, und Gnade erweist auf Tausende hinaus denen, die mich lieben und meine Gebote halten. Nicht sollst du den Namen Jahwes, deines Elohim, unnütz aussprechen. Denn Jahwe wird den nicht ungestraft lassen, der seinen Namen unnütz ausspricht. Gedenke an den Sabbattag, ihn zu heiligen. Sechs Tage sollst du arbeiten und all dein Werk tun, aber der siebente Tag ist Sabbat für Jahwe, deinen Elohim; nicht sollst du irgendein Werk tun, du noch dein Sohn noch deine Magd noch dein Vieh noch dein Gast, der sich in deinen Toren aufhält. Denn in sechs Tagen hat Jahwe den Himmel und die Erde gemacht, das Meer und alles, was in ihnen ist, aber am siebenten Tage hat er geruht. Darum hat Jahwe den Sabbattag gesegnet und ihn geheiligt. Ehre deinen Vater und deine Mutter, damit lang seien deine Tage in dem Lande, das Jahwe, dein Elohim, dir geben will. Nicht sollst du töten. Nicht sollst du ehebrechen. Nicht sollst du stehlen. Nicht sollst du falsches Zeugnis ablegen gegen deinen Nächsten. Nicht sollst du begehren das Haus deines Nächsten. Nicht sollst du begehren das Weib deines Nächsten noch seinen Knecht noch seine Magd noch sein Rind noch seinen Esel noch irgendetwas, was deinem Nächsten gehört.

Und das ganze Volk sah und das Volk ›fürchtete sich‹ und zitterte und hielt sich in der Ferne. Und sie sprachen zu Mose: Rede du mit uns, so wollen wir hören, aber nicht soll Elohim mit uns reden, damit wir nicht sterben. Und Mose spach zum Volk: Fürchtet euch nicht, denn um euch zu versuchen, ist ha-Elohim gekommen.

Und das Volk hielt sich in der Ferne, aber Mose nahte sich dem Dunkel, in dem ha-Elohim war.

In Zeiten der sozialen und geistigen Verunsicherungen pflegt man zu fragen, was uns Orientierung und Halt zu geben vermag, und so wundert es nicht, wenn in unserer Zeit immer wieder darauf verwiesen wird, es gelte, die Zehn Gebote zu halten. Sie gelten seit alters her für die unübertreffliche Sammlung all der richtigen Weisungen, die eingehalten werden wollen, damit Menschen ohne Schaden für sich selbst und für andere miteinander ihr Auskommen finden können. Die Wertschätzung der Zehn Gebote geht dabei nicht selten so weit, daß man sie wie eine absolute Magna Charta des Völkerlebens nimmt, herausgelöst aus den biblischen Erfahrungen, denen sie selber sich verdanken, herausgelöst sogar aus dem Umfeld des Religiösen. Mehr oder minder abstrakt genommen, sind sie ethische Weisungen an sich geworden. Politiker berufen sich auf sie, und sie nötigen ihrerseits wieder die Theologen heute, die bürgerlichen Werte, das Bürgerliche Gesetzbuch mehr oder minder metaphysisch zu fundieren und in irgendeiner Weise aus den Zehn Geboten abzuleiten. Dabei wird gern übersehen oder als zu schwierig beiseite geschoben, daß es selbst der Bibel völlig unmöglich scheint, einfach mit der Verkündigung der sogenannten Zehn Gebote zu beginnen. Sie stehen eben nicht gleich auf der ersten Bibelseite, sondern vieles ist schon geschehen, ehe sie überhaupt aus dem Munde des Allmächtigen den Menschen sagbar oder umgekehrt den Menschen vernehmbar wurden aus dem Munde Gottes.

Insbesondere dem Christentum, belehrt durch viele Worte, die Jesus über die Not von Menschen in seinen Tagen stets mit der Adresse an die schriftgelehrten Theologen geäußert hat, nicht zuletzt vor allem auch durch die sehr widersprüchlichen Erfahrungen, die Paulus in seinen Briefen andeutet und deutet, scheint es im Grunde fast unmöglich zu sein, einfachhin den Glauben zu unterstützen, man könne das Leben eines Menschen ordnen und in Ordnung bringen, indem man ihm mit eindeutigen Geboten im Stil des gerade gehörten »du sollst nicht…, du sollst nicht…«, Weisung und Regel, Satzung und Befehl für sein Leben auferlegt. Die Erfahrung, die wir bei einiger menschlicher Sensibilität machen können, geht bittererweise immer wieder dahin, daß Menschen das nicht können, was ihnen scheinbar wie selbstverständlich als gut und richtig, als vernünftig und moralisch eindeutig abverlangt wird. Ja wir können in aller Regel sogar eine Gleichung aufstellen: Je mehr ein Mensch dem scheinbar so auf der Hand liegenden sittlich Guten durch sein Handeln widerspricht, desto mehr muß er in seinem eigenen Inneren verstört und verheert worden sein, und ehe wir diesen Urgrund im Herzen eines Menschen nicht beruhigen, ordnen und heilen, wird sich das Heilsamste noch in seinen Ohren ins Zerstörerische verdrehen, und er wird beim besten Wollen immer wieder nur das Gegenteil seiner oft genug heiligen Absichten erreichen.

Wozu dann sollen die Zehn Gebote überhaupt dienen?, mag man sich fragen. Eines stimmt: Wer so weit verunsichert ist, daß er sich an einen anderen wendet mit der Frage: Was muß ich jetzt tun?, und von ihm erwartet, er wisse jetzt die rechte, die einzig richtige Auskunft, dokumentiert nur allzu offen, wie verwirrt und wie hilflos er in sich selber ist; und allein daß er einem anderen zutraut, von außen her besser in seinem eigenen Leben Bescheid zu wissen als er selbst nach vielen Jahrzehnten der Erfahrung mit sich, ist schon der Ursprung und der Kern des wirklichen Problems. Keine Gesetzgebung unter Menschen wird Gültigkeit haben, indem der eine hier steht, gewissermaßen im Vollbesitz des göttlichen Wissens, und der andere im Schattenlicht der Bedürftigkeit, aufgeklärt zu werden und in seiner Düsternis Weisung zu erfahren. Die Szenerie freilich, in welcher die Verkündigung der Zehn Gebote gemalt wird, scheint für diesen Augenschein zu sprechen. Da steht jemand im Dialog mit seinem Gott auf erhobenem Berg, unter ihm bebend und zitternd das Volk, und es muß froh sein schließlich, nur noch Moses zu hören, nicht die Gottheit selber, die aus dem Gewittersturm redet. Alles scheint da majestätisch, autoritätsbezogen, mit Gewalt und Macht zum Furchtbaren über die Menschen gesprochen, als wäre die Gottesangst ein tragfähigerer Grund als das Gottvertrauen und das Sich-Aufrichten der Menschen.

Es gilt, um Texte wie diesen zu verstehen, daß wir sie der ursprünglichen Abfolge ihrer eigenen Voraussetzungen wieder zurückgeben und uns selber fragen, unter was für Bedingungen denn wir Heutigen zu einem Text Zugang gewinnen können, der ganz gewiß älter ist als dreitausend Jahre. Soviel scheint klar: Es wäre unmöglich, sich vorzustellen, die Zehn Gebote hätten Israel gegeben werden können im Land der Knechtschaft und der Fremdherrschaft Ägyptens. Daß die Gottheit hier hintreten kann vor das Volk, das sie selber sich erwählt hat, setzt voraus, daß Jahwe die Kinder Abrahams, das ganze Volk Israel unter der Führung des Moses bei der Hand genommen und in die Wüste hinaus begleitet hat zum Ort seiner Freiheit. Die fundamentale Voraussetzung von allem im Umkreis möglicher gebotsähnlicher Satzungen lautet also: Befreiung des Menschen zum Ort seiner Bestimmung. Wo das nicht erfolgt ist, läßt sich keine Ethik gründen. Wo ein Mensch nicht aufgebrochen ist zu seiner eigenen Personalität und Würde, müßten wir heute sagen, hat keinerlei Gesetz und keinerlei Gebot irgendeine Grundlage. Was sich hier ausspricht als Loslösung von der politischen Fremdherrschaft der Ägypter, liest sich für uns

Heutige als eine Geschichte der Personwerdung. An diesen Gedanken haben wir uns gewöhnt. Wir müßten aber, vor allem vom Neuen Testament her, noch deutlicher sagen: Die hebräische, die israelitische Erlösungsgeschichte des Volkes der Erwählung ist der Exodus in die Freiheit selber. Es scheint das Wissen des *Neuen* Testamentes zu sein, daß es nicht genügt, im *äußeren* Sinne der Beeinflussung, der Gegenfinalität, der Außenlenkung anderer Menschen zu entrinnen; es ist dies wesentlich ein *innerer* Vorgang, und so müßten wir uns den langen Prozeß schon als relativ abgeschlossen vorstellen, durch den ein Mensch dahin gelangt, im eigenen Leben sich einigermaßen auszukennen. Erst dann verstehen wir die symbolische Szenerie dieser Geschichte in ihrem richtigen, d. h. aufrichtigen Inhalt.

Alles beginnt dabei mit der Wallfahrt zum Berge. Die Historiker sind sich unschlüssig, wo sie ihn suchen müssen. Die Tradition des Jahwisten scheint hier zu sprechen von einem Vulkanausbruch; also müßte der Gottesberg ein Vulkan sein. Solche aber gibt es nicht auf der Sinaihalbinsel. Der Text, den wir gerade gehört haben, läßt es bewenden mit einem ordentlichen Gewitter. Das nun kann überall stattgefunden haben. Klar scheint nur eins: Der Gottesberg muß viel älter gewesen sein als die Gotteserscheinung, von der hier die Rede geht, vermutlich ein Wallfahrtsort, viel älter als Israel selber, zu dem Moses sein Volk hingeführt haben wird. Solche Gottesberge, solche Heiligtumszentren auf Erden sind ein uraltes Symbol der Menschheit gerade für das, was es heißt, Ordnung zu setzen, Kosmos zu bilden oder zu gründen. Berge sind die Zonen der Erde, die nach uralten Schöpfungsmythen als erste aufgetaucht sind aus dem Urwasser und sich dann immer mehr verbreitert haben. Sie sind gewissermaßen die innere Achse, um die herum die ganze Welt erst ihr Gefüge gewinnt. Und das ist der Sinn jeglicher Wallfahrt bereits: hinzugelangen an die Stelle, wo der Himmel und die Erde einander berühren, wo die Welt ihr Zentrum findet und wo das gesamte Erdreich einen eigenen Konvergenzpunkt, einen eigenen Kraftmittelpunkt hat, von dem her Sinn, Perspektive und Richtung des Lebens sich finden lassen. Den Sinai, mit anderen Worten, mag man in einer Völkerwallfahrt geographisch gesucht haben; ihn wirklich zu finden bedeutet, das eigene Herz soweit zu klären, daß es gottunmittelbar wird. Und das nun ist die wirkliche Basis für alles Folgende, die wirkliche Ableitung dessen, was die Bibel unter Geboten versteht. Niemand begreift, wovon hier die Rede geht, es sei denn, es wäre ihm ein großes Gesicht selber zuteil geworden und er wäre eingetaucht in das Gegenüber des Göttlichen.

Wir mögen darüber diskutieren, ob es eine philosophische Ethik gibt, die sich außerhalb der Religion begründet, eine Frage, die vor allem in der westlichen, demokratischen Kultur außerordentlich brisant ist und die seit den Tagen der Französischen Revolution und der Aufklärung mehr denn dringlich gestellt werden muß. Ist nicht, wer das Zusammenleben in einer pluralistischen, liberalen Gesellschaft von der Religion her begründen will, immer schon im Verdacht eines totalitären Denkens, das da eine bestimmte Variante zu glauben und religiös zu sein zur Grundlage des Zusammenlebens aller erheben wolle? Es mag sein, daß es eine Ethik gibt, die im Durchschnitt der Bevölkerung sich für alle als Konsens der Mehrheit und also verpflichtend für die Gemeinsamkeit herstellen läßt; aber wie man den Menschen in den Stand setzt, gut sein zu können, wie man ihn dahin bringt, bei sich selbst anzukommen als Vorbedingung der Möglichkeit auch nur, zum Guten fähig zu werden, das ist eine Frage, die sich nicht philosophisch, sondern einzig religiös klären läßt. Um es so zu sagen: Wer den Menschen einfach für ungebrochen gut hält, dem mag es genug scheinen, Gebote zu erlassen, nur sind sie im Grunde schon überflüssig, da ein wirklich guter Mensch von innen her wissen wird, was richtig und falsch, was gut und böse ist. *Die* Menschen aber, denen man es eigens sagen muß, die mitten auf der Wanderung und schattenverwirrt sind, brauchen etwas anderes als nur das Donnern vom Berge in der Sprache der Gesetze. Viel wichtiger als alle Zehn Gebote ist es, am Berg zu sein und die Gottheit zu sehen, alles weitere dann wird die Folge sein.

Daß wir es so verstehen müssen, sagt uns der Text selber überaus deutlich, indem er an die Spitze von allem ausdrücklich drei Formulierungen setzt, die sich nur mit Gott selbst beschäftigen. Und wie wichtig diese ersten drei Teile der sogenannten Zehn Gebote den Hebräern selbst waren, mag man daran erkennen, daß sie immer wieder neu weitergeführt und kommentiert und begründet wurden.

Diese Begründungen müssen sehr alt sein, wir können im Buche Deuteronomium im 5. Kapitel allein bei den Parallelen schon sehen, wie alt. Natürlich sind sie später hineingekommen. Die Knappheit und die Kürze, mit der es dann weitergeht mit Blickrichting auf die Menschen, dürfte im ursprünglichen Text auch in bezug auf Gott so formuliert gewesen sein. Daß hier die Gottheit mal selbst redet, mal in der dritten Person mit ihr gesprochen wird, zeigt schon, wie man versucht hat, diesen Text in die gesamte Überlieferung irgendwie hineinzustellen. Ja noch einmal: Das Literarisch-Künstliche ist das existentiell unbedingt Ursprüngliche.

Dann sollten wir noch vorweg sagen, wie wir mit solchen Gotteserscheinungen, wirklichen Gottesoffenbarungen im Sinne der Bibel, denn tatsächlich verfahren können. Vor einer Weile fragte eine Studentin nach einem Vortrag: Was ist denn das jetzt nun, Gottesoffenbarung? Sollten wir denken, sie geschieht immer? Erzählt nicht die Bibel, daß sie einmalig ergangen ist an Abraham oder Jakob oder Moses oder Jesus Christus? – Es liegt ein Paradox in dieser Frage. Denn wahr ist es, daß alles, was Gott uns zu sagen hat, in eine bestimmte Zeit hineingesprochen wird. Dennoch aber sagt es sich aus an die Menschen aller Zeiten und aller Zonen und gewiß nicht in diesem Sinne, daß fortan alle geschichtliche Bewegung stillstehen sollte, als würde der Lauf der Historie angehalten und wir müßten, um bei der Offenbarung Gottes zu bleiben, immer uns an denselben Zeitpunkt fixiert betrachten, wo diese Worte ergangen sind. – Rein pragmatisch werden wir, sogar bei Durchsicht dieser Zehn Gebote, eines unzweifelhaft zentralen und heiligen Textes der Bibel, erkennen müssen, wie relativ in die Zeit damals diese Gebote gesprochen sind. Manches daraus ist für uns überhaupt nicht wiederholbar, wäre nicht die Grundlage der Moral, sondern schlechterdings der Unmoral in unserem Verstande. Du sollst nicht begehren deines Nächsten Weib noch seines Ochsen, seines Esels und alles, was sein ist! Das Weib des Mannes Eigentum wie aller Viehbestand? Das steht wirklich da zu lesen und ist für uns heute nicht Moral, es wäre Barbarei, dahin zurückzuwollen. Und wie in diesem Punkte so in manch anderem, was wir noch hören werden. Auf der anderen Seite ist vieles so blockhaft, rudimentär, grob geschnitten, daß es für die Verfeinerung der Lebenssituation damals so wenig tauglich scheint wie für die Differenzierungen unseres heutigen Zusammenlebens. Wir werden also selbst bei dem, was wir in der Bibel für wahre Offenbarung Gottes halten, einen Maßstab brauchen, und so paradox es nun klingt: Wir brauchen gewissermaßen schon eine Offenbarung Gottes, um zu verstehen, was geoffenbart wurde. Darin liegt aber nichts Geheimnisvolles, sondern alles geht mit ganz einfachen Dingen zu. Es gibt ein Urwissen in uns selber, sozusagen einen heiligen Instinkt, in dem Gott zu jeder Zeit mit uns redet, der uns sagt, wie wir selber glücklich werden und zu dem Glück anderer Menschen beitragen können, oder negativ gesagt, wenn es denn unbedingt sein muß: wie wir vermeiden, uns selber zu schädigen und den anderen Schaden zuzufügen. Wir könnten auch sagen: Es gibt ein Vorauswissen um das, was Liebe ist unter den Menschen und Güte und Mitleid und Menschlichkeit. Und nun, wieder paradox gesagt, werden wir sogar in der Bibel, egal wer da spricht oder wann er spricht, ob da ein Text ist, der sich als von Gott selber gesprochen ausgibt oder aus dem Munde eines Propheten oder eines Rabbi kommt, nur das als wirklich göttlich beglaubigt erkennen, was in unseren Tagen die Liebe, die Güte, das Mitleid und die Menschlichkeit fördert. Alles andere werden wir augenblicklich erkennen als nur vielleicht damals zeitgemäß oder vielleicht schon sogar in der damaligen Zeit nur halb richtig, wenn nicht ganz verkehrt. Das Erstaunliche ist, daß wir selbst den Maßstab für das, was gelten soll, in uns selber entdecken müssen, um herauszufinden, was gelten soll. Und wieder stehen wir vor dem einleitenden Problem: Wie klärt sich die Seele eines Menschen bis dahin, daß sie zu einem möglichst unverfälschten Spiegel des Göttlichen wird?

Genau das ist die Einleitungsfrage hier, zugespitzt als ein Gebot: »Du sollst keine fremden Götter neben mir haben.« – Als 1529 im Großen Katechismus Martin Luther über diesen Satz nachdachte, stellte er die sehr richtige Frage, was denn das eigentlich heißt, einen Gott haben, und gab sich selbst und den Lesern zur Antwort: Einen Gott haben, das heißt, etwas besitzen, worauf du dein ganzes Vertrauen werfen kannst; das sei nur Gott. Es liegt Luther augenblicklich daran, die fremden Götter als falsche Alternativen zu entlarven. Was heißt es, Vertrauen auf etwas richten? Der Reformator hat den Negativgrund für die Suche nach Halt in dem Text des Großen Katechismus nicht benannt, er bleibt aber zwischen den Zeilen ganz deutlich spürbar. Die Kernfrage des menschlichen Lebens ist seine ständige Angst, das Empfinden, bedroht zu sein, mit den Füßen über die Erde zu gehen und doch wie über den Abgrund gehalten zu sein. Wonach ein Mensch wirklich fragt, ist Rettung, vielleicht mehr noch als das, was wir, schon immer moralisch durchtränkt, als Erlösung bezeichnen. Wie verzweifelt suchen Menschen danach, Grund für ihre Existenz zu finden! Genauer gesagt: Alle, die wir leben, werden irgendwann entdecken müssen, daß es einen solchen Grund nicht gibt – schauen wir nur auf die Natur, die uns hervorgebracht hat. Was rechtfertigt, daß wir sind? Es mag glückliche Menschen geben, die wenig Ursache hatten, darüber nachzusinnen, aber spätestens sobald sie einmal miterleben, daß jemand an ihrer Seite stirbt, stellt sich auch für sie die ganze Fragwürdigkeit des Daseins heraus. Wie rechtfertigt man, daß man ist? Wozu lebt man wirklich? Was gibt eine tragfähige Antwort auf die Frage: Woher kommen wir, und wohin gehen wir?

Inmitten all dieser Angst liegt die Versuchung außerordentlich nahe, sich an irgend etwas zu klammern, das man machen, herstellen oder auch durch Leistung werden könnte. An dieser Stelle beginnt Martin Luther seine Beispiele zu reihen. Da gilt dem einen das Geld für den Grund und den Hauptinhalt seines Lebens. Schon im 16. Jahrhundert war offensichtlich der Mammon, waren die Fugger ein solcher Alptraum für den Reformator, daß er denken mußte: Wir sind gerade dabei, Gott aus den Augen zu verlieren zugunsten eines Götzen. Da beginnt eine Welt, in der die Bankiers die Könige und die Kaiser designieren, die zuständigen Wahlgremien derart abhängig und gefügig machen, daß nicht länger mehr ein von Gott designierter Kaiser das Regiment der Welt in den Händen hat, sondern im Grunde der Götze Geld. Und was den Papst in Rom anbetrifft, weiß man's seit langem schon – für Martin Luther ohnedies der Antichrist, gleich neben den Türken und den Teufeln.

Liegt es bis in unsere Tage hinein nicht buchstäblich zum Greifen nahe, die Frage, wer wir sind, uns beantworten zu lassen durch das, was wir in Händen haben? Das kann die Macht sein, das Eigentum sein, die Wohlversorgtheit sein oder die sichere Rente oder der Titel im Beruf oder das Fortkommen in der Karriere. Woran glauben wir wirklich angesichts der basalen Angst in unserer Existenz? Das entscheidet darüber, wer unser Gott ist, wer unser Götze zu werden droht. Es geht wohlgemerkt an dieser Stelle und in keinem weiteren Gebot um irgend so etwas wie eine kultische Bestimmung zwischen Gott und Mensch. Wer hier sagen wollte, »Du sollst keine fremden Götter neben mir haben«, das sei soviel wie: Du sollst kultisch bei dem Gott Israels bleiben, d. h. du sollst in den Tempel gehen, du sollst den richtigen, von Priestern abhängigen Gottesdienst besuchen, bliebe weit unterhalb des Ernstes dieser Frage, hätte im Grunde überhaupt nicht verstanden, was der Gott Israels den Menschen eigentlich zu sagen hat.

»Du sollst keine fremden Götter neben mir haben!« läßt sich im Kontext der vorangegangenen Erfahrungen auch so übersetzen: Du mußt lernen, alles zu vermeiden, was dich einengt, alles, was dich versklavt, alles, was dich abhängig macht, alles, was dich süchtig werden läßt, indem du ein absolutes Verlangen nach Geborgenheit heftest an etwas, das nur relativ ist und das du immer wieder, immer wieder brauchst, um dich selbst zu betäuben. »Du sollst keine fremden Götter neben mir haben!« bedeutet soviel wie: Einzig das, was dich trägt aus dem Unsichtbaren, was dich freiwerden läßt und unabhängig macht von allen Wechselfällen des Lebens, was dich aufrichtet in deiner Angst und was dein sonst so bebendes Herz fest macht gegen das Gefühl der Ausgesetztheit, der Einsamkeit und der Sinnlosigkeit, das ist dein Gott. Da ist plötzlich zwischen den tiefsten Interessen des Menschen und der Gottheit kein Gegensatz mehr, sondern ganz im Gegenteil: Aus dem innersten Verlangen des Menschen redet Gott selbst. Sich das klarzumachen ist sehr wichtig, weil selbst in die Lehrtradition der reformatorischen Theologie vor allem das Eingang gefunden hat, was Luther dann weiter schreibt, warnend richtig, aber möglicherweise auch gefährlich und falsch, daß nämlich das Götzentum begründet werde aus den Träumen der Menschen, aus den Sehnsüchten der Menschen, aus den Selbstbetrügereien der Menschen. Das alles kann sein, aber nur, wenn man hinzufügt: aus den angstgepeitschten Alpträumen der Menschen, aus den sinnverquerten, irritierten Sehnsüchten der Menschen. Wieder stehen wir da bei der Grundbedingung: Was ein Mensch wirklich möchte, ist seine Freiheit, nicht seine Unfreiheit. Nur wenn er sehr viel Angst hat, trägt er förmlich Verlangen danach, irgendwie von außen her die Verantwortung weggenommen zu bekommen. Ob das der Staat tut, ob das das soziale Netz der Gesellschaft tun soll, ob das ein unfehlbarer Papst tun will, das alles sei, wie es dann kommen mag. Allein Gott zu ehren ist im Grunde das tiefste Verlangen eines Menschen, der von seiner Freiheit her kommt und gerade aufwächst, ein Mensch zu sein. Alles andere außer diesem unbeschreiblichen Geheimnis, das wir Gott nennen, zwingt, engt ein, erstickt und duckt uns nieder, schafft keinen Aufblick vom Berge zum Himmel, sondern hinunter in die Tiefen des Abgrunds.

Man versteht sogleich, warum das zweite Gebot eine Warnung davor ausspricht, sich kein Schnitzbild zu machen. Wohlgemerkt geht es eigentlich nicht um das Verbot der Malerei und Bildhauerei, eines ganzen Kunstzweigs schlechterdings, wie es allerdings im alttestamentlichen und islamischen Kulturkreis dann ausgelegt wurde; primär und wesentlich geht es darum, daß Menschen von der Gottheit sich keine Kultbilder anfertigen, die anzubeten sie die Menschen nötigen. Der Grund dafür läßt sich leicht erraten. Wenn Menschen erst einmal ein Idol von ihrem göttlichen Ideal gefertigt haben, geraten sie leicht in den Wahn, es genüge, dieses Idol immer wieder anzubeten, und sie hätten sozusagen schon Gott selber in der Hand. Da verkehrt sich das Mittel zum Zweck, blockiert jede weitere Entfaltung, verabsolutiert erneut das nur Relative und wertet eine menschliche Vorstellung so auf, daß sie sich an die Stelle des Ganzen setzt. – »Du sollst dir kein Schnitzbild machen!« ist ein Verbot des Götzendienstes, der sich auf bestimmte Kultbilder, auf Statuen, aber auch auf bestimmte künstliche Heiligtumsräume richtet. Nehmen wir dieses Wort in unsere Tage hinein, läuft es hinaus auf ein Verbot förmlich all dessen, was immer noch im Schatten des kirchlichen Lehramtes als Theologie sich verkündigen will. Da werden bestimmte Formeln, bestimmte einengende Vorstellungen für so wichtig genommen, daß, wer sie nicht in gleicher Weise nachsagt und als seinen Glauben bekennt, schon für einen Ungläubigen genommen wird. Da wird das Nachreden des Formalismus selber *die* Form des Gottesbekenntnisses. Es redet aber kein Gott mehr in diesen Formeln, es redet nur noch die Macht einer Kirche, welche die Formeln vorschreibt, durch den Mund ihrer unmündig gewordenen Anhänger, und man hat weder die Freiheit, die zur Gottesverehrung gehört, noch hat man die Offenheit, in der alleine die Gottheit sich finden läßt. Auch das ist ja eine der Merkwürdigkeiten, daß wir in einem der Kernstücke des sogenannten Alten, im Grunde ewig neuen Testamentes von Gott, der die Gebote gibt, die Gottheit fast nach heidnischer Weise sprechen hören. Der Elohist spricht hier, wie um zu sagen: Es genügt und muß genügen, von Gott keine andere Vorstellung zu haben als die einer Macht, die nicht weiter mehr beschrieben ist, ein Geheimnishintergrund von allem, positiv ausgedrückt: eine absolute Person, die sich mitteilt stets neu, auf die man hören muß, ohne von ihr sich götzenähnliche Begriffe zu bilden. Noch einmal gesagt: Jede verwaltete, institutionalisierte Kirchenlehre, die sich beglaubigen will damit, daß man den Menschen die eigenen Worte und die eigenen Erfahrungen aus dem Munde und dem Herzen stiehlt und sie statt dessen tonbandähnlich immer wieder die gleichen Redewendungen aus dem 5. und 6. Jahrhundert aufsagen läßt, länger als anderthalb Jahrtausende, mit dem Willen, daß dies bis zum Jüngsten Tag sich möge so fortsetzen, versündigt sich schlechterdings und ganz und gar am zweiten Gebot; sie besteht *nur* aus Schnitzbildern, sie ist nichts weiter als ein Kult von Fetischen, sie wagt es überhaupt nicht mehr, die Menschen diesem Erfahrungsraum des Göttlichen auszusetzen und die offene Begegnung zwischen der Person des Menschen und der absoluten Person des Göttlichen für notwendig oder auch bloß für wünschenswert zu halten. Man weiß da ja immer schon, wer Gott ist, angeblich weil er sich geoffenbart hat; aber der Gott, der sich wirklich geoffenbart hat, erklärt hier, daß er nicht davon lassen wird, sich zu offenbaren, daß man gefälligst ihm weiter zuhören solle statt zu denken, nun haben wir es begriffen, wir ziehen vom Berg weg, und ein neuer Gott wird nie mehr sein. Jesus wird das sehr zornig einmal an die Theologen seiner Zeit herausrufen: Gott ist *kein* Gott der Toten, sondern der Lebenden!

Sie begreifen die innere Logik, die sich jetzt weiterentwickelt, wenn wir als drittes hören: »Du sollst den Namen Gottes nicht unnütz aussprechen!« So lautet die konventionell gewordene Übersetzung. Besser sollten wir mit dem Juden Martin Buber sagen: »Du sollst den Namen Gottes nicht aufs Wahnhafte setzen!« Gemeint ist damit auch gewiß: den Namen Gottes zur Zauberei zu verwenden, zu Schwarzkunst und Magie. Aber viel wichtiger noch als dies, daß wir gegen bestimmte Formen von Humbug und Aberglauben zu Felde ziehen, die ja doch nur Zerrformen der Religion im Reich der Angst sind, ist es für uns Heutige wohl, daß wir betrachten, wieviel alles für Gott oder göttlich oder gottgegeben beglaubigt werden soll, was ersichtlich nichts weiter ist als Menschenphantasie. Könige und Kaiser, wie wir hören, haben regiert durch Gottesgnadentum. Das ging Hunderte von Jahren so, wurde begründet mit dem 13. Kapitel des Römer-Briefs, hatte viele Grundlagen in der Messias-Theologie des Alten Testamentes – die Leute im christlichen Abendland hatten dies zu glauben, und es galt als Ausdruck des Atheismus der Französischen Revolution, es nicht mehr glauben zu wollen. Die Leute, die da Frankreich regieren, sind nicht von Gott gegeben, der Teufel soll sie holen! So dachte man beim sogenannten Dritten Stand und vor allem bei den Jakobinern. Seitdem glaubt es niemand mehr, und es scheint kein Schaden für die Menschheit, diese Art von Glauben verloren zu haben. Aber dann muß man sich überhaupt fragen, ob's nicht verdächtig sei, wenn jemand redet, er oder dies oder das sei von Gott gegeben, daß er ein ähnliches Kabinettstück mit uns aufführen will. Nur der Wille seiner eigenen Macht wird da gewissermaßen vom Himmel auf die Erde gezaubert und vor der immer dummen Menge aufgeführt als ein großes Wunder, eine wirkliche Offenbarung. Und hat er dann noch Gründe aus der Vergangenheit, Traditionsbeweise geradewegs, blockiert sich das Denken in unseren dreizehn Milliarden Hirnzellen, wie wenn wir aus dem Höhlendasein immer noch nicht erwacht wären. – »Du sollst Gott nicht zum Wahnhaften heben!« hat später in prophetischem Mund diese enorme Zuspitzung, daß kein König ohne weiteres als von Gott gegeben zu betrachten wäre, kein Führer des Volkes, kein Priester, nichts, sondern diese heilige Unmittelbarkeit zwischen Gott und Mensch gewahrt werden sollte.

Da bleibt als drittes die Ordnung des Sabbats. Sie wird offensichtlich später eingetragen, abgeleitet aus dem Sechs-Tage-Werk, das wir der Priesterschrift auf den Anfangsseiten der Bibel verdanken. Aber nehmen wir diese nachgetragene Verknüpfung zur Sinnstiftung des Sabbats, bedeutet sie etwas Großartiges. »Keinen anderen Gott neben mir« – das ist die ganze Freiheit des Menschen. Gottes

Namen nicht magisch zu verstellen und keine Schnitzbilder zu verehren bedeutet die ganze Offenheit des Menschenweges unter den Augen Gottes. Aber der Inhalt von all dem zeigt sich darin, daß es im Wochenrhythmus mindestens *einen* Tag geben soll, da der Mensch aufatmet und ruht wie die Gottheit beim Anblick einer an sich vollendeten, guten Schöpfung. Den Tag heiligen – das alleine war Martin Luther damals ein Problem, und er schrieb zornig und verärgert: Jene sperren den Menschen Augen und Ohren auf, dazu helfen sie selbst mit großem Gepränge, Unkosten und herrlichem Bauwerk und schmücken sie hervor, daß alles gleißen und leuchten muß. Da räuchert man, da singet und klinget man, da zündet man Kerzen und Lichter an, daß man vor diesen keine andere hören noch sehen könne. Denn daß da ein Pfaff in einem goldenen Meßgewande steht oder ein Laie den ganzen Tag in der Kirche auf den Knien liegt, das heißt ein köstliches Werk, das niemand genug loben kann; aber daß ein arm Mädchen eines jungen Kindes wartet und treulich tut, was ihr befohlen ist, das muß nichts heißen. Was sollen sonst Mönche und Nonnen in ihren Klöstern suchen? … Was Luther sagen will, ist, daß es keinen heiligen Sabbat zu verehren gibt, sondern das ganze Christenleben betrachtet werden sollte als eine Sabbatheiligung, und sie geschieht nicht am Sonntagvormittag für eine Stunde, sondern sie ist das ganz normale, alltägliche Leben. Das heißt »etwas heiligen« für den Reformator, und das braucht keine besonderen Arrangements, keinen Weihrauch, keinen Kerzenschimmer, keine besonderen Kostümierungen von feierlich gewandeten Amtsträgern. Das einzige, was es braucht, ist ein rechtes Herz, belehrt in Mitgefühl, Menschlichkeit, Mitleid und Liebe.

Dann gehört dazu, daß es Grenzen der Verantwortung geben darf und sogar geben soll, vielleicht nicht im Umlauf des Mondes, eingeteilt dann in den Sieben-Tage-Rhythmus der Woche, einmal alle sieben Tage, sondern vielleicht im Rhythmus der Begegnungen unter uns Menschen im Alltag auch insofern, als wir ein rechtes Maß finden für unsere Zuständigkeit, für den Bereich, wo wir dem anderen vertrauen wollen, wo es unsere Zuständigkeit gibt und wo wir an ihren Rand gelangen, wo wir die Schuldgefühle begrenzen können. Es muß, damit wir richtig leben, irgendwann und -wo ein Gefühl geben, daß wir die Welt nicht zu retten brauchen. Sie ist hervorgegangen aus den Händen Gottes, und es gäbe keinen Sabbat, hätte Gott nicht herausgefunden, daß sie – ich sage es vorsichtig – an sich gar nicht so schlecht wäre. Wer unbedingt den anderen Eindruck hat, wird nie zur Ruhe kommen, aber er steht sehr in der Gefährdung, dabei sich selbst zu überhetzen, sich selbst nur nervös zu machen. Man tut am Ende bei allem guten Willen selbst den anderen mit seiner Angst und Überfürsorge, dem ständigen Dazwischengehen nicht nur gut, wird in aller Regel sogar nicht einmal durch Vernunft und gesundes Urteil angetrieben, sondern eher durch uralte Schuldgefühle, durch alle möglichen Zwänge. – Ja bin ich denn nicht ein schlechter Mensch? sagte dieser Tage mir eine Frau, meine Mutter hat alles für mich getan, und ich lasse sie jetzt allein. Diese Frau hat mehr getan für ihre Mutter, als sie überhaupt hätte tun sollen und können; aber eben dieses Übermaß führt immer wieder auch dahin, die alte Frau loswerden zu wollen, ja, offen gestanden, ihr manchmal den Tod zu wünschen. Und dann wieder bekommt sie solche Schuldgefühle, wie wenn sie den Mord auch schon begangen hätte, und um's zu sühnen, fängt alles von vorn wieder an, eine endlos tragische Bindung. – Wie wäre es, in solchen Situationen zu denken, das Leben gerade der Menschen an unserer Seite, denen wir am meisten dankbar sind und mit denen wir uns am meisten verbunden fühlen, gerade deren Leben stehe ganz und gar in Gottes Hand, und alles, was wir gemeinsam tun, sei ausgerichtet auf dieses eine große Ziel.

Erst wenn wir zu dieser inneren Freiheit, zu dieser inneren Offenheit und Gelassenheit gefunden haben, ordnen sich die Beziehungen unter den Menschen. Das beginnt jetzt Schlag auf Schlag mit dem, was wir das vierte Gebot nennen, das Gebot, das da lautet: »Du sollst Vater und Mutter ehren!«, und es ist das erste, das mit einer konkreten Zusage und Verheißung verbunden ist: »damit du lange lebst in dem Land, das ich dir geben werde.« – Wir haben das sogenannte vierte Gebot in der christlichen Unterweisung immer wieder ausgelegt für die Kinder, mit erhobenem Zeigefinger für die Kleinen. Nicht: »Du sollst Vater und Mutter ehren!« war Sinn unserer Erklärung, sondern: »Du mußt ihnen gehorchen!«, das war das vierte Gebot auf deutsch beglaubigt. Tatsächlich richtet es sich nach Auskunft der Exegeten, nach einer guten Studie von Albrecht Alt schon aus den dreißiger Jahren, überhaupt nicht an die Kinder, sondern an die Erwachsenen, diejenigen, die selber schon Eltern sind, die also aufgehört haben, abhängige Kinder zu sein, und die ihren Eltern jetzt begegnen als Erwachsene. Von *denen* erwartet dieses Gebot, daß sie ihre eigenen Eltern ehren; und nicht müde werden kann ich da, Martin Luther noch einmal zu zitieren, der sagt: Dieses Wort »ehren« ist ja noch mehr als »lieben«, es umschließt die Liebe in Ehrfurcht. – Das muß man auf sich wirken lassen, was da gemeint ist. Es verknüpft ohne Zweifel im Sozialverband die alte Generation mit der jetzt heranwachsenden, und es wirft den Anker der Hoffnung in die Zukunft: So lasse sich das Leben auch der künftigen Zeit für jeden einzelnen und der künftigen Generationen im Land der Verheißung gründen, so überhaupt habe das Leben Reichtum und Fülle. Daran wird etwas sein. Wir müssen aus unserer Sicht heute freilich die gesamte Dramaturgie des Psychologischen hinzufügen. Wir wissen, daß man menschliche Beziehungen nicht so von außen einfach festlegen kann auf eine bestimmte Form des Verhaltens. Es mag Teile in Ostasien geben, in denen, rein äußerlich genommen, die Ehrfurcht vor Vater und Mutter fast gar keine Erklärung brauchen würde. Man verneigt sich, man verbeugt sich, man verehrt sogar die Gestorbenen noch in den Kulten für die Ahnen, man hält sie heilig, weil sie die Quelle des eigenen Lebens sind. Das ist so unantastbar, daß eine schlimmere Pietätlosigkeit in diesem Kulturraum kaum möglich wäre als die Forderung Jesu im Neuen Testament, Vater und Mutter geradwegs verlassen zu sollen, um Gott tiefer zu finden. Es scheint mir sehr wichtig, daß wir den historischen Kommentar, es sei dieses Gebot an Erwachsene gerichtet, psychologisch nacharbeiten, denn so lange wird kein Mensch seinen Vater und seine Mutter wirklich hochschätzen, wirklich ehren können, als er unter ihnen leidet und gar nie die Möglichkeit bekommen hat, wirklich mit einem eigenen Leben zu beginnen. Er lebt dann ja nicht lang, er hat im Grunde aufgehört zu leben, noch als er ein Kind war, und müßte sich erst einmal freiarbeiten aus all der Hypothek, die auf ihn gelegt wurde, zumeist von Eltern, die selber nicht recht zu leben wußten und wieder Eltern hatten, die, durch welche Umstände auch immer, einen so langen Schatten über die Generationen geworfen haben. Nur ein freier Mensch wird eintreten in diese Offenheit der Ehrfurcht geradezu. Da fällt der Schimmer hoher Pietät mitten in den Bereich des Menschlichen, und es scheint kein Zufall, daß, wenn irgend wir doch noch Schnitzbilder vom Göttlichen entwerfen, sie allemal hinauslaufen auf die Bilder von Vater und Mutter. Es ist eigentümlich, daß tatsächlich, vermutlich je älter wir werden, uns mit den eigenen Eltern um so mehr verbinden wird. Es kann sein sogar, daß zu den Tagen, da sie hier auf Erden mit uns waren, wir gar nicht sonderlich gut mit ihnen auskamen. Das kann sich ändern, einfach je mehr aus eigenem Leben wir an Verständnis für sie gewinnen. Vor kurzem sagte mir eine Frau: Es ist sehr merkwürdig, der Haupttrost, wenn ich ans Sterben denke, besteht darin, zu fühlen, wie meine Mutter lebte, als sie so alt war wie ich heute. Ich denke mir, es ist dasselbe Leben, und ich bin nicht ganz allein. Ich hab' nicht aufgehört, all das zu glauben, was ich religiös glauben möchte, an ein unsterbliches Leben, an eine Auferstehung, aber wenn ich ganz ehrlich bin, ist dieses Gefühl der Verbundenheit mit meiner Mutter, die längst tot ist, zunehmend stärker tröstend. Irgend etwas nimmt mich da bei der Hand. Kein Zweifel, daß dieses Empfinden eine tiefe Ehrfurcht ermöglicht. – Die Bibel spricht vom Tode dann als ein Sich-Versammeln bei den Vätern; bei den Müttern, müßte man hinzufügen. Aber so wäre da eine Gemeinsamkeit, die sich durchträgt.

Das fünfte Gebot hat seine Grundlage ganz gewiß schon im Tierreich, aber rätseln mag man, was es uns sagen will. Das Hebräische selbst kennt viele Arten, mit Berufung sogar auf Gott, Menschen ums Leben zu bringen. Es gibt für eine ganze Fülle von Straftaten die Todesstrafe. Man sagt dann nicht: »Du sollst nicht töten!«, sondern die Formulierung dann lautet: »einen anderen sterben machen«. Es gibt »heilige Kriege« in Israel, die Gott selber gebietet. Auch dann sagt man nicht, man »tötet«, sondern man »erschlägt den Feind«, der immer auch ein Gottesgegner ist. »Du sollst nicht töten!« ist in Israel also sehr eng zu nehmen. »Du sollst nicht ausrotten ohne Grund deinen Stammesgenossen« – so in etwa müßte man sagen. – Manche Verhaltensbiologen haben gemeint, ein Hauptproblem unserer menschlichen Psyche liege darin, daß wir die Hemmschwelle verlernt hätten, die die innerartliche Aggressivität im Zaume hielte, wie bei den Tieren üblich. Leider kennen auch die Tiere viele Formen, Artgenossen ums Leben zu bringen. Wer Fische züchtet, wird das wissen; er muß die Jungtiere sehr rasch in Sicherheit bringen vor den alten Tieren. Löwenmännchen können Jungtiere aus einem anderen Wurf vernichten. Ein Adlerjunges, das auch nur zwei Tage früher aus dem Ei schlüpft als sein Brüderchen, wird alles tun, das nachgeschlüpfte auszuschalten, und das Alttier wird dabeisitzen und nur das erste, am stärksten sperrende füttern. Es genügt, zwei Tage zu spät aus dem Ei zu kommen, und es ist der sichere Tod in einem Adlerhorst. »Du sollst nicht töten!«, anders ausgedrückt, hat für die Biologie, für die Strategie des Überlebens, viele Varianten angenommen. Wir müßten umgekehrt vielleicht sagen: »Diene dem Leben mit allem, was du kannst!«, aber das ist weit entfernt vom ursprünglichen Sinn dieses Gebotes. Es ist einer der Punkte schon, von denen ich eingangs sagte: Es bleibt bei diesen Worten des Göttlichen der historische Inhalt weit hinter dem zurück, was wir, um unsere Welt zu ordnen, sagen müßten. »Du sollst nicht töten!« müßte *unbedingt* gelten, viel rabiater, gründlicher, umfassender, als diese Textstelle es in ihrer Zeit auszudrücken wagte, nicht reduziert auf den Stammesgenossen, sondern auf *jeden* Menschen selbstverständlich. Ein Ende heiliger Kriege wäre da zu postulieren, ein Ende, Menschen für lebensunwürdig zu erklären aus was für Gründen auch immer. Wir müßten es sogar ausdehnen auf den Umgang mit den Tieren. Auch sie haben Leben und Atem und Gefühl und Seele, ganz ähnlich wie wir. »Du sollst nicht töten!« wäre umfassend zu nehmen als eine Verbundenheit *aller* Menschen, die sich zusammenschließen im Kampf gegen den einzigen Feind, den sie alle haben: den Tod selbst. Ihn zu instrumentalisieren zum eigenen Lebensvorteil unter Ausschaltung anderer ist wirklich ein Verbrechen, nie zu entschuldigen, allenfalls zu verstehen durch das Gefühl äußerster, tödlicher Bedrohtheit des eigenen Lebens. Dann bleibt immer noch der Wahn, wir könnten im Kollektiv übereinander herfallen und führen dann immer göttliche, heilige, pflichtgemäße Kriege. »Du sollst nicht töten!« – da noch einmal ist Martin Luther außerordentlich modern, als er sagt: Das kann doch heißen, du siehst einen Bettler im Schnee und du gehst an ihm vorbei; du tötest nicht, du tust nur einfach gar nichts, und das genügt. – All dies müßte sich positiv wenden: Du sollst das Leben von allem, was leben will, fördern, so gut es irgend geht!

Dann bleiben noch viele Punkte zu klären. Was ist es, wenn ein Mensch, ein Tier an das Ende seines Lebenswillens gelangt? Was ist, wenn der Tod erwartet wird wie ein Freund? Selbst unter den Tieren gibt es manche Formen des Selbstmords. Manche Menschen gehen aus dem Leben, um zu vermeiden, noch länger lästig oder hinderlich zu sein. Manche Stämme im hohen Norden, getrieben von Existenznot, machen sich's beinahe zur Regel, daß Menschen, die durch Krankheit oder Alter mit den Zügen der Jägerstämme nicht mehr mithalten können, zurückgehen in die Einsamkeit und den andern das Fortgehen und erlauben. Aber das sind Formen, wo der Tod wie eine Macht an uns herantritt, und wir müssen nicht mächtiger sein als er, ein Sendbote des Göttlichen auch.

»Du sollst nicht töten!« ist ein gutes Beispiel, daß die Bibel etwas sagt, an dessen engste Bedeutung sie sich vielleicht tendenziell hält, aber in allen weiteren Ausformungen *nicht*. Es ist der Jude Jesus von Nazaret, der später sagen wird: Das Töten beginnt gar nicht erst beim Zücken der Schwerter – oder beim Auslösen der Bomben, könnten wir hinzufügen, – es beginnt einfach damit, daß ein Mensch den andern nicht mehr leben lassen *will*, indem er ihn verurteilt, indem er Gründe erfindet, ihn zu hassen, indem er ihn wegwünscht von seiner Seite. Psychologisch wäre es überaus wichtig, diese Gründe nachzuarbeiten und zu verstehen. Was hindert uns, an der Seite eines anderen Menschen so zu leben, wie wir es brauchen, und ihn und uns so anzunehmen, wie wir wirklich sind? Wie gewinnen wir im Beisein anderer das Maß an Liebenswürdigkeit zurück, das vermeiden hilft, die Geschichte von Kain und Abel immer wieder aufzuführen?

Wir stehen erst mitten bei den Zehn Geboten, und wir müssen diese lohnende Lektüre im Konkreten noch über fünf weitere Gebote fortsetzen. Es lohnt sich aber vielleicht, als einen vorläufigen Abschluß einmal eine moderne Variante der Zehn Gebote vorzulegen, die wir dem Kölner Dozenten Heinrich Kloms verdanken. Wolfgang Wickler in der »Biologie der Zehn Gebote« hat sie zitiert, zwanzig Formen von Tugenden, nicht im Sinn des asketischen Ideals wie im Mittelalter entwickelt, sondern Formen, die uns tauglich machen, im Leben unter Menschen menschlich zu sein, gute Vorschläge, die in moderner Sprache wiedergeben, was es auch nur heißen würde »Du sollst nicht töten!« und inklusive schon »nicht die

Treue brechen, nicht lügen, stehlen, falsch schwören, Eigentumsverhältnisse durch Habgier durcheinanderbringen«.

1. Verantwortungsbewußtsein, gekoppelt mit der Bereitschaft, Verantwortung zu übernehmen,
2. Toleranz – das ist: Wahrheitsliebe und Wahrung der Nächstenliebe,
3. Friedensliebe – Bereitschaft zum Kompromiß und dann notwendigerweise auch zum Verzicht,
4. Sachlichkeit – rechter Umgang mit Sachen und Sachverhalten als moderne Form von Frömmigkeit; (das muß ich noch einmal lesen: Sachlichkeit als moderne Form von Frömmigkeit),
5. Aufgeschlossenheit – das ist: Streben nach geistigem Jungbleiben; (hat man nie gehört im Zusammenhang der Zehn Gebote, aber es ist ein Gebot, dem Leben zu dienen statt dem Tode),
6. Vorurteilslosigkeit,
7. Ehrfurcht,
8. Tapferkeit, d. h. Eintreten für die eigene Überzeugung oder für den Schwächeren, dem Unrecht geschieht, ohne sich von Mächtigeren einschüchtern zu lassen,
9. Kollegialität – gute Zusammenarbeit unter Zurückstellung persönlicher Ambitionen und gleichberechtigtes Verantwortlichsein gegenüber einer gemeinsam zu leistenden Aufgabe im Beruf,
10. Geselligkeit – Kultivierung von Freizeit und Kurzweil statt Zeitvertreib, Griesgrämigkeit und Possenreißertum.

Damit lasse ich es für heute bewenden. Es gibt noch zehn Tauglichkeiten aufzuzählen, für mindestens viereinhalb weitere Gebote. Aber was Sie begreifen, ist: Wir müßten ein Stück nachdenklich werden über das, was uns guttut. Wir müßten relativieren sogar das, was uns für unantastbar heilig anvertraut wurde, damit es wirklich imstande ist, das Leben zu heiligen und zu Gott zurückzutragen.

17. September 1994

6

Sei, was du bist

WIR haben begonnen, den Abschnitt aus dem 2. Buch Moses zu lesen und zu betrachten, der die Verkündigung der Zehn Gebote berichtet. Sie bilden für unser christlich-abendländisches Denken das Kernstück aller sozialen Ordnungen, und wir sind nicht daran gewöhnt, die ganze Widersprüchlichkeit, Begrenztheit und Verwirrung mitzuhören, in welcher – wie in selbstverständlicher Evidenz – der Mann aus Nazaret sie schon antraf und spätestens dann Paulus mit äußerster religiöser Kompetenz sie in ein Hell-Dunkel-Feld zwischen Verlorenheit und Rettung gestellt hat. Wir müssen jedes der sogenannten Zehn Gebote – vom vierten bis zum zehnten – daraufhin durchgehen, was es dazu beitragen kann, beim Aufrichten der Ordnung hilfreich zu sein oder weiter zu verwüsten, und wo wir einen festen Grund bekommen, daß wenigstens dem Ziel nach gilt, was sich einmal vor fast dreitausend Jahren in diesen Worten ausgesprochen hat.

Es mutet buchstäblich wie in Stein gemeißelt an, wenn wir aus der elohistischen Überlieferung innerhalb der sogenannten Bücher Moses die folgenden Worte hören:

TEXT: Ex 20, 1–4; 12–17

Und Elohim redete alle diese Worte und sprach: Ich bin Jahwe, dein Elohim, der ich dich aus dem Lande Ägypten, aus dem Knechtshause, herausgeführt habe. Nicht sollst du andere Elohim haben neben mir. Nicht sollst du dir machen ein Schnitzbild, von irgendwelcher Gestalt oben im Himmel oder unten auf der Erde oder im Wasser unter der Erde… Ehre deinen Vater und deine Mutter, damit lang seien deine Tage in dem Lande, das Jahwe, dein Elohim, dir geben will. Nicht sollst du töten. Nicht sollst du ehebrechen. Nicht sollst du stehlen. Nicht sollst du falsches Zeugnis ablegen gegen deinen Nächsten. Nicht sollst du begehren das Haus deines Nächsten. Nicht sollst du begehren das Weib deines Nächsten noch seinen Knecht noch seine Magd noch sein Rind noch seinen Esel noch irgendetwas, was deinem Nächsten gehört.

Scheinbar ist alles ganz einfach. Woran soll man sich halten inmitten einer Zeit des Werteverfalls, der wachsenden Unordnung, des drohenden Chaos? Die stete Antwort im Munde der Gesetzgeber und der Regierenden wird lauten: an die Zehn Gebote, an die mindestens, oder an die Verfassung. Wenn doch nur jeder so leben würde, wie es hier geschrieben steht, wäre die Welt in Ordnung. Wie naheliegend und tief verwurzelt diese Denkweise ist, werden Sie sehen können, wenn Sie sich bei einem Besuch in Paris einmal die Zeit nehmen, in den Louvre, dabei einmal in die altorientalische Abteilung zu gehen. Da finden Sie das Original einer großen, berühmten Stele um 1700 vor Christus aus Mesopotamien. Es ist das erste Mal, daß uns ein Gesetzeskodex aus der Alten Welt so gut wie vollkommen in schriftlicher Form überliefert vorliegt. Die Stele selbst hat die Form eines erhobenen Zeigefingers, und an der Stelle, wo der Fingernagel sich befinden müßte, ist eingraviert das Bild des Königs Hammurabi. Nachdenklich sitzt er, seine Hand um den Bart gelegt, aufmerksam zuhörend, was ihm der Gott der Sonne und des Himmels, der König aller Götter, Schamasch, zu sagen hat. Und was er ihm, dem König, sagt, damit er es weitersage dem ganzen Volk, ist dieser große, himmelweisende, mahnend aufgerichtete Zeigefinger. Es ist historisch keine Frage, daß bis in die Form der Darstellung hinein die Gesetzesstele des Hammurabi die Szene am Sinai mitgeprägt hat. Fast dreiviertel Jahrtausend danach weiß Israel nicht anders und nicht besser die zentrale Offenbarung seines Gottes Jahwe, der Gottheit gegen alle Götter, zu verkünden, als indem man im Grunde das uralte orientalische Denken Mesopotamiens kopiert, aktualisiert.

Hören wir diese Worte heute noch einmal im Abstand von fast dreitausend Jahren, müssen wir eine Art optischen Trick verwenden, um richtig zu sehen. Man hat in der Fotografie gelernt, daß man dreidimensionale Bilder nur erzeugen kann, indem man die Optik des menschlichen Sehvermögens technisch nachbildet. Nur mit zwei Augen stellt sich stereoskopisches Sehen her. Zwei Kameras aus verschiedenen Winkeln mit einander überlagernden Bildausschnitten sind nötig, um in die Tiefe schauen zu können. Schließen Sie eins Ihrer beiden Augen, ist alles flächig, das Nahe und das Ferne wie auf einer einzigen Ebene versammelt. – Das eine Auge, das wir zum Lesen dieser Texte öffnen müssen, wird sich richten in die Tiefe der Vergangenheit selbst. Was war damals gemeint? Welche Berechtigung liegt in den Worten? Was für ein Problem wollten sie wirklich lösen? Das andere Auge muß sich richten in unsere Gegenwart oder besser in unsere Zukunft, in die Perspektive unserer Zielvorstellungen. Wir müssen uns fragen, was wir denn mit den Texten anfangen können, anfangen sollen, damit sie uns Führung werden auf dem Weg in unser Leben. Dabei liegt die große Schwierigkeit schon in den Worten »du sollst«. Noch im späten Alter konnte ein Mann wie Hermann Hesse sagen: Sobald ich derart angeredet werde mit »du sollst«, regt sich in mir der Widerspruch, und ich weiß, ich werde es *nicht* tun! – Es trennen uns nicht nur dreitausend Jahre, es trennt uns eine vollkommen andere Bewußtseinseinstellung von dieser Art des erhobenen Zeigefingers. Da steht ein König vor uns und gebietet, und wir gehorchen ihm, und dann entsteht die Sittlichkeit? So wäre die Reihenfolge? Dann hätte Sigmund Freud vollkommen recht: Die Moral der Massen ist identisch mit der verinnerlichten Gewalt. Sie bleiben ewige Sklaven, ewig botmäßige, verschüchterte Kinder, folgsam der Peitsche und der Angst vor Strafen. Was sie Sittlichkeit nennen, ist nichts weiter als die Durchsetzung derer, die das Sagen auf den Thronen haben; ihr Diktat entscheidet über Gut und Böse. – Es liefe auf einen schlimmen Zynismus in der Betrachtung der menschlichen Geschichte hinaus, wollten wir diese im Grunde diktatorische und totalitäre Denkweise beibehalten. Recht ist, was die Macht befiehlt? So kann es nicht sein!

Immanuel Kant vor zweihundert Jahren nahm deshalb, als er die

Zehn Gebote philosophisch zu interpretieren suchte, gleichermaßen das Äußere aus dem Gebietenden heraus. Man erklärt immer wieder, so betonte er, daß Gott allmächtig sei und daß seine Gebote in Gültigkeit stünden, weil sie in Offenbarung von außen den Menschen mitgeteilt worden seien. Das kann nicht länger für nachdenkliche Köpfe Geltung behalten! Wenn etwas von außen gesagt werden muß, bedeutet das, daß man es sich selbst nicht sagen könnte. Wenn es aber so steht, muß der andere seinen Willen uns aufprägen, und ein Gott, der nur so zu sprechen vermag, durch seine Allmacht, bekundet nichts weiter, als daß er selber als allmächtig verehrt werden möchte. Dann ist die Macht schon das Gebot und Macht die Grundlage für die Unsittlichkeit selber. »Du sollst gehorchen!« ist das Widerspiel wirklicher Moral. Entweder vermag Gott unabhängig von Blitz, Donner und Erdbeben in das Herz des Menschen zu reden, und, noch genauer gesagt, exakt das zu sagen, was der Mensch, wenn er recht bei Troste ist, sich selber sagen kann und selber sagen muß, oder er *hat* dem Menschen nichts zu sagen, den er Gott sei Dank vernünftig geschaffen hat. »Du sollst« gilt nicht länger, sondern: Rede vernünftig, wenn du etwas sagen willst, und dann wirst du nicht gebieten, sondern ermutigen, nicht befehlen, sondern bitten, nicht niederdrücken, sondern erheben und wachsen lassen.

Der Atem des Moses weht aus einer ganz anderen Zeit in unsere Kultur hinüber. Es ist so, wie wenn Wolken aufgestiegen wären über den Wäldern und den Meeren tropischer Breiten und würden über fernes, fremdes Land geweht, um dort abzuregnen und Leben zu formen, ganz anders als an der Stelle, da sie selber entstanden. Wir müssen uns das Recht nehmen, den Atem des Moses als Quelle für etwas anders Geformtes, in anderer Zeit und an anderem Ort Lebendiges zu verstehen. Und das bedeutet, wir müssen alle Äußerlichkeit herausnehmen aus diesem Text. Es kann, mit anderen Worten, nicht länger in Geltung sein, wie noch 1993 in der Enzyklika »Vom Glanz der Wahrheit« Papst Johannes Paul II. uns wissen ließ, daß die Zehn Gebote Grundlage aller Sittlichkeit sind, eben weil sie von Gott geoffenbart wurden. Wir Menschen sind jederzeit irrtumsfähig, fehlbar, durch die Sünde korrumpiert, und es bedurfte eben deshalb der Klarheit der Überlieferung des göttlichen Willens, die gewahrt wird durch die Bibel und durch das kirchliche Lehramt, das jederzeit uns vorlegt, was von den Zehn Geboten zu halten sei. Der Geist der Aufklärung sieht da richtiger als zweihundert Jahre danach das kirchliche Lehramt: Gott *hat* sich nicht geoffenbart, er offenbart sich immer oder nie. Damit sein Atemwind uns wärmt, das Erdreich, auf dem wir stehen, durchfeuchtet, müssen wir selbst gemeint sein und in der eigenen Kraft zum Leben erblühen, zu Reichtum und Schönheit. Eben das bedeutet es, daß wir von den Zehn Geboten gar nicht anders sprechen können, als indem wir selber hinübergefunden hätten zu dem Berg am Mittelpunkt der Welt, ordnungsstiftend und -bildend, und begegneten der Macht der Freiheit, die hinausgeführt hat aus aller Abhängigkeit.

Gehen wir von daher vor allem die auf die Menschen bezogenen Gebote, vier bis zehn im Dekalog, der Reihe nach durch.

Als erstes also: »Du sollst ehren Vater und Mutter!« – So steht es da als das einzige positiv formulierte Gebot. Alle anderen Gebote sind Verbote. Trotzdem werden alle, die in irgendeiner Form unter der Autorität ihrer Eltern haben leiden müssen, genauso empfinden wie Hermann Hesse. Die Ablehnung gegen jedes »du sollst«, gegen jeden erhobenen Zeigefinger, hat allemal zu tun mit der Angst und dem Widerspruch eines Kindes, das, so geprägt im Schatten der Erziehungsgewalt der eigenen Eltern, mehr erdrückt als geführt wurde, so daß die gängige Auslegung des sogenannten vierten Gebotes auch meistens schon heißt: »Du sollst den Eltern gehorchen!«, und man hat sie aufgefaßt ganz und gar als eine Vorschrift für die Kinderstube, für die noch Kleinen. Tatsächlich ist es eine große Kunst im Leben, zu tun, was wir bei den Tieren oft genug lernen können. Sie haben eine bestimmte Weisheit, nach welcher die Elterntiere ihre Jungen nach Monaten, oft nach Jahren der Fürsorge zu entlassen pflegen. Wenn auf dem Padersee hier die Anzahl der Schwäne im Verlauf von fünf bis acht Jahren überhand zu nehmen droht, wird man erleben, daß die Alttiere ihre Jungen nach spätestens zwei Jahren mit kraftvollen Flügelschlägen wegjagen und nicht länger dulden an dem Ort, wo ihre Kinderstube war. Egal wohin, sie müssen lernen, an einem anderen See eine eigene Lebensgrundlage zu finden und aufzubauen. Nur so verbreitet sich das Leben. Irgendwann liegt es im Interesse der Eltern-Kind-Beziehung selber, die Kinder groß werden zu lassen, von ihnen Abschied zu nehmen und sie ziehen zu lassen in ihr eigenes Dasein. Man weiß von Bären, daß sie sehr treu zu ihren Kindern stehen können. Irgendwann kommt der Zeitpunkt, da Bärinnen den Jungtieren, wie sonst auch in Momenten der Gefahr, in den Wipfel eines Baums zu klettern befehlen. Aber es ist keine Gefahr mehr. Die groß gewordenen Jungtiere sind längst stark genug, sich selber auseinanderzusetzen. Es ist, wenn man so will, ein Abschiedstrick der Bären, so zu tun, als wäre eine letzte Gebärde der Fürsorge noch am Platze, während in Wahrheit die Alten unter dem Baum weggehen. Es kann ein, zwei Tage dauern, bis die Jungtiere, von Hunger getrieben, herabsteigen und merken, daß ihre Eltern nicht mehr da sind. Das Leben beginnt für sie jetzt erst eigentlich neu und in Wirklichkeit.

Bei uns Menschen fallen Dinge, die in der Natur wie selbstverständlich sind, oft sehr, sehr schwer. Eltern, die man selbst in Kindertagen kaum hat leben lassen, stützen sich oft genug auf ihre eigenen Kinder, hängen sich förmlich ersatzweise an das Leben ihrer Kinder, können sie nur sehr schwer loslassen, weil in ihnen der Lebensinhalt, die Lebensaufgabe wie objektiv sich ihnen vor Augen stellt, ohne die sie selber nicht zu sein wüßten. Warum bist du als Mutter oder Vater? Wieviel Trost liegt darin, angesichts von vielen zerstörten Hoffnungen und Sinnlosigkeiten zumindest sagen zu können: Es gibt ein, zwei Menschen, die würden nicht existieren ohne uns, und es geht ihnen hoffentlich gut und wir haben beizutragen vermocht, daß sie glücklich sind. Umgekehrt auch: Je weniger Kinder die Erlaubnis haben, einen eigenen Bereich in ihrem Leben zu entdecken, auszugestalten und zu bilden, desto größer werden ihre Schuldgefühle sein, den Eltern mitunter sich zu verweigern. Es gibt so viele Verflochtenheiten wechselseitiger Verantwortung, ersatzweisen Lebens, wo eine Mutter lebt in ihren Kindern und nötigt, ohne es zu beabsichtigen, die Kinder, zu leben im Bereich der Mutter. Und es ist so schwer, beides voneinander zu lösen, wie eine Operation siamesischer Zwillinge. Immer wieder, unter Tränen dann, unter Schmerz, unter schwersten Selbstvorwürfen, die eigenen Eltern gar nicht wirklich zu ehren und zu achten und ihnen Gehorsam zu erweisen, setzen sich dann mühselig die langsamen, fast dahinkriechenden ersten Schritte in die eigene Freiheit fort, und man kann dieses Gebilde kindlicher Schuldgefühle endlos ausdehnen. Losgekommen von den Eltern, die es wirklich gibt, findet man sie wieder in der Gesellschaft. Augenblicklich wandelt sich ihre Gestalt und personifiziert sich neu in der Figur kirchlicher und gesellschaftlicher Instanzen. Man braucht dann förmlich einen »heiligen Vater«, um an anderer Stelle den im Elternhaus aufgehobenen Gehorsam neu leisten zu können und also nicht so unsicher zu sein, wie man im Status eigener Verantwortung sein würde. Oder man hängt sich an die großen Führergestalten, die scheinbar wissen, wie man in Politik und Wirtschaft den Staat führt. Immer noch sind wir irgendwo auf der Suche nach den großen Außeninstanzen, und es fällt uns so schwer, wirklich eigenständig zu leben. Es ist so schwer, daß Jesus im Neuen Testament, eigentlich nicht mit direktem Bezug zum vierten Gebot, aber innerlich doch unbedingt, meinte, wir sollten nur Gott bezeichnen als Vater oder sogar als Mutter. Und er lehrte in dieser Weise uns zu sprechen im 6. Kapitel des Matthäus-Evangeliums: Wenn ihr Gott anbetet, wenn ihr zu ihm betet, schenkt ihm all das Vertrauen, das ihr als Kinder einmal gehabt habt zu Vater und Mutter. – Das bedeutet nicht, daß man die eigenen Eltern mit derselben kindlichen Furcht, Abhängigkeit und Schuldgefühlemacherei über die Wolken verpflanzt und unter die Sterne versetzt, ganz im Gegenteil. Es bedeutet nach all dem, was wir in den ersten drei Geboten hörten, »Du sollst dir kein Bild machen von Gott!«, daß man lernt, von jeder menschlichen Abhängigkeit freizuwerden und sein Vertrauen wirft ins Grenzenlose zu der Macht, die wir nicht sehen und die doch unser ganzes Leben durchzieht. Nicht der religiös verfeierlichte Ödipuskomplex im Sinne Freuds ist da gemeint: Alle sprechen von Gott nur als das Echo der fremden Stimmen der Eltern aus Kindertagen, sondern gerade umgekehrt: Wie vom Himmel herunterkommend schenkt sich da eine Freiheit, die uns selbständig macht, auch gegenüber den Autoritäten, die wir als Kinder kannten und die wir zum Teil akzeptieren, anerkennen müssen entsprechend den hierarchischen Mustern der Verwaltung der Gruppen, in denen wir leben.

Wollten wir das vierte Gebot in dieser Weise zum Sprechen bringen, müßten wir sagen: Wenn du wirklich Gott gefunden hast und im Vertrauen auf ihn dich selber finden möchtest, solltest du lernen, selbstbewußt zu sein und dich nicht einschüchtern zu lassen durch die Angst vor dem, was andere dir sagen. Es mag eine Reihe von Verwaltungsbehörden geben, aber im Grunde gibt es keine wirklich gültige Autorität mehr für dich, wenn du es lernst, erwachsen zu sein, ein Stück Selbstbewußtsein zu bilden. Selbstachtung wird dann die beste Art, das sogenannte vierte Gebot zu formulieren. Es wandelt sich zu einem Lebensgesetz, mit Vertrauen und Mut das eigene Leben in die Hand zu nehmen.

Man wird dann sehr bald sehen, daß beim Durcharbeiten all dessen, was uns daran hindert, wir auch verstehen werden, wer unsere Eltern waren, wer unsere Mitmenschen sind, was in unseren sogenannten Vorgesetzten vor sich geht. Es wächst mit einemmal der Bereich des Verstehens, und nennen wir das »Ehrfurcht« oder »ehren«, läuft's bis in die Formulierung auf die Erfüllung des vierten Gebotes hinaus. Selbstachtung und Anerkennung des anderen, beides hängt da zusammen. – Vor einer Weile noch schilderte mir ein Mann, daß er überzeugt sei, seine Mutter und seinen längst verstorbenen Vater wirklich zu ehren. Nie hat er ein böses Wort über sie gesprochen. Nur manchmal, sonderbar für ihn, wenn er sich einläßt auf einen anderen Menschen, auf eine Freundin, oder in Gemeinschaft mit anderen Männern ist, kann er, unbegreifbar für ihn selbst, jähzornig werden und anderen Unrecht tun. Ausgehend von diesem Problem, gleitet das Gespräch immer weiter zurück in die Vergangenheit, und wir hören plötzlich, daß die Mutter seit vielen Jahren, nicht erst seit dem Tod ihres Mannes, sondern eigentlich wenige Jahre schon nach ihrer Heirat, völlig allein stand. Ihr Mann wurde einberufen in den Zweiten Weltkrieg, sie selber mußte leben mit den Kindern, fliehen ins Nirgendwo, mühsam sich durchbringen in der Hoffnung, irgendwann werde ihr Mann wiederkommen. Und als er schließlich krank und verkrüppelt nach Hause kam, war er nichts weiter als eine noch zusätzliche Belastung, viel mehr denn eine Hilfe. Dieser junge Mann hatte lernen müssen, den Vater zu ersetzen und alles zu tun, was er konnte, damit seine Mutter leben mochte. Sie ließ ihn keinen Augenblick aus den Augen, hinderte ihn, eine Freundin kennenzulernen. Er hatte leben müssen noch in den letzten Jahren mit einem Vater, der das, was eheliches Leben heißt, wenn nicht im Umkreis der sogenannten ehelichen Pflichten der katholischen Sexualmoral, dann beim Militär auf seine Weise zu interpretieren gelernt hatte. Es war der Frau übel, was da Ehe und Familie hieß, aber sie hatte gelernt, ihre Pflicht zu tun, und der Junge hatte auf seine Weise gelernt, die Eltern zu achten und zu ehren. – Wieviel Wut, wieviel Verzweiflung, wie viele unterdrückte Tränen, wieviel abgebrochenes Bemühen um Alternativen sammeln sich allein in den paar Sätzen einer solchen Biographie! Was muß da alles erst einmal in Ehrlichkeit durchgesprochen werden, bis man die Elterngestalten überwindet. Und erst wenn das möglich ist, wenn man die Bilder von Vater und Mutter, die man in der Seele so aufgenommen hat, durcharbeitet, durchleuchtet, aus der Situation damals sich verständlich macht, gewinnt man eine gewisse Freiheit, auch den Eltern, die es wirklich gibt, der Mutter, die noch heute lebt, anders zu begegnen. Es ist ein und derselbe Vorgang, sich zu verstehen und den anderen zu verstehen. Und der ganze Bereich des Mütterlichen, des Väterlichen dehnt sich auf all die anderen Menschen weiter aus, die jetzt ebenfalls besser, offener, menschlicher zu verstehen sind. »Du sollst Vater und Mutter ehren, damit du lange lebest in dem Land, das ich dir geben will«, müßte, in unsere Sprache übersetzt, heißen: Gewinne du für dich selbst soviel Unabhängigkeit, Freiheit und Selbstachtung, daß du einen eigenen Boden unter deine Füße bekommst und auch lernen kannst, die Menschen an deiner Seite zu verstehen, zu respektieren, zu akzeptieren. So kann es gut gehen, so gibt es Hoffnung, so kann's ein Wunsch werden, alt zu werden; so hört das Leben nicht schon auf mit achtzehn oder mit fünf Jahren; so ist Reifen und Entwicklung zumindest erlaubt.

Dabei ist die Auslegung dieses positiv formulierten vierten Gebotes zwar gesellschaftlich bezogen auf das Verhältnis der Generationen, von Erwachsenen im Grunde untereinander, aber es hat noch lange nicht diesen Krisenaugenblick, auf den wir zu sprechen kommen, wenn wir übergehen zu dem, was man das fünfte Gebot nennt: »Du sollst nicht töten!« Wir wissen bereits, daß dieses Gebot sehr begrenzt einen Zwischenbereich formuliert. Es meint nicht die Prozedur der Hinrichtung, es meint nicht das Ritual der heiligen Kriege, es spricht lediglich an die Willkür, mit der scheinbar mitten in der Gesellschaft das Tun eines einzelnen tödlich das Leben anderer bedroht. Dagegen, gerade dagegen hat man im Alten Testament die Todesstrafe und den Krieg gesetzt, um mit Hilfe des Tötens, das angeordnet wird, kontrolliert durch Staatsmacht und Gesetz, durch das Gewaltmonopol der politischen Herrschaft, das private Töten einzuschränken. Alle Spannung, alle Widersprüchlichkeit liegt schon in der Formulierung dieser Art von »Du sollst nicht töten!«. Denn läßt sich in dieser Logik irgendein menschliches Problem aus der Welt schaffen? Richtig töten gegen das falsche Töten, ist das die Rezeptur? Wir halten wohlgemerkt uns bis heute noch irgendwie in diesem Bereich auf, und das erste, was wir deshalb tun sollten, ist, so scharf es irgend geht, gegen das fünfte Gebot zu protestieren, um seine Wahrheit in unseren Tagen lebendig zu machen. – Als André Cayatte, ein französischer Filmregisseur und Jurist, vor Jahren über die Todesstrafe nachdachte, drehte er einen bewegenden Film unter dem wütenden Protesttitel »Wir sind alle Mörder« und wollte sagen: Eine Gesellschaft, die die Todesstrafe kennt, nicht bekämpft, nicht ausschließt, in der es möglich ist, zu sagen: Wir verurteilen im Namen des Volkes, hat Bürger, die Mörder sind, und es gibt keine Reinsprechung davon mit Berufung auf Gott oder das Alte Testament. Die Aktualität dieser Frage liegt auf der Hand. Wir empören uns, daß in Singapur ein Holländer durch den Strang hingerichtet werden konnte wegen des Besitzes etlicher Kilo Heroin, in einem Staat, bei dem die Drogengefahr ausufert und der nach seinem Rechtsverständnis, ganz unabhängig von der Bibel, beim Verhängen solcher Strafen jedenfalls keine Skrupel zu haben braucht. – Als in Anwesenheit von dreitausend Leuten im Weißen Haus die Führungsmacht des Westens in Gestalt von Bill Clinton ein neues Gesetz zur Verbrechensbekämpfung verkündete und die Anwendung der Todesstrafe auf sage und schreibe sechzig weitere Straftatbestände ausdehnte, gab es nicht den geringsten Widerspruch, hier in Deutschland überhaupt nicht die geringste Stimme des Protestes. Wir sind großartig, wenn wir Asiaten zensieren können; aber da, wo wir selbst gefragt wären, sind wir mundfaul. Dabei ist die Logik genau die gleiche: gegen das Töten das Töten! – Allein um den Wahnsinn der Vereinigung der Waffenbesitzer in den Vereinigten Staaten zu brechen, um buchstäblich unter jedem zweiten Kopfkissen der US-Bürger die Knarre und den

Colt wegzunehmen, braucht man offensichtlich die Radikalisierung des Straf- und Gewaltmonopols des Staates. Damit die einzelnen nicht in Selbstjustiz morden wie im Wilden Westen, muß es der Staat ihnen abnehmen gewissermaßen zum Schutz für alle. Anders scheint im Jahre 1994 in die westlichen Demokratien keine Ordnung hineinzubringen zu sein. Wir müssen noch betonen, daß es der Weltkatechismus der römisch-katholischen Kirche, im Jahre 1993 vorgelegt für neunhundert Millionen Menschen dieser Erde, ist, der, egal was Amnesty International und die Menschenrechtsbewegungen erklären, einfach nur in vier Zeilen erläutert, daß der Staat unter Umständen das Recht hat, Menschen zu töten. Man kann in aller Klarheit nur sagen: Nach dem, was wir heute als Kultur wissen können, schließt sich ein Staat selber aus der zivilen Menschheit aus, wenn er die Todesstrafe nicht für sich selber ausschließt. Sie basiert im wesentlichen darauf, in absolutem Maße Menschen von Menschen zu trennen, und immer wird sie, das kann man *sicher* sagen, Menschen Unrecht tun, denn das Problem des Tötens bei denen, die es tun, ist weiß Gott komplizierter als bei denen, die zur Strafe getötet werden.

Ehe wir darauf kommen, müssen wie die Problematik noch etwas ausdehen. Der Satz »Wir sind alle Mörder« hat eine unglaubliche Gültigkeit angesichts der bürgerlichen Sicherheit und Ruhe, mit der wir in die Welt gucken. Parallel zur Todesstrafe braucht die religiöse Sprache die Hölle, und die Politik exekutiert sich immer im Kampf für das Gute, das Wahre, das Richtige gegen das Unrecht, die Unwahrheit und die Niedertracht im Krieg. Immer müssen wir da gerüstet sein zum Töten, kaum daß wir achtzehn sind als Jungen. Auch das haben wir wieder erlebt. Was ist mit Tucholskys und Ossietzkys Satz »Alle Soldaten sind Mörder«? Große Empörung bei allen Politikern. Tutzi-Soldaten – Mörder; Serben-Soldaten – Mörder, keine Schwierigkeit; kambodschanische Soldaten der Roten Khmer – Mörder, auch keine Schwierigkeit; deutsche Soldaten – niemals, niemals. Aber 1914 bis 1918, was waren da deutsche Soldaten? Das war die Zeit, als Tucholsky das sagte, als man zehn Millionen Menschen vernichtete auf Befehl, programmiert mit allem, was zur Verfügung stand. War das nicht Mord? Was passiert, wenn man Giftgas über ganze Landstriche bläst, bis es zur Salzsäure in den

Lungen wird? Was wird, wenn man mit Flammenwerfern in Bunker hineingeht und – egal, wie viele Menschen darin sind – nichts übriglassen will, als was ein Körper, der in Kohlenstaub zerfällt, am Ende übriglassen wird? Ist das nicht Mord? Einen großen Schlachthof nannte Tucholsky das, und von Ossietzky fand es wieder in den Vorbereitungen fürs zweite Mal. – Die Wehrmacht des Dritten Reiches war in Ordnung, das glauben wir allen Ernstes im Rückblick. Schuldig waren nur die Nazis, ganz klar, die Waffen-SS. Wenn da Achtzehnjährige irgendwo beerdigt sind und gehörten zur Waffen-SS, darf kein Bundeskanzler dort reden, ohne sich zu blamieren vor der Weltöffentlichkeit. Aber die Leute der Wehrmacht, die waren sauber und integer. Dieser Spuk ist künstlich und verlogen, aber er ist wirksam. Wir feiern an jedem 20. Juli die Leute, die Hitler töten wollten, Stauffenberg und seine Gruppe, als Widerstandskämpfer. Sie sind vorbildlich für die heutige Demokratie. Da werden Kränze niedergelegt, in Zeiten der Wahl wird es sich niemand nehmen lassen, zur rechten Zeit, zur rechten Stelle zu sprechen unter den Augen laufender Kameras. Aber wenn ein paar Wochen später von den dreißigtausend Leuten, die desertiert sind in der Hitler-Armee, um nicht töten zu müssen, um beim Totschlagen von fünfundzwanzig Millionen Russen nicht mitbeteiligt zu sein, wenn sie sagen: Wir sind das leid, wir tun das nicht, egal welchen Eid wir geschworen haben, wir hauen ab – und man faßt sie, wie gehabt, wird man zwanzigtausend von ihnen ermorden, wie doch der Führer geschrieben hat in »Mein Kampf«: Soldaten können sterben, Deserteure *müssen* sterben. Bis in die höchsten politischen Stellen hatten wir Militärrichter, die so verfügten. Aber zehntausend dieser armen Schweine, Deserteure 39 bis 45, haben's überlebt und warten heute auf irgend so etwas wie eine Rechtfertigung. Gerad noch in dieser Woche, in der letzten Parlamentsdebatte vor der nächsten Wahl, hatten sie gehofft, sie kriegten so etwas, ja, wie eine Entschädigung vielleicht, sie wären nicht Verräter, sondern hätten gehandelt aus moralischen Gründen, menschlich zu respektierenden Gründen. Das geht natürlich nicht, nicht bei dieser Debatte und bei keiner Debatte, ganz einfach. Die Leute sind heute 75 oder 80 Jahre alt, sie sterben aus, in zwei, drei Jahren erledigt sich ja das Problem! Sitzen macht die Zukunft! Aber die Frage selber bleibt:

Sind wir nicht allesamt verwickelt in den Widerspruch zum fünften Gebot?

Man hat uns in Deutschland beigebracht, daß wir das Töten vermeiden können, indem wir die Vorbereitung des Tötens optimal perfektionieren. Wenn wir erst einmal imstande sind, mitzuarbeiten bei einer Abschreckungsstrategie, die imstande ist, auf Knopfdruck beliebig viele hundert Millionen Menschen in weniger als drei Minuten zu vernichten, dann erhalten wir den Frieden. Die gesamte Logik der Abschreckung seit über 35 Jahren basiert auf diesem Irrsinn: Wir müssen maximal töten können, sonst sind wir keine guten Bürger. 47 Milliarden Mark im Jahr 1994 ist uns die Vorbereitung zum Töten wert. Wir stehen in der Bundesrepublik an zweiter Stelle inzwischen beim Waffenexport. So gut sind wir dabei. Bei den landgestützten Systemen, d. h. bei den Bodenraketen, bei der Artillerie, bei den Panzern, stehen wir sogar an erster Stelle aller waffenexportierenden Länder. Wir übertreffen die Gesamtzahl der Waffenexporte von Großbritannien, Rotchina und Frankreich, so tüchtig sind wir. Wir füttern und mästen unsere Großindustrie, die wieder bestimmen wird, welche Politiker wählbar sind, den Fortschritt bestimmen werden, welche wir wirklich brauchen. Der Kreislauf nennt sich Weltverantwortung. – Wie soll in dieser Welt ein Mensch existieren, der einmal denkt, wir kämen so weit, daß »Du sollst nicht töten!« wirklich hieße »Du sollst nicht töten!«, und wir brauchten keine heiligen Kriege mehr, und wir brauchten nicht den Strang und das Giftgas, es wäre wirklich mit der Menschenschlächterei Schluß?

Dann bleibt noch ein gräßlicher Spielraum, den wir vielleicht nicht ändern können, daß, wenn Menschen bis zum Wahnsinn Amok laufen, wir ihnen in die Arme fallen müssen und vermutlich noch keine Form von Politik gefunden haben, die international absolut ausschließt, ähnlich für Ruhe und Ordnung sorgen zu müssen. Aber selbst dann müßten wir wissen und voller Leid spüren, daß wir nichts weiter tun, als eine scheußliche Notmaßnahme treffen, ohne Glanz, ohne Ehre, mit dem Vorsatz, am besten nie wieder so zu verfahren und es so kurz zu halten, wie es irgend geht.

Was wäre, fragen wir uns mal, geworden aus dem Konflikt in Nordkorea vor ein paar Monaten unter der amerikanischen Regierung von George Bush? Da ging es um Atomwaffen, diesmal wirklich. Im Falle des Irak ging's darum nicht. Saddam Hussein hatte keine Atomwaffen, nicht einmal ein Programm, das er in vielen Jahren hätte bis zur Atomwaffenreife durchführen können, es sei denn, die Deutschen, Franzosen und Engländer hätten ihm dabei sehr tüchtig weitergeholfen. In Korea geht es und ging es wirklich um Atomwaffen. Was wäre bei der Logik geworden, die uns in den Golfkrieg hineingetrieben hat, und viele hundertausend Menschen umgebracht hat? Es wird keine Verhandlungen geben! – Man muß an dieser Stelle Jimmy Carter rühmen, daß er gesagt hat: Man kann Kriege vermeiden, aber auch wirklich nur dann vermeiden, wenn man miteinander redet. Das hat er, als er Präsident war, immerhin versucht durch einseitige Vorleistungen bei den Abrüstungen; mit nicht viel Erfolg, zugegeben, aber auf lange Sicht vielleicht doch. – Vielleicht hätte der Pazifismus auf dieser Welt doch eine Chance, wenn wir wüßten, daß das Totschlagen in Massen kein Problem löst. Es müßte unter Weltverantwortung irgendwann den Ursachen nachgegangen werden, aufgrund derer Menschen Menschen töten können.

Dann gibt es unterhalb der Schwelle der nationalen Auseinandersetzungen noch die Tragödien der einzelnen. Mir scheint, daß niemand imstande ist, einen anderen Menschen zu töten, außer durch zwei Ursachen. Wenn er voller Angst einem anderen gegenübersteht, der chronisch den Weg in sein Leben versperrt, dann kann es sein, daß sich so viel aufstaut an Haß und an Wut, daß es sich entlädt im Mörderischen, oder daß es sich verbindet mit unterdrückten Sexualenergien, die sich so fixieren, daß man am Ende gar nicht mehr glauben kann, von einem lebenden Menschen geliebt zu werden; nur indem man ihn verwandelt wie in etwas Totes und sich seiner bemächtigt als ein Objekt, ersatzweise, könnte man das finden, was sich in menschlicher Begegnung zu finden gar nicht erhoffen läßt. Wie will man in beiden Fällen irgend etwas auf der Welt verbessern, indem man gegen das Töten ein Gebot einsetzt und bis zum Extrem mit Lebenslänglich und Todesstrafe Abschreckung dagegensetzt? – Es hat John Knittel einmal in seinem Roman »Via Mala« gezeigt, wie die Familie des Jonas Lauretz tyrannisiert und heimgesucht wird von einem wüsten, zum Alkohol neigenden despotischen Mann. Alles, was die Kinder, seine Frau mühsam zu erwirtschaften trachten, trägt er in die Wirtschaft. Jedes Wort des Verständnisses wird unterbrochen durch die Brutalität seiner Sprache, und vor allem sein Sohn kommt aus dem Schatten dieses Mannes nie hervor. Es ist wie ein Ritualmord schließlich, als der viel zu früh aus dem Gefängnis zurückgekehrte Jonas Lauretz von allen in der Familie – ein Mädchen ausgenommen – erschlagen wird. Was Sie da hören im Roman, von John Knittel sogar als Lehrstück vorgeführt, es gäbe unter Umständen so etwas wie ein Recht zum Töten, hat sich in der Nähe von Paderborn vor Jahren fast genauso zugetragen: eine Familie, die nur in Angst davor lebte, daß der Vater aus dem Gefängnis zurückkehrt. Er würde sie alle fertigmachen, hatte er erklärt. Und der Junge der Tochter dieses Mannes nahm es aus Verantwortung schließlich auf sich, alle zu retten, indem er dieses Ungeheuer, wie es schien, tötete. Die Familie hat immer wieder gesagt, dieser Mann darf nicht zurückkehren, sie hat der Polizei versucht, den Behörden versucht zu erklären, was sich abgespielt hat, man hat es ihr nicht geglaubt. Der junge Mann hatte dann auch nicht die geringste Vorkehrung getroffen, nicht entdeckt zu werden. Unmittelbar vor dem Blaulicht der Polizei war der Mord geschehen. Aber die Betroffenen wurden von den Richtern hart verurteilt, viele Jahre, wegen vorsätzlichen Mordes. – Man muß vermutlich sich in Gefängnissen nicht sehr gut auskennen, um zu wissen, daß die Menschen, die wegen Mordes hinter den Gitterstäben sitzen, alle verzweifelt nach Liebe und Verständnis Suchende sind, meist seit Kindertagen, und daß keines ihrer Probleme gelöst wird mit erhobenem Zeigefinger und den Worten des Gesetzes. – Das ist es, weswegen Jesus offenbar in der Bergpredigt den Gedanken »Du sollst nicht töten« weiterformulieren kann bis zur absoluten Gewaltlosigkeit. Und wieder holt er's vom Himmel herunter, um uns leben zu lassen miteinander, damit die Tragödie von Kain und Abel endlich ihr Ende findet. Den Gedanken des Jesus von Nazaret zum fünften Gebot müßte man etwa so aussprechen: Nur wenn du ein Gefühl bekommst, im wesentlichen nicht bedroht zu sein, wenn du die Angst verlierst vor dem, was andere Menschen tun könnten, lernst du, frei zu werden von den möglichen Aggressionen in dir. Du brauchst dann nicht der Hand, die du fürchtest, gewissermaßen zuvorzukommen, sondern du kannst durch die Sicherheit in dir selbst einen Raum des Friedens um dich verbreiten. Was im vierten Gebot Selbstachtung hieß, müßten wir im fünften Gebot wiedergeben mit Selbstvertrauen und Selbstsicherheit, mit Ichstärke, mit dem Gefühl der Unbedrohtheit. Es ist psychologisch sehr schwer zu bewirken, religiös nicht herbeizubeten, aber es gibt Erfahrungen, die so sind, indem wir uns konzentrieren auf das, was in unserem Leben wirklich wichtig ist. Fürchtet nicht die Leute, die euch nur töten können, sagt Jesus einmal im 10. Kapitel bei Matthäus, achtet nur Gott. Das ist das fünfte Gebot in Wirklichkeit, nicht: »Du sollst nicht töten«, sondern: Glaube so sehr an dein Leben, so gefestigt und in dir ruhig geworden, daß du unerschütterlich bist. Von den Asiaten könnte man das lernen als Symbol. Wenn man Kriege führte im japanischen Mittelalter, galt es als Regel, daß der Heerführer selber sich nicht bewegen dürfe; der Heerführer trug den Namen »der Berg«, und seine Unerschütterlichkeit am Ort, seine Bewegungslosigkeit gab seiner ganzen Armee die Siegesgewißheit. Erst wenn wir das als Symbol verstehen, wie wir leben sollten, können wir uns den Krieg ersparen, die Brutalität aufgeben, und wir werden merken, was Gott in uns zu sagen hat von innen; wir brauchten nicht mehr das Reden ständig von außen.

Beim sechsten Gebot ganz genauso. Schauen wir in die Vergangenheit, was es einmal zu sagen hatte, weist es weit weg von dem, was in unseren Tagen für gewöhnlich bei den Worten »Du sollst nicht ehebrechen!« oder, wie es in den Beichtspiegeln der katholischen Kirche auch heißt, »Du sollst nicht Unkeuschheit treiben!«, verstanden wird. Gemeint ist in den Tagen des Moses etwas, das uns heute unmenschlich oder mindestens vollkommen aufgesetzt erscheinen wird. Ehebrechen bedeutete noch in den Tagen Jesu, daß ein Mann, der mit zwölf Jahren ehereif und spätestens mit dreizehn, vierzehn Jahren verheiratet ist, nach Belieben, wenn er Geld genug hat, ein, zwei Frauen, wenn sie ihm wohlgefallen, oder so viele im Prinzip, als er möchte, sich zu eigen machen kann. Und kommt er nun wirklich mit seiner Frau nicht recht aus, kann er irgendeinen Grund erfinden, sie auf der Stelle zu entlassen. Genau das diskutiert man in den Tagen Jesu, Matthäus 19: Hat ein Mann das Recht, seine Frau zu entlassen aus jedem beliebigen Grunde? Mit anderen Worten: Man braucht die Ehe nicht zu brechen, die Männer haben jede Art von Möglichkeit, absolut legal sich der Frauen zu entledigen, die sie nicht wollen, und sich die Frauen zu holen, die sie möchten. »Du sollst nicht ehebrechen«, das heißt lediglich: Du sollst nicht in den Besitzstand eines anderen Mannes eindringen. Mit Sexualität im Grunde hat das nichts zu tun; es geht lediglich, fast auf tierischem Niveau, um die Ruhe, die man braucht, als Pascha im eigenen Harem sich sicher zu fühlen.

Wir müssen uns die bis zur Heuchelei gehende Doppelbödigkeit speziell der Moraltheologie der katholischen Kirche an dieser Stelle verdeutlichen, um zu merken, wo wir in Wahrheit stehen, wenn wir denn den Atem des Moses in vernünftigen Worten von innen her in uns vernehmen wollen. Immer noch geht es wesentlich beim sechsten Gebot um die Ehe. Es geht so sehr um die Ehe, daß alle Sexualität nur in der Ehe erlaubt ist. Es ist aber auch die Sexualität in der Ehe nur erlaubt zugunsten möglicher Nachfolge, so daß alle künstliche Empfängnisverhütung als schwere Sünde betrachtet wird. Da hat man eine merkwürdige Mixtur geschaffen aus Sexualmoral und ehelichem Besitzstand, eine Verfilzung ganz verschiedener Ebenen miteinander, immer noch ein Status im Grunde der Steinzeit oder des Tierreichs. – Wollten wir sprechen von dem, was in Menschen vor sich geht, wenn sie einander begegnen und ihr Leben miteinander verbringen wollen, müßte man das sechste Gebot wahrscheinlich so radikalisieren, wie erneut Jesus das in der Bergpredigt vorschlägt. Da klingt es nach Sexualethik, meint aber im Grunde viel Tieferes: Wer eine Frau ansieht und sie begehrt, der bricht schon die Ehe, meint Jesus da. Nimmt man das aus der Kleinlichkeit heraus, in der es Matthäus selbst interpretiert, geht es doch darum, die Motive von Menschen zu klären. Dann geht es im Grunde nicht einmal um die Institution Ehe, sondern um die Form der Begegnung zwischen zwei Menschen. Wenn ein Mensch einen anderen liebt, möchte er bei ihm sein und leidet darunter, von ihm getrennt zu sein durch Raum und Zeit, und die Liebe hat die Kraft, den Wunsch und sogar das Versprechen zu bilden, voneinander nie mehr zu lassen. In moralischer Prägung mag man das ein Versprechen der Treue nennen, aber man muß dann gleich sagen, daß die Treue aus der Liebe stammt und sich ergibt wie die Frucht aus der Blüte, aber nie umgekehrt. Man kann die Liebe nicht erzwingen durch eine Gesetzgebung, »du *mußt* treu sein«, oder sozusagen verordnen auf lebenslänglich durch ein Versprechen am Altar der katholischen Kirche vor dem Pfarrer und zwei Zeugen. Wie wenig unsere heutige Bevölkerung noch daran glaubt, daß man Fragen des Herzens durch ein Paragraphenwerk von Gesetzen lösen kann, gibt eine neuere Befragung in Frankreich zu verstehen. Über 51 Prozent sind da der Meinung, daß Liebe und Ehe nicht notwendig zusammengehören, und sie bekennen sich dazu, auch außer der Ehe miteinander zu leben. Eine kluge Autorin, Tania Blixen, in den dreißiger Jahren schon, konnte im aufgeklärten Skandinavien sagen: Selbst die Verfechter der Ehe sind im Grunde Fahnenflüchtige geworden; immer werden sie argumentieren, daß es die Liebe sei, die die Ehe unauflöslich mache, also sollten sie doch klar bekennen, daß sie an die Liebe glauben wie wir auch und deshalb nicht an die Ehe als Institution. Sie ist überflüssig für Menschen, die sich wirklich lieben. Die Gesellschaft hat ein großes Interesse, zu wissen, wer jetzt mit wem zur Zahlung welcher Steuern, zur Beantragung von Kindergeld an welchem Ort in welchem Hause wohnt – das mag legitim sein auf einer anderen Ebene, aber für die Frage, was Menschen mit Menschen anfangen, würden wir alles durcheinanderbringen, wollten wir das sechste Gebot beschränken zum Reglement einer bestimmten patriarchalischen Variante der Gesellschaftsordnung. Ganz im Gegenteil. Wir verstehen heute unter Liebe, daß ein Mann nicht mehr herrscht über seine Frau, sie nicht wegschicken darf, wann er will, und das schon ist die Erklärung Jesu selber auf die Frage: Kann ein Mann aus beliebigem Grund seiner Frau den Scheidebrief geben? Es ist das Unglaubliche an der Person des Mannes aus Nazaret, daß er außerhalb jeder Paragraphenordnung zurückverweisen kann auf die Zeit oder vielmehr auf den Zustand der menschlichen Seele, dem die Welt erscheinen mochte wie ein Paradies. So hat Gott es nicht gemeint, kann Jesus sagen, als er euch als Mann und Frau erschuf. Liest man die Paradiesgeschichte, ist die Liebe ein wunderbares Werk der Zärtlichkeit, der Zusammengehörigkeit, weil anders ein Mensch gar nicht *ganz* werden kann ohne den andern. Da ist nicht die Tugend die Ordnung, sondern die menschliche Bedürftigkeit. Und fragt man: Warum fällt es den Menschen so schwer, einander zu lieben, muß man alles wieder durcharbeiten. Niemand ist in diesen Fragen zynisch oder launisch, es sei denn, er wäre bis ins Innere hinein sehr krank. Was uns zumeist hindert, den anderen wirklich liebzugewinnen, ist der Verlust der Möglichkeit, sich selber gelten zu lassen, sich selber ein Stück weit zu lieben. Das ist es, was in der Beziehung zwischen zwei Menschen wirklich aufwächst: die wunderbare Entdeckung, es trage zum Glück des andern bei, daß es mich gibt, ich werde geliebt. Im Schatten dieser Empfindung formt sich die unglaubliche Entdeckung, wirklich liebenswert zu sein. Aber um das glauben zu können, müssen alle die gegenteiligen Erfahrungen nach und nach durchgearbeitet werden. Das ist die Ursache dafür, daß in vielen Märchen und Mythen erst einmal Drachen bekämpft und schnaubende Stiere getötet werden müssen, ehe da eine Königstochter schließlich erlöst werden kann. Aber so ist es. Das sechste Gebot sollte nicht länger heißen: »Du sollst nicht ehebrechen!«, sondern: Lerne, wie liebenswert du selber bist unter den Augen eines Menschen, dem du dich zutraust, offen und ganz. Und wieder: Über die Selbstachtung, über das Selbstvertrauen zur Selbstliebe kommend, wären diese drei Gebote in sich schon Wegweiser oder Stadien, unter den Augen Gottes bei sich selbst anzukommen.

Nicht minder beim sogenannten siebenten Gebot »Du sollst nicht stehlen!« Auch das etwas, das wir im Raum der Gesellschaft allüberall verletzt finden. Nehmen wir im Geschichtsunterricht nur die Festlegung der Landkarten. Wie man Räume einteilt in Besitzstände, das ist ein Wissen, das wir mit den Tieren teilen. Würden wir den Raum verlassen für fünf Minuten und wieder hereinkommen, wäre die Wahrscheinlichkeit außerordentlich groß, daß mehr als neunzig Prozent von Ihnen, die hier sitzen, gewiß denselben Platz wieder einnehmen würden, auf dem sie jetzt sitzen, einfach damit es kein Durcheinander gäbe, der Ordnung zuliebe suchte jede seinen alten Platz wieder auf. Das ist in der Sprache der Verhaltensforscher Territorialismus. Da wird ein bestimmtes Revier, ein bestimmter Bereich nach der Regel »Wer zuerst kommt, mahlt zuerst« besetzt, indem man da Platz nimmt, und also besitzt. Trotzdem sind die Landkarten keines Volkes wirklich klar. Wem gehört Nordamerika? Den Ureinwohnern, den Indianern? Sie kämpfen bis heute um ihre Entschädigung. Wem gehört Sibirien? Den Russen, den Ureinwohnern, wem eigentlich? Was wir Völkerwanderungen nennen, sind immer wieder Grenzverschiebungen entsprechend der existentiellen Notwendigkeiten, Nahrungsmittel und Platz zu finden. Vermutlich ist der Diebstahl ein Gewohnheitsrecht aller, die hungern. Und dann, genauso wie im fünften Gebot, mag man sich fragen: Wann und wo eigentlich stehlen wir *nicht*? Ist nicht das »Du sollst nicht stehlen!« im Grunde lediglich die Umschreibung der Besitzenden für das, was die anderen nicht tun dürfen, damit die Herrschenden Ordnung und Ruhe haben? Das vielleicht schrecklichste Beispiel dafür sind die Paragraphen von 1993 gegen und über die Wirtschaftsasylanten. Herr Manfred Kanther ist sich völlig klar, genauso wie Herr Pasqua in Frankreich: Wir müssen die Einwanderungsquote auf Null führen, weil Wirtschaftsemigrantentum nicht akzeptiert werden kann. Deutschland ist kein Einwanderungsland, es gibt keine Aufenthaltsberechtigung für Menschen, die nichts weiter sind als Verhungernde; wir können uns nicht leisten, bestohlen zu werden von Menschen, die nicht teilhaben an der Vermehrung des Bruttosozialprodukts durch eigene wertschöpferische Arbeit im Raum der deutschen Bürger; das wäre Diebstahl am Volkseigentum, also unverantwortlich bei den Politikern. Daß wir die Preise auf dem Weltmarkt seit über vierzig Jahren so gestalten, daß sie auf chronischen Diebstahl an der ganzen Südhalbkugel hinauslaufen, wer will das schon hören? Wahrscheinlich würden es sehr viel mehr hören, wenn es Leute gäbe, die es offen sagen, da wo man es sagen müßte, im Bundestag. Unser Wohlstand basiert auf Ausbeutung und Plünderung in einem Umfang, daß man in das Jahr 1840 zurückgehen und Proudhon recht geben möchte, der auf der ersten Seite eines damals sehr wichtigen Werkes sagen konnte: La propriété c'est le vol – Eigentum ist Diebstahl. Klarer ist das siebente Gebot eigentlich nie interpretiert worden, als zu sagen: Wer da sagt, ich habe hier etwas zu schützen gegen einen andern, das ist der Dieb, und der muß nicht laut herumschreien: Haltet den Dieb!, wenn Leute lediglich aus Not sich zu beschaffen suchen, was sie brauchen. Und wer täte das schon anders? Klar, es gibt Gangster, Verbrecher, Einbrecher. Aber wieder: Schauen Sie da genauer hin, wie es dazu kommt, nehmen Sie auch nur eine ganz gewöhnliche Ladendiebin, die man zum zweiten- oder viertenmal verurteilt hat, werden Sie immer in der Geschichte eine lange Biographie finden, in der Menschen mit gutem Gefühl für sich selber kaum etwas beanspruchen durften. Wenn du die Augen zumachst, was du dann hast, das ist dein, so hat man sie gelehrt. Wenn du deine Nägel putzt und schaust darunter, was dann noch da ist, das gehört dir, hat man ihnen beigebracht. Mit anderen Worten: Dir gehört überhaupt nichts. Alles, was du je haben möchtest, weil du es brauchst, ist Unrecht. – Wenn es so steht, lenken Sie bei Fünfjährigen schon die Bahn später dahin, daß sie sich kaum anderes werden vorstellen können als: Nur das, was sie sich unrechtmäßig nähmen, sei überhaupt in ihre Hände zu bekommen. – Das siebente Gebot erweist sich da wieder als ohnmächtig, irgendeinen Konflikt zu lösen. »Du sollst nicht stehlen!« Man müßte noch mal Jesus hören: Gebt jedem, der euch bittet, und lernt eine Armut, die austeilt. Da müßte man sagen: Lerne, wie kostbar und reich du in dir selber bist, wieviel du wert bist. Du brauchst das nicht zu definieren durch das, was du dir aneignest, erwirbst, beim Finanzamt anmelden mußt als Quellensteuer oder sonstwie, du bist als Person etwas ungeheuer Reiches. Und teile es mit ohne Angst. Alles, was dich glücklich macht, strömt über und verwandelt das Leben anderer zum Glück. Das wäre »Du sollst nicht stehlen!«: Glaube an die Fülle, die in dir angelegt ist; reife hinauf zu einem Selbstbesitz, wo du dir selbst beginnst zu gehören. Dann, in gewissem Sinne, gehört dir die ganze Welt, wo du nichts mehr als dein Eigentum patentieren mußt. Alle Menschen finden da jenseits der Grenzen zueinander.

Und beim achten Gebot schließlich »Du sollst nicht falsches Zeugnis geben!« ist die Begrenzung aus dem Alten Testament und die Notwendigkeit, es umzuformulieren, genauso mit Händen zu greifen. »Du sollst nicht falsches Zeugnis geben!« setzt in der Dialektik jeder Justiz die Lüge voraus. Sie ist gewissermaßen die Normalität, aber vor Gericht darf man den anderen nicht fälschlich verklagen. Da gibt es eine staatlich verordnete Ausnahmebedingung, die Wahrheit sagen zu müssen, damit andere nicht bestraft werden und durch zugefügtes Unrecht das Sozialwesen durcheinandergerät. Irgendwo braucht die bürgerliche Ordnung Verläßlichkeit, Stabilität. – Das Problem der Lüge im weiteren Sinn ist dadurch nicht zu beseitigen. Im Gegenteil. Wenn es irgendeine, moralisch betrachtet, Untugend gibt, verbreitet unter den Lebewesen gewissermaßen als ein inneres Gesetz der Evolution, so ist es, so trickreich den andern an der Nase herumzuführen, als es nur irgend geht: Zu lügen, mit anderen Worten, d. h. bewußt dem anderen etwas vorzuspielen, das nicht ist, um eines Vorteils willen. Die Tiere müssen nicht einmal sehr intelligent sein, um das zu praktizieren, die Evolution selber sorgt dafür. Ein harmloser Schmetterling, wenn er die Flügel aufklappt, kann plötzlich ein Augenpaar zeigen, so daß ein Vogel, der ihn fressen möchte, abgeschreckt wird, als schaute ihn eine Katze an oder ein Säugetier mit parallel gestellten Augen. Der harmlose Schmetterling ist keine Katze, aber der Vogel soll es glauben. Nur deshalb gibt es bestimmte Schmetterlinge, die die vielen Vögel überlebt haben. Da ist der ganze Körper eine einzige Lüge für einen bestimmten Beutegreifer. Wer will es den armen Schmetterlingen verbieten, daß sie in dieser Form ihre Existenz haben fristen müssen? Schopenhauer meinte: Die Lüge ist nichts weiter als eine intelligent gewordene Form der Gewalt und so berechtigt, wie man Gewalt überhaupt für berechtigt halten mag. Das ist der vernünftigste Gedanke zum achten Gebot, den ich je gelesen habe.

Es gibt, harmloser, ein Ringen um kleine Vorteile. Von Amseln weiß man, daß sie für ihre Jungtiere einen bestimmten Warnruf ausstoßen können, auf den hin sich die Jungtiere ins Nest ducken, um Sicherheit zu finden. Es kann aber auch sein, daß die Amseln mitunter eine Beute gemacht haben, die die Elterntiere in Ruhe selbst verspeisen möchten; sie sind die Unersättlichkeit der Jungen leid. Auch dann kann's sein, daß eine Amselin einen Warnruf ausstößt und hat mindestens für die nächste Zeit einmal eine ruhige Mittagsmahlzeit. Welch eine Mutter unter Menschen würde nicht manchmal ähnliches versuchen, und welche Menschen untereinander nicht mal ganz harmlos scheinbar so miteinander reden, daß man in gewissem Sinne besser auskommt? – Das alles hat auch mit Humor zu tun, ist ein Stück Klugheit, eine gewisse Art sogar, Abstand zu halten.

Aber das wirkliche Problem beginnt damit, daß wir auf eine Weise zerspalten, zerrissen sein können, daß wir nicht ab und zu nur mal die Unwahrheit sagen, sondern im ganzen Lebensaufbau, in unserer Persönlichkeit unwahr sind, aus lauter Angst, aus lauter Schuldgefühlen, in ständiger Sorge, wenn wir dem andern zeigen, wie wir wirklich sind, sind wir im Grunde geliefert. Wir brauchen immer wieder die Vorspiegelung falscher Tatsachen, um im Kampf ums Überleben eine gewisse Aussicht zu behalten. Wenn das bis in den ganzen Charakteraufbau, bis in die Persönlichkeit hinein die Grundlage der Existenz wird, dann begreift man, wie schwer es plötzlich ist, nicht falsches Zeugnis zu geben. Wie normal im übrigen der Verstoß gegen das achte Gebot im Üblen ist, mögen Sie daran erkennen, wie viele Methoden der Herrschaftsgewinnung und -ausübung auf blanker Lüge basieren. Welch ein Regierender, auch nur bei dem kleinsten Fehler oder dem Anschein eines Versagens oder einer Schwäche, wäre imstande, der Öffentlichkeit mitzuteilen, was wirklich ist. Man wird es zu verschweigen, zu kaschieren, mit falschen Gründen zu erklären suchen – am Ende hat man eine bestimmte Erinnerungslücke, einen Blackout. Dann weiß man es nicht, weil man es nicht wissen *darf*, und es gibt keinen Untersuchungsausschuß der Welt, der diese Nüsse von hohlen Worten, von Lügen knacken könnte. Wir sind das gewöhnt als Bürger. Dazu noch einmal Immanuel Kant: Er sprach nicht zum achten Gebot, er sagte nur ganz einfach: Es gibt für die Politik nur ein einziges moralisches Prinzip: Wer in der Öffentlichkeit handelt, muß dies so tun, daß die Absichten seines Handelns jederzeit öffentlich gemacht werden könnten – ein rein formales Prinzip der Publizität. Es gäbe keine Kriege mehr, es gäbe keine Wahlkämpfe mehr dieser Art: Erzähle den Leuten alles vor der Wahl, was du nach der Wahl bestimmt nicht halten wirst, halte Parlamentsdebatten ab mit neuen Programmen, Gesetzesentwürfen, Wirtschaftsplänen, wobei jeder Dummkopf weiß: Das alles ist in acht Wochen schon Makulatur. Versprich den Leuten blühende Landschaften – egal, mach, mach weiter. – Die Geduld der Menschen, die Zeitung zu lesen und zu glauben, sie hätten etwas anderes vor sich als den Tratsch der Dorflinde, ist unerhört.

Aber noch einmal: Wie bekommt man in das menschliche Leben Wahrhaftigkeit? Es geht nicht mit Gesetzen, Verordnungen, Strafen, Ausnahmebestimmungen. Und wieder muß man der Weisheit des Jesus von Nazaret folgen, wenn er in der Bergpredigt erklärt: Ihr sollt überhaupt nicht schwören, das ganze achte Gebot könnt ihr euch sparen. Worum es geht, ist, daß das stimmt: Wenn ihr ja sagt, ist es ein Ja, und wenn ihr nein sagt, ist es ein Nein. Es setzt aber die Freiheit voraus, beides sagen zu dürfen, nicht immer »jein« oder immer »nein«, wenn man eigentlich denkt »ja«, nicht wie in Babylon, daß man dem anderen sagen muß: Was Sie gesprochen haben, war ganz großartig!, während man denkt: Um Himmels willen, wie er sich blamiert hat! Daß man nicht dauernd schmeicheln muß da, wo man im Grunde den andern auf die Schlingerbahn locken möchte, daß man die akademische Sprache vielleicht verlernt, wo man niemals sagen darf: An dieser Stelle irrt der Kollege, sondern sagen müßte: Mit Bezug auf... kommt ein gewisser Zweifel auf, ob... – nun ja. Wann ist es erlaubt, daß ein Mensch sich so erklärt; alles würde durchsichtig bis auf den Grund.

Was wir schließlich das neunte und das zehnte Gebot nennen, können wir ganz einfach darstellen, es ist die Zusammenfassung von allem. Selbstachtung, Selbstvertrauen, Selbstbesitz, Selbststand in Wahrheit – das alles hat am Ende nicht mehr die Form »Du sollst nicht begehren deines Nächsten Frau und Esel und Ochs!«, sondern: Du brauchst überhaupt nichts zu begehren; das, was du bist, ist viel mehr als alles, was du haben könntest. Lebe richtig selber, und was den Nächsten betrifft an deiner Seite: mit ihm. Da braucht kein Neid, keine Scheeläugigkeit, kein Hintenherum die Beziehungen zu verderben, sondern wir hätten zehn Gebote nicht länger mehr als Vorschriften von Staat, Gesetz und Moralismus, sondern als etwas, das in uns wachsen könnte ganz und gar von innen heraus.

Zur Interpretation des Dekalogs las ich Ihnen einen kleinen Katalog vor, was Tugenden sein könnten in unseren Tagen. Ich möchte schließen mit der Fortsetzung nach den ersten zehn Bestimmungen: Verantwortungsbewußtsein, Toleranz, Friedensliebe, Sachlichkeit, Aufgeschlossenheit, Vorurteilslosigkeit, Ehrfurcht, Tapferkeit, Kollegialität und Geselligkeit. Noch zehn angedeutete weitere Begriffe zum Nachdenken:

11. Diskretion – kluge Zurückhaltung im Reden und vor der Privatsphäre jedes anderen,
12. Wiedergutmachtung – Mitwirkung an der Beseitigung von Schuldfolgen,
13. Mitfreude als notwendige Ergänzung des Mitleids,
14. Freundlichkeit im Sinne von Ansprechbarkeit,
15. Gelassenheit, verstanden als temperamentvolle innere Freiheit gegenüber dem Sog der Realität,
16. Dankbarkeit als freiwillige personale Antwort auf verpflichtungsfreies Handeln und Geben, wozu auch freies Bitten gehört,
17. Zuverlässigkeit, was soviel sein soll wie versachlichte Treue,
18. Selbstbeherrschung,
19. Geduld als nach innen verlegte Tapferkeit,
20. Demut, verstanden als wahre Dienstbereitschaft.

Es ist mir ein Anliegen, bei all dem noch hinzuzufügen, was der Dekalog des alten Israel nicht sagen kann: daß es mindestens zum fünften und zum neunten und zehnten Gebot – bei den beiden letzteren, die sich ausdrücklich auch mit Tieren beschäftigen – Verantwortungen auch gibt. Tolstoj hat sicher recht gehabt, als er meinte: Solange es Schlachthöfe gibt, wird es auch Schlachtfelder geben. Wahrscheinlich könnten wir das, was wir heute Krieg nennen, gar nicht mehr durchführen, wenn wir wirklich sähen, Auge in Auge, was unsere Waffen anrichten; drum müssen wir's tun von fünfzehn Kilometern Höhe aus den Bombenkanzeln der Flugzeuge heraus oder weit weg aus einem Atom-U-Boot, aber nicht dicht von Mensch zu Mensch. Bei den Tieren haben wir heute einen Stand der Industrialisierung des Tötens erlangt, der ähnlich routiniert, perfektioniert und selbstverständlich geworden ist. Aber er darf nie selbstverständlich werden, und er gehört dringend in dieser Form wieder abgeschafft, ehe wir ihn verbreiten, weil so erfolgreich, in den Rest der Welt. Wir fordern einfach, daß bei einem Großhühnerhalter wegen Salmonellenvergiftung 400000 Tiere, Hühner, getötet werden müssen. Allein was das bedeutet, Tiere zu halten in Batterien bis zu 100000 Tieren, auf engster Fläche, ohne jede Möglichkeit einer artgerechten Form zu leben, ist unbegreifbar. Und schauen Sie sich an, wie die Tiere dann getötet werden; man muß es, glaube ich, nur sehen, um laut schreiend darauf zu dringen, daß damit aufgehört wird. Aber solange wir schweigen und weiter konsumieren, wird es niemals aufhören. Das Oktoberfest just auf der Wiesn in München braucht zur Vorbereitung all der Freuden etwa 900000 eingeplante Hähnchen, selbstverständlich, und zwar zum Tag genau, und entsprechend wird man mit Lebewesen umgehen, wie wenn's da um den Förderungsauftrag für Steinkohle ginge, wo man nach Kubikmetern einfach festlegen kann, wie lange man die Maschinen in der Erde durchfährt. So jetzt am Bande 900000 Hähnchen, kein Problem! Aber es sind Lebewesen! Und deshalb möchte ich auch noch mal sagen: In bezug auf die Tiere könnte es ja sein, wir lernten eines Tages das Gebot neu zu aktualisieren, das da heißt: »Du sollst nicht töten!« Denn immer, wenn wir ein Tier töten, rauben wir uns ein Stück möglicher Menschlichkeit, exekutieren wir Mitleidlosigkeit, machen wir in uns etwas tot, das leben könnte. Das sollte nicht sein, müßte nicht länger so sein.

24. September 1994

7
Am siebten Tag aber sollst du feiern

WIR wollen miteinander entlang den Geschichten aus dem Buche Exodus in der Bibel, folgend der Tradition des sogenannten Jahwisten, den Freiheitsweg Israels und damit symbolisch unseren eigenen Aufbruch zu uns selber und zu der Bestimmung, die Gott mit uns gemeint hat, als er uns schuf, begleiten. Wir haben verschiedene Stationen miterlebt von Flucht und Verfolgung, von Angst und Weitergehen, von Sich-Wiederfinden am anderen Ufer inmitten der Wüste, von Gefühlen der Verbitterung, des Hungers und der Sehnsucht, des Haderns und des Streites und schließlich der Möglichkeit, ein Vertrauen in die Führung Gottes und in die eigene Kraft zu lernen.

Die folgende Geschichte erzählt von der Verkündigung der Zehn Gebote, aber auf eine Weise, die Sie nicht gewöhnt sind, weit älter als die Tradition, die in der Schule gelehrt wird und den Weg ins Christentum gefunden hat. Diese ursprüngliche Erzählung geht so:

TEXT: Ex 19, 2. 10–12. 14–18; 34, 1–2. 4–6. 8. 10–14. 17–18. 20–22. 25–28

Sie brachen von Rephidim auf und kamen in die Wüste Sinai, und sie lagerten sich in der Wüste. Und Israel lagerte sich daselbst dem Berge gegenüber. Da sprach der Herr zu Mose: Gehe hin zum Volke und ordne an, daß sie sich heute und morgen rein halten und ihre Kleider waschen und auf übermorgen bereit seien; denn übermorgen wird der Herr vor den Augen des ganzen Volkes auf den Berg Sinai herabfahren. Und ziehe eine Grenze rings um den Berg und sprich zu ihnen: Hütet euch, auf den Berg zu steigen oder auch nur seinen Saum zu berühren; denn wer den Berg berührt, der ist des Todes. Darauf stieg Mose vom Berge zum Volk hinab und befahl ihnen, sich rein zu halten, und sie wuschen ihre Kleider. Und er sprach zum Volke: Seid bereit auf übermorgen; keiner nahe sich einem Weibe!

Am dritten Tage aber, als es Morgen wurde, erhob sich ein Donnern und Blitzen, und eine schwere Wolke lag auf dem Berge, und mächtiger Posaunenschall ertönte, so daß das ganze Volk im Lager erschrak. Da führte Mose das Volk aus dem Lager heraus, Gott entgegen, und sie stellten sich unten am Berge auf. Der Berg Sinai aber war ganz in Rauch gehüllt, weil der Herr im Feuer auf ihn herabgefahren war. Und der Rauch stieg von ihm auf wie von einem Schmelzofen, und der ganze Berg erbebte stark.

Und der Herr sprach zu Mose: Haue dir zwei steinerne Tafeln zurecht, wie die ersten waren; dann will ich auf die Tafeln die Worte schreiben, die auf den ersten Tafeln standen, welche du zerschmettert hast. Und halte dich für morgen bereit, in der Frühe auf den Berg Sinai zu steigen und dort auf der Spitze des Berges vor mich zu treten. Da hieb Mose zwei steinerne Tafeln zurecht, wie die ersten gewesen waren. Und am andern Morgen in der Frühe stieg er auf den Berg Sinai, wie ihm der Herr geboten hatte, und nahm die zwei steinernen Tafeln mit. Da fuhr der Herr in der Wolke herab und trat daselbst neben ihn. Und als Mose den Namen des Herrn anrief, ging der Herr vor seinem Angesicht vorüber und rief: Der Herr, der Herr – ein barmherziger und gnädiger Gott, langmütig und reich an Huld und Treue. Da verneigte sich Mose alsbald bis zur Erde und warf sich nieder. Er erwiderte: Siehe, ich schließe einen Bund: vor deinem ganzen Volke will ich Wunder tun, dergleichen nicht gewirkt worden sind auf der ganzen Erde und unter allen Völkern, und das ganze Volk, unter dem du weilst, soll das Tun des Herrn sehen; denn furchtbar ist, was ich für dich tun werde. Halte, was ich dir heute gebiete. Siehe, ich werde die Amoriter, Kanaaniter, Hethiter, Pheresiter, Hewiter und Jebusiter vor dir vertreiben. Hüte dich, mit den Bewohnern des Landes, in das du kommst, ein Abkommen zu treffen, damit sie dir nicht zum Fallstrick werden, wenn sie mit dir zusammen wohnen. Vielmehr sollt ihr ihre Altäre niederreißen, ihre

Mahlsteine zerschlagen und ihre geweihten Pfähle umhauen; denn du sollst keinen andern Gott anbeten. Denn eifersüchtig heißt der Herr, ein eifersüchtiger Gott ist er. Gegossene Gottesbilder sollst du dir nicht machen. Das Fest der ungesäuerten Brote sollst du halten. Sieben Tage sollst du ungesäuertes Brot essen, wie ich dir geboten habe, zur bestimmten Zeit im Ährenmonat; denn im Ährenmonat bist du aus Ägypten ausgezogen. Die Erstgeburt vom Esel sollst du mit einem Lamm auslösen; willst du sie aber nicht auslösen, so brich ihr das Genick. Alle Erstgeburt unter deinen Söhnen sollst du auslösen. Und man soll nicht mit leeren Händen vor meinem Angesicht erscheinen. Sechs Tage darfst du arbeiten; am siebenten Tage aber sollst du feiern, [auch] in der Zeit des Pflügens und der Ernte sollst du feiern. Und das Wochenfest sollst du halten, mit den Erstlingen der Weizenernte, und das Fest der Lese an der Wende des Jahres. Du sollst das Blut meines Schlachtopfers nicht zusammen mit Gesäuertem darbringen, und das Opfer des Passafestes soll nicht bis zum andern Morgen aufbehalten werden. Das Beste, die Erstlinge von deinem Acker, sollst du in das Haus des Herrn, deines Gottes, bringen. Du sollst ein Böcklein nicht in der Milch seiner Mutter kochen. Und der Herr sprach zu Mose: Schreibe dir diese Worte auf; denn auf Grund dieser Worte schließe ich mit dir und mit Israel einen Bund. Und er blieb daselbst bei dem Herrn vierzig Tage und vierzig Nächte, ohne Brot zu essen und Wasser zu trinken. Und er schrieb auf die Tafeln die Worte des Bundes, die zehn Worte.

Das Unglück oder das Glück will es, daß man die Bibel Satz für Satz auf zwei einander konträre Weisen lesen kann. Beide Verstehensschemata stehen einander wie Schwarz und Weiß gegenüber. Man muß sich zwischen ihnen entscheiden, aber die Art, wie man sich festlegt, gibt schon darüber Auskunft, was für ein Mensch man selber ist. Die eine, äußere Interpretation der vorliegenden Stelle kennen wir aus der kirchlichen Überlieferung. Da geht es um die Beschreibung des Wegs von Menschen in die Freiheit. Keine Institution, die über das Zusammenleben von Menschen wacht, kann diesen Vorgang beobachten, ohne mißtrauisch zu werden. Was werden Leute tun, die wagen, frei zu sein? Ist das nicht die größte Gefahr für jeden Menschen? Findet er sich nicht augenblicklich in der Wüstenei der drohenden Sinnlosigkeit wieder? Kann es nicht sein, daß ihm das Brot im Mund anfängt, bitter zu werden, und das Wasser, das er trinken möchte, faulig? Frei zu sein kann identisch werden mit dem Verlust jeden Wertes, jeder inhaltlichen Vorgabe, jeder inneren Ausrichtung. Ziellosigkeit, Verfall, Verwesung, all das droht, wenn man die Menschen freiläßt. Also ist es richtig, wenn gleich jetzt, kaum, daß das Volk an der anderen Seite des Roten Meeres angelangt ist, Gott selbst die Sache in die Hand nimmt und Gebote erläßt. Freiheit heißt in christlicher Sprache überhaupt erst, im Angesicht Gottes, der die *richtigen* Gebote erläßt, zu der *richtigen* Freiheit zu gelangen. Vormals ist alles Versuch und Irrtum. Jeder einzelne Mensch kann irren. Jeder einzelne von uns, schon weil er ein Mensch ist, das heißt: der Mensch an sich ist irrtumsfähig. Irrtumsfrei ist allenfalls die Partei oder die Kirche. Wenn die Kirche sich zusammenfindet zu einem Konzil, ist immer noch Gefahr, daß es falsch sei, wenn es nicht ein päpstlich einberufenes Konzil ist. Dann aber ist die Wahrheit außer jeder Frage. Menschen brauchen, gerade weil sie irrtumsfähig sind, Instanzen, die irrtumsenthoben sind. Das ist das Bild am Sinai. Gott ist nicht hinterfragbar, er ist wie eine schwarze Rauchsäule, man versteht ihn *nie*, er ist undurchdringlich und wie ein Glutofen, sagt die Bibel selbst. Aber er ist eine Macht, die sich beglaubigt, und die Menschen tun gut daran, sich seine Worte zu merken. Sie sich ins Herz zu schreiben wäre eines, besser ist es, schwarz auf weiß in Stein zu setzen, was Gott sagt. Was immer er dann sagen wird, ob bekannt oder unbekannt, ob vertraut oder unvertraut, wie er es sagt, muß es gehalten werden, nur so entsteht der wirklich heilbringende Bund. Wer den bricht, fällt heraus aus der Gottesgemeinschaft und der Menschengemeinschaft, er hört auf, überhaupt ein lebensberechtigter Mensch zu sein.

Alles kann in dieser Geschichte so stehen, wenn man sie äußerlich liest, aber alles Äußere im Raum der Religion bewirkt Zwang, Unterdrückung und Entfremdung. Es ist schon zweihundert Jahre her, daß die Aufklärer sich über die kirchliche Interpretation dieser Stelle lustig machten. Immanuel Kant konnte sagen: Ein Gott, der nichts weiter weiß, als Feuer anzumachen und zu donnern, beglaubigt sich mit gar nichts. Die reine Macht, die etwas befiehlt, ist in sich schon dadurch unmoralisch, daß sie befehlen muß, statt sich zu beglaubigen durch menschliche Vernunft. Wenn es aber so steht, ist die menschliche Vernunft der einzige Gesetzgeber. Gott kann dasselbe wollen wie die Vernunft, die er dem Menschen gegeben hat, aber es gibt keinen Unterschied, ob ein Mensch auf seine Vernunft hört oder auf Gott hört; beides ist eins, wenn Gott selbst bei Vernunft ist. Aber ist er's, und wie bekommt ein Mensch Gewißheit, was vernünftig ist?

Je absurder in der Neuzeit die äußerliche Interpretation der Bibel wurde, desto kostbarer, menschlicher, vertrauenerweckender, wenngleich riskanter und aufregender, wirkt das innere Verständnis dieser Texte. Alles, was dann beschrieben wird, sollten wir symbolisch lesen, so wie wir's bisher getan haben, wenn die Rede ging von Kriegen und Auseinandersetzungen, von Spannungen zwischen den Völkern. Wir haben sie nicht mehr verstanden als die Legitimation von Völkerstreit und Völkermord, sondern als eine Zerrissenheit im Gefüge der eigenen Seele, einen Aufbruch und Zerbruch, der immer wieder nötig ist, um zu sich selbst zu gelangen. Dann ist es freilich wahr: Das größte Mißtrauen mag man den Menschen entgegenbringen, die wagen, frei zu sein. Es gibt ein bestimmtes Menschenbild, wonach vor allem dies verhindert werden muß. Je düsterer das Menschenbild gerät, desto unheimlicher muß die menschliche Freiheit erscheinen. Wer die Menschen erst einmal als Bestien betrachtet, der kann nicht anders, als mit Maulkorb, Peitsche, Zwinger und Kette das Ungeheuer Mensch einzukerkern, zu fesseln und ungefährlich zu machen. Ist das das Bild, das die menschliche Geschichte vermittelt: Der eine ist des andern Wolf? Dann ist nichts anderes zu erwarten, als daß man mit äußerer Gewalt die Willkür des Menschen ersticken muß.

Dieser Tage traf ich im Zug einen Mann, der grade eine Aufführung von Dostojewskis »Großinquisitor« auf einer schweizerischen Bühne vorbereitet. »Wie machen wir das,« sagte er, »ein Stück für drei Leute um eine vierte, geheimnisvolle Gestalt, die der Christus ist?«

Sie kennen Iwan Karamasows dunkle Idee. Der Mann hat jahraus, jahrein gesammelt, was die Zeitungen berichteten über die Greueltaten, die Menschen Menschen zufügen, vor allem Folterungen und Mißhandlungen von Kindern. Iwan liest sie alle seinem Bruder Aljoscha vor. Wenn Menschen so sind – nicht einmal die Unschuld legt ihrem Handeln eine Grenze auf –, muß man ihnen dann nicht die Freiheit nehmen, ihnen jede Verantwortung entreißen und sie nötigen durch straffe Führung, strengen Befehl, weise Lenkung? Das ist wahr. Man kann Iwan Karamasow nicht auf die Bühne bringen in unseren Tagen ohne die Zeitungsberichte über Bosnien. Man kann die Idee einer göttlich gelenkten Diktatur keinem Publikum begreifbar machen, außer man versucht, den Menschen die Verzweiflung des Iwan Karamasow zu schildern. Das, was Menschen tun können, ist so unerträglich, daß man ein Äußerstes wagen muß, um es zu widerlegen. So etwas ist immer wieder geschehen und darf nie wieder geschehen, im Namen Gottes nicht und im Namen der Menschen nicht, deshalb der Großinquisitor. Es war falsch, daß Jesus in der Wüste gegenüber dem Dämon die Freiheit des Menschen gewählt hat statt der Weltherrschaft, statt der Unterdrückung aller Menschen im Namen einer heilsamen Diktatur, einer Gottesdiktatur. Zwingt man den Menschen zur Einhaltung der Gebote Gottes, so ist die Welt befriedet. Das ist die richtige Paßform für dieses stinkende Amalgam, das da als Mensch aus dem Wust und Schlund der Natur hervorgegangen ist. Man muß den Menschen formen zu seinem Recht, anders gestaltet es sich nicht. Der Christus des Dostojewski hat keine Antwort auf diese Vision, die das Widerspiel all dessen ist, was er wirklich wollte. Er küßt in Sevilla den Großinquisitor und geht fort.

Gibt es einen anderen, einen wirklichen Weg zum Menschsein? Das ist die Frage dieses Textes. Wir können sie auch so ausdrücken: Ist ein Vertrauen berechtigt, das besagt, Menschen seien imstande, von innen her ihr Leben zu gestalten? Läßt's sich auch nur denken, daß im Menschen selbst so etwas regieren könnte wie ein inneres Organisationsprinzip, das ohne Druck von außen dem Menschen sagt, wo er steht und was die Richtung seiner weiteren Schritte bedeutet?

Ein *inneres* Verständnis dieser Erzählung von den Zehn Geboten am Sinai ist nichts weiter als der Versuch, eine solche innere Selbstorganisation der Humanität plausibel zu machen, indem die einzelnen Schritte, die wir hier hören, als symbolische Stationen auf dem Weg zu uns selbst gedeutet werden.

Wir entsinnen uns, an welcher Position wir jetzt halten. Gerade eben noch war Israel imstande, zum ersten Mal inmitten seiner Freiheit aufzumurren und wenigstens negativ seine Bedürfnisse und Wünsche einzuklagen, und es war im Kampf gegen die Amalekiter imstande, sogar sich gegen Widerstände durchzusetzen, und es schien fast, als sei damit das Wichtigste geschehen. Die Wahrheit ist: Die Gefährdungen können immer noch größer werden. Sie kommen jetzt nicht mehr von außen, jedenfalls vorerst noch nicht. Alle Dramaturgie begibt sich ganz im Inneren. Das Bild dafür lautet: Existieren in der Wüste. Die Gefahr oder die Chance besteht wirklich, einmal nicht von außen vorgeschrieben zu bekommen, wie die Richtung des Lebens sich gestalten soll. Radikal ist die Verweisung nur auf sich selbst. Das bedeutet: Einsamkeit in der Wüste. Man hatte alles getan bis dahin, um genau an diesen Zustand sich heranzuarbeiten. Aber was passiert jetzt? Droht nicht sofort an dieser Stelle das befürchtete Chaos, die Verwilderung der Triebe, das Ausufern?

Es ist allein schon dies ein wunderbares Bild, daß Moses hingeht und dem göttlichen Befehl an das ganze Volk Ausdruck gibt, es solle die Kleider waschen und sich vorbereiten zwei Tage lang. Es gibt Augenblicke im Leben, die sich besser als in diesen zwei Chiffren überhaupt nicht wiedergeben lassen. Nehmen Sie's nur ganz wörtlich: Menschen sind aus all dem herausgefallen, was bis dahin ihr Stützkorsett war. Sie haben ihren Beruf verlassen, sie haben erleben müssen, wie ihre Ehe zerbrach, sie sind womöglich mit all ihren besten Unternehmungen gescheitert. Sie können an das nicht mehr glauben, was sie bis dahin getragen hat. Aber was nun? Ist nicht das schon ein wunderbares Bild, daß Menschen lernen dürfen, ihre Kleider und sich selbst zu waschen und zu ordnen und sich bereitzumachen? *Ein* Unglück unter den Menschen liegt darin, daß wir Zonen der Angst, der Offenheit, der Unabgegoltenheit sofort wegreglementieren, daß es eine Umbruchsituation wie in der Wüste eigentlich nicht zu geben hat. Ein Augenblick, in dem Menschen nicht wissen, was sie sollen, darf im Grunde nicht vorkommen, es ist ein moralisches Niemandsland, das man eindrücken muß durch weitere Vorschläge, richtungweisende natürlich. Aber das führt an den Menschen vorbei. Das ganze Geheimnis der Geschichte, wie je ein

Gott einem Menschen begegnen wird, besteht darin, daß Menschen lernen, auf sich selbst zu achten, nicht zu wissen, was jetzt »dran« ist, aber zuzulassen, was sich melden könnte. Das heißt wohl, bereit zu sein.

Man hat einmal gesagt: Wenn du wissen willst, was der Charakter eines Menschen wert ist, mußt du ihm zuschauen, wie er ißt, wenn er sich unbeobachtet glaubt. Die Regel ist nicht ganz falsch. Man wollte sagen: Was ein Mensch wirklich an innerer Stabilität mitbringt, läßt sich daran erkennen, ob er die Regeln, die er im Restaurant unter den Augen anderer beherrscht, nur aus sozialer Furcht befolgt oder von innen her, sozusagen als Bedürfnis. Freilich ist diese Regel nicht ganz brauchbar, es gibt Leute, die bis in den Intimbereich von den fremden Vorschriften gestaltet sind und den verinnerlichten Zwang mit eigener Überzeugung verwechseln. Speziell uns Deutsche hat man im Ausland allgemein im Verdacht, daß wir, zumindest latent, immer noch so sind wie Heinrich Manns »Untertan« Diederich Heßling, der selbst in der Brautnacht noch, als er sich anschickt, die Ehe zu vollziehen, barfuß die Hacken zusammenschlägt und seiner Majestät, dem Kaiser, militärische Ehre erweist. Ordnung muß sein, draußen auf dem Kasernenhof und drinnen noch viel mehr. Alle heiligen Augenblicke muß man als ein guter Deutscher begehen. Wenn dies das Kuriosum oder die Karikatur auf uns selber ist, nach einem Wort von Heinrich Heine sozusagen die Offenbarung, daß wir Deutschen so straff dahergehen, weil wir den Stock verschluckt haben, mit dem man uns geprügelt, bleibt die Frage, wie denn Ordnung wachsen kann von innen. Wir begreifen: Wenn diese Frage nicht beantwortet ist, gibt es kein Gegengift gegen die Diktatur. Es geht um die Rettung des Menschenbildes.

Was benötigen wir, die Zuchtrute oder die Erlaubnis zu reifen? Da ist es ein wunderbares Bild, wenn uns gesagt wird: Laß dir Zeit, bereite dich vor, indem du wartest, was sich meldet. Du mußt überhaupt nichts wissen. Das erste, worum es geht, ist, daß du deine eigene Würde entdeckst. Nehmen wir's ganz konkret. Eine Frau ist von ihrem Mann verlassen worden, sie sitzt alleine herum, völlig verzweifelt, in tiefster Depression. Jeder Tag beginnt wie ein Sonnenuntergang, und sie weiß nicht über den riesigen Schutthaufen zu klettern, den die nächsten zwölf und vierzehn Stunden vor ihr aufhäufen werden. Wieviel ist gewonnen, wenn eine solche Frau lernt, ihre Kleider zu waschen oder auch nur sich neue Kleider zu kaufen! Und so finden Sie's selbst. Sagen wir, sie ist schön genug, sich sehen zu lassen. Ob das ihr Mann begreifen konnte in all den Jahren vorher, ist eine andere Frage. Daß es für sie selbst gilt, darauf kommt es an. Es ist möglich, daß sie ihren Wert, ihre Möglichkeiten, ihre Chancen fürs Leben ganz neu spürt, daß sie lernt, nach innen zu horchen, was sich da regt. Ein gewisses Selbstgefühl, ein gewisses Selbstwertgefühl zu gewinnen ist das erste, worauf es ankommt, und es kann Jahre dauern, bis der ganze Wust der Verfälschungen einfach wegfällt. So macht es Sinn, und so erweist es sich sogar als nötig, den langen Weg von Ägypten her bis in die Wüste überhaupt gegangen zu sein. Niemand mehr sollte da in Gottes Namen auftreten und sagen, was »man« zu tun hat.

Aber jetzt: Kleider der Schönheit zu gewinnen, eine ursprüngliche Unschuld wieder zu erlernen, zu merken, welch eine Berechtigung im *eigenen* Dasein liegt, an die Reinheit des Ursprungs der eigenen Wünsche, der eigenen Gedanken wirklich zu glauben, damit beginnt eine neue Stufe des Menschseins, und sie muß erworben werden. Sich vorzubereiten kann ganz konkret oft bedeuten, daß man anfängt, seinen Träumen Aufmerksamkeit zu schenken; man setzt sich am Morgen hin und schreibt sie sich auf. Oder man achtet einmal auf die Gefühle, die einem bei einem Herbstspaziergang kommen. Man fragt sich, wie man als Kind aufgewachsen ist, warum mit einem Mal Gefühle der Freude oder unerklärlicher Traurigkeit aufbrechen können und wie das war, als man groß wurde. Jetzt, da niemand mehr zusieht, da es nur noch auf uns selbst ankommt, können wir uns die Empfindungen leisten. Da ist eine unglaubliche Chance, die sich ergreifen läßt, einfach, indem ein Leben sich vorbereitet. Noch weiß Israel überhaupt nicht, wem es begegnen wird, und wir müssen selbst überlegen, was denn unter der Gestalt Gottes da gemeint wird. Nur soviel ist klar: Es gilt, ein inneres Zentrum zu finden.

Die Exegeten streiten sich bis heute darum, wo der Sinai wirklich liegt. Stimmt dieses Bild von dem rauchenden Berg, so müßten wir glauben, wir hätten es mit einem Vulkan zu tun, aber der Berg, der heute Sinai heißt, ist niemals ein Vulkan gewesen, solche liegen im Osten des Golfs von Akaba, und die ganze Geschichte müßte um etliche hundert Meilen in der Geographie verlegt werden. Probleme dieser Art kann man haben, auch wenn das Gottesbild davon Eintrübungen erleidet. Vielleicht war Jahwe im Ursprung eine Berggottheit, gar nicht nur ein Hirtengott, ein Mondgott sozusagen auf den nachtbeschienenen Wegen der Hirten, sondern ein Vulkangott, zwiespältig also, unheimlich, aber mit grimmiger Entscheidungsmacht und erschütternder Wucht, faszinierend und schrecklich, wie es sich für eine richtige Gottheit gehört.

Innerlich betrachtet, können wir die Fragen der Historie beiseite tun. Wir sagen uns: Es gehört zum Menschen, daß er sich an einem Ort findet, wo der Himmel die Erde berührt. Es gibt eine Achse, zu der man hingelangen kann, ein Zentrum im eigenen Herzen, und wir begreifen, daß die ganze Geschichte von den Zehn Geboten eigentlich nur sagt, wie sich im Innersten der Menschen schrittweise eine Ordnung gestaltet, indem Menschen sich selber ernst zu nehmen lernen, indem sie sich offenhalten für eine Zukunft, die sie *nicht* gestalten müssen, und indem sie lernen, zu der Stelle zu finden, an der sich ihr eigenes Herz zu sammeln vermag. *Das* ist ein Heiligtumsort, dort ist die Stätte, wo Religion wirklich beginnt. All die Zeit bis dahin konnten die Kritiker noch sagen: Was ihr hier erzählt, ist schön und gut, aber es ist nichts weiter als eine symbolisch verklausulierte Beschreibung, wie Menschen Menschen werden, das ist nicht Religion. Diesen Kritikern müssen wir jetzt sagen: Genau das *ist* Religion. Der ganze Weg bis dahin gestaltete sich unter der Führung Gottes selbst, das war das Zeugnis der Bibel. Und wir hören jetzt noch mehr: Wäre Israel all die Stationen seiner Freiheit bis dahin *nicht* gegangen, es hätte niemals seinem Gott begegnen können. Nur wo Menschen zu ihrem eigenen Zentrum finden, gelangen sie dorthin zurück, wo Gott mit ihnen von Angesicht zu Angesicht sprechen kann. Sie könnten auch sagen, was sie hier erleben, sei eine Rückwärtswanderung zu dem verlorenen Ort des Schöpfungsmorgens, da ein Baum war im Garten der Welt, der an den Himmel reichte und den Menschen Erkenntnis und Leben schenkte. Es war eine Zeit, in der Gott noch selbst des Morgens in der Kühle wanderte, während der Tau über den Gräsern lag, um seinem Menschen, den er geschaffen hatte, im Lande Eden nahe zu sein. Alle Berge, alle Heiligtümer sind solche Paradiesesbilder, Erinnerungsstätten eines verlorenen Ursprungs.

Das ist der wirkliche Unterschied: Aller Zwang von außen, alle noch so drakonischen Maßnahmen des guten Willens werden lediglich als Notmaßnahmen den Menschen immer noch weiter in Angst gefangenhalten und, so gut sie auch beabsichtigt sein mögen, vom Garten Eden wegtreiben. Doch dieser Weg zur Freiheit des Menschen, die sich selbst gestaltet, führt ihn zurück zu der Stätte, da er Gott begegnen konnte, indem er selbst das lebte, was der Schöpfer mit ihm gemeint hat. Da ist zwischen Gott und Mensch kein Unterschied mehr, zwischen Selbstfindung und Gottfindung kein Gegensatz mehr, zwischen der Stimme des eigenen Herzens und dem, was Gott spricht, keine Differenz mehr zu setzen. Dabei gilt es, um den Berg Sinai, um das Herzenszentrum so etwas wie einen magischen Kreis zu ziehen. Dieser Berg darf nicht bestiegen, ja nicht einmal am Saum berührt werden, außer von Moses selbst. Das müßte man lernen im Umgang mit sich selbst: Jeder von uns hätte eine Zone, an die er selbst nicht rühren darf, die in sich ruht, wo es lebensgefährlich wird, Hand anzulegen, zu manipulieren also. Es gibt etwas im Menschen, das heilig ist, um das ein jeder einen Bogen machen muß, wenn er den andern ernst nimmt, und noch mehr: etwas in uns selbst, woran wir nicht mit Gewalt, nicht mit Zensur, auch nicht mit dem Druck des eigenen guten Willens Veränderung erzwingen dürfen, denn diese Stelle ist unser ganzer Halt, von daher kommt alles, was uns trägt. Dieses Zentrum zu finden ist die ganze Kostbarkeit, der entscheidende Moment, auf den es ankommt. Wie man es finden kann, mag sehr unterschiedlich aussehen.

Wenn's gar nicht anders geht, wird die Krankenkasse Ihnen eine Kur verschreiben, vier Wochen, sechs Wochen, nach Verlängerung und artiger Führung acht Wochen, vielleicht hilft das. Was man dann lernt, ist allerhand, z. B. daß man gleich, damit die Kur sich lohnt, am ersten Tage richtig beginnt: Wassertreten nach Kneipp, Anwendungen pünktlich, Essen diätetisch, Schlafen pünktlich, Fernsehen nicht zuviel, alles nach ärztlicher Vorschrift und in Überwachung. Aber man wird entdecken, daß man weder schlafen kann noch richtig essen kann noch spazieren gehen kann, es ist, wie wenn man auf der Lok hätte fahren wollen und hätte den Haltepunkt am Paderborner Hauptbahnhof überhaupt erst entdeckt, ginge auf die Bremse und fände, daß man sehr mühsam irgendwo zwischen Paderborn und Salzkotten hält. Man ist mit zuviel Tempo in die Sache reingegangen und rutscht einfach übers Ziel weg.

Es ist mühsam, bei sich anzukommen. Vierzehn Tage, sagen die Ärzte, dauert es in aller Regel, bis Menschen überhaupt bemerken, daß sie in Kur sind, wenn sie die Kur nötig hatten, und die erste Ansprache der Ärzte wird lauten: »Alle, die ihr hier seid, *alle*, die ihr hier seid, habt etwas falsch gemacht, sonst gäbe es euch nicht *hier* –; wir möchten euch nie wiedersehen, indem das, was wir jetzt hier lernen, für alle Zeiten gilt. Wir *werden* euch wiedersehen, weil ihr's nicht lernt, aber die Hoffnung von uns Ärzten ist: Es gilt und es hält.« Was man dann lernen muß, ist eigentlich genau dies: Es gibt innere Zentren, die man entdecken muß, aus denen heraus das Leben wächst, und da hinein darf man nicht weiter regieren, dirigieren, sondern kann im Grunde nur horchen.

Andere lernen's in den Ferien. Merkwürdigerweise ist das im Leben vieler guter Bürger eine der strapaziösesten Zeiten. Ehepaare, die die Kunst verstanden haben, sich, allein schon weil der Mann soviel arbeiten muß, regelmäßig zu vermeiden – sie haben gelebt wie Sonne und Mond, wenn der eine aufging, ging der andere unter, man traf sich sozusagen nie –, müssen jetzt drei Wochen zusammensein und über all die Dinge reden, über die zu reden sie nie gelernt haben. Man merkt, daß man auf den andern gar nicht hören kann, er nervt ganz entsetzlich, weil man nicht gelernt hat, auf sich selbst zu hören.

Aber genau darauf käme es an. Auch das Herumgerase, das Tempomachen, um dem inneren Vakuum zu entgehen, hilft überhaupt nicht. Sich hinzusetzen an den Berg, wo Himmel und Erde einander berühren, das ist die ganze Kunst und sehr, sehr schwer. Das Bild, das uns die Exodus-Geschichte zeigt, spielt merkwürdigerweise in dem altchinesischen Schicksalsbuch des Yi Dsching eine Dauerrolle. Der Symbolismus in Dutzenden von Bildern ist wunderbar: Über den Bergen lagern die Wolken, oder: Über den Bergen lagert der Donner. Seine Deutung ist z. B.: Beharrlichkeit ist erfolgreich, oder: Das Kleine ist größer als das Ragende – lauter Paradoxien, die es symbolisch einzuüben gilt.

Anfänge sind wichtiger als Ergebnisse, Probieren ist wichtiger als das routinierte Können, Neuaufbrüche sind kostbarer als alles in Perfektion Gegossene. Dann geschieht es fast immer, daß dieser Berg, an dem man sich lagern möchte, einem wie ein feuerspeiender Kessel vorkommt. Gerade wenn da Ruhe eintreten könnte, beginnt es im eigenen Herzen zu beben. Da quellen Bilder empor, als ob sie der Hölle selbst entstiegen, rauchend, schwarz, undurchsichtig, unheimlich, erstickend, schwefelgesättigt. Man möchte aus lauter Furcht das Weite suchen. Aber genau diese Zone der Zeit muß ausgehalten werden. In ihr wohnt die Gottheit, ja mehr noch, genau das *ist* die Gottheit, sagt uns diese Geschichte. Wer nicht lernt, sie zu ertragen, diese Rauchwolke über dem Berg, dessen Leben *kann* nicht Ordnung und Gestaltung finden. Wie dabei der Qualm, der in den Nüstern, in den Augen beißen kann, inhaltlich sich anriecht, anschmeckt, anschaut, wird im Leben eines jeden unterschiedliches Gepräge haben. Alle liegengebliebenen Triebregungen, alle verschütteten Wünsche seit Kindertagen, all das mit Höllenängsten Gemiedene tut sich jetzt auf.

Vor einer Weile führte ein mir befreundeter Journalist ein Gespräch mit dem Maler und Autor Janosch, den Sie aus so wunderbaren Geschichten kennen wie »Überall ist Panama«, Geschichten von zwei kleinen Tieren, einem Bären und einem Tiger, die das Land der Seligkeit suchen und einen langen Umweg brauchen, um wieder bei sich anzukommen und zu merken: Es gibt nichts Schöneres als das, wo sie immer schon waren. Janosch, auf die Frage, was ihm Gott bedeute, was ihm Religion sei, sagte: »Man kann Gott gar nicht wirklich suchen. Gott ist überall, man lebt mit ihm so wie mit der Schwerkraft; man denkt nicht dauernd an die Schwerkraft. Aber die Kirche hat Gott unbrauchbar gemacht, hat ihm so viele Bilder und Worte in den Mund gelegt und so oft geredet von Gott, daß nichts mehr stimmt. Der Katholizismus«, ich zitiere einfach, »ist eine riesige Volksverdummung. Mit acht Jahren schon hat man mir beigebracht zu beichten, daß ich unkeusch sei: Ich habe begehrt meines Nächsten Weib, mußte ich sagen, weil das Mädchen, das sieben Jahre alt war, meine Freundin war. Ich hab mit dreizehn noch nie eine Frau näher begrüßt als im Abstand von zehn Schritten. Immer waren Frauen und Männer in der Kirche voneinander getrennt, und ging ich über die Frauenseite, dachte ich, es brennt unter meinen Füßen wie die Hölle selbst, ein unreiner Ort. Die polnische Kirche ist bestimmt noch viel verrückter als sonst auf Erden, denn die Leute glauben an sie. Man muß schon ein bißchen dumm sein, um das alles zu glauben, was sie einem beibringt. Welches Kind, frag' ich, soll nicht lachen darüber, wenn man es lehrt zu beten: Gebenedeit bist du unter den Weibern? Sagen Sie selber: Gebenedeit unter den Weibern!« – Wenn das alles irgendwann hochkommt, kann ein Genie der Menschlichkeit entstehen, ein Künstler, ein Sänger, ein Dichter, das, was man wirklich einen Priester nennen sollte, ein Mensch, der keine Angst mehr hat vor sich selbst, so einer, der dazu steht. Gefragt: »Janosch, wie kommst du zu diesen wunderbaren Geschichten?«, sagte er: »Es liegt halt daran, daß ich ein verwundetes Kind bin. Drum versteh ich alle Kinder.« – Natürlich. Man wird nur das Leid trösten, das man selber kennt. Aber man muß sich dann einlassen auf die Zonen, die zu den gefährlichsten zählen. Man muß all das in Frage stellen, was man gelehrt worden ist. Plötzlich bricht's unter den Füßen auf, und das Unheimliche wird mit einemmal zu einer Sprache, die sagt, wie es gehen kann, eine innere Stimme, die sich regt und die man Wort für Wort behalten muß. Da gestaltet sich's neu und da formt es sich richtig, und es ist keine Religion mehr, die man den Menschen aufsetzt, sie existiert nur in sich selbst. – »Ich wollte«, so sagt Janosch sinngemäß in dem Interview, »unbedingt einmal Mutter Teresa treffen, und alles, was ich überflüssig hatte bei meinem bescheidenen Geld, wollte ich ihr geben. Dann hörte ich, wie sie in einem Interview auf die Frage: Warum tun Sie das? sagte: Ich mach das, um die Kirche zu verbreiten. – Ich hab' alle Überweisungen storniert, auf der Stelle. Wie kann man sagen: Ich tu das, um die Kirche zu verbreiten? Hätte sie gesagt: Ich tu das um der Menschen willen! Sie tut doch so wunderbare Dinge. Aber das Motiv! Immer ist da Religion noch etwas anderes als Menschlichkeit. Immer muß man unterscheiden, was das Mitleid sagt und was Gott sagt, immer sind die Menschen nicht vertrauenerweckend genug, immer hat man an irgendeiner Stelle noch was an ihnen herumzumodeln.«

Die biblische Erzählung ist wunderbar darin, daß sie erklärt: Gott selber tritt neben Moses hin, beide stehen sie nebeneinander.

Kann man klarer sagen, daß Menschlichkeit und Frömmigkeit zusammengehören und sich wechselseitig bedingen und keinen Konflikt bilden dürfen? Das, was Moses ist, ist seitengleich zu dem, was Gott ist. Noch stärker: In der historischen Tradition hethitischer Vertragsstelen, sagen uns die Religionshistoriker, geht die Gottesvorstellung selbst in die Idee eines Bündnisschlusses ein; zwischen der Gottheit und der Menschheit herrscht ein Zusammenhang, so daß beide Verbündete sind, verpflichtete Partner in Wechselwirkung. Menschlichkeit formt sich, indem man Gott findet im eigenen Herzen, und was Gott sagt, wird unbedingt vermenschlichend wirken.

Freilich werden Sie enttäuscht sein, wenn Sie danach diese Gebote hören. Sie sind so ganz anders, scheinbar von lächerlicher ritueller Detailliertheit: Man soll das Böckchen nicht in der Milch seiner Mutter kochen. Niemand versteht das, wenn er nicht die kanaanäischen Dionysos-Riten vor Augen hat, die gerade das taten: Man zerriß das Opferlämmchen und kochte es in der Milch seiner Mutter. Matriarchalische Riten von besonderem Gehalt waren das. Israel will gerade davon sich abtrennen. Nehmen wir die ähnlichen Bilder, das Wochenfest zu feiern, das Opferblut nicht mit dem Ungesäuerten zu vermischen, die Details, wie man Gott rituell ehrt, nehmen wir all diese Bestimmungen so, daß sie dazu helfen, unsere Eigenart zu finden. Ältestes Traditionsgut wird da wieder aufgegriffen. Nehmen wir's in einer gewissen Abstraktion für uns selbst. Nach all den Aufbrüchen, nach all dem Neuen wird der Weg zu uns selbst darin bestehen, daß wir aufgreifen dürfen, was wir womöglich von alters her gelernt haben. Womöglich war's gar nicht so falsch, was man uns als Kinder gelehrt hat. Wenn nur der Zwang entfällt, wenn nur die Außenlenkung fort ist, kann all das gleiche uns womöglich noch einmal einleuchten. Ich kenne eine Menge Menschen, die viele Jahrzehnte lang im Schatten ihrer Eltern leben mußten und die sich gegen ihre Eltern gewehrt haben. Wenn erst einmal so etwas wie ein psychotherapeutisches Gespräch beginnt, wird sich der Widerstand, die Flucht, die Gegnerschaft gegenüber dem Druck der Eltern verstärken. Aber eines Tages, manchmal jedenfalls, geschieht es, daß man im Verständnis seiner selbst auch das versteht, was man in Kindertagen erlebt hat, und es meldet sich in einer eigentümlichen Nähe und Menschlichkeit. Es beginnen sogar die Gestalten der eigenen Mutter, des eigenen Vaters zu tragen. Plötzlich stehen sie innerlich da, und man begreift: Es war gar nicht so falsch, wenn man nur versteht, wie sie's damals gemeint haben.

Dann blieben zwei, drei wunderbare Gebote erhalten:

Du sollst keinen anderen Gott mehr verehren. Man muß ergänzen: als denjenigen, den du jetzt kennengelernt hast, eine Gottheit, in der Menschlichkeit und Religion identisch miteinander sind. »Keinen fremden Gott«, heißt es an anderer Stelle. Man könnte sagen: Nichts, was dir zugemutet wird und deinem Wesen entgegen, von fremd her aufgesetzt ist, verdient das Vertrauen, etwas Rechtes zu sein im Namen Gottes, jedenfalls nicht des Gottes der Bibel. Kein anderer Gott mehr! So scharf ist dies gemeint, und zwar gleich an erster Stelle. Es ist das einzige Gebot: Tu das, was in deinem Herzen liegt, und was dir nicht als dir selber entsprechend erscheint, was die Signatur des Fremden an sich trägt, das wehre ab und meide wie Götzendienst. Ganz eng ist da Gehorsam nach innen und Gottesgehorsam im Wesen des Menschen ein und dasselbe.

Und desgleichen mit den gegossenen Bildern des Göttlichen. Natürlich ist das an einer Stelle gesprochen, am Anfang der Kupfer- und Erzherstellung, da man nicht mehr in Holz und Stein die Götter abbildet, sondern in entsprechenden Bronzefiguren. Es ist ein archaischer Versuch, den Fortschritt der Kultur zu boykottieren. Aber das ist nur historisch gesehen so. Die Weisheit dieser Bestimmung lautet ganz einfach: Laß dir nie einen Gott aufschwätzen, den man in Erz gegossen dir präsentiert: *So* ist er, das ist sein Wesen, so erklärt man ihn, das sind die Begriffe, in denen er geformt ist, das sind die Künstler, die ihn fabriziert haben. Laß das mit dir nicht machen! Die Gottheit, an die du glauben solltest, hat kein Bild. Immer wenn sie eines bekommt, legt sie dich fest und raubt dir die Freiheit. Folge ihr nicht, um Gottes willen. Gott bleibt ein Geheimnis, denn er ist Person. Und auch du selber bist ein Geheimnis, denn auch du bist Person. Alle gußeisernen Befehle und Direktiven, wirf sie weg. Alles, was die Theologen auf dem Schnürchen haben, verleugne es um Gottes willen. Denn immer ist Gott größer als das. Er hat kein Bild, es mag noch so artifiziell hergestellt sein, so virtuos fabriziert worden sein. Es ist eine Gefahr, an das zu glauben, was

Menschen benötigen, um sich Gott vorzustellen. Vielleicht *können* sie nicht anders, aber Gott damit zu identifizieren ist schon wieder unterhalb des Niveaus einer wahren Existenz.

Und zum dritten: Lerne zu feiern. Wie auch immer die Riten aussehen, es muß Punkte geben, wo Schluß ist mit der Arbeiterei, mit dem Kampf um die Deckung der Lebensnotdurft. Irgendwann mußt du aufatmen lernen, irgendwann gibt es Stunden, da solltest du dich erinnern – nach den Worten einer anderen Quellenschrift, die wir den Priesterkodex nennen –, daß die Gottheit selbst ruhte am siebenten Tage und ihre Welt gut fand. Hör gut zu, das wirst du nie glauben. Schaust du dich um, so ist die Welt trübselig, an jeder Stelle verbesserungswürdig, deine Verantwortung geht immer weiter, du hast nie ein Recht, wirklich auszuruhen, so wie die Welt dir erscheinen mag. Du hast ganz recht, wenn du sie so siehst. Fang wieder an zu arbeiten am Tag darauf. Setz alles ein, was du hast, aber vergiß nicht die kostbare Zeit, in der du übst, probeweise, oft gegen all das, was du siehst, die Welt trotz allem als schön zu betrachten und als ein in sich selbst vollendetes Kunstwerk. Nur dann kannst du ausruhen, und du wirst die Welt nur so sehen, wenn du ausruhst. Im Intercity mit 180 Kilometern durch die Landschaft rasend, siehst du keine schöne Welt, nur ein Flimmern vor den Augen und ein Gehetztsein zum nächsten Termin. Aber wenn du aussteigst, einen Tag die Woche wenigstens und die weiteren Feiertage, dann lernst du die Freude an dem, was dir die Erde schenkte, indem sie deine Mühen lohnte. Diese Kunst, zu reifen in sich selbst und zu heiligen, was ist, durch Heiligung des eigenen Daseins im Namen Gottes, das ist die ganze Ordnung, die sich herstellt am Sinai, wo Mensch und Gott zu Bündnispartnern werden. Vierzig Tage bleibt Moses auf dem Berge, alles ist noch ein Anfang. Es ist nicht die Berufungsstelle für päpstliche Enzykliken, um zu sagen: Menschen brauchen Weisungen von außen, behütet durch die Institutionen. Ganz im Gegenteil. Alles stellt sich her wie von innen, alles beginnt erst zu wachsen. Drum möchte ich schließen mit einem kleinen Gedicht von Rainer Maria Rilke.

Blaue Hortensie

So wie das letzte Grün in Farbentiegeln
sind diese Blätter, trocken, stumpf und rauh,
hinter den Blütendolden, die ein Blau
nicht auf sich tragen, nur von ferne spiegeln.

Sie spiegeln es verweint und ungenau,
als wollten sie es wiederum verlieren,
und wie in alten blauen Briefpapieren
ist Gelb in ihnen, Violett und Grau;

Verwaschnes wie an einer Kinderschürze,
Nichtmehrgetragnes, dem nichts mehr geschieht:
wie fühlt man eines kleinen Lebens Kürze.

Doch plötzlich scheint das Blau sich zu verneuen
in einer von den Dolden, und man sieht
ein rührend Blaues sich vor Grünem freuen.

Das ist es, was ich Ihnen wünschen möchte, in den zehn Geboten ein einziges: eine Freude an sich selbst, die Sie frei macht zu sich selbst.

13.November 1993

8
Es erhob sich aber ein Wind...

ES fügt sich, daß wir bei der Lektüre des Alten Testaments an einer Stelle stehen, die der Adventsverheißung nicht gerade gleicht, aber doch entsprechend zu verstehen ist. Vom Berge Sinai aus, dem Ort der inneren Ordnung, begibt sich das Volk hinüber zum Land der Verheißung. Es ist eine Erwartung und Hoffnung, die sich nicht auf etwas richtet, was auf uns zukommt, wie etwa im christlichen Raum die Ankunft des Herrn erwartet wird, vielmehr fragen die alttestamentlichen Texte, wohin wir selber kommen und wie wir den Weg dahin finden, wozu uns Gott bestimmt hat. Auch richtet sich die Perspektive nicht in eine jenseitige Welt, sondern hier in diesem Leben soll sich all das vollziehen, was den Horizont unserer Erwartungen ausmacht. Und so werden wir Station für Station weiter das Volk auf dem Zug durch die Wüste, uns selbst aber auf dem Weg zu unserer Freiheit begleiten.

Vom Buche Exodus nehmen wir Abschied und lesen Texte, die dem Jahwisten folgen, aus dem Buche Numeri, dem vierten Buch Moses. Da heißt es unmittelbar nach den Sinai-Ereignissen:

TEXT: Num 10, 29–34; 11, 1–13. 18–24. 31–35; 13, 17–28; 14, 11–25. 39–45

Und Mose sprach zu dem Midianiter Hobab, dem Sohne Reguels, seinem Schwiegervater: Wir brechen nun auf nach dem Orte, von dem der Herr gesagt hat: Ich will ihn euch geben. Komm mit uns, wir wollen dir Gutes tun; denn der Herr hat Israel Gutes verheißen. Hobab aber antwortete ihm: Ich will nicht mitziehen, sondern in mein Land und zu meiner Verwandtschaft gehen. Da sprach Mose:

Verlaß uns doch nicht; denn du weißt nun einmal, wo wir uns in der Wüste lagern können, und du sollst unser Auge sein. Und wenn du mit uns ziehst und uns all das Gute, das der Herr uns erweisen will, zuteil wird, dann wollen wir dir auch Gutes tun. So zogen sie von dem Berge des Herrn drei Tagereisen weit, während die Bundeslade des Herrn drei Tagereisen weit vor ihnen herzog, um eine Ruhestätte für sie zu erkunden. Und die Wolke des Herrn war bei Tage über ihnen, wenn sie aus dem Lager aufbrachen.

Das Volk aber murrte vor den Ohren des Herrn über Not. Als der Herr dies hörte, entbrannte sein Zorn, und das Feuer des Herrn loderte auf wider sie und verzehrte das Ende des Lagers. Da schrie das Volk zu Mose, und Mose betete zum Herrn; da erlosch das Feuer. Daher nannte man jenen Ort Thabera [d. i. Brandstätte], weil das Feuer des Herrn wider sie aufgelodert war.

Das hergelaufene Volk aber, das unter ihnen war, befiel ein Gelüste. Da fingen auch die Israeliten wieder an zu wehklagen und sprachen: Hätten wir doch Fleisch zu essen! Wir gedenken der Fische, die wir in Ägypten umsonst aßen, der Gurken, der Melonen, des Lauchs, der Zwiebeln und des Knoblauchs. Und nun verschmachten wir; es ist nichts da, nichts als das Manna bekommen wir zu sehen. Das Manna aber war wie Koriandersamen und sah aus wie Bdellionharz. Die Leute gingen umher und lasen es auf, dann mahlten sie es in der Mühle oder zerstießen es im Mörser, kochten es im Topf und machten Fladen daraus; es hatte dann einen Geschmack wie Ölkuchen. Und wenn des Nachts der Tau auf das Lager fiel, so fiel auch das Manna darauf herab.

Als nun Moses das Volk, ein Geschlecht wie das andere, einen jeden am Eingang seines Zeltes, wehklagen hörte, da entbrannte der Zorn des Herrn gewaltig, und es verdroß Mose. Und Mose sprach zum Herrn: Warum tust du so übel an deinem Knechte, und warum finde ich nicht Gnade vor deinen Augen, daß du mir die Last dieses ganzen Volkes auflegst? Habe denn ich dieses ganze Volk empfangen, oder habe ich es geboren, daß du zu mir sagst: Trage es an deinem Busen, wie die Wärterin den Säugling trägt, in das Land, das du seinen Vätern zugeschworen hast? Woher nehme ich Fleisch für dieses ganze Volk? Denn sie wehklagen vor mir und sprechen: Gib uns Fleisch zu essen! Da sprach der Herr zu Mose: Zu dem

Volke aber sollst du sagen: Weihet euch für morgen, ihr werdet Fleisch zu essen bekommen, denn ihr habt vor den Ohren des Herrn gejammert: »Hätten wir doch Fleisch zu essen! In Ägypten ging es uns besser!« Darum wird euch der Herr nun Fleisch zu essen geben: nicht nur einen Tag sollt ihr davon essen, nicht zwei, nicht fünf, nicht zehn, nicht zwanzig Tage bloß, sondern einen ganzen Monat lang, bis es euch zum Halse heraushängt und euch zum Ekel wird; denn ihr habt den Herrn, der mitten unter euch weilt, verworfen und habt vor ihm gejammert: »Warum sind wir doch aus Ägypten ausgezogen?« Da sprach Mose: 600000 Mann zu Fuß zählt das Volk, unter dem ich lebe, und du sprichst: »Ich will ihnen Fleisch geben, daß sie einen Monat lang zu essen haben.« Kann man so viel Schafe und Rinder für sie schlachten, daß es für sie genug ist? Oder soll man alle Fische des Meeres fangen, daß es für sie genug ist? Der Herr aber sprach zu Mose: Ist etwa der Arm des Herrn zu kurz? Du wirst bald sehen, ob mein Wort eintrifft oder nicht. Danach ging Mose hinaus und verkündete dem Volke die Worte des Herrn. Dann versammelte er siebzig Männer aus den Ältesten des Volkes und stellte sie rings um das [heilige] Zelt auf.

Es erhob sich aber ein Wind, vom Herrn gesandt, und brachte Wachteln vom Meere herüber und warf sie gegen das Lager hin, so daß sie eine Tagereise weit in jeder Richtung rings um das Lager her lagen, bei zwei Ellen hoch über dem Boden. Da machten sich die Leute auf und sammelten die Wachteln, jenen ganzen Tag und die ganze Nacht und den ganzen folgenden Tag. Wer auch nur wenig sammelte, der sammelte zehn Homer; und sie breiteten sie [zum Dörren] rings um das Lager her aus. Als sie aber das Fleisch noch unter den Zähnen hatten, noch ehe es verzehrt war, entbrannte der Zorn des Herrn wider das Volk, und der Herr schlug das Volk mit einer schrecklichen Plage. Daher nannte man jenen Ort die »Lustgräber«, weil man dort die Leute begrub, die lüstern gewesen waren. Von den Lustgräbern zog das Volk weiter nach Hazeroth und blieb in Hazeroth.

Das sind die Namen der Männer, die Mose aussandte, das Land auszukundschaften. Hosea aber, dem Sohne Nuns, gab Mose den Namen Josua. Als nun Mose sie aussandte, das Land Kanaan auszukundschaften, sprach er zu ihnen: Zieht hier hinauf in das Südland und steigt auf das Gebirge; seht, was es für ein Land ist und ob das Volk, das darin wohnt, stark oder schwach, klein oder groß ist, wie das Land beschaffen ist, in dem sie wohnen, ob gut oder schlecht, und was für Städte es sind, in denen sie wohnen, ob offene Orte oder Festungen, wie der Boden ist, ob fett oder mager, und ob Bäume daselbst wachsen oder nicht. Haltet euch tapfer und bringt von den Früchten des Landes mit. Es war aber gerade die Zeit der ersten Trauben.

Da zogen sie hinauf und kundschafteten das Land aus, von der Wüste Zin bis nach Rehob, wo man nach Hamath geht. Sie zogen hinauf in das Südland und kamen bis nach Hebron; da wohnten Ahiman, Sesai und Thalmai, die Enakskinder. Hebron aber war sieben Jahre früher erbaut worden als Zoan in Ägypten. Dann kamen sie ins Tal Eskol und schnitten daselbst eine Rebe mit einer Weintraube ab und trugen sie zu zweit an einer Stange, auch einige Granatäpfel und Feigen. Den Ort nennt man Tal Eskol [d. i. Traubental] wegen der Weintraube, welche die Israeliten dort abgeschnitten haben.

Nach vierzig Tagen aber, als sie das Land ausgekundschaftet hatten, kehrten sie um, und sie wanderten und kamen zu Mose und Aaron und zu der ganzen Gemeinde der Israeliten in die Wüste Paran, nach Kades; und sie brachten ihnen und der ganzen Gemeinde Bericht und zeigten ihnen die Früchte des Landes. Und sie erzählten Mose und sprachen: Wir sind in das Land gekommen, in das du uns gesandt hast. Wohl fließt es von Milch und Honig, und dies sind seine Früchte.

Und der Herr sprach zu Mose: Wie lange noch will mich dieses Volk verachten? Und wie lange wollen sie mir nicht vertrauen trotz all der Zeichen, die ich unter ihnen getan habe? Ich will sie mit der Pest schlagen und sie ausrotten, dich aber will ich zu einem Volke machen, das größer und stärker ist als sie. Da sprach Mose zum Herrn: Die Ägypter haben gehört, daß du dieses Volk durch deine Kraft aus ihrer Mitte heraufgeführt hast, und auch alle Bewohner dieses Landes haben gehört, daß du, o Herr, inmitten dieses Volkes weilst, der du von Angesicht zu Angesicht dich offenbarst, du, der Herr, indem deine Wolke über ihnen steht und du bei Tage in einer Wolkensäule und des Nachts in einer Feuersäule vor ihnen her ziehst. Wenn du nun dieses Volk tötest wie einen Mann, so werden die Völker, die von dir gehört haben, sprechen: »Weil der Herr dieses Volk nicht in das Land bringen konnte, das er ihnen zugeschworen hatte, darum hat er sie in der Wüste hingeschlachtet.« So laß nun deine Kraft, o Herr, sich groß erweisen, wie du ja verheißen hast: »Der Herr ist langmütig und reich an Güte, er verzeiht Schuld und Missetat, läßt aber nicht ganz ungestraft, sondern sucht die Schuld der Väter heim an Kindern und Kindeskindern bis ins dritte und vierte Geschlecht.« Vergib doch diesem Volke seine Schuld nach deiner großen Güte, wie du ihm schon von Ägypten an bis hierher verziehen hast. Und der Herr sprach: Ich vergebe, wie du gebeten hast. Aber so wahr ich lebe und die ganze Erde der Herrlichkeit des Herrn werden soll: alle Männer, die meine Herrlichkeit und meine Zeichen gesehen haben, die ich in Ägypten und in der Wüste getan, und die mich nun schon zehnmal versucht und nicht auf mich gehört haben, sie sollen das Land nicht schauen, das ich ihren Vätern zugeschworen habe; keiner von allen, die mich verworfen haben, soll es schauen! Nur meinen Knecht Kaleb, der einen andern Geist gezeigt und unwandelbar zu mir gehalten hat, den will ich in das Land bringen, in das er gekommen ist, und sein Geschlecht soll es besitzen. Die Amalekiter und Kanaaniter aber bleiben in der Niederung wohnen. Morgen wendet euch und zieht in die Wüste auf dem Wege nach dem Schilfmeer.

Als Mose diese Worte allen Israeliten kundtat, kam tiefe Betrübnis über das Volk. Und am andern Morgen in der Frühe machten sie sich fertig, auf die Höhe des Gebirges zu ziehen, und sie sprachen: Hier sind wir! Wir wollen hinaufziehen an den Ort, den uns der Herr gewiesen hat; denn wir haben gesündigt. Mose aber sprach: Warum wollt ihr den Befehl des Herrn übertreten? Es wird nicht gelingen. Zieht nicht hinauf – denn der Herr ist nicht unter euch –; sonst werdet ihr von euren Feinden geschlagen. Die Amalekiter und Kanaaniter stehen euch dort entgegen, und ihr werdet durch das Schwert fallen; denn weil ihr euch vom Herrn abgewandt habt, wird der Herr nicht mit euch sein. Aber vermessen zogen sie hinauf auf die Höhe des Gebirges, während die Bundeslade des Herrn und Mose das Lager nicht verließen. Da kamen die

Amalekiter und Kanaaniter, die dort auf dem Gebirge wohnten, herab, schlugen sie und zersprengten sie bis nach Horma.

Sie kennen die Geschichten des Exodus schon lange genug, um zu verstehen, daß wir all diese Begebenheiten, Wanderungen, Auseinandersetzungen als einen innerlichen Prozeß der Reifung werden verstehen müssen; denn je tiefer wir die Gefühle der Menschen auf den Stadien ihres Freiheitsweges begreifen, desto deutlicher begreifen wir die Art der Bibel, von Gott zu reden. Ist dies nicht das zunächst religiös am meisten Auffällige, daß Jahwe, wie die Bibel ihn hier schildert, Zug um Zug genau das in Gang bringt und in Szene setzt, worum gerade noch gebeten und gebettelt wurde? Es erweist sich schließlich als die Art, in der Jahwe die Israeliten straft. Aber was da Strafe heißt, ist eigentlich keine fremde Zumutung oder Zufügung, sondern eine paradoxe, fast ironische Weise Gottes, auf den Menschen zu horchen. Er überläßt ihn konsequent dem, was er selber will. Das Problem ist nicht, daß die Menschen nicht bekämen, worum sie wehklagen; sie bekommen es sogar im Übermaß. Nur wenn sie erst einmal drauf sitzen, können sie darüber nachdenken, ob das nun auch wirklich so erstrebenswert war, worum sie Gott anflehten. Das Ganze wirkt fast witzig, grotesk, eine Divina Commedia, die sich hier abspielt, aber ein Bitterernstes liegt schon in all dem: Es geht um den Weg des Menschen zu seiner Freiheit, und das nun ist ein ernstzunehmendes Zeugnis der Bibel. Sie findet ganz gewiß keine Grenze am göttlichen Willen. Im Gegenteil. Gott nimmt die Freiheit des Menschen so ernst, daß er niemals irgend etwas von dem verhindert, was die Menschen wollen. Er ist ganz anders als manche überbesorgten Eltern, die den Kindern in den Arm fallen und sie hindern, zu handeln, zu leben, zu lernen. Freilich fragen wir uns dabei, ob ein allwissender und allweiser Gott nicht klarer sehen könnte als die oft angstverwirrten Menschen. Aber es scheint selbst für den Gott der Bibel keinen anderen Weg zur Überwindung des seelischen Durcheinanders im menschlichen Leben zu geben, als sich an die Seite dieser Irr- und Wirrwanderungen des Menschen zu stellen und hin und her, kreuz und quer zu begleiten, was denn die Menschen zumindest bis zur nächsten Station für ihr Ziel erklären. Es gibt das *eine* große Ziel der Verheißung trotz alledem. Es mag noch sooft aus den Augen geraten, der Zielpunkt, daß

Israel Boden unter die Füße bekommt und ein eigenes Land besitzt, wird bleiben.

Gehen wir die Stadien des Weges hier der Reihe nach durch, beginnt alles mit einer merkwürdigen Bitte. Gerade noch vorher sahen wir Israel um den heiligen Berg gelagert, um aus der Mitte seines Daseins Ordnung und Weisung in Gestalt der Gebote zu empfangen. Alles versammelte sich hier zu einem in sich geschlossenen Sein. In diesem Moment eigentlich erst ist die Geburtsstunde des Volkes Israel, seiner Art der Frömmigkeit, seiner wahren Identität. Man könnte in diesem Augenblick geneigt sein, den Weg für beendet zu erklären. Was denn soll ein Mensch mehr, als Bescheid zu wissen über das, wozu er da ist, was sein Wesen ausmacht, wie seine Berufung lautet, wozu er mit seiner ganzen Existenz auf dieser Erde bestellt ist?

Philosophisch gedacht, müßte man gleichwohl sagen, es handele sich bei all dem doch nur erst einmal um ein Bewußtseinsphänomen, um eine Idee in einer rein geistigen Sphäre, nichts von dem so Gewußten oder Bewußt-Gewordenen sei schon die Wirklichkeit. Und wie groß ist nun die Distanz zwischen der aufdämmernden Idealität bis zur Realität? Eines freilich ist erreicht: die Möglichkeit, die Menschen ringsum nicht mehr nur als Gegner und Feinde wahrzunehmen wie bislang. Wir hörten, daß die Auseinandersetzungen auf dem Wüstenzug sehr schmerzhaft sein konnten, indem Israel in seiner Angst immer wieder zum Himmel aufblicken mußte, um die Gegnerschaft anderer Menschen zu bestehen. Man kann ganz allgemein sagen: Solange ein Mensch mit sich selbst noch nicht im reinen ist, solange sein Lebensentwurf noch zutiefst von Angst geprägt ist, wird es ein wirkliches Einvernehmen mit anderen Menschen nicht geben können, vielmehr wird er die Umstehenden fürchten als mögliche Störenfriede. Er wird das bißchen, das er für sich gewonnen hat, vor ihnen in Schutz zu nehmen suchen wie eine Möwe, der man ein Stück Brot zugeworfen hat und die sich nun rasch zu entfernen sucht vom Verband ihrer Artgenossen, damit diese nicht Jagd machen auf den kleinen Happen, den sie erbeutet hat. Alles, was man sich da erlauben mag, ist bedroht durch den Neid und die Gegnerschaft der anderen. Aus diesem Zustand einer fast paranoischen Krise, in welcher alle anderen zu Gegnern werden, zu Wegeversperrern, zu Pfadverhinderern, ist Israel jenseits des Sinai hinausgelangt. Es geschieht, daß Moses den Sohn seines Schwiegervaters Hobab vom Stamm der Midianiter um Wegführung bittet. Es ist nicht gerade viel, was als Inhalt dieses Wunsches sich ausspricht: Es solle der Wüstensohn bei der Wanderung durch die Steppe Zonen des Ausruhens im Übergang erspähen, er solle dem Wegeunkundigen als Auge dienen. Das Vertrauen des Moses ist ungeschmälert, daß Gottes Beistand und Gottes Wegedienst unverbrüchlich treu sein werden. Dennoch und grade deshalb offenbar bedarf es hier der Gemeinsamkeit mit anderen Menschen. Es gibt eine Art von Frömmigkeit, die sich sozusagen zurückzieht hinter die Klostermauern und der Menschen eigentlich gar nicht bedarf, ein Denken gemäß dem Satz der Teresa von Avila: »Nur Gott allein, das ist genug.« Diese Stelle aus dem Wüstenzug des Moses und seines Volkes redet dagegen. Gott, ja, ihm allein verdankt Israel das Wissen seiner inneren Ausrichtung. Aber nun die Schritte im einzelnen, das Durcharbeiten im Konkreten, die Eroberung des realen Lebens – das alles läßt sich nicht vollziehen rein ideal, rein religiös, nur mit dem Blick auf Gott. Da sind die Menschen einer vom andern abhängig und immer gemeinsam unterwegs. Wieviel, umgekehrt, ist da für Hobab zu tun! Und welch ein wunderbarer Dienst! Man traut einem anderen Menschen zu, daß sein Leben sich gestaltet unter Gottes Führung. Nichts an diesem Wissen ist zu verbessern, ganz sicher nicht neu zu kommandieren und neu zu dirigieren. Aber man kann sich entsprechend seiner Vision hilfreich machen, indem man ihm Führung gibt. Man wählt nicht seinen Weg, man bestimmt nicht sein Ziel, aber man kann an seiner Seite Wichtiges tun, indem man schrittweise die nächsten Augenblicke zum Ausruhen, zum Innehalten, zum Kräftesammeln ermöglicht. Schon das ist überaus hilfreich. Dabei: Zunächst ist das Bestreben des Hobab kein anderes als das Israels auch. Dieses Volk auf dem Wüstenzug will hinüber in sein Land, das ihm noch gar nie gehört hat, sondern eine reine Verheißung ist, Hobab aber zurück zum Ort seiner Familie. Beide haben sie ihren Ursprung, beide haben ihre Eigenständigkeit, keiner von beiden verzichtet auf seine Individualität, auf seine Art von Charakter und Prägung. Und in der Unterschiedlichkeit tauscht es sich aus und ergänzt sich, und der Sohn der Wüste wird zum Führer der Wüstenwanderung.

Allein diesen Schritt zu tun, sich zu erlauben, Hilfe von anderen Menschen bittend in Anspruch zu nehmen, kann im wirklichen Leben von uns Menschen, verängstigt, wie wir oft sind, Wochen, Monate, Jahre dauern. Wieviel Vertrauen gilt es da zu lernen von Gott her, und es schließt einander nicht aus, es ist das eine geradewegs der Grund des anderen. Wer auf Gott vertrauen will, muß lernen, auch an Menschen zu glauben und ihnen Gutes zuzutrauen. Da gilt es die ganze Menschenfeindschaft, die zurückgehaltene Vorsicht, das Klima des Mißtrauens aufzulösen. Es gilt die Vermutung abzustreifen, die anderen legten uns nur herein, sie stellten uns Fallen, sie führten uns dorthin, wo wir am Ende wehrlos und ausgeliefert sind. Das alles *könnte* der Theorie nach sein; es wären lauter Ängste, die im Verstande nicht aufzulösen wären. Aber man kommt nur weiter voran, wenn man lernt, andern Menschen Vertrauen zu schenken, dem Midianiter Hobab zum Beispiel, einem bis dahin unbekannten Zeitgenossen des Moses, einem Fremdstämmigen und Heiden, ganz gewiß kein Angehöriger des göttlichen Volkes. Alle Gründe wären da, das Fremde fürchten zu lernen, aber genau das Gegenteil ist der erste Schritt vom Sinai fort hinüber ins Land der Verheißung.

Wieder könnte man an dieser Stelle denken: Nun ist es geschafft, ein gemeinsamer Zug der Menschen wird Israel jetzt hinübertragen an den Ort seiner Bestimmung. Genau in dem Moment, erzählt der Jahwist in der Reihenfolge seiner Stationen des Exodus, begibt sich im Volk ein Murren und Klagen, anders als damals an den Bitterwassern, an den Haderwassern. Es ist ein Klagen, das von Gott eingelöst oder bestraft wird, indem er zorniges Feuer aufflammen läßt an der Hinterseite des Zeltlagers. Aus der Art der Strafe muß der Inhalt des Murrens selbst sich erschließen lassen, und man versteht dann sehr gut, was auf dem Spiel steht. Es gibt jetzt eine merkwürdige Ungeduld, daß alles nicht rasch genug vorangeht. Es schleppt sich dahin, es ist mühselig, es kommt entsetzlich langsam voran, mehr geschlichen als gegangen. Es ist widerlich, sich so durchs Leben schleppen und quälen zu sollen. Wenn das der Wunsch ist: rasch voranzukommen, dann kann man dem Volke Beine machen von hinten her – so ähnlich scheint Jahwe zu denken. Doch das, worüber Klage hier sich ausspricht, ist ein überaus verständliches Gefühl, auf jedem Freiheitsweg fast unvermeidbar. – Wie oft höre ich Leute, die in einer Reihe von Gesprächen sich selber suchen, irgendwann Beschwerde darüber führen, daß man jetzt dieselben Dinge schon zum zwanzigsten oder zum hundertsten Mal sagt: Es ist doch viel zuviel, kein Mensch kann sich das immer wieder anhören, und jetzt schon zum xten Mal dreht es sich wieder im Kreise. Wie man nur ein solcher Esel sein kann; dauernd dieselben Fehler, und nie lernt man es richtig! Man müßte doch als ein vernunftbegabtes Wesen längst darüber hinausgekommen sein! – Viel hilft mitunter schon, zu begreifen, daß es so schnell gar nicht gehen kann, wie man es sich herbeizaubern möchte. Die Freiheit zu lernen gegen soviel Angst, das bedeutet fast immer soviel, wie daß man sich abgewöhnen und noch einmal umlernen muß, was einem als Kind beigebracht wurde. Wie soll das *schnell* gehen? Es ist ja viel bereits gewonnen, wenn man erst einmal bemerkt, unter welchen Verhältnissen, welchen Bedingungen an Gefühlen, an Zumutungen man groß geworden ist. Und bis man jetzt das Fühlen, das Sprechen, das Denken, das Wahrnehmen noch einmal ganz anders lernt, offener, freier, glücklicher, für ein Leben, wie es endlich sein soll, das sagt sich nicht in Windeseile, das muß langsam, immer wieder aus Versuch und Irrtum gelernt werden, das braucht seine Zeit und darf seine Zeit haben. Ja, es ist sogar das meiste schon gewonnen, wenn Menschen lernen, diese Geduld mit sich selber zu gewinnen.

Es gibt eine bestimmte Einstellung sich selbst gegenüber, die man psychoanalytisch zwangsneurotisch nennen kann, in deren Erleben allein schon das Auftauchen der Wahrnehmung bestimmter Fehler wie ein Vorwurf empfunden wird. Es ist da nicht hilfreich, zu bemerken, daß man etwas verbessern könnte; es ist im Grunde der Skandal, daß man nicht immer schon alles richtig gemacht hat. Um so mehr versucht man, sich zu beeilen, und um so weniger kommt man voran. Weil alles überlaufen wird, was man schrittweise üben müßte, gewinnt man nicht den Weg, sondern schaufelt sich immer tiefer in die alten Mechanismen der Selbstanklage, der Vorwürfe, der Schuldgefühle, der erwarteten Strafen ein. Es kostet sehr viel, zu denken: Ich bin vielleicht erst vierzig Jahre, fünfzig Jahre, und es gibt noch soviel an Leben, was vor mir liegt; ich muß das nicht heute alles schon können, beherrschen, erobert haben; es kommt ein Schritt nach dem anderen. Es gilt wirklich, Ruheorte auf der Wüstenwanderung aufzusuchen. Jedes Überhasten verdirbt da nur die klare Sicht.

Das Paradox aber ist, daß man sehr wohl nach vorne drängen möchte – alles soll zum Greifen nahe sein – und gleichzeitig nach rückwärts strebt, einfach nur weg, nach hinten hin. Beides kann dieselbe Flucht sein: Entweder man sucht das Paradies nach vorn hin, und es kann gar nicht schnell genug in die Reichweite kommen, oder man sucht es nach rückwärts, regressiv sozusagen. Es wird der ernsthafte Wunsch dieses Volkes, sich daran zu erinnern, wie wunderbar es doch in Ägypten gewesen war. Und was sie aufzählen, stimmt alles, inklusive der Gurken, der Melonen – es sind die reinen Genüsse. Das Brot der Knechtschaft wird jetzt die wahre Wonne.

Wie ernst dieses Thema ist, das uns fast lächeln macht, wenn wir das Wehgeschrei des Volkes hören, können Sie daran erkennen, daß ein ganzes Menschenbild im 20. Jahrhundert den Erfahrungen dieses Abschnitts des Wüstenzuges Israels entstammen mag. Der Jude Sigmund Freud sah uns Menschen überhaupt *nur* so, eingeordnet ins Lustprinzip. Das, was die Menschen wirklich wollen, dachte er, ist im Grunde gar nichts, außer daß sie in Ruhe schlafen können und daß man sie in Ruhe läßt. Mit Schopenhauer philosophierte er über die wahren Bestrebungen des Menschen, daß nichts schöner sei, als ungestört dahinzudämmern, bewußtlos. Der Hunger holt uns aus dem Bett, und wir müssen alles mögliche machen. Aber was sind am Ende die schönsten Zeiten unseres Lebens gewesen außer dem einen Drittel, als wir es überhaupt nicht bewußt wahrgenommen, sondern wie die Eichhörnchen mitten im Winter im Nest alle Gefährdungen verschlafen haben? *Das* möchten die Menschen wirklich, dachte Sigmund Freud, das wäre ihre Lust, und wenn das nicht geht, dann doch zumindest sich wie kleine Kinder so viel in den Mund stecken, daß es langt. Es wäre ihr Paradies, ihr Schlaraffenland. Wenn so die Menschen alles hätten, was sie brauchen, müßte man sie fast als Glückliche bezeichnen.

Auffassungen dieser Art können sich auf die Stelle stützen, die wir gerade lesen. Ist es nicht zuviel verlangt von dem Menschen, ihm zu sagen: Du hast eine Berufung, du mußt hinübergehen im Namen Gottes in ein Land der Verheißung, du mußt deine Freiheit wagen? Sind nicht die armen, kleinen, hilfsbedürftigen Menschen immer überfordert mit solch irrwitzigen Programmen? Was brauchen sie wirklich, außer etwas anzuziehen, etwas Schmackhaftes zu essen und ein bißchen Abwechslung. Dieser Tage sagte ein Programmdirektor: »Das Fernsehen ist überhaupt nicht da zur Aufklärung, sondern zur Unterhaltung.« Richtig. Der gesamte Kulturbetrieb läßt sich so einordnen. Nicht die Geistigkeit, sondern das Divertissement ist da angesagt, das Entertainment: ein bißchen Nervenkitzel und dann wieder Schlafen, das reine Lustprinzip, ein Traum bei Tage und bei Nacht, ein großer Wunsch nach rückwärts, die Menschen als ewig große kleine Kinder. Moses drückt das selbst so aus: »Bin denn ich von Gott bestellt«, beschwert er sich bei Gott, »als die ewige Amme dieser Leute? Soll ich sie ewig auf den Händen vor mir her tragen? Ich hab sie nicht geboren.« – Moses hat große Lust, in Streik zu treten und die ganze Sache Gott selbst zu überlassen, der sie ausgeheckt hat. Warum eigentlich soll ein Mann dauernd für die Freiheit anderer Menschen sorgen? Sollen sie doch laufen, wohin sie wollen, sollen sie ihr Lustprinzip haben! – Man hat in bestimmten Versuchen mit Mäusen und Ratten, traurigen Experimenten, herausgefunden, daß im Gehirn von Säugetieren ein Wonnezentrum existiert. Wenn man das mit Sonden unter Strom setzt, beginnen sonderbare Gemütszustände bei diesen Tieren solcherart, daß man beobachtet, daß die Ratten immer wieder an den Schalter streben, um ihr Wonnezentrum in Gang zu setzen. Sie taten überhaupt nichts anderes, als bis zur Erschöpfung am Wonnezentrum zu hängen und dann wieder hinzutorkeln an den gottseligen Schalter. – Wäre das das Leben oder das Ende von allem? Es ist wieder, daß Gott ernst nimmt, was die Menschen wollen; wie wenn wir aus jeder Dummheit langsam erst erwachten, um wieder einen Schritt weiter zu finden. Und Gott macht das mit, virtuos in diesem Falle.

Die Bibelexegeten erklären uns, daß die ganzen Geschichten, die wir hier hören, traditionsgeschichtlich um einen Kadesch-Sagenkranz gelagert seien, und in diesen Gegenden des Sinai könne es vorkommen, daß sich Wachtelschwärme verirren und man dann die erschöpften Tiere wie Blätter vom Boden aufsammeln könne. Mag so etwas als Naturwunder hinter diesen Geschichten stehen; was die Bibel damit macht, ist etwas ganz anderes. Gott erfüllt die Wünsche der Menschen genauso übertrieben, wie sie's haben möchten, und er verlängert es sogar über ihr ganzes Wünschen hinaus. Sie sollen zu essen kriegen, bis es ihnen – wörtlich – zum Halse heraushängt, bis sie – wörtlich – das Kotzen kriegen und bis sie am Ende an sich selbst verfaulen. Sie werden ins Grab sinken, und man wird die Stelle ihrer lebendigen Verwesung die »Lustgräber« nennen. Das ist bitterster schwarzer Humor, wie der Jahwist im Ganzen seiner Geschichten, von der Erzählung von Adam und Eva im Paradies bis zu diesem Augenblick, diese Art Gottes liebt, mit uns Menschen zu verfahren. Man weiß da nicht mehr, was Ironie oder Weisheit ist; bei Shakespeare findet man manchmal Ähnliches an Bitterkeit und Witz über uns selber.

Aber gehen wir die Motive einmal durch, die hier eine Rolle spielen, so müssen wir sagen, daß wir sie im großen und ganzen sehr gut kennen. Die Freiheit kostet so viel, schon rein materiell vielleicht. Wieviel Ungesichertheit nimmt ein Mensch auf sich, der sein Leben noch einmal von vorn beginnt! Ist es nach einer zerbrochenen Ehe nicht normal, ja fast notwendig, spätestens zwei Jahre nach der Trennung, wenn vor Gericht befunden wird, wie der Unterhaltsausgleich zu leisten ist, in welchem Sinne sich die Ehe als eine Zugewinngemeinschaft – ein wunderbares juristisches Wort – im einzelnen definiert, sich zu fragen, ob's wirklich nicht besser gewesen wäre, man wäre an den Fleischtöpfen Ägyptens hängengeblieben? Man hätte alles, was man will, ein Eigenheim, ein Auto, den Unterhalt, nichts wäre verloren. Und jetzt diese ganzen Schikanen! Von der Hand in den Mund zu leben, das soll der Preis der Freiheit sein! Versteht man da nicht, daß Menschen sagen: Ein Berufswechsel ist mir zuviel; ich bleib bei dem, was ich bin, ich erobere mir nicht in ungesicherten Zeiten neues Terrain; viel besser ist, ich krieche in die Höhle oder in den Schoß zurück, aus dem ich sozial gekommen bin.

Das Ganze kann sich geistig genauso gestalten. Wieviel Mühe gehört dazu, ein gewisses Weltbild, in dem man groß geworden ist, zu verlassen! Man hört auf, aus Anweisungen zu leben; man hat nicht eine fertige Formel für jeden Augenblick, nichts ist da vorweg erklärt, alles noch offen. War es nicht viel schöner da im Land der Knechtschaft, in Ägypten? Man wußte so sicher, was zu tun war, alles regelte sich von außen, ohne Schwierigkeit – ein Leben ohne

Freiheit, aber um so mehr in Wohlbehagen. Was für eine Versuchung!

Bis ins Psychische hinein kann das gehen. Vor einiger Zeit erzählte mir ein Priester seine Situation. »Immer wieder«, sagte er, »merke ich jetzt, daß meine Mutter in mein Zimmer kommt. Ich seh das fast physisch. Sie wohnt woanders, aber ich lebe ständig geistig mit ihr. Mindestens zwei, drei Mal am Tag rufe ich sie an.« Gefragt, warum grade jetzt erst seine Dualunion mit der Mutter ihm zum Problem werde, erklärt er, nach zwei zerbrochenen Liebschaften endlich eine Frau kennengelernt zu haben, die eine Menge für ihn investiert habe. Soll er auch sie jetzt im Stich lassen? Aber was wird, wenn er auf sie zugeht? »Zurück nach Ägypten« hieße für diesen Priester, zu tun, was seine Mutter immer wollte und was Mutter Kirche ganz sicher wollen wird. Im andern Fall muß er vieles auf sich nehmen: schuldig zu werden gegenüber einem Gelübde; die Achtung seiner Gemeinde zu riskieren, wenn er ehrlich ist; mit Berufsverbot belegt zu werden, wenn er glücklich sein möchte; und der Weg der Freiheit ist inwendig wie äußerlich so unsäglich schwer. Kann man nicht denken: Wir lassen alles, wie es war? Es muß nur noch fünfzig Jahre so weitergehen, mehr ist gar nicht nötig. Und Gott wird im Munde geführt, und die Kirche bietet ihren Segen, und die Menschen wünschen Glück, geordnet werden alle Jubiläen gefeiert, die Prämien der bürgerlichen und der kirchlichen Gesellschaft geerntet – ist das nicht das wahre Leben? Aber wenn es denn so käme, wär's nicht am Ende so, daß wir voller Ekel über uns selber dasäßen? Wir hätten alles, was wir wollten, ja; aber verlören wir nicht jede Selbstachtung? Wir wüßten, daß wir nur der Schwerkraft der Bequemlichkeit, der Angst gehorcht hätten. Und so etwas verzeiht das Leben sehr schwer. Nichts gewagt zu haben ist viel schlimmer, als zu scheitern. Man kann sich am Ende selber nur noch schwer im Spiegel ansehen; das ist das Problem. Man hat wirklich all die Erfolge, auf die man einmal aus gewesen ist, aber sie sind wie schleimig und glitschig in den Händen, man berührt sie selber nicht mehr gern.

Und die Devise der äußeren Versorgung. Gibt es wirklich etwas Traurigeres, als am ersten Advent in den großen Geschäften umherzugehen und zu sehen, daß Menschen alles haben können, aber ganz gewiß nicht glücklich sind? Sie können kaufen, was sie wollen, mitnehmen, was sie wollen, es ist alles schön und gut, aber es gibt keinen eigentlichen Hunger mehr, keine Sehnsucht mehr, kein wirkliches Verlangen mehr, keine Räume der Transzendenz mehr.

Das ist ein wirkliches Wunder, eine veränderte Anthropologie, eine großartige Botschaft der Exodus-Erzählung an dieser Stelle. Die Menschen, gerade wenn sie bekommen, was sie möchten, reifen über sich hinaus, sie sind niemals nur Genießer. Es ist einer der dauernden moralischen Vorwürfe, der in der Kirchensprache den Menschen unserer Zeit in Westeuropa entgegengehalten wird: Wir sind geborene Konsumisten – das ist noch schlimmer, als Kommunisten früher waren. Aber sind wir's denn wirklich? Das Erstaunliche am Menschen ist, daß er überhaupt nicht nur essen, trinken und schlafen will; sondern wenn er aufwacht und satt geworden ist, genau dann beginnt sein eigentlicher Durst, sein eigentlicher Hunger, hier in dieser Geschichte genau da seine Neugier, daß Moses Boten ausschickt, das sogenannte Land der Verheißung kennenzulernen. Es ist alles nur sehr zögernd und trotzdem schon voller Wagemut. Nie sind wir nur die Menschen, die sich festkleben möchten in einer Sicherheit, die keine Bewegung zuläßt; wir sind immer auch die Menschen, die Aufbruch suchen, die auf dem Wege bleiben möchten. Es sind dieselben Menschen. Was wir nicht vertragen, ist die Isolation eines bestimmten Wunsches, der im Augenblick gilt. Er darf sich nicht verfestigen, sonst wird er ein Fluch. Wenn das Leben nur sein soll: die Fleischtöpfe Ägyptens, dann ersticken wir an uns selbst.

Das gilt genauso, noch einmal gesagt, auch geistig. Ein fertiges Gebäude in der Religion mag tröstlich, hilfreich, beschirmend sein, aber es ist im Grunde eine sanfte Erstickung, eine weihrauchparfümierte Zersetzung der Atemluft. Irgendwann wollen Menschen die Fenster öffnen, wollen sie wieder die freie Luft in ihre Lungen aufnehmen dürfen und ins Weite schauen. Immer ist es die Neugier, die einen fertigen Wertehimmel zerschlägt, ist es das suchende Fragen, das die sicheren Antworten zersetzt, ist es die Großartigkeit des Zweifels, das scheinbar so Gefestigte von ehemals zu öffnen für den Wagemut einer noch unentdeckten Zukunft. Nur da liegt das eigentliche Land der Verheißung, auf das wir zugehen.

Dann wird man im Leben ganz sicher diese Erfahrung machen: Man möchte seßhaft werden, ein eigenes Revier bekommen, der Bestimmung entsprechen, die in einem selbst liegt, und findet doch die Stätten allesamt, auf die hin man sich ausgerichtet hat, durch andere besetzt, und diese anderen werden nicht nur erscheinen wie mythische Wesen, wie Uralteingesessene, älter noch als die Ägypter, denen man entlaufen ist, sie werden vor allem als Anakiterkinder dastehen wie riesige Gestalten, ihre Wohnräume wie Trutzburgen eingerichtet, unbezwingbar. Hier ist eine Paradoxie. Einerseits ist dieses Land voll Fruchtbarkeit, voll Schönheit, voller Segnungen, voll Milch und Honig und Weintrauben, die man nur zu zweit zu tragen vermag, aber es ist gleichzeitig ein Land voller beängstigender Mächte.

Es sind ganz einfache Dinge in der Wirklichkeit, um die es da geht. Man macht einer Frau Mut, das Leben noch einmal zu beginnen, vielleicht nach vielen Enttäuschungen, endlosen Ängsten, auf andere Menschen zuzugehen, und sie möchte das wirklich. Es genügt ja, in der Welt vielleicht nur einen einzigen kennenzulernen oder zwei. Wie wenig brauchen wir Menschen, um wirklich glücklich zu werden! Aber schon ist da die Angst, daß der Ort, an den man sich hinsehnt, durch andere besetzt ist. Sind nicht an der Seite eines Mannes auch andere Frauen, an der Seite einer Frau auch andere Männer? Ist nicht jeder Schritt zum eigenen Glück auch der Konkurrenz ausgesetzt? Sind nicht da, wo man hinmöchte, stets immer schon andere vor uns gewesen, mit älterem Recht sogar, dort auch zu bleiben, und ist es gerecht und billig, sie von ihrem Ort zu verdrängen? – Genau das müßte man tun, aber darf man es tun, kann man, soll man es tun? Die anderen, Älteren, Größeren, wissen alles viel besser, können alles viel besser, sind in allem viel geübter, haben viel länger schon das alles gelernt, was wir noch nicht können, also ist alles ganz hoffnungslos und noch viel schlimmer als früher, indem jetzt die eigenen unerfüllbaren Wünsche noch hinzukommen. Man hat ja das Land gesehen, auf das hin man gehen wollte; und jetzt zu wissen: es ist unerreichbar, weil man es *nie* für sich gewinnen wird, erzeugt wirklich den Wunsch, alles fahrenzulassen, einen neuen Führer sich zu besorgen und den Rückweg nach Ägypten anzutreten. – Es zeigt sich erneut, daß Jahwe völlig damit einverstanden ist. So sollen sie's machen: nur schnell zurück zum Schilfmeer und wieder hinüber auf die andere Seite, von wo sie kamen! Haut ab, scheint Jahwe zu denken, macht es genau so! – Und wieder drückt er die Menschen in die Fluchtrichtung ihrer Ängste, damit sie's möglichst bald hinter sich haben und begreifen, daß es so nicht geht.

Doch dieser Weg, der nicht weiterführt, kann sehr, sehr lang werden. Denn kaum entschließt sich Israel, die Sünde zu bereuen, daß es Jahwe widersprochen hat, und gefügig nach vorn zu marschieren, da erklärt Moses, daß das alles nicht helfe. Es ist ja nicht das Bereuen von Sünden, was uns stark macht auf dem Weg zu uns selbst, es müßte Vertrauen sein. Nicht daß uns dieses und jenes leid tut, was wir getan haben, ist der wirkliche Fortschritt zur Freiheit, sondern daß wir den Mut gewinnen, von innen her unser Glück anzustreben. Solange das nicht ist, wird kein Gott uns – nach dieser Geschichte jedenfalls – zur Seite stehen. Es ist fast unglaublich, wie diese Erzählung von Gott grundsätzlich nur im Zusammenhang mit dem menschlichen Glücksstreben redet, mit dem Verlangen nach sich selbst, mit der Entfaltung der Freiheit. Was da Gott heißt, ist die ständige begleitende Macht zur Unterstützung in jeder Richtung. Sogar die Irrtümer werden hier gründlich begangen, damit sie desto lehrhafter seien. Nichts im Leben bleibt dem Menschen da erspart, aber was für Menschen sind es am Ende!

Wir lassen die Israeliten an dieser Stelle zurück bei ihrer Wüstenwanderung, auf der sie als von Angst Gepeinigte viele Jahre kreuz und quer werden ziehen müssen. Sie wissen genau, wohin, aber der Grund dafür, nicht in direkter Richtung sich zu bewegen, lautet immer: »Dort, wo wir hinmöchten, sind die anderen zu gefährlich.« Es ist ein schlimmer Teufelskreis, weil er durch keine bessere Erfahrung ergänzt wird, ganz im Gegenteil. Kaum läßt dieses Israel sich auf Kanaaniter und Amalekiter ein, wird es aufs Haupt geschlagen, und alle Ängste bestätigen sich noch, alle Resignationen finden ihre neue Nahrung. Aus diesem Teufelskreis herauszuführen durch bessere Kontaktnahme, durch ein wachsendes Selbstvertrauen, das ist unsäglich schwer. Ein Volk lebt viele Jahrhunderte; für sein Dasein sind vierzig Jahre Wüstenwanderung vielleicht noch nicht so viel. Für jeden einzelnen von uns, der, wenn's hoch kommt, siebzig oder achtzig Jahre leben darf, leben muß, wären vierzig Jahre die Hälfte seiner Existenz. Sei es vergönnt, daß vierzig Monate bei uns auslangen könnten! Zwei, drei Jahre hin und her, das wäre ein gerade noch erträgliches Zeitmaß, Angst zu überwinden, die uns wie in einem Teufelskreis nur um und um wandern läßt.

Am Ende bleibt Moses, der Führer, und er wird zu einem Land gehen, das zu betreten ihm selbst nicht vergönnt ist. Die Kundschafter werden ferngehalten aufgrund ihrer Ängste und Zweifel, und selbst Moses wird am Ende zweifelnd und skeptisch werden. Nur die Verheißung, die er in sich trägt und dem Volke ermöglicht, bestimmt ihn dazu, bis dicht vor der Grenze Kanaans an der Seite seines Volkes auszuhalten.

Ich möchte schließen mit ein paar Sätzen des libanesischen Dichters Khalil Gibran über die Freiheit:

Alles auf Erden lebt entsprechend den Gesetzen der Natur, aus denen die glanzvolle Freude der Freiheit entspringt. Der Mensch aber ist dieses Glückes beraubt, denn er selbst schuf für die Seele, die von Gott kommt, ein einengendes irdisches Gesetz. Das strenge Gesetz, nach dem er lebt, gab er sich selbst. Von seiner Hand stammt das enge, gramerfüllte Gefängnis, in dem er seine Zuneigungen und Wünsche verschließt. Er schaufelte ein tiefes Grab und begrub darin sein Herz und dessen Absichten. Wenn ein einzelner Mensch, dem Befehl seiner Seele folgend, erklärt, daß er sich aus der Gesellschaft zurückzieht, und er dadurch das Gesetz verletzt, werden seine Mitmenschen sagen: Er ist ein Rebell und verdient das Exil. Oder aber sie werden ihn einen niederträchtigen Menschen nennen, den man hinrichten sollte. Wird der Mensch wirklich ein Sklave seiner eigenen Beschränkung bleiben bis ans Ende der Welt? Oder wird er durch die Zeitläufe befreit werden und lernen, im Geist für den Geist zu leben? Wird der Mensch wirklich darauf bestehen, nach unten zu sehen und immer wieder auf den Boden zu starren? Oder wird er endlich seinen Blick der Sonne zuwenden und aufhören, seinen eigenen Schatten unter all den Dornen und Gebeinen zu betrachten.

27. November 1993

9

Es geht auf ein Stern aus Jakob

DIE Erzählungen vom Auszug Israels aus Ägypten hinüber zum Land der Verheißung bilden die letzten Abschnitte aus dem Buche Numeri, die wir der Tradition verdanken, die literarkritisch dem sogenannten Jahwisten zugeschrieben wird, eine Quelle vom Anfang des israelitischen Königtums, etwa 1000 v. Chr. Stärker symbolisch konzentriert als jede andere Überlieferung ist der Zusammenhang dieser Erzählungen, und wir finden, ehe Israel den endgültigen Schritt über den Jordan hinweg nach Palästina tut, den Bericht von einer großen Vision, die ein quasi heidnischer Prophet, berufen vom König der Moabiter, gegen seinen Willen und gegen seine Beauftragung über das Volk der Erwählung ausspricht.

Wir haben die Geschichte von Moses und dem Volk der Israeliten an der Stelle verlassen, da die Kundschafter Angst bekamen vor dem Geschlecht der Riesen, das im Land der Erwählung wohnte. Das Volk erschrak davor und ward dadurch von Gott verlassen, und seine Auseinandersetzungen mit den Völkern ringsum endeten entsprechend mit Mißerfolgen. Nun geht die Geschichte weiter.

TEXT: Num 16, 12–15. 25–35; 20, 14–22; 22, 4–8. 13–19. 21–35; 23, 27–28; 24, 1–19. 25; 25, 1–5

Und Mose schickte hin und ließ Dathan und Abiram, die Söhne Eliabs, rufen. Sie aber sprachen: Wir kommen nicht! Ist es nicht genug, daß du uns aus einem Lande, das von Milch und Honig fließt, herausgeführt hast, um uns in der Wüste umkommen zu las-

sen? Willst du dich auch noch zum Herrn über uns aufwerfen? Mitnichten hast du uns in ein Land, das von Milch und Honig fließt, gebracht und uns Äcker und Weinberge zum Besitz gegeben! Willst du denn diesen Leuten die Augen ausstechen? Wir kommen nicht! Da ergrimmte Mose sehr und sprach zu dem Herrn: Wende dich nicht zu ihrem Opfer. Nicht einen Esel habe ich ihnen genommen und keinem von ihnen ein Leid getan.
Nun machte sich Mose auf und ging zu Dathan und Abiram, und die Ältesten Israels folgten ihm. Und er redete mit der Gemeinde und sprach: Weicht doch von den Zelten dieser gottlosen Menschen und rührt nichts an, was ihnen gehört, damit ihr nicht hingerafft werdet um ihrer Sünden willen. Da entfernten sie sich aus dem Bereich der Wohnung Korahs, Dathans und Abirams. Dathan und Abiram aber waren herausgetreten und standen am Eingang ihrer Zelte mit ihren Frauen und Söhnen und kleinen Kindern. Da sprach Mose: Daran sollt ihr erkennen, daß der Herr mich gesandt hat, um alle diese Taten zu vollbringen, und daß ich es nicht aus mir selber tue: wenn diese sterben, wie alle Menschen sterben, und sie nur trifft, was alle Menschen trifft, so hat nicht der Herr mich gesandt; wenn aber der Herr etwas Unerhörtes schafft, wenn die Erde ihren Mund auftut und sie verschlingt mit allem, was sie haben, so daß sie lebendig hinunterfahren in die Unterwelt, dann sollt ihr erkennen, daß diese Männer den Herrn gelästert haben. Kaum hatte er alle diese Worte gesprochen, da spaltete sich der Boden unter ihnen, und die Erde tat ihren Mund auf und verschlang sie samt ihren Familien und allen Menschen, die zu Korah gehörten, und all ihrer Habe. Und sie fuhren mit allem, was sie hatten, lebendig hinunter in die Unterwelt, und die Erde deckte sie zu. So wurden sie aus der Gemeinde hinweggerafft. Und alle Israeliten um sie her flohen bei ihrem Geschrei; denn sie dachten: Die Erde könnte uns auch verschlingen. Es ging aber Feuer aus von dem Herrn und verzehrte die 250 Männer, die das Räucherwerk darbrachten.

Darnach sandte Mose Boten von Kades aus an den König von Edom und ließ ihm sagen: So spricht dein Bruder Israel: Du weißt um all die Mühsal, die uns betroffen hat: wie unsre Väter nach Ägypten hinabgezogen sind und wie wir lange Zeit in Ägypten gewohnt und wie die Ägypter uns und unsre Väter mißhandelt haben.

Da schrieen wir zum Herrn, und er erhörte uns und sandte einen Engel, der uns aus Ägypten herausgeführt hat. Und nun sind wir in Kades, einer Stadt an der Grenze deines Gebietes. Wir möchten durch dein Land ziehen; wir wollen nicht durch Äcker noch durch Weinberge gehen, auch kein Wasser aus den Brunnen trinken. Wir wollen die Königsstraße ziehen und weder zur Rechten noch zur Linken davon abbiegen, bis wir dein Gebiet durchzogen haben. Edom aber antwortete ihm: Du darfst nicht durch mein Land ziehen, sonst trete ich dir mit dem Schwert entgegen. Da sprachen die Israeliten zu ihm: Auf der gebahnten Straße wollen wir hinaufziehen, und wenn wir von deinem Wasser trinken, ich und meine Herden, so will ich es bezahlen. Es hat ja weiter nichts auf sich; ich möchte nur durchziehen. Er aber sprach: Du darfst nicht durchziehen! Und Edom zog ihm entgegen mit mächtigem Kriegsvolk und starker Hand. Da Edom sich weigerte, Israel durch sein Gebiet ziehen zu lassen, wandte sich Israel seitwärts und ließ von ihm ab.

Dann brachen die Israeliten, die ganze Gemeinde, von Kades auf und kamen zu dem Berge Hor. Da sprachen die Moabiter zu den Ältesten der Midianiter: Nun wird dieser Haufe alles um uns her kahlfressen, wie das Vieh das Grün des Feldes abfrißt. Balak aber, der Sohn Zippors, war König über Moab zu jener Zeit. Der sandte Boten an Bileam, den Sohn Beors, nach Pethor, das am [Euphrat-] Strome liegt, in das Land seiner Volksgenossen, um ihn rufen zu lassen, und ließ ihm sagen: Siehe, es ist ein Volk aus Ägypten ausgezogen, und nun bedeckt es das ganze Land und hat sich mir gegenüber festgesetzt. So komm nun und verfluche mir dieses Volk, denn es ist mir zu stark; vielleicht vermag ich es dann zu schlagen und aus dem Lande zu vertreiben. Denn ich weiß: Wen du segnest, der ist gesegnet, und wen du verfluchst, der ist verflucht. Da gingen die Ältesten der Moabiter und die Ältesten der Midianiter mit Wahrsagerlohn hin, und als sie zu Bileam kamen, richteten sie ihm die Worte Balaks aus. Er aber sprach zu ihnen: Bleibt heute Nacht hier, so will ich euch Bescheid geben, wie der Herr mich heißen wird. Also blieben die Fürsten der Moabiter bei Bileam. Als Bileam am Morgen aufstand, sprach er zu den Fürsten Balaks: Geht hin in euer Land, denn der Herr hat sich geweigert, mich mit euch ziehen zu lassen. Da machten sich die Fürsten der Moabiter auf, kamen zu Balak und sprachen: Bileam hat sich geweigert, mit uns zu kommen.

Da sandte Balak abermals Fürsten, noch zahlreicher und vornehmer als jene. Als diese zu Bileam kamen, sprachen sie zu ihm: So läßt dir Balak, der Sohn Zippors, sagen: Laß dich doch nicht abhalten, zu mir zu kommen! Denn ich will dich hoch ehren, und was du von mir verlangst, das will ich tun. So komme denn, und verfluche mir dieses Volk. Bileam antwortete und sprach zu den Dienern Balaks: Wenn mir Balak sein Haus voll Silber und Gold gäbe, so vermöchte ich doch das Wort des Herrn, meines Gottes, nicht zu übertreten, weder im Kleinen noch im Großen. Doch bleibt nun auch ihr heute Nacht hier, damit ich erfahre, was der Herr weiter mit mir reden wird. Da machte sich Bileam am Morgen auf, sattelte seine Eselin und zog mit den Fürsten der Moabiter.

Aber der Zorn Gottes entbrannte, weil er hinzog. Und der Engel des Herrn trat ihm als Widersacher in den Weg, während er auf seiner Eselin dahinritt und seine zwei Diener ihn begleiteten. Als die Eselin den Engel des Herrn auf dem Wege stehen sah, das gezückte Schwert in der Hand, da wich sie vom Wege ab und ging auf dem Felde. Bileam aber schlug die Eselin, um sie wieder auf den Weg zu bringen. Da trat der Engel des Herrn in den Hohlweg zwischen den Weinbergen, wo zu beiden Seiten eine Mauer war. Als die Eselin den Engel des Herrn sah, drückte sie sich an die Wand und drückte dabei Bileams Fuß an die Wand. Da schlug er sie abermals. Und abermals ging der Engel des Herrn voraus und trat an eine enge Stelle, wo man weder zur Rechten noch zur Linken ausweichen konnte. Als die Eselin den Engel des Herrn sah, legte sie sich unter Bileam nieder. Da entbrannte der Zorn Bileams, und er schlug die Eselin mit dem Stock. Der Herr aber tat der Eselin den Mund auf, und sie sprach zu Bileam: Was habe ich dir getan, daß du mich nun schon dreimal geschlagen hast? Bileam erwiderte der Eselin: Weil du dein Spiel mit mir getrieben hast! Hätte ich ein Schwert zur Hand, ich hätte dich schon umgebracht. Da sprach die Eselin zu Bileam: Bin ich nicht deine Eselin, auf der du geritten bist von jeher bis auf diesen Tag? War es je meine Art, mich so gegen dich zu benehmen? Er sprach: Nein. Nun öffnete der Herr dem Bileam die Augen, daß er den Engel des Herrn auf dem Wege stehen sah, das gezückte Schwert in der Hand. Da verneigte er sich und warf sich auf sein Angesicht. Der Engel des Herrn aber sprach zu ihm: Warum hast du deine Eselin schon dreimal geschlagen? Siehe, ich bin ausgezogen als dein Widersacher; denn du hast die Reise überstürzt, wider meinen Willen. Die Eselin nun hat mich gesehen und ist dreimal vor mir ausgewichen. Wenn sie nicht vor mir ausgewichen wäre, so hätte ich *dich* umgebracht und sie am Leben gelassen. Da sprach Bileam zu dem Engel des Herrn: Ich habe gesündigt; denn ich wußte nicht, daß du mir auf dem Wege entgegenstandest. Nun aber, wenn die Sache dir mißfällt, so will ich wieder umkehren. Der Engel des Herrn aber sprach zu Bileam: Geh nur mit den Männern; doch darfst du nichts andres reden, als was ich dich heißen werde. Also zog Bileam mit den Fürsten Balaks.

Da sprach Balak zu Bileam: Komm, ich will dich an einen andern Ort führen; vielleicht gefällt es Gott, daß du Israel von dort aus verfluchest. Und Balak nahm Bileam mit sich auf den Gipfel des Peor, der nach der Wüste schaut. Da nun Bileam sah, daß es dem Herrn gefiel, Israel zu segnen, ging er nicht wie zuvor nach Zeichen aus, sondern wandte sein Angesicht gegen die Wüste. Und Bileam erhob seine Augen und sah Israel nach Stämmen gelagert. Da kam der Geist Gottes über ihn, und er hob an seinen Spruch und sprach:

So spricht Bileam, der Sohn Beors,
so spricht der Mann, des Auge aufgeschlossen ist,
so spricht, der göttliche Reden vernimmt,
der Gesichte des Allmächtigen schaut,
hingesunken und enthüllten Auges:
Wie schön sind deine Zelte, Jakob,
deine Wohnungen, Israel!
Wie Täler, die sich ausbreiten,
wie Gärten am Strom,
wie Eichen, die der Herr gepflanzt,
wie Zedern am Wasser.
Wasser rinnt aus seinen Eimern,
reichlich Wasser hat seine Saat.
Höher als Agag steigt sein König,
höher erhebt sich sein Königreich.

Gott, der ihn aus Ägypten geführt,
ist ihm [Waffe] wie die Hörner dem Wildstier.
Er frißt die Völker, seine Feinde,
und zermalmt ihre Gebeine,
er zerschmettert seine Bedrücker.
Er kauert nieder, legt sich hin wie der Löwe,
wie die Löwin; wer will ihn aufstören?
Gesegnet ist, wer dich segnet,
verflucht, wer dir flucht!

Da entbrannte Balaks Zorn wider Bileam, und er schlug die Hände zusammen; und Balak sprach zu Bileam: Meinen Feinden zu fluchen, ließ ich dich rufen, und siehe, du hast schon dreimal gesegnet. Und nun fliehe in deine Heimat! Ich gedachte dich hoch zu ehren; aber siehe, der Herr hat dir die Ehre versagt. Bileam antwortete Balak: Habe ich nicht schon zu deinen Boten, die du mir sandtest, gesagt: »Wenn mir Balak sein Haus voll Silber und Gold gäbe, vermöchte ich doch das Wort des Herrn nicht zu übertreten, so daß ich Gutes oder Böses täte nach eigenem Willen. Was der Herr redet, das muß ich reden.« Und nun, da ich heimziehe, zu meinem Volk, wohlan, so will ich dir kundtun, was dieses Volk deinem Volk in den letzten Tagen tun wird. Und er hob an seinen Spruch und sprach:

So spricht Bileam, der Sohn Beors,
so spricht der Mann, des Auge aufgeschlossen ist,
so spricht, der göttliche Reden vernimmt,
der die Gedanken des Höchsten weiß,
der Gesichte des Allmächtigen schaut,
hingesunken und enthüllten Auges:
Ich sehe ihn, doch nicht schon jetzt,
ich erschaue ihn, doch nicht schon nah:
es geht auf ein Stern aus Jakob,
ein Szepter erhebt sich aus Israel;
er zerschmettert die Schläfen Moabs
den Scheitel aller Söhne Seths.
Edom wird [Jakobs] Besitz,
Seir wird [ihm] zu eigen,

und Israel gewinnt Macht;
Jakob zertritt seine Feinde
und vernichtet die Flüchtlinge aus den Städten.

Darnach machte sich Bileam auf und kehrte in seine Heimat zurück, und auch Balak zog seines Weges.

Als sich Israel in Sittim niederließ, fing das Volk an, mit den Töchtern der Moabiter zu buhlen. Diese luden das Volk zu den Opferfesten ihres Gottes ein, und das Volk aß und betete ihren Gott an. Und Israel hängte sich an den Baal Peor. Da entbrannte der Zorn des Herrn über Israel. Und der Herr sprach zu Mose: Nimm alle Obersten des Volkes und spieße sie [d. h. die Schuldigen] vor dem Herrn im Angesicht der Sonne an den Pfahl, damit der grimmige Zorn des Herrn von Israel ablasse. Und Mose sprach zu den Richtern Israels: Ein jeder töte diejenigen von seinen Leuten, die sich an den Baal Peor gehängt haben.

Es ist eine große Chance, wenn wir die Bibel in Zusammenhängen lesen können, in denen sie uns für gewöhnlich nicht vorgestellt wird. Ein Sonntagabendgottesdienst in einer der Kirchen würde kaum wagen, auch nur einmal drei Seiten Bibel im Zusammenhang vorzulesen; daß Sie das Interesse für eine solche Lektüre aufbringen, bietet die Chance, Einheiten sichtbar zu machen und Anklänge verstehbar werden zu lassen, die sonst verlorengehen müßten. Auch das Ungewohnte, Fremdartige, oft Düstere, dann aber wieder Lyrisch-Poetische in seinen Kontrasten redet erst so zu uns, wenn wir den Text einmal als Ganzes, nicht in zweckmäßig zugeschnittenen Fragmenten auf uns wirken lassen.

Es wird am Anfang der Geschichte kaum jemanden geben, der die Erzählung von Datan und Abiram nicht mit einem Aufschrei des Entsetzens hören wird. Da steht die ganze Sippe mit den Frauen und den kleinen Kindern am Zelteingang, als Moses und die Ältesten ihr entgegengehen, und man ahnt bereits den Fluch, die Vernichtung, die über sie wie magisch hereinbrechen wird. Was für ein Gottesbild herrscht da, von dem Moses sagt: »Wenn diese Menschen hier eines gewöhnlichen Todes sterben, dann beweist das nichts; aber wenn etwas Unerhörtes geschieht, dann ist es göttlich.« Soll da im Ernst die Ausnahme, die düstere Fluch-Magie, der Zauber Gott beglaubigen? Und warum immer wieder auf so schreckliche Weise, daß ganz Israel am Ende bestürzt von dannen läuft?

Es wird nicht anders gehen, als daß wir die religiöse Botschaft dieser Texte ganz und gar nach innen verlegen und alles Berichtete symbolisch als Phasen eines langen Prozesses auf dem Weg zur Freiheit, zur Berufung eines Menschen interpretieren, und es wird dieses Verfahren so beibehalten werden müssen bis ganz ans Ende. Selbst was als große Weissagung, als Verheißung aus dem Munde Bileams über Israel ausgesprochen werden wird, mag einmal für ein ganzes Volk die Richtung seiner Geschichte, die Legitimation seines politischen Handelns in der Geschichte geboten haben; uns Heutigen ist es ein für allemal unerträglich, Gott verwendet zu sehen als einen Herrschaftstitel gleich welchen Volkes, gleich über welch anderes, ob Israels über Moab oder über Edom. Wir erwarten ganz im Sinne einer wahrhaft religiösen Botschaft, daß Menschen in den verschiedenen Völkern und Bekenntnissen lernen, zueinander zu finden und sich miteinander zu versöhnen. Nur so wird uns die Gestalt dieses schon sichtbaren, aber noch fernen, dieses schon angekündigten, aber noch nicht nahen Zepters aus Israel glaubwürdig begegnen. Und schließlich ist Völkermischung selbst am Berge Pegor zwischen Israeliten und Moabitern in unseren Augen nicht länger mehr ein lästerliches Vergehen, das man durch Pfählung von Menschen ahnden müßte. Es bleibt nur die Wahl, entweder all diese Texte der Vergangenheit zu übergeben als Dokumente eines Gott sei Dank überwundenen Gottesverständnisses, als einen archaischen, wüsten und barbarischen Rest, oder aber seine Botschaft als etwas Sinnreiches, freilich dann in unserem Herzen Spielendes aufzufassen.

Dann gibt es zwei Arten, zwischen Datan und Abiram auf der einen Seite und diesem sonderbaren Propheten Bileam auf der anderen Seite, wie man den Weg zu seiner eigenen Berufung, Größe, Würde und Beheimatung verraten kann. Der eine Weg liegt so nahe, er ist so warm und menschlich personifiziert in dem Widerspruch dieser Sippe. Sie soll hinüber zu Moses kommen, aber sie verweigert den Gehorsam. Das könnte mutig scheinen, daß Menschen aufhören, sich bestimmen, drangsalieren und kujonieren zu lassen; aber das Motiv dieser Gruppe ist ein anderes. Sie nehmen Moses übel, daß er das Volk Israel überhaupt herausgeführt hat aus einem Land, das von Milch und Honig fließt. Die fruchtbaren Felder Ägyptens wurden preisgegeben für diese Wüstenei, für diese Drangsal und Not. *Das* will man nicht länger dulden. Es ist nicht ein Ungehorsam gegenüber dem Moses, es ist die Widersetzlichkeit gegen einen Weg, auf dem man sich verraten fühlt. Dahinter steht eine ganze Lebensauffassung, eine bestimmte Vorstellung von dem, wozu ein Mensch eigentlich berufen wäre. Sie ist uns überaus vertraut, aber mit ihr ringt die Bibel, die ganze Gottesoffenbarung. Es wäre so einfach zu sagen: Was Menschen sind, reduziert sich auf zwei große Bedürfnisse: die Erhaltung des eigenen Lebens, indem man sich müht, Nahrung zu beschaffen, soviel wie am Tage verbraucht wird – ein- bis zweitausend Kalorien wenigstens, das würde genügen –, und daß das Leben des einzelnen weitergegeben wird und sich auf der Bahn des Lebens zukünftigen Geschlechtern öffnet. Wer dies am Leben zu erhalten weiß und ins Leben zu rufen vermag, der tut alles, wozu er bestimmt ist. Wir schauen uns um und sehen, daß es die Tiere an unserer Seite nicht anders machen. Wir vernehmen darin den großen Gesang der Natur selber. Wir sind mit ihr scheinbar einig und nie aus ihren großen Rhythmen, aus ihrer Beauftragung herausgetreten. Alles ist da wie selbstverständlich, wie unwiderlegbar sicher. In seiner Evidenz duldet es, wie es scheint, keinen Widerspruch. In gewissem Sinne läßt sich die These nicht ganz rechtfertigen, ist aber auch nicht ganz verkehrt, daß die mythischen Religionen zu einem hohen Teil nichts anderes gewesen seien als magische Rituale zur Sicherung der unmittelbaren Lebensinteressen der Menschen; sie alle seien, offen ausgesprochen oder verschleiert, buchstäblich Fruchtbarkeitsreligionen gewesen. Was dem Menschen Lebensunterhalt verleiht, das ist sein Gott. Mehr braucht man nicht zu wissen.

Dagegen nun freilich richtet sich bis ins Zentrum hinein dieses merkwürdige Volk Israel mit seinem unsichtbaren Gott, mit seiner rastlosen Bestimmung, die es schon selbst in eine Kaskade endloser Aufbrüche und Umbrüche versetzt. Nie scheint es da ein Ausruhen am Ort zu geben, nie ein Verweilen in Sicherheit und Geborgenheit, immer noch liegt das Ziel vor den Füßen, immer noch will da weitergegangen werden, nie kommt der Weg zu einem Abschluß. Diese Ahnung von einer anderen, höheren Berufung, die sich dennoch mitten in den irdischen Jahren unserer Existenz unter den Augen von etwas Unbegreifbarem, Unaussprechlichem, buchstäblich Unendlichem vollzieht, das sich in unserem eigenen menschlichen Wesen malen möchte, ist das Entscheidende, Widersprüchliche, Neue, Bestätigende und Zustimmende der gesamten biblischen Botschaft.

Was bleibt uns, wenn wir uns rein von den irdischen Lebensinteressen her definieren, außer daß es so kommt, wie es die gesamte Sippe Datans und Abirams treffen muß: Sie klammern sich an die Erde mit allem, was sie sind und haben, und sie werden erleben *müssen*, daß diese Erde ihr Grab ist und sich öffnet, um sie aufzunehmen und sich wieder über ihnen zu schließen. Ein Mensch, dessen Leben nur von den Rhythmen der Erde bestimmt wird, geht hervor aus der Erde und zurück in die Erde. Wer das einmal begreift, versteht es wie einen heiligen Gottesschrecken, das als Auskunft und Zukunft über das menschliche Schicksal zu hören, und daß es nichts anderes an Lebensinhalt, an Sinn, an Vorstellung von Ziel gebe. Verträgt das wirklich ein Mensch?

Dann freilich beginnt alles noch einmal von vorn. Man muß versuchen, den Weg zu finden, der zum Ziel zumindest annäherungsweise weiter hinüberführt, und schon stehen wieder die anderen hinderlich im Wege. Der Stamm der Edomiter diesmal. Alle Flüche, die die Propheten Israels später über dieses Volk aussprechen werden, scheinen in der Weigerung begründet, Israel auf seinem Wüstenzug in der Not Durchgang zu gewähren. Dabei ist die Bitte so einfach gestellt. Man wird sparsam, nichts zertretend, nichts gebrauchend, so schnell wie möglich auf den Wegen des Königs grade hindurch passieren. Nicht einmal dies soll Edom streifen.

Nehmen wir die zum Teil der Sage entstammenden, zum Teil aber auch aus wirklichen Erinnerungen um das Gebiet von Kadesch geborenen Überlieferungen symbolisch, dann geht es um die Frage: Wie lassen wir in ein Leben, das bis dahin sich nie anders interpretiert hat, als *in* der Welt *für* die Welt dazusein und buchstäblich darin auf- und unterzugehen, wie nehmen wir in dieses Daseinsverständnis dieses ganz andere, aus Israel Kommende auf, so daß es lebendig wird?

Diese Frage stellt sich in der nächsten Geschichte vom König von Moab, Balak, am Berge Pegor und seinem Propheten Bileam, den er mit Gold und Geld dahin zu bestimmen sucht, Israels zu fluchen. Was sich da nun begibt, ist eine der merkwürdigsten, lustigsten und zugleich ernstesten Legenden der ganzen Bibel, ein Drama sozusagen der Weisheit über unser eigenes Leben, eine Realsatire über das, was wir alles falsch machen können in und trotz dem Wissen, wie es richtig wäre.

Da ist ein Prophet im Lande Mesopotamien, der sonderbarerweise außerhalb Israels den Gott dieses Volkes, Jahwe, so gut kennt, daß er sein Wort versteht und seine Gesichte erschaut und aufs genaueste begreift, daß Widerspruch dagegen vollends unmöglich ist. Da erreichen ihn die Boten der Moabiter mit dem Auftrag, Israel zu verwünschen. Ein solches Ansinnen wäre durchaus möglich. Gerade eben noch haben wir gehört, wie Moses selbst ganze Teile seines eigenen Volkes im Namen Jahwes zum Untergang bestimmt, warum also nicht auch ein fremder Prophet, jener Bileam? Er muß es erlauschen eine Nacht lang, während die Boten Balaks in seinem Haus übernachten. Schon dies allein, daß man das Göttliche nicht mit den offenen Augen des Tages vernimmt, sondern wie hingesunken, träumebelehrt, nachtgesichtig und ahnend, ist eine andere Seite der Religion, die in der Bibel auch bezeugt wird. Da ist noch ein Wissen, daß Gott auch und wesentlich an den Randzonen unseres Bewußtseins reden könnte, und wir uns ihnen weit tiefer aufschließen müßten, als wir gewohnt sind. Aber dieses Wissen hat mehr einen Anklang als einen wirklichen Durchhall in der Religionsgeschichte der biblischen Überlieferungen gefunden. Bileam hört in jener Nacht das Wort Gottes, und er weiß, daß er Balak, dem König, nicht folgen darf.

Setzen wir für die geschichtlichen Größen der Moabiter und ihres Landes, der Israeliten als eines durchzugwilligen Volkes, des Balak als des Königs und des Bileam als des Propheten Jahwes einmal Gestalten und Gebiete unserer eigenen Seele, dann beginnt eine merkwürdige Fragestellung, der wir nicht werden ausweichen *können*, immer wenn wir uns auf den Weg zu uns selbst, zum Erreichen unserer wirklichen Beauftragung begeben wollen. Da gibt es auf der einen Seite einen Teil in uns, unser Ich-Bewußtsein, unsere regierende Seite der Persönlichkeit, die Zentren, von denen aus Ordnung, Befehl, Entscheidung und Planung ausgehen, die das, was jetzt anhebt, als eine einzigartige Verwüstung fürchten. Was da aus Ägypten heraufkommt, ist in den Augen des Balak wie eine Heuschreckenplage. Sie hat sich festgesetzt, sie lagert seinem eigenen Gebiet gegenüber, und er kann sie nicht loswerden. Da gibt es Situationen in unserem Leben, wo etwas spürbar an uns heranrückt. Wir können ihm nicht ausweichen, wir können es nicht abschütteln, wir fürchten uns davor, und wir haben die größte Neigung, es mit heiligsten Worten zu verwünschen und zu verfluchen, um sozusagen in uns geschlossen, mit gutem Gewissen, dagegen anzugehen in der Hoffnung, es dann doch noch von unserem eigenen Kernland, von dem Terrain unseres Ichs abweisen zu können. Dafür bräuchten wir die Botschaft aus dem eigenen Inneren, die Weissagungen Bileams. Es gibt in uns aber auch eine andere, fühlende Organisation des Ichs, die imstande ist, die Botschaft von Wahrheit, von wirklicher Zukunft, von unserem eigenen Leben durchaus zu verstehen, und sie wäre auch bereit, uns das mitzuteilen, was sie erlauscht, aber der Widerstand unseres eigenen Ichs, der klare Auftrag des Balak, richtet sich dagegen, und so fällt beides auseinander. Bileam will nicht mit den Boten des Königs hinüberziehen nach Pegor und Israel mit heiligen Worten verwünschen. Es ist ein zweites Mal, daß die Boten zu Bileam kommen und ihm alles anbieten, was er wünscht. Den Worten nach ist Bileam Jahwe gehorsam. Der König könnte ihm goldene Schlösser versprechen, seinen ganzen Palast, und er wird nicht hinübergehen. Aber dann über Nacht, in den Stunden des tieferen Gehorsams, besinnt er sich anders und geht dennoch mit. Und da beginnt ein merkwürdiges Spiel um Bileam, oder sollten wir besser sagen: um die Rettung des Menschen. Was wir hier vor uns haben, kennen wir alle. Wir spüren, daß es eine Einsicht, eine Wahrheit, eine Stimme, eine Bestimmung gäbe, der wir uns dringlich anschließen müßten, aber sie steht all dem gegenüber, was wir vernünftigerweise uns selber gebieten und zur Pflicht machen, was wir für verantwortlich halten, wovon wir glauben, daß es darauf jetzt entscheidend ankomme. Und fast immer gelingt es uns, wie zwischen Balak und Bileam, unsere tieferen Wahrnehmungen zu übertölpeln, zu korrumpieren und zu bestechen mit einem großen Vorteil. Würden wir nur so weitermachen, wie wir's uns ausgedacht haben, hoffen wir immer noch, werden wir schließlich Erfolg haben. Schon weil unsere Angst viel zu groß ist, halten wir dieses hereinströmende Fremde für etwas überaus Gefährliches und können uns weit und breit nicht vorstellen, es möchte uns womöglich gar zum Segen gereichen.

So sehen wir Bileam auf seiner Eselin reitend durch den Hohlweg zwischen den zwei Weinbergen, als dieses Tier sich weigert weiterzugehen. Bileam schlägt auf es ein, es wendet sich zur Seite und klemmt seinen Fuß ein; wieder geprügelt, fällt es schließlich zur Erde. Und erst als es gar nicht anders mehr geht, öffnet Gott der Eselin den Mund, ihm den Streik zu erklären, in den dieses treue Tier zur Rettung seines Reiters getreten ist.

Erzählen wir Bilder dieser Art uns einmal so, daß wir sie aus der Realität interpretiert finden, dann ist der Endzustand vielleicht am meisten sprechend – ganz wörtlich. Setzen wir das Reittier für unsere eigene Physis, da kann es sein, daß wir, im Wahn, einem größeren König, unserer eigenen Macht, unserer eigenen Vernunft, unserem Willen, wie unser Leben zu sein hat, auf eine Art dienen, die uns immer weiter in die Enge treibt, aber wir merken das nicht, oder besser, wir wollen es nicht zugeben. Es kommt ein Augenblick, wo kein Schritt weiter mehr möglich ist. Aber das Hindernis – die Bibel nennt es den Engel Gottes – sehen wir nicht. Das, was uns den Weg versperrt, ist für unsere Augen nicht sichtbar, also werden wir auf die Eselin, in gewissem Sinn auf uns selbst, auf unsere Natur, auf das, was wir sind, einschlagen und schließlich mit dem Stock einprügeln. Es *muß* weitergehen, es kann nicht einfach stocken, es muß mit äußerster Gewalt und Anstrengung selbst da, wo kein Weg mehr ist, immer noch einen Ausweg geben.

Was brauchen Menschen, bis ihnen Gott Ohren schenkt oder auch nur der Sprache ihres Körpers einen Mund gibt, sich besser zu erklären? Was die Eselin Bileams einen Moment lang spricht, ist die Sprache, die in vielen Krankenhäusern geredet wird, ohne daß selbst oft die Ärzte oder die Krankenschwestern oder die Patienten selbst, die Betroffenen, sie recht verstünden. Die Sprache heißt genauso: »Bin ich nicht deine Eselin? Ist nicht das, was dir an Kraft, an Möglichkeit, an Gesundheit geschenkt wurde, allezeit dir dienstbar gewesen? Und wenn es nun nicht mehr so ist, hat es nicht womöglich einen Sinn, der dich nachdenklich machen sollte? Ist das alles nur ein Aufruhr, den man niederschlagen muß, um jetzt wieder noch fitter zu werden?« Man kann das haben. Noch vor zwei Jahren sah man das Vorbild der amerikanischen Nation, George Bush, bei einem wichtigen Aufenthalt in Japan zum Zwecke der Einbringung neuer Ostasiengeschäfte vor der Kamera zusammenbrechen. Das war ein schlechtes Schauspiel, es mußte unbedingt, kaum nach Hause zurückgekehrt, kompensiert werden durch neue Schauspiele von Jogging in Washington. Die Kameras wurden bestellt, um zu zeigen, wie fit der Präsident doch sei. Es *muß* eigentlich immer gehen. Wie sollte man aus einem Zusammenbruch eine ganze lebensverändernde Weisheit lernen? Braucht es tatsächlich alle möglichen Krisen, Nervenzusammenbrüche, Herzinfarkte, Magengeschwüre? Ist es nötig, daß sich die Eselin erst niederlegt und dann niedergeschlagen wird von ihrem Herrn, der nicht einsehen will, daß eine Umkehr notwendig wäre?

Das Ziel des Bileam scheint so zum Greifen nahe: die Prämie des Königs. Sie kann in unserem Leben lauten, wie sie will: Reichtum, Karriere, Erfolg, Bestätigung, persönlicher Ehrgeiz, Befriedigung – der Gründe mögen so viele sein. Im Kern aber läuft's auf die Frage hinaus, wovor wir eigentlich Angst haben. In dem Moment, in dem Gott dem Esel den Mund öffnet, gibt er Bileam Augen, das Hindernis selbst als die Gesandtschaft Gottes vor sich zu sehen und zu begreifen, wie lebensgefährlich die Sackgasse ist, in die er sich manövriert hat. Es muß nicht sein, daß wir immer erst zu spät lernen, was uns guttäte. Doch dann müßten wir vermutlich mit unseren tiefsten Ängsten anders umgehen lernen. Wir müßten begreifen, daß es Krisenaugenblicke gibt, in denen die Bahn des Erfolges stockt, und daß das Momente der Gnade sind, eines ersten richtigeren Sehens, eines tieferen Schauens ins Unsichtbare, eines klareren Hörens auf das bisher so Unhörbare.

Dann aber mag es im Leben des einzelnen sehr viele Motive geben, die der Einbruch Israels in sein Stammes- und Erbgebiet bedeuten kann. Wie viele Seiten kann das annehmen, was uns Gott auf den Hals schickt und was zunächst wie eine einzigartige Verwüstung aussieht. Balak meint: wie ein Heuschreckenschwarm; wenn der vorbei ist, ist Kahlfraß und Not die erste Folge, man kann sich dagegen nur wehren. Ich gebe ein paar Beispiele, wie so etwas im wirklichen Leben aussehen kann.

Nach einem Vortrag vor kurzem sagte mir eine Frau: »Sie müssen mir helfen. Sie sprechen oft über den Frieden, aber mein Mann ist leitend in einer Firma tätig, die Rüstungsgüter herstellt, und wir beide kommen damit nicht zurecht.« Da ich auch keine Auskunft wußte und mich herausreden wollte damit, daß ich die Lage nicht genügend kennte, womöglich sei es nicht ausgeschlossen, bestimmte militärische Güter in den Zivilbereich zu konvertieren, antwortete die Frau gleich: »Das hat mein Mann mir erklärt, das geht nicht, im zivilen Sektor läuft überhaupt nichts mehr, aber die Rüstung wird weiter angekurbelt insgeheim, man verramscht alles, was man kann. Er ist zuständig für die Firma, er argumentiert natürlich auch mit seinen Angestellten und den Arbeitsplätzen.« – Da sagte ich: »Vielleicht kann er die Firma einfach wechseln, er zieht sich da heraus, er will das nicht mehr und geht in eine neue Stelle.« – Da lachte die Frau und sagte: »Die Firma wird sowieso beendet sein mit meinem Mann, meine Kinder verweigern alle den Wehrdienst.«

Natürlich war spürbar, daß hinter dieser Frage ein Familiendrama sich abspielte. Ahnen zumindest konnte man dies, daß seit vielen Jahren zwischen diesen beiden Menschen, der Frau und dem Mann, eine Botschaft darauf wartet, gehört zu werden, für die es bisher keine Ohren gab. Eine private und vielleicht sogar berufliche Krise bereitet sich da vor. Alles, was da leiser hätte gesagt werden sollen, was menschlich eigentlich längst hätte evident sein müssen, wird da abgewiesen mit dem Hinweis auf den größeren Erfolg, auf das, was eigentlich, wie man sich ausdenken kann, *richtigen* Segen bringt, was dem Volke nützt, was die Sache weitertreibt. Nichts von dem ist wirklich gültig, aber was muß erst passieren, daß es zusammenbricht?

Ein zweites, einfacheres Beispiel. Eine Frau erzählt, daß sie immer wieder gebunden ist in Erinnerungen an ihre eigene Kindheit und vor allem an die Zeit ihrer ersten Ehe. Sie sagt: »Ich verderbe mir stets jede vernünftige Beziehung, indem ich immer wieder zurückgezogen werde in das, was war. Es kann ganz unsinnige Formen annehmen. Ich verabrede mich mit einem Bekannten, mit einem fast schon freundschaftlich mir verbundenen Mann. Ich erwarte ihn auf dem Bahnsteig am Zug, er steigt aber nicht da aus, wo er gesagt hat – schon werde ich mißtrauisch, er könnte irgend etwas vor mir verbergen. Sie können mir glauben, ich bin die gutmütigste und vertrauensseligste Person, die man sich denken kann; ich will solche Ängste, solche Verdächtigungen, solche Ungeheuerlichkeiten, die mir unsinnig scheinen, überhaupt nicht, aber sie überfallen mich, ich wag' sie dem anderen natürlich gar nicht zu sagen, aber dann quälen sie mich tagelang, wochenlang oft, und wir können machen, was wir wollen, es fügt sich nie wirklich zusammen.« – Da war alles, was aus dem Vergangenen an Leid wiederauferstehen mochte, was an Tränen sich wieder hätte melden mögen, was an Augenblicken der Verzweiflung jetzt neu hereinzubrechen drohte, wie eine Katastrophe, gegen die man sich stemmen mußte mit aller psychischen Anstrengung. »Wenn ich tapfer bin, wenn ich mich wehre, wenn ich all diese verdammten Erinnerungen nur loswürde, dann gäb' es doch Zukunft, dann gäb' es womöglich eine glückliche Gemeinsamkeit.« Wie aber will man die erreichen, wenn die Hälfte oder drei Viertel der gesamten Erlebniswelt verpreßt und abgesperrt bleiben muß? Es war gar nicht anders möglich, als zu sagen: »Zumindest hier und jetzt müssen wir über all das, was Ihnen soviel Kummer bereitet hat, ausführlich sprechen. Es kann gar nicht lange genug dauern, wir *müssen* es durchgehen.« – Und dann, unter einem Schwall von Tränen, gestaltete sich all das noch einmal neu, die Stunden der Verlassenheit im eigenen Elternhaus, das Fremdgehen des Mannes in der ersten Ehe. Man kann ihm keinen Vorwurf machen, man hat als gute Frau gelernt, daß man Verständnis haben muß. Wollte man kontrollieren oder sich beschweren, würde man ja den Mann, dem man Treue gelobt hat, erst recht außer Hauses jagen. Also muß man sogar, wenn er nach Hause kommt, freundlich sich um sein Wohlwollen bemühen. Man darf um Gottes willen nicht aufgelöst weinen, also muß man alle Angst hinunterschlucken. Man muß immer gute Miene zum bösen Spiel machen, man muß das eigene Kontingent an Verständnisbereitschaft ständig überdehnen. – Man mag sich vorstellen, wie ein Geburtstag, ein Weihnachtstag, ein Hochzeitstag unter solchen Umständen sich ausnimmt, welch eine Qual selbst ein gemeinsamer Aufenthalt in den Ferien oder ein Ausflug werden kann. Und man darf von all dem nie sprechen, das war die eherne Regel. Man muß, was sich da meldet, als etwas Verfluchtes betrachten. – Wie wäre es, man könnte eine ganze zerstörte und zerstörerische Vergangenheit durchziehen lassen, Einzug nehmen lassen in das eigene Herrschaftsgebiet des Ichs und würde entdecken, wieviel an Größe sich da meldet, noch nicht nah, aber zu ahnen, noch nicht zum Greifen, aber schon zum Hören. Die Gestalt eines Menschseins dämmert da herauf, eine Weissagung Bileams, der auszog, etwas zu verwünschen, und dessen Verwünschung sich in Wirklichkeit ausspricht als ein größerer Segen über alles, was kommen wird.

Wie oft geschieht es, um ein kurzes, drittes Beispiel zu geben, daß jemand ganze Teile seiner Wunschwelt hat absperren müssen in ständiger Angst unter dem Druck ewiger Verbote: Du darfst das nicht; es steht dir nicht zu; so kühn darfst du nicht sein, so vermessen nicht werden, für dein Leben dies und das auch nur für möglich zu halten – die simpelsten Gefühlsregungen konnten da unter das Tabu geraten. Wenn sie plötzlich sich dann doch melden, unaufhaltsam, scheinen auch sie wieder die Festungen, die eingerichteten Bezirke unseres Ichs wie etwas Zerstörerisches und Bedrohliches zu überschwemmen. Es bleibt nichts anderes übrig, als aufzuhören, in den vorgesetzten Bahnen weiterzumarschieren. Am Ende kommt es darauf an, sich zu besinnen und zu sagen: Das, was fremd, aber von Gott gesandt, in unser Land hineinmöchte, sollten wir segnen, damit's zum Segen wird über uns selbst. Denn verfluchten wir dieses Neue, geriete es uns unausweichlich zum Fluch für das eigene Leben. Akzeptieren, integrieren, aufnehmen, assimilieren – das sind die Formeln, aus dem Ängstigenden das Lebensspendende, aus dem scheinbar so Verdammenswerten das Glückliche zu machen. Aber das zu lernen ist das letzte Übungsstück: vor der letzten Station hinüberzugehen über den Jordan ins Land der Verheißung. Es ist das letzte Mal, daß Israel lernen muß, mit Moab gemeinsam oder Moab zusammen mit Israel einigzugehen.

Wie die Bibel ist, bedeutet jeder gerade erreichte, sogar glücklich scheinende Zustand wieder neuerliche Gefahr. Die Einheit von Israel und Moab kann sofort wieder zum Mißverstand werden, einer Abhurerei, wie die Bibel sagt, einer Gottvergessenheit, einer neuen

Situation falscher Identität. Es geht nicht darum, das Eigene preiszugeben, das Göttliche zu verraten, sozusagen in der neugefundenen Stufe des eigenen Ichs so etwas zu sehen wie einen endgültig gefundenen Gott, es geht darum, daß der Friede zwischen Edom, Moab und Israel bleibt als eine menschliche Gemeinsamkeit und darüber ein gemeinsames Ziehen in die weitere Zukunft. Geschichten sind das, die wir im Alten Testament vorfinden und die ihre Parallele in der griechischen Überlieferung haben, in der römischen »Aeneis« oder in der griechischen »Odyssee«, wo immer wieder Aufbruch ist, aus den Armen der karthagischen Dido, aus den Armen der Nymphe Kalypso, von welcher Aeneas oder Odysseus Abschied nehmen, weiterziehen im Verfolg ihrer eigenen Berufung. Das Alte Testament als eine göttliche Odyssee mit uns Menschen über uns Menschen. Nicht anders wird unser Leben sich gestalten als in dem Mut, zu akzeptieren, was uns so bedrohlich scheint.

Ein Mann, der nicht Christ war, aber dafür mit seinen Gedanken ein lebendiger Bürgerschreck, ein anarchistischer Kommunist, das Schlimmste, was man im 20. Jahrhundert in Deutschland sein konnte, war Erich Mühsam, der im Konzentrationslager der Faschisten starb. Er hat eine Predigt hinterlassen, die sehr gut zusammenfaßt, was die Quintessenz aus dem Gehörten bildet.

> Predigt
> Ich sage nicht, du darfst nicht hassen,
> Noch sage ich, daß du hassen mußt:
> Der Herzschlag in bewegter Brust
> Läßt sich nicht in Gebote fassen.
> Auch Liebe horcht nicht auf Befehle.
> Du liebst: Verstündest du mich denn,
> Wenn ich der Liebe Namen nenn,
> Ein fremdes Wort in deiner Seele?
> Ich weiß dich lieben. Meine Stimme
> Braucht dir nicht sänftigend zu sein.
> Du kennst Erbarmen und Verzeihn
> Und suchst im Guten nicht das Schlimme.
> Doch fälsch die Liebe nicht zur Schwäche!

Dem Argen stelle dich nicht blind.
Wo Niedertracht und Lügen sind,
Da ficht, da rotte aus, da räche!
Nicht will ich dich zum Hasser machen
Und sprech auch nicht: hab keinen Haß!
Doch will ich dir ohn Unterlaß
Der Leidenschaften Glut entfachen.
Nicht alles Heil entströmt der Milde.
Die Liebe ist ein reicherer Born:
Verschmähe nicht ihr Salz, den Zorn!
Stark forme deine Welt zum Bilde!

Das ganze sogenannte Alte Testament, von dem Nietzsche einmal meinte, es sei schon in seinen Gestalten ungeheuer zu groß für das Rokoko des Geschmacks, das sich im Christentum festgesetzt habe, läßt sich zusammenfassen in dem, was in diesen Worten Erich Mühsams als eine Predigt lebt: die stärksten Gefühle, so stark es geht, menschlich und wahr lebendig zu machen und zu halten.

4. Dezember 1993

10

Gott wohnt, wo man ihn einläßt

WIR haben den Wüstenzug Israels, dieses Wesensbild der Bewegung eines Menschen zu seiner Freiheit betrachtet. Menschen brechen auf, versuchen aber in ihrer buchstäblichen Gottverlassenheit das schier Unmögliche, eine Auseinandersetzung Israels mit den Amalekitern, die so enden *muß*, wie Moses es verheißen hatte. Es wird ein Desaster, indem sich nur die alten Vorurteile der Furcht und der Flucht noch einmal bestätigen. Fast herrscht da ein Zwang, den Rückweg anzutreten, statt weiter vorwärts zu gehen. Dann sahen wir, daß es möglich ist, fast wider besseres Wissen zu verwünschen, was wirklich Gott ist. Die Gestalt Bileams und seiner sprechenden Eselin war die Legende dafür, wie jemand auf sich einschlagen kann, um sich voranzupeitschen, und genau den verkehrten Weg geht, sich bestechen läßt gegen sein eigenes Wesen von fremden Auftraggebern, bis er den Engel Gottes im Hohlweg erkennt und die Worte des Segens sagt, die von Gott über Israel gesprochen sind. – Das alles waren noch einmal zwei große Bilder der Sammlung, der Besinnung und der Weiterführung. Dann brechen die erzählenden Quellen der Moses-Legende jäh ab, und wir stehen in der letzten großen Szene, in der Moses wie zum Abschied hinüberschaut auf das Land seiner eigenen Verheißung, das er nie erreichen wird. Der Tod des Moses aus dem letzten der fünf Bücher Moses' wird jetzt der Gegenstand unserer Betrachtung sein.

Wir haben die Erzählungen des Wüstenzugs, der Gesetzgebung am Sinai, des Aufenthalts bei Kadesch entsprechend der sogenannten jahwistischen Überlieferung gelesen. Es gibt in einer anderen Quelle einen kurzen Voraustext, im 32. Kapitel des fünften Buches Moses'. Er lautet:

TEXT: Dtn 32, 48–52

An demselben Tage sprach der Herr zu Mose: Steige auf das Gebirge Abarim hier, auf den Berg Nebo, der im Lande Moab gegenüber Jericho liegt, und besieh dir das Land Kanaan, das ich Israel zum Eigentum geben will; und auf dem Berg, auf den du steigen sollst, mußt du sterben und zu deinen Stammesgenossen versammelt werden, wie dein Bruder Aaron auf dem Berge Hor gestorben und zu seinen Stammesgenossen versammelt worden ist, weil ihr mir inmitten der Israeliten untreu geworden seid beim Haderwasser zu Kades in der Wüste Zin, weil ihr mich nicht als den Heiligen geehrt habt inmitten der Israeliten. Denn schauen darfst du zwar das Land, wie es dir gegenüberliegt, aber hineinkommen darfst du nicht in das Land, das ich Israel geben will.

Im 34. Kapitel heißt es dann, entsprechend der jahwistischen Überlieferung:

TEXT: Dtn 34, 1–12

Und Mose stieg aus den Gefilden Moabs auf den Berg Nebo, auf den Gipfel des Pisga gegenüber Jericho. Und der Herr ließ ihn das ganze Land schauen, Gilead bis gen Dan, ganz Naphthali und das Land Ephraims und Manasses und das ganze Land Judas bis an das westliche Meer, das Südland und die Jordanaue, die Talebene von Jericho, der Palmenstadt, bis gen Zoar. Und der Herr sprach zu ihm: Dies ist das Land, das ich Abraham, Isaak und Jakob zugeschworen habe, indem ich sprach: »Deinen Nachkommen will ich es geben.« Ich habe es dich mit deinen Augen schauen lassen, aber dort hinüber sollst du nicht kommen. Und Mose, der Knecht des Herrn, starb daselbst im Lande Moab nach dem Wort des Herrn. Und er begrub ihn im Tale, im Lande Moab gegenüber Beth-Peor, und niemand kennt sein Grab bis auf diesen Tag. Mose war 120 Jahre alt, als er starb; seine Augen waren nicht trübe geworden, und seine Frische war nicht gewichen. Und die Israeliten beweinten Mose in den Gefilden Moabs dreißig Tage lang; dann waren die Tage des Weinens und der Trauer um Mose zu Ende.

Josua aber, der Sohn Nuns, war erfüllt vom Geist der Weisheit; denn Mose hatte ihm die Hände aufgelegt. Und die Israeliten hörten auf ihn und taten, wie der Herr dem Mose geboten hatte. Und es stand hinfort kein Prophet in Israel auf wie Mose, mit dem der Herr von Angesicht zu Angesicht verkehrte, [keiner ihm gleich] in all den Zeichen und Wundern, mit denen ihn der Herr gesandt hat, daß er sie im Lande Ägypten am Pharao, an allen seinen Dienern und an seinem ganzen Lande tue, und in all [den Erweisen] der starken Hand und in all den großen und furchtbaren Taten, die Mose vor den Augen ganz Israels getan hat.

Was geschieht, wenn ein Mensch von uns geht, der uns Führung und Richtung geschenkt hat in den entscheidenden Stadien unseres eigenen Lebens? Aus Quellen, die durch Jahrhunderte voneinander getrennt sind, formt Israel so etwas wie den Abschiedsgesang, wie die Trauerrede am Grab um den größten Mann seiner Religionsgeschichte, den Mann Moses. Wer ist er oder wer war er? Schon die Frage ist unangemessen gegenüber ihm und gegenüber jedem Menschen. Scheinbar rundet sich im Tod das Leben, es wird den Hinterbliebenen und Zurückgebliebenen vermeintlich übersichtlich. Mehr an Stoff der Betrachtung, an Inhalt, an Botschaft läßt sich, so glaubt man, nicht versammeln; aber der Augenschein trügt. Was wissen wir wirklich von einem Menschen? Mag sein, wir zählen die biographischen Daten durch, wir versuchen, die Einflüsse, die in seiner Zeit auf ihn ausgeübt wurden, zu verstehen, wir gehen den Antworten nach, die er auf die Fragen, die ihm gestellt wurden, zu geben versuchte – eine Rekonstruktion von hypothetischem Wert, ein sehr willkürliches Gebilde, weil es den Endpunkt für eine wirkliche Beendigung und Abrundung des Ganzen nimmt, und in aller Weise eine wachsende Erkenntnis, daß man einen Menschen niemals wird verstehen können, außer man versucht, das Geheimnis seines Daseins mit seinen Augen zu betrachten, und man läßt sich ein auf die stärksten Hoffnungen und die kühnsten Visionen, die ihn selber getragen haben. Nur ein Gläubiger, oder besser, ein Liebender wird die Wahrheit eines anderen Menschen vielleicht nicht verstehen, aber wenigstens annähernd richtig wiedergeben können. Er wird darauf verzichten, uns die äußeren Daten zu überliefern; sie sind ihm gleichgültig. Aber was dieser andere für sein Leben nicht bedeutet *hat*, sondern in alle Zeit bedeuten *wird*, das wird er auszusagen versuchen in immer neuen Bildern, in Szenen, die ausdrücken, was an Gefährdung und Rettung an seiner Seite durchlebt und durchlitten wurde.

Insofern hat es keinen Sinn, die oft gleichlautenden, oft unterschiedlichen und sich widersprechenden Traditionsstränge nacheinander zu befragen: Wer war Moses historisch? In dem einen großen Geschichtsstrang der jahwistischen Überlieferung malt sich vor uns ein sehr großes, gläubiges, liebendes Bild. Eine Einladung, Gott zu finden, das ist das Thema des Moses selber und der Auftrag für jeden, der ihn schildern will. Plötzlich begreift man: Ein Mensch ist gerade soviel wie das Gegenüber, zu dem er sich wesentlich verhalten hat. Er hat die Größe, die ihm durch eine Beauftragung ermöglicht wurde. Wer von Moses sprechen will, muß von seinem Gott reden und von dem, was er darunter wurde.

Alles im Leben des Moses scheint zusammengefaßt, zusammengerafft zu sein in der Berufungsgeschichte des dritten und vierten Kapitels des Buches Exodus, der großen Szene am brennenden Dornbusch. Wir haben sie damals gelesen, ohne zu ahnen, wie sehr sie sich Schritt für Schritt bewahrheiten würde, diese Widerspruchsvision des vollkommen Unwerten, Stechstrauchartigen, Nutzlosen und Hinderlichen, in dem die heilige Gottesflamme sich selber zum Leuchten bringt. Ungläubig über sich selbst, wagte Moses, dieses Bild für sich zu leben und zu übersetzen. In diesem einen symbolischen Geschehen ist all das enthalten, was sich später auslegen wird als ein schrittweiser Kommentar: Moses soll ein ganzes Volk unter den unsichtbaren Händen seines Gottes hinüberführen in die Unabhängigkeit einer nie mehr zurückzunehmenden Freiheit; Abkehr vom Glutofen der Knechtschaft Ägyptens und das Wagnis, jeden Schmerz, jede Angst, jede Verzweiflung durchzustehen, gleich wie sie kommen würden, im Vertrauen, daß gilt, was dieses Unsichtbare, Geheimnisvolle ihm gesagt hat: Ich bin der Gott, der da ist – eine ewige Gegenwart, eine vertrauensbildende Nähe, die nie mehr aufhört, nie etwas Einzuklagendes und Bekanntes, aber doch eine Hand, in der man sich birgt, weil sie uns führt, nichts Fremdes auch, sondern der Gott deiner Väter, Abrahams, Isaaks und Jakobs, ein Gott, der hält, was er verspricht, für die, welche ihm Vertrauen schenken. Damit begann das alles, die ungeheure Kraft einer inneren, leidenschaftlichen Sehnsucht, die ein ganzes Volk entzündete, eine Flamme, die sich weitergab durch eine einzelne Person an einen ganzen Wald von Stechstrauch und Dorngestrüpp.

Als erstes war Moses dies: ein Treiberstecken zum Aufbruch, ein unnachgiebiger Wille voranzugehen, und die Bedingungslosigkeit, bis zum Ende einem fremden Auftrag zu gehorchen, der doch nichts anderes war als sein eigenes Verlangen, geweitet für ein ganzes Kollektiv.

Wer war Moses als Mensch? Die Bibel verschweigt es uns wie mit Absicht: damit wir nicht im Suchen nach dem, was wir *nicht* sind, verpassen zu sein, was wir werden müßten, folgten wir Moses wirklich, so wie er war. Es gibt immerhin Spuren, die tröstlich sind auch in Krisenaugenblicken unseres eigenen Lebens. Man stellt sich die Großen der Geschichte für gewöhnlich als überragende heroische Charaktere vor, als ob das Übermaß ihres Formats uns selbst stets entschuldigen sollte für den Kleinwuchs, zu dem wir selbst uns aufrecken. Die Bibel duldet das nicht. Der Mann Moses war in gewissem Sinne kein Volksführer. Er hatte nichts von dem, was man an Demagogischem, an Überredendem, an Einladendem vermuten könnte. Im Gegenteil. Er war ein Mensch, der zutiefst an der Unfähigkeit litt, die Worte zu sagen, die er in sich trug, und den Bildern Gestalt zu verleihen, die er so deutlich vor sich sah. Es war seine erste, zerbrechende Klage unter der Anrede Gottes: »Bei mir, mein Herr, kein Mann der Worte bin ich«, lautete seine Entgegnung, »sondern schwer die Zunge, schwer der Mund, ich.« Es war die Verzweiflung dieses Mannes, das alles von Haus aus nicht zu können, was er hätte vermögen *müssen*, um dem eigenen Auftrag zu entsprechen. Man kann sich schwerlich einen zerreißenderen Widerspruch vorstellen als den, mit allen Fibern und Fasern sich auszustrecken nach dem, was unbedingt zu geschehen hätte, um ein ganzes Volk zu erretten, und doch das deutliche Gefühl zu haben, daß man dieser Aufgabe mit allem, was man je mit sich erlebt hat, überhaupt nicht gewachsen sein *kann*. Oft wird uns Gott vorgestellt als jemand, der in sich selbst das Überfordernde, das Niederzwingende und Demütigende sei; die Wahrheit in der Erfahrung des Moses lautet ganz anders: In Gott verdichtet sich das Kostbarste der gesamten inneren Bestimmung eines Menschen. Aber dann ist er diese große Brücke, die vom anderen Ufer uns ermöglicht, daß wir uns auf den Weg machen und hinübergehen in dieses ferne Land der Zukunft, unser eigenes Wesen wirklich zu erreichen.

Moses ist in all den Tätigkeiten gegenüber dem Volk auf Aaron angewiesen, den Priester, daß er wortgewandt auslege, was da zu sagen ist, eine Hilfsstimme, ein geliehener Mund, so etwas wie eine Krücke, eine Prothese. Er, der das Wort Gottes kündet, braucht einen anderen Menschenmund, um sich mitzuteilen. Allein hinter diesem Widerspruch staut sich die gesamte innere Kraft dieses Mannes bis zum Eruptiven auf. Etwas Unheimliches, Gewitterartiges, plötzlich und wuchtig sich Entladendes bricht sich im Wesen des Moses immer wieder Bahn, jähzornig bis zum Gewalttätigen. Wie er den Ägypter erschlägt aus einem elementaren Gefühl für Menschenwürde und Gerechtigkeit, da überfällt es ihn bis zum Mörderischen. Oder wie er, nach anderen Quellen außerhalb der jahwistischen Tradition, in glühendem Zorn über den Abfall seines Volkes am Sinai die geschriebenen heiligen Gottestexte auf den beiden Steinen der Gebote zerschmettert, als ob alles zerbrochen und zerstört wäre durch den Ungehorsam des Volkes, da spürt man: Erschlagen möchte Moses sein eigenes Volk unter diesen Steinen, weil nichts mehr gilt. Man muß die Rigorosität, mit der er von sich forderte, auch in der steilen Art sehen, mit der er seinem Volk gegenübertrat, berghoch es überragend. In der Stunde, da er die Gebote erließ, da wuchs er auf aus seiner eigenen Kleinheit zu seiner wirklichen Größe, ragend bis an den Himmel.

Noch einmal also gefragt: Wer war nun Moses? Wir müssen in all den Stationen, die wir miteinander durchgegangen sind auf der Wüstenwanderung Israels, vor allem wie zum Trost für uns selbst – in Moses den Zweifelnden, den Angefochtenen sehen, der immer wieder weiterging, ohne doch oft zu wissen, wie es weitergehen sollte. Man stellt sich, gerade wenn es uns um die Weisungen Gottes geht, das Leben wie einen fertigen Fahrplan vor. Da erhalten wir den Auftrag, einen Weg zurückzulegen, und in Theologenmund sind es nur Ungehorsam oder Halsstarrigkeit, die uns hindern, der Forderung nachzukommen. – Die Geschichte des Moses verläuft ganz anders, viel lebendiger, abgründiger, wahrer, menschlicher eben deswegen. Sind es denn nur die Fragen, die das Volk dem Mann Moses stellt, oder nicht auch seine eigenen, wenn da geklagt wird: Warum führst du uns in die Wüste? Vielleicht nur, daß wir hier umkommen vor Hunger und Durst? Wer ist dein Gott, dein heiliges Geheimnis, das sich nie zeigen will? Ist es vielleicht nur ein Dämon, der uns alle genarrt hat, uns zum Gespött machen will vor allen anderen Völkern?

Wer immer sich auf einen großen Weg macht, jeder Mensch, der sich überhaupt auf einen Weg macht, denn im Leben jedes Menschen ist schon der kleinste wirkliche Weg so oft unendlich groß, der wird erleben, daß es keinen Fahrplan gibt. Es ist wie in den frühen Tagen der Seefahrt. Man lernt die Welt und das Leben nur kennen, indem man sie durchmißt in einem einzigen Abenteuer. Keine neue Küste läßt sich sehen und wird sich zeigen, außer man legt ab, hinüber zu einem offenen Horizont, hinter dem sichtbar werden wird, was immer an Wirklichkeit dort zu finden ist. Kein Wissen vorweg gilt da, allenfalls die Orientierung nach dem Stand der Sonne und der Richtung, aus welcher der Wind weht. Die Sehnsucht und das Verlangen, die Freiheit und die Schönheit sind die einzigen Führerinnen. Ob wir uns aber bei diesem Weg in ein mutiges und freies Leben irren oder auf dem richtigen Wege sind, wer will uns das im voraus sagen? Nicht einmal wenn Moses sich auf Gott beruft, wird er so etwas haben wie eine feste Gewißheit, dies und nichts anderes sei es, was es jetzt zu tun gelte, sondern er selbst, Moses, wird hineingezogen in den Kessel der gleichen Zweifel und Verzweiflungsformen. Könnte es nicht doch ganz anders sein: daß alles vergeblich war, woran geglaubt wurde, daß die besten Mühen frustrierend sich verlaufen? Ist nicht die Wüste selbst oft ein Bild dafür, wie Sturzbäche sich reich und kraftvoll ergießen und niemals das Meer erreichen, sondern im Sand versickern, ohne irgend etwas auszurichten? Wer *den* Mut nicht hat, den stärksten Impulsen zu folgen, bleibt zurück im Lande Ägypten oder irgendwo auf der Rast bei der Wanderung. Mag sein, er ist dann gut versorgt und beschützt, mag sein, er bringt seine Schäfchen ins Trockene, aber ankommen wird er nirgendwohin und Zug um Zug von seiner Freiheit verlieren. Daß es möglich ist, für Gott alles zu wagen und nie so etwas zu besitzen wie eine handfeste Garantie, das ist das Leben des Moses, und dies seine eigentliche Größe, seine Botschaft genauso an uns: Da sei ein Gott, der trage ein ganzes Volk auf seinen eigenen Schwingen, aber diese Flügel sind unsichtbar, und sie streifen uns oft genug merkwürdig und seltsam. Wir *wissen* niemals, aber wir lernen, indem wir's versuchen; wir kennen's nie endgültig, aber indem wir uns hinüberbewegen, lernen wir's mehr und mehr kennen. Am Ende wird dieser wunderbare Text aus der Priesterschrift sagen, daß Gott selbst den Mann Moses gekannt habe wie niemanden sonst in ganz Israel. Auch das ist noch einmal diese Anfangsszene beim brennenden Dornbusch. Daß Gott Moses sieht, ist da noch wichtiger, als daß Moses seinen Gott sah.

Die kleine Frage eines islamischen Mystikers lautet: »Worin besteht die wahre Frömmigkeit?« Und die Schüler antworteten: »Darin, daß wir Gott lieben. Meister.« Der aber sagte: »Nicht darin, daß ihr Gott liebt, sondern daß ihr spürt, wie sehr Gott euch umfängt.« Man müßte als Begründung hinzufügen: Denn nur in diesem Empfinden wird all das wachsen, was Liebe und Sehnsucht und Freiheit ist.

Der Mann Moses wird eine Religion verkünden, die gleichwohl konzentriert ist auf den Anspruch eines einzigen Volkes. Inklusive all der Widersprüche, die in diesem Programm stecken, wird er seinen Gott als den unsichtbaren Schöpfer von Himmel und Erde mit all den Zügen eines nationalen Gottes verkünden. Er wird ihn ausstatten mit den archaischen Merkmalen einer oft würgenden Strafinstanz, eines lodernden Gerichtes, eines vulkanischen Aufstandswillens gegen jeden Widerspruch. Ein eifersüchtiger Gott wird der Gott des Moses sein, ein gerechtigkeitsfordernder Gott und auf der anderen Seite eine Macht, die sich niederbeugt, das Kleinste aufzuheben und zu schützen, eine Stärke, die furchtbar ist und die dennoch gebraucht wird als Schutz und als Beistand, ein Gott voller Widersprüche. Israel wird es später selbst lernen müssen, daß es nicht angeht, den Schöpfer Himmels und der Erden zu verehren und ihn nur zu reklamieren für die Sonderrechte eines einzigen Stammes unter den Völkern. Der Gott Israels, gerade er, muß sich universalisieren und ein Gott aller sein. Aber das ist eine Geschichte, die weit über Moses hinausführt. Alles, was er tat und wollte, steht wie exemplarisch da. Wenn es auch nur gelingt, ein einziges Volk zu öffnen und zu ordnen, wird alles sich formen. Die Propheten werden später den Sinai oder den Zion, den Berg des Gesetzes oder den Berg des Heiligtums, zu einer Völkerwallfahrtsstätte erklären, und das Licht Israels wird sich ausbreiten bis zu den fernen Inseln. Da wird Moses weit über das Land der Verheißung hinaus an Bedeutung gewinnen, indem die ganze Erde zurückkehrt und das verlorene Paradies sich öffnet. Welch ein Advent wäre dies!

Doch die Geschichte des Moses wird gänzlich anders sein. Nicht beim Jahwisten, aber laut einer anderen Traditionsquelle wird es ihm, zur Strafe für seinen Zweifel, nicht vergönnt sein zu erreichen, wohin er sich ausstreckte. Das Gottesgericht, das Aaron, sein Sprachrohr, auf dem Berge Hor schon ereilte, wird nun auch ihn selbst heimsuchen: sehen zu dürfen, aber nie hinüberzugelangen, deutlich vor sich zu wissen, und doch nie in Ruhe zu genießen. Diese letzte Szene aus dem 34. Kapitel des Deuteronomium ist eine erschütternde, zusammenfassende Dokumentation, nicht über Moses allein, auch über das, was ein menschliches Leben ist. Da glauben wir mit allem, was in uns ist, an ein bestimmtes Ziel, wir wissen es zum Greifen nah, und dann hindern uns immer wieder die eigene Angst und die Furchtsamkeit anderer, die Ungunst des Schicksals, die Widerstände der Umgebung, und alles, was selbst in der räumlichen Geographie nichts wäre als ein Marsch von ein paar Dutzend Kilometern, zieht sich hin und wird gestreckt über Jahrzehnte des Irrens und Wirrens und Suchens und Fluchens. Wie lange kann das dauern, was wir so unmittelbar glauben und tun möchten in unserer Sehnsucht! – Man sagt oft von den Propheten, sie gestalteten die Zukunft; die Wirklichkeit ist: Sie rücken die Zukunft so nah an uns heran, daß wir es wagen oder gar nicht mehr vermeiden können, uns für sie zu entscheiden. In diesem Sinne war Moses der größte aller Propheten. Er wollte einem heimatlosen Volk eine Heimat schenken, dem geknechteten Dasein seine eigene Größe, den geschundenen Menschen ihr persönliches Glück. Was kann ein Mensch für andere Menschen mehr wollen? Losgelöst aus dem Nationalismus, ist dies zutiefst human.

Aber dann auch: Wie vieles wollen wir, und es mißrät! Und immer wieder wissen wir nicht. Unser Jahrhundert ist vielleicht größer als andere darin, Illusionen zu beerdigen. Eine wirklich große jüdische Vision und Mission war über mehr als 150 Jahre, oft genug mit Berufung auf den Mann Moses, der Traum des Marxismus. Ich wage das zu sagen, weil die Elemente, die vom Dekalog und von der verwaisten Religion in ihn eingegangen sind, sich nicht übersehen lassen: Freiheit des Menschen von der Ausbeutung durch den Menschen, Zerstörung jedes Mißbrauchs menschlicher Arbeit, ein Ende von Tyrannei und Fremdherrschaft. Man muß diese Ziele in ihrer politischen Wucht nur einmal aussprechen, und man begreift, wieviel von dem Mann Moses da wieder auferstand. Aber es ist möglich, in allem zu scheitern. Man muß gegen die Reaktionäre kämpfen, man muß die Widerstände beiseite räumen – auch das ist Moses. Man muß Leid und Opfer in Kauf nehmen für die große Vision – auch das war Moses. Vielleicht muß man ganze Generationen opfern, bis man endlich ankommt bei dem Land, das so deutlich vor uns liegt – auch das dachte Moses. Und es ist nicht nur möglich, es ist ganz sicher oft so, daß all das sich schon in ein oder zwei Jahrhunderten als trügerisch erweist. Nicht einmal die Einrichtung eines Staatssystems, nicht einmal die gewaltsame Eroberung einer halben Welt schützt davor, daß am Ende alles vertan und verraten wurde. Wie rettet man, muß man Moses selbst fragen oder von Moses sich fragen lassen, die Menschlichkeit dieser großen Verheißung? In ihr lebt, biblisch gesprochen, noch soviel an Gewalt, an Grausamkeit, an Siegeswillen auch in der Brutalität der Durchsetzung. Wie weit muß man noch gehen, um so an Gott zu glauben, daß dieser Glaube alle einlädt und sich vermenschlicht ohne Grenzen, daß keine Gebote mehr sind, geschrieben auf Stein, sondern ins Herz der Menschen selbst? Wie weit muß man gehen, um vom wolkenumlagerten Sinai hinüberzugehen zu den Bergen des Herzens und Gottes Stimme sehr leise zu hören?

Nie wird Moses wissen, ob sein langer Weg Erfolg hat. Und die Geschichte, was beweist sie wirklich, diese Hure, die dem Lügenauftrag der Mächtigen nur allzu prompt und gehorsam nachkommt? Mao Tse-tung im 20. Jahrhundert, wer war er? Die Kuo-min-tang, die Befreiung vom alten Zopf der Tyrannei seit der Ming-Zeit, was war sie um 1910 oder um 1949, was war der Lange Marsch des Mao

Tse-tung mit mehr als zweihunderttausend Menschen, die für ein freies China kämpften? Sie brachten schreckliche Opfer. Sie wollten die nationale Unabhängigkeit, und sie war ihnen alles wert, selbst den Preis der Diktatur. Noch heute streitet man sich in dem volkreichsten Land der Erde mit mehr als 1,2 Milliarden Menschen um das, was nun eigentlich die Bedeutung des Mao Tse-tung war oder sein wird. Nie legt es sich endgültig fest. Und selbst das Land zu sehen, selbst es zu besetzen, selbst einen Staat darin einzurichten, selbst daß es lange dort dauert, ist keine Garantie, weder vor den Menschen noch vor Gott. Aber es zu *wagen* und zu tun, woran man glaubt, zumindest das lehrt uns Moses; vielleicht auch, daß man nur führen kann, wenn man in den anderen selbst die Träume erweckt, die ihnen helfen, wirklich zu leben. Wieviel an Freiheit bei anderen es wirkt, das muß der Maßstab sein.

Aber dann ist es großartig an der Gestalt des Moses, daß er dem Unsichtbaren mehr glaubt als dem Sichtbaren. Keine Eintragung von projektiven Wunschinhalten, von zeitbedingten religiösen oder nationalen Implikationen läßt sich da rechtfertigen; vielmehr eben, daß es immer weitergeht, gehört zu diesem Gottesbild des Moses, in den Steppen Moabs, in der Fremde. Auch das bleibt erhalten. Das Grab des Moses wird kein Mausoleum sein. Man soll sich nicht orientieren an ihm, nicht eine Wallfahrtsstätte für einen Toten bilden, sondern er, Moses, wird sich dem Volke entziehen in seinem Sterben wie der lebende Gott Israels zu allen Zeiten. Leben kann nur ein jeder im Gegenüber dieses schweigenden unsichtbaren Geheimnisses des Jahwe, des Elohim Israels.

Es gibt eine Feinheit im biblischen Reden, die in den Übersetzungen untergeht. Als Moses den Berg Nebo betritt und seine Augen hinüberschauen in die Palmenstadt der Wüstenoase Jericho und all die fernen Gebiete schon wie abgesteckt erscheinen gemäß den versprochenen Stammesgebieten der einzelnen Volksgruppen Israels, so als trüge den Moses die eigene Sehnsucht Station für Station schon in die Gebiete, die es zu besetzen gilt, heißt es dann, daß er stirbt, »wie Gott gesagt hat« oder »nach dem Geheiß Gottes«; es heißt aber wirklich im Wortlaut »nach dem Munde Gottes«. Das hat die Rabbinen nachdenklich gemacht. Wie denn, fragten sie, stirbt Moses »nach dem Munde Gottes«? Sollte es nicht heißen:

»ganz zum Munde Gottes hin«? Und es wäre gar nicht wahr, daß der Tod des Moses lediglich erfüllt, was Gott geboten hat, so als wäre der Tod zwischen Gott und dem Menschen eine Trennung, die der Allmächtige, der Ewige verfügt hat für den zeitlich Sterbenden, sondern es wäre der Tod eine Erhebung des Menschen zu den Lippen dieser unsichtbaren Liebe, die uns vielleicht mehr noch umfängt, wenn wir endgültig sind, als in den Tagen, da wir auf Erden irrten. Die Rabbinen haben daraus die Vorstellung gemacht, es sei das Sterben wie ein Erhöhtwerden zum Munde Gottes, und sie hatten die Vorstellung von dem Sterben im Kuß, als sei da das Hinscheiden gleich einem Verschmelzen und das Hinsinken in die Erde ein Fallen in die Arme Gottes. All das ist typisch jüdisch, rätselhaft, deutbar, offen, ungreifbar, nie festzulegen, aber wieder eine Hoffnung, wieder ein Land, wieder ein Jenseits. Man sieht, und man weiß nicht. Dabei fährt die Priesterschrift unmittelbar fort, uns zu versichern, hundertzwanzigjährig noch seien die Augen des Moses lebendig, hellsichtig und blank gewesen, jugendlich aus innerem Feuer und nichtversiegender Leidenschaft. Er, Moses, versichert uns fast traurig der Text, war ein Prophet, wie niemals mehr einer erstand in Israel, und keinen gab es, den Gott so tief erkannt, geliebt, durchdrungen hätte wie diesen.

Man fragte einen jüdischen Rabbi einmal: »Wo wohnt Gott?« Der gab die Frage weiter an ein Kind, das ihm erstaunt zur Antwort gab: »Aber Rabbi, überall doch wohnt Gott.« Da fragte derselbe Rabbi, so belehrt von einem Kind, seine eigenen Schüler: »Sagt mir, wo wohnt Gott?« Und die nun, erstaunt, fragten ihn: »Aber Rabbi, wohnt nicht Gott überall, und ist nicht die Welt seiner Herrlichkeit voll? Wie kannst du sagen: Wo wohnt denn Gott?« Der Rabbi aber schüttelte den Kopf und sagte: »Nein, ihr Schüler, Gott wohnt, wo man ihn einläßt.«

Man kann das Zeugnis der Priesterschrift sehr priesterlich lesen. Dann war Gott nur einen einzigen Moment lang dem Mann Moses so gegenwärtig, daß die Weltgeschichte sich änderte, und er selbst war der ganz und gar von Gott Herausgenommene, Durchgeistete. Wie aber wäre es, jener Rabbi hätte recht und nicht der Priestertext, und es stünde bei uns, wie weit wir uns für Gott öffnen und ihn einlassen und unser Leben zu seiner Wohnung machen? Dann wäre

Moses nicht vor mehr als 3200 Jahren gewesen, sondern er stünde immer wieder in einem jeden von uns auf. Alles, was uns umgibt, ist die Liebe dieser unsichtbaren Augen, die uns anschauen mit Vertrauen und Zärtlichkeit und mit dem leisen Wort: Komm und mach dich auf und geh und wage dein Leben! – Gott wird von uns gerade soviel erkennen, wie wir ihm von uns zur Verfügung stellen, und indem wir es tun, werden wir selbst uns erkennen. Das war das ganze Rätsel am brennenden Dornbusch.

Danach wird die Erzählung anders weitergehen. In Josua, dem Sohne Nuns, wird der Geist Gottes weiterhin wirksam sein, denn Moses, noch vor dem Sterben, soll ihm seine Hände aufgelegt haben. Aber wir hören über Josua in den Sagen weniger von den Gottesbegegnungen als von den Schlachten, die er schlägt, am bekanntesten die um Jericho, die Palmenstadt. Krieg, Strategie, Eroberung, verwüstete und brennende Städte, Neugründungen, verteidigte Grenzen, Reichstage, Ordnungen – das wird die Welt des Josua sein, schon eine Generation nach Moses. Und später werden die Propheten erklären, daß sie's bedauern, wie weit das gesamte Volk sich entfernt habe von der Zeit der Wüste. Man wird das sichere Leben im Lande verfluchen, das fest verbürgte, verteidigte, groß gewordene, im Königtum sogar zum Stolz aufgewachsene. Da werden um 600 vor Christus, ein halbes Jahrtausend danach schon, Leute wie Jeremia kommen und sagen: »Wir müssen zurück in die Wüste; wir müssen ganz neu beginnen; in die Tage des Moses zurück, werden wir Gott finden.« Jeremia wird auf dem Tempelplatz, mitten im Heiligtum, eine Gruppe von Menschen aus dem Wüstennomadentum zusammenführen, die die gesamte Landnahme und Kulturwerdung innerlich nicht mitgemacht haben und die in Israel noch so leben wie in den Tagen vor Moses, und wird ihnen sagen: »Schaut sie, sie haben den Gott der Väter nie verlassen.«

Es hört der Gott der Bibel nicht auf, Aufbruch zu sein statt fester Besitz, Verheißung zu bleiben statt beruhigte Erfüllung, Wagemut zu schenken, statt ungefährdeten Schutz und Beistand zu sein in den Stunden der Angst. Der Mann Moses, wirklich, war größer als alle in Israel mit seinen Wundertaten vor dem Pharao und vor allem Volk. Niemand stand auf wie er, aber machen wollte er, daß es immer wieder sei.

Es gibt ein Gebet, ein Lied in den Psalmen zur Dankbarkeit für Moses und sein Tun, von David gesungen im Psalm 103, ein großes Loblied der Seele:

Text: Psalm 103, 1–8

> Von David.
> Lobe den Herrn, meine Seele,
> und alles, was in mir ist, seinen heiligen Namen!
> Lobe den Herrn, meine Seele,
> und vergiß nicht, was er dir Gutes getan!
> Der dir all deine Schuld vergibt
> und alle deine Gebrechen heilt,
> der dein Leben vom Verderben erlöst,
> der dich krönt mit Gnade und Barmherzigkeit,
> der mit Gutem dein Verlangen stillt,
> daß deine Jugend sich erneuert gleich dem Adler.
> Taten des Heils vollbringt der Herr
> und schafft Recht allen Unterdrückten.
> Er tat Mose seine Wege kund,
> den Kindern Israels sein Walten.
> Barmherzig und gnädig ist der Herr,
> langmütig und reich an Güte.

Es war üblich, Psalmen dieser Art als Hallel-Psalmen, als Lobliedgesänge, zu singen beim Passah-Fest, an welchem man den Auszug aus Ägypten kultisch beging, diese unvergeßliche Nacht des Aufbruchs von Flucht und Verheißung. Es gibt darunter auch die Angst auf dem Wüstenzug, und auch sie sei zum Abschluß vorgetragen:

Text: Psalm 108

> Ein Lied, ein Psalm Davids.
> Mein Herz ist bereit, o Gott;
> ich will singen und spielen.
> Wache auf, meine Seele,

wacht auf, Psalter und Harfe!
Wecken will ich das Morgenrot!
Ich will dich preisen unter den Völkern, o Herr,
will dir lobsingen unter den Nationen.
Denn groß bis zum Himmel ist deine Güte
und deine Treue bis an die Wolken.
Erhebe dich über die Himmel, o Gott,
über die ganze Erde deine Herrlichkeit!
Auf daß, die dir lieb sind, errettet werden,
hilf mit deiner Rechten und erhöre uns!
Gott hat in seinem Heiligtum gesprochen:
»Ich will frohlocken, will Sichem verteilen
und das Tal von Sukkoth ausmessen.
Mein ist Gilead, mein auch Manasse;
Ephraim ist die Schutzwehr meines Hauptes,
Juda ist mein Herrscherstab.
Moab ist mein Waschbecken,
auf Edom werfe ich meinen Schuh;
jauchzen will ich über das Philisterland!«
Wer wird mich führen nach der Feste,
wer mich geleiten nach Edom?
Hast du doch, o Gott, uns verstoßen
und ziehst nicht aus mit unsern Scharen!
Schaffe uns Hilfe vor dem Bedränger;
eitel ist ja Menschenhilfe.
Mit Gott werden wir Taten tun;
er wird unsre Bedränger zertreten.

Es wird der Stolz Israels sein auch in den Tagen des Königtums, daß Gott es begleiten wird, immer.

11. Dezember 1993

11

Ziehe in das Land, das ich den Israeliten gebe

DAS Buch Josua ist eigentlich der Abschluß der Exodus-Überlieferung und gehört auch in weiten Passagen überlieferungsgeschichtlich zu denselben Quellen, denen sich die sogenannten fünf Bücher Moses verdanken. Erzählt wird die Erfüllung all der Weissagungen, die Gott dem Moses gegeben hat, die er aber durch die Hände seines Dieners Josua verwirklichen wird. Es ist eine Geschichte voller Auseinandersetzungen, kämpferischer Spannungen, furchtbarer Szenen und dann wieder höchst langweiliger Erklärungen über Grenzziehungen und Festlegungen bestimmter Stammesgebiete mit einem dramatischen Finale, einer Wahl zwischen dem Gott, der nach Josuas Glauben all das bewirkt hat, oder der Möglichkeit, sich ganz anders zu orientieren. Wie wird sich Israel entscheiden? Vierundzwanzig Kapitel aus dem Buch Josua sozusagen im Schnellverfahren.

Die Texte aus dem Buche Josua, die zusammenhängend von der Eroberung des Gelobten Landes berichten, entnehmen wir vorwiegend zwei literarischen Quellen, die man nach der Bezeichnung für Gott als den Jahwisten und den Elohisten bezeichnet.

TEXT: Jos 1,1–2. 10–11; 3,1.5.7–17; 4,1–9. 14–16; 5,1; 6,1–5. 11–13. 15. 20–21. 25; 7,2–26; 8,1–8. 24–25. 29; 24,1–18. 29–31

Nach dem Tode Moses, des Knechtes des Herrn, sprach der Herr zu Josua, dem Sohne Nuns, dem Diener Moses: Mein Knecht Mose ist gestorben; so mache dich nun auf, ziehe über den Jordan hier, du und dieses ganze Volk, in das Land, das ich ihnen, den Israeliten gebe.

Da gebot Josua den Amtleuten des Volkes: Geht durch das Lager und gebietet dem Volke: Macht euch Wegzehrung bereit; denn in drei Tagen sollt ihr hier über den Jordan gehen, daß ihr einziehet und das Land einnehmet, das euch der Herr, euer Gott, zu eigen gibt.

Und Josua machte sich frühe auf, und sie zogen weg von Sittim und kamen an den Jordan, er und ganz Israel, und blieben daselbst über Nacht, ehe sie hinüberzogen. Und Josua sprach zum Volke: Weihet euch, denn morgen wird der Herr unter euch Wunder tun.

Und der Herr sprach zu Josua: Heute will ich anfangen, dich groß zu machen vor ganz Israel, damit sie erkennen, daß ich mit dir sein werde, wie ich mit Mose gewesen bin. Du aber gebiete den Priestern, welche die Bundeslade tragen: Wenn ihr an den Rand des Wassers des Jordan kommt, so bleibt im Jordan stehen. Und Josua sprach zu Israel: Tretet heran und höret die Worte des Herrn, eures Gottes. Dann sprach Josua: Daran sollt ihr erkennen, daß ein lebendiger Gott in eurer Mitte weilt und daß er die Kanaaniter, Hethiter, Hewiter, Pheresiter, Girgasiter, Amoriter und Jebusiter gewiß vor euch vertreiben wird: Siehe, die Lade unsres Gottes, des Herrn der ganzen Erde, wird vor euch her durch den Jordan gehen. So nehmt nun aus den Stämmen Israels zwölf Männer, aus jedem Stamme einen. Wenn dann die Fußsohlen der Priester, welche die Lade unsres Gottes, des Herrn der ganzen Erde, tragen, in das Wasser des Jordan treten, so wird das Wasser des Jordan abreißen, und das Wasser, das von oben her zufließt, wird stehen wie ein Damm.

Als nun das Volk aufbrach aus seinen Zelten, um über den Jordan zu gehen, indem die Priester, welche die Bundeslade trugen, vor dem Volke einherzogen, und als die Träger der Lade an den Fluß kamen und die Füße der Priester, welche die Lade trugen, in den Rand des Wassers tauchten – der Jordan aber tritt während der ganzen Erntezeit allenthalben über die Ufer –, da blieb das Wasser, das von oben her kam, stehen; es erhob sich als ein Damm, sehr weit weg bei der Stadt Adam, die seitwärts von Zarthan liegt; das Wasser aber, das zum Meer der Steppe, dem Salzmeer, hinabfloß, verlief sich ganz. Also ging das Volk hindurch gegenüber Jericho. Und die Priester, welche die Lade trugen, standen im Jordan still auf dem Trockenen, während ganz Israel trockenen Fußes hindurchging, bis alles Volk den Fluß völlig überschritten hatte.

Nachdem nun alles Volk den Jordan völlig überschritten hatte, sprach der Herr zu Josua: Nehmt aus dem Volke zwölf Männer, aus jedem Stamme einen, und gebietet ihnen: Hebt da aus dem Jordan, von der Stelle, wo die Füße der Priester stillegestanden, zwölf Steine auf, nehmt sie mit euch hinüber und legt sie da nieder, wo ihr heute übernachten werdet. Da rief Josua die zwölf Männer, die er aus Israel bestellt hatte, je einen aus jedem Stamme, und Josua sprach zu ihnen: Geht vor der Lade des Herrn, eures Gottes, her mitten in den Jordan und hebet ein jeder einen Stein auf seine Achsel, nach der Zahl der Stämme Israels, damit das ein Zeichen unter euch sei. Wenn dann künftig eure Kinder fragen: »Was bedeuten euch diese Steine?«, so sollt ihr zu ihnen sagen: »daß das Wasser des Jordan vor der Bundeslade des Herrn abriß, als sie durch den Jordan zogen. Das Wasser des Jordan riß ab; so sollen nun diese Steine Israel zum ewigen Gedächtnis dienen.« Da taten die Israeliten so, wie Josua geboten hatte: Sie hoben zwölf Steine aus dem Jordan auf, wie der Herr zu Josua gesagt hatte, nach der Zahl der Stämme Israels, und nahmen sie mit sich hinüber nach dem Lagerplatz und legten sie dort nieder. Zwölf Steine aber richtete Josua auf im Jordan, an der Stelle, wo die Füße der Priester gestanden, welche die Bundeslade trugen; die sind dort geblieben bis auf diesen Tag.

An jenem Tage machte der Herr den Josua groß vor den Augen von ganz Israel, und sie fürchteten ihn, wie sie Mose gefürchtet hatten, sein ganzes Leben lang. Und der Herr sprach zu Josua: Gebiete den Priestern, welche die Lade des Gesetzes tragen, daß sie aus dem Jordan heraufsteigen.

Als nun alle Könige der Amoriter, die jenseits des Jordan gegen Westen wohnten, und alle Könige der Kanaaniter am Meere hörten, wie der Herr das Wasser des Jordan vor den Israeliten hatte vertrocknen lassen, bis sie drüben waren, da verzagte ihr Herz, und der Mut entsank ihnen vor den Israeliten.

Jericho aber schloß und blieb verschlossen vor Israel. Niemand ging hinaus und niemand hinein. Da sprach der Herr zu Josua: Siehe, ich gebe Jericho samt seinem Könige, all die tapfern Helden, in deine Hand. So zieht denn um die Stadt, alle Kriegsleute, rings um die Stadt herum, einmal; so sollst du sechs Tage lang tun. Und sieben Priester sollen sieben Posaunen aus Widderhörnern vor der

Lade hertragen. Am siebenten Tage aber sollt ihr siebenmal um die Stadt herum ziehen, und die Priester sollen in die Posaunen stoßen. Und wenn man das Widderhorn bläst und ihr den Schall der Posaunen hört, so soll das ganze Volk ein lautes Feldgeschrei erheben; dann wird die Stadtmauer in sich zusammenstürzen, und das Volk soll hinaufsteigen, ein jeder gerade vor sich hin. So ließ er die Lade des Herrn einmal rings um die Stadt herum ziehen. Dann kamen sie wieder in das Lager und blieben darin über Nacht. Und am andern Morgen stand Josua frühe auf, und die Priester trugen die Lade des Herrn, während die sieben Priester die sieben Posaunen aus Widderhörnern vor der Lade des Herrn her trugen und in einem fort in die Posaunen stießen und während die Gerüsteten vor ihnen her gingen, die Nachhut aber der Lade des Herrn folgte, wobei man in einem fort in die Posaunen stieß.

Am siebenten Tage aber machten sie sich frühe auf, als die Morgenröte heraufkam, und zogen in derselben Weise siebenmal um die Stadt; nur an diesem Tage zogen sie siebenmal um die Stadt. Da erhob das Volk das Feldgeschrei, und sie stießen in die Posaunen. Als nun das Volk den Schall der Posaunen hörte und laut das Feldgeschrei erhob, stürzte die Mauer in sich zusammen, und das Volk erstieg die Stadt, ein jeder gerade vor sich hin. So nahmen sie die Stadt ein. Und sie vollstreckten den Bann an allem, was in der Stadt war, mit der Schärfe des Schwertes, an Mann und Weib, an jung und alt, an Rind, Schaf und Esel. So ließ Josua die Dirne Rahab samt ihrer Familie und allen Angehörigen am Leben; und sie blieb in Israel wohnen bis auf diesen Tag, weil sie die Boten versteckt hatte, die Josua ausgesandt, um Jericho auszukundschaften.

Und Josua sandte Männer aus von Jericho nach Ai, das bei Beth-Awen östlich von Bethel liegt, und sprach zu ihnen: Gehet hinauf und kundschaftet das Land aus. Und die Männer gingen hinauf und kundschafteten Ai aus. Und da sie wieder zu Josua kamen, sprachen sie zu ihm: Es muß nicht das ganze Volk hinaufziehen; nur etwa zwei- oder dreitausend Mann mögen hinaufziehen und Ai schlagen. Bemühe nicht das ganze Volk dorthin; denn ihrer sind wenige. Also zogen vom Volke etwa dreitausend Mann hinauf. Aber sie flohen vor den Männern von Ai, und die Männer von Ai erschlugen etwa 36 Mann von ihnen und verfolgten sie vor dem Tor bis zu den Steinbrüchen und schlugen sie am Abhange. Da zerfloß das Herz des Volkes und ward zu Wasser. Josua aber zerriß seine Kleider und fiel auf sein Angesicht zur Erde vor der Lade des Herrn bis zum Abend, er und die Ältesten Israels, und sie streuten Staub auf ihr Haupt. Und Josua sprach: Ach Herr, warum doch hast du dieses Volk über den Jordan geführt, um uns in die Hand der Amoriter zu geben, daß sie uns vernichten? O wären wir doch jenseits des Jordan geblieben! Ich bitte dich, Herr, was soll ich sagen, nachdem Israel seinen Feinden den Rücken gekehrt hat? Wenn das die Kanaaniter und alle Bewohner des Landes hören, so werden sie uns umzingeln und unsern Namen von der Erde ausrotten. Was willst du dann für deinen großen Namen tun? Da sprach der Herr zu Josua: Stehe auf! Warum denn liegst du auf deinem Angesicht? Israel hat sich versündigt; ja, sie haben die Verpflichtung übertreten, die ich ihnen auferlegt habe, und haben sogar von dem Gebannten genommen, davon gestohlen, es verheimlicht und unter ihr Gerät getan. Darum kann Israel vor seinen Feinden nicht bestehen, sondern muß seinen Feinden den Rücken kehren; denn es ist dem Banne verfallen. Ich werde künftig nicht mit euch sein, wenn ihr nicht das Gebannte aus eurer Mitte vertilgt. Stehe auf, weihe das Volk und sprich: »Weihet euch auf morgen, denn also spricht der Herr, der Gott Israels: Es ist Gebanntes in deiner Mitte, Israel; du kannst vor deinen Feinden nicht bestehen, bis ihr das Gebannte aus eurer Mitte wegschafft. Darum sollt ihr morgen früh herzutreten, Stamm für Stamm; und der Stamm, den der Herr durchs Los bezeichnen wird, soll herzutreten, Geschlecht für Geschlecht; und das Geschlecht, das der Herr bezeichnen wird, soll herzutreten, Haus für Haus; und das Haus, das der Herr bezeichnen wird, soll herzutreten. Mann für Mann. Und wer im Besitze des Gebannten betroffen wird, den soll man verbrennen samt allem, was er hat, weil er die Verordnung des Herrn übertreten und eine Schandtat in Israel begangen hat.«

Da ließ Josua am andern Morgen früh Israel herzutreten, Stamm für Stamm; und das Los traf den Stamm Juda. Dann ließ er die Geschlechter Judas herzutreten, und es traf das Geschlecht der Serahiter. Dann ließ er das Geschlecht der Serahiter herzutreten. Haus für Haus, und es traf [das Haus] Sabdis. Dann ließ er dessen Haus herzutreten, Mann für Mann, und es traf Achan, den Sohn

Charmis, des Sohnes Sabdis, des Sohnes Serahs aus dem Stamme Juda. Und Josua sprach zu Achan: Mein Sohn, gib doch dem Herrn, dem Gott Israels, die Ehre und bekenne ihm und sage mir, was du getan hast. Verbirg nichts vor mir. Da antwortete Achan dem Josua und sprach: In der Tat, ich bin's gewesen, der sich an dem Herrn, dem Gott Israels, versündigt hat; das und das habe ich getan. Ich sah unter der Beute einen schönen babylonischen Mantel und zweihundert Lot Silber und eine goldene Zunge, fünfzig Lot schwer; danach gelüstete mich, und ich nahm es. Siehe, der Mantel ist innerhalb meines Zeltes in der Erde vergraben und das Geld darunter. Da sandte Josua Boten hin, die eilten in das Zelt; und siehe, er war in seinem Zelte vergraben und das Geld darunter. Und sie nahmen die Sachen aus dem Zelte weg und brachten sie zu Josua und zu ganz Israel und schütteten sie vor dem Herrn aus. Da nahm Josua, und ganz Israel mit ihm, Achan, den Sohn Serahs, und das Silber, den Mantel und die goldene Zunge, und seine Söhne und Töchter, auch seine Rinder, Esel und Schafe, sein Zelt und alles, was er hatte, und man führte sie hinauf in das Tal Achor. Und Josua sprach: Wie hast du uns ins Unglück gebracht! So bringe dich denn der Herr ins Unglück an diesem Tage! Und ganz Israel steinigte ihn. Dann errichtete man über ihm einen großen Steinhaufen, [der dort liegt] bis auf diesen Tag. Der Herr aber ließ ab von der Glut seines Zornes. Daher heißt jene Stätte Tal Achor bis auf diesen Tag.

Und der Herr sprach zu Josua: Fürchte dich nicht und sei unverzagt! Nimm alles Kriegsvolk mit dir und mache dich auf und ziehe hinauf nach Ai. Siehe, ich gebe den König von Ai samt seinem Volke, seiner Stadt und seinem Lande in deine Hand. Und du sollst mit Ai und seinem Könige tun, wie du mit Jericho und seinem Könige getan hast, nur daß ihr ihre Beute und ihr Vieh unter euch teilen dürft. Lege der Stadt auf der Westseite einen Hinterhalt. Da machte sich Josua auf und alles Kriegsvolk, hinauf nach Ai zu ziehen. Und Josua erwählte die 30000 streitbarsten Männer und sandte sie aus bei Nacht und gebot ihnen: Sehet zu! Ihr sollt euch im Westen gegen die Stadt in den Hinterhalt legen, aber nicht gar zu weit von der Stadt, und seid alle bereit. Ich aber und alles Volk, das bei mir ist, wir wollen gegen die Stadt vorgehen. Und wenn sie dann ausrücken, uns entgegen, wie das erstemal, so wollen wir vor ihnen fliehen. Und sie werden uns nachrücken, bis wir sie von der Stadt weggelockt haben; denn sie werden sagen: »Sie fliehen vor uns wie das erstemal.« Und wenn wir vor ihnen fliehen, so sollt ihr euch aus dem Hinterhalte aufmachen und die Stadt einnehmen, und der Herr, euer Gott, wird sie in eure Hand geben. Wenn ihr aber die Stadt eingenommen habt, so steckt sie in Brand; tut nach dem Worte des Herrn. Seht, ich gebiete es euch. Und als die Israeliten alle Bewohner von Ai auf freiem Felde, am Abhang, wo sie ihnen nachgejagt, niedergemacht hatten und alle bis auf den letzten Mann durch die Schärfe des Schwertes gefallen waren, kehrte ganz Israel zurück nach Ai und schlug es mit der Schärfe des Schwertes. Und derer, die an jenem Tag fielen, Männer und Frauen, waren im ganzen zwölftausend, alle Leute von Ai. Den König von Ai aber ließ er an den Pfahl hängen bis zum Abend. Als aber die Sonne unterging, gebot Josua, daß man seinen Leichnam von dem Pfahle herabnehme; und sie warfen ihn vor das Tor der Stadt und errichteten über ihm einen großen Steinhaufen, [der dort liegt] bis auf diesen Tag.

Und Josua versammelte alle Stämme Israels zu Sichem und berief die Ältesten Israels, seine Häupter, Richter und Amtleute. Und als sie vor Gott getreten waren, sprach Josua zu dem ganzen Volke: So spricht der Herr, der Gott Israels: Eure Väter, Tharah, Abrahams und Nahors Vater, wohnten vor Zeiten jenseits des [Euphrat-]Stromes und dienten andern Göttern. Da holte ich euren Vater Abraham von der andern Seite des Stromes und ließ ihn durch das ganze Land Kanaan wandern und mehrte sein Geschlecht und gab ihm Isaak. Dem Isaak aber gab ich Jakob und Esau; und dem Esau gab ich das Gebirge Seir zum Besitz. Jakob aber und seine Söhne zogen hinab nach Ägypten. Dann sandte ich Mose und Aaron und schlug Ägypten mit dem, was ich in seiner Mitte tat. Darnach führte ich euch heraus. Und ich führte eure Väter aus Ägypten. Und als ihr ans Meer kamt und die Ägypter euren Vätern mit Wagen und Reitern an das Schilfmeer nachjagten, da schrieen sie zum Herrn; der setzte Finsternis zwischen euch und die Ägypter und ließ das Meer über sie kommen, und es bedeckte sie. Und eure Augen sahen, was ich den Ägyptern getan habe. Darnach habt ihr lange Zeit in der Wüste geweilt. Dann brachte ich euch in das Land der Amoriter, die jenseits des Jordan wohnten; und als sie wider euch stritten, gab ich sie in eure Hand, und ihr nahmt ihr Land in Besitz, und ich vertilgte sie vor euch.

Und es begab sich nach alledem, daß Josua, der Sohn Nuns, der Knecht des Herrn, starb, als er 110 Jahre alt war. Und man begrub ihn im Gebiete seines Erbbesitzes zu Thimnath-Serah, das auf dem Gebirge Ephraim liegt, nördlich vom Berge Gaas. Und Israel diente dem Herrn, solange Josua lebte und die Ältesten, die Josua überlebten und die alles kannten, was der Herr für Israel getan hatte.

Stelle um Stelle nötigen uns die Texte des sogenannten Alten Testaments zu einer Alternative, wie wir lesen wollen. Wer das heilige Buch der Bibel aufschlägt und die Texte so versteht, wie sie sich selber verstehen und wie sie dastehen, wird oft erschrocken, entsetzt, befremdet, angewidert sein. Alles, was wir gehört haben im Ausschnitt von vierundzwanzig langen Kapiteln eines ganzen biblischen Buches, scheint nichts anderes zu sein als eine endlose Aneinanderreihung von Gewalttaten, Tötungen, Morden, Intrigen, vollführt und in Auftrag gegeben mit göttlicher Macht und Herrlichkeit. Was für ein Gottesbild wütet sich da zu Ende? möchte man, zornig geworden, fragen. Haben nicht die Kritiker der Bibel, Franz Buggle zum Beispiel, recht, wenn sie sagen, dieses Gottesbild der Bibel selber sei pervers und mache die Menschen ja überhaupt erst zu Bestien und Wölfen? Macht sich in diesem Gott, der seinem Mann Josua aufträgt, mit fremden Völkern Katz und Maus zu spielen, ihre Städte zu verbrennen, ihre Insassen, Frauen und Kinder, zu Tausenden zu erschlagen, nicht ein wahnsinniger Machtanspruch geltend? Ist er nicht ein in furchtbarer Weise eifersüchtiger Gott, der nicht einmal Schonung duldet an unschuldigem Leben und der mit der Schärfe des Schwertes alles und jedes getilgt haben will wie im Blutrausch?

Man kann die Visionen, die sich aus solchen Zyklen ergeben, gar nicht gräßlich genug beschreiben. Grund wäre, darüber die Bibel zu schließen, denn was die theologischen Erklärungen in üblicher Form mit auf den Weg geben, macht die Sache keinesfalls besser. Die Haupterklärung lautet: All das war historisch ja gar nicht so schlimm. Da ist etwas dran. Wahrscheinlich ist Israel auf diese Art nie ins Gelobte Land eingezogen. Vieles spricht dafür, daß man in einer relativ sanften Völkerwanderungsbewegung nach Kanaan eingesickert ist, und nach und nach die wenig bewohnten Gebiete als erste besetzt hat, mühsam genug, Viehzucht betreibend, eh' man im Verlauf langer Jahrhunderte seßhaft wurde. Gleichwohl, selbst wenn wir zur Entschuldigung dessen, was uns in der Bibel als Geschichte erzählt wird, die wirkliche Geschichte in Anspruch nähmen, malen sich doch die heroischen Phantasien einer späteren Zeit nicht minder wüst in das eigene Gottesbild, und da liegt, religiös, nach wie vor das Problem. Die Bibel behauptet gerade, daß diese Gottesvorstellung wahre Offenbarung sei. Führen nicht aber alle theologischen Erklärungen dahin, daß wir es mit projektiven Übermalungen, mit Sehnsuchtsphantasien zu tun haben aus einer Zeit, wo, sagen wir, in der ersten Phase des Königtums Krieg und Gewalt zur Selbstbehauptung des neugeschaffenen Staates Israel wie notwendig gehören? Man begründet da die dramatisch gewordenen Auseinandersetzungen der Gegenwart mit der Verklärung einer grandiosen Vergangenheit, in die man all das einträgt, was man heute und jetzt zu benötigen scheint.

Man möchte fast darum flehen, wir in unserer Gegenwart würden dessen nicht länger bedürfen, hätten noch einmal und jetzt endgültig Grund, das heilige Buch der Bibel zu schließen, und es möge jeder künftige Gott uns davor verschonen, sich uns so zu zeigen. – Wir sind vor allem nicht länger mehr so naiv, daß wir uns Gott als ein Sammelsurium nicht durchgearbeiteter Projektionen einer ganz bestimmten Zeit vorstellen lassen. Der Gott, der sich so verkündet, ist derartig klein geraten, ein so fanatischer und egoistischer Stammesgott, daß er über die engen Grenzen einer bestimmten Epoche hinaus uns kaum noch etwas zu sagen hat. Wir mögen denken: Diese Vorstellungen damals haben einem bestimmten Volk in einer bestimmten Zeit geholfen; das mag in Ordnung sein, aber es ist soviel wert, wie wenn wir die Texte der Azteken lesen oder die Texte der Assyrer oder der antiken Ägypter. Auch denen halfen ihre Götter, auch die führten ihre Kriege, auch die hatten ihre Niederlagen. Das alles ist Religionsgeschichte, hoffentlich kehrt sie nie wieder. Wir müßten uns verabschieden von diesem Bibelgott.

Oder wir würden ganz anders sagen: Wir hätten kein Recht, eine vergangene Zeit nach dem Maßstab der heutigen zu messen, und wo immer Menschen in ihrer Phantasie die Seele ins Göttliche tragen, hätte es einen Aussagewert, der uns interessieren muß, um Menschen kennenzulernen, also auch, um bestimmte Teile von uns selber tiefer zu erfahren. Grade weil diese famosen Geschichten von der wirklichen Historie abweichen, grade weil sich in ihnen soviel Schreckliches malt, ist der Aussagewert über die Angst, die Not, die Hoffnung, die Grausamkeit, die in unserem Herzen liegen, ein notwendiges Material des Verstehens, wenn es sich wirklich erledigen soll. Nur indem wir sagen: Wir wollen alles das nicht mehr, hört auf damit, wir verbieten es ein für allemal, wir führen Gesetze ein, nach denen das nicht wieder vorzukommen hat, werden wir ja nicht einmal unserer eigenen Psyche Herr. Nie geht die Zukunft hervor aus dem tapferen Gebrauch von Imperativ und Optativ. Nur was wir verstehen, bekommen wir so in die eigene Hand, daß wir dafür geradestehen können, und es sind diese Erzählungen wie gemalt, sich symbolisch in Auftrag zu geben. Noch einmal: Am Ende der langen Exodus-Geschichte begegnen wir einer ganzen Kaskade von Stationen eines psychischen Prozesses, in dem Ankunft bei sich selbst geschieht.

Bis ins Äußere hinein mag man zeigen, daß es sich so und nicht anders verhält. Der Jordan ist auf der Höhe von Jericho für jeden, der ihn kennt, ein Flüßchen, kein Strom. Wenn Caesar stolz berichtet, wie seine Pioniere 1100 Jahre nach den Großtaten Josuas eine Brücke bei Köln über den Rhein schlagen, ist das eine zivilisatorische Leistung, aber über den Jordan brauchte man selbst damals keine Brücken zu schlagen, ein paar Flöße hätten genügt. Die Ausmaße dieses Flüßchens sind ungefähr dreimal so groß wie die Pader bei Paderborn, das läßt sich in aller Regel bewältigen. Aber für die Bibel ist der Jordan etwas ganz anderes. Er ist ein an und für sich undurchschreitbarer Fluß. Schon daß man den blanken Augenschein so verändert, zeigt, daß hier mehr im Spiele ist. Ein Fluß, den man nur mit göttlicher Hilfe durchschreiten kann, bedeutet mehr als einen bestimmten Punkt in der Geographie. Nicht gelesen haben wir, daß nach der Flußdurchschreitung Josua das ganze Volk einbezieht in den Bund Jahwes durch die Beschneidung und daß ihm nach Aussendung der Späher ein Engel erscheint mit einem Speer in der Hand und noch einmal, wie damals dem Moses am Dornbusch, den Auftrag gibt, was er tun soll: Schutz und Beistand zu schenken bei allem, was kommt. Und es ist das Motiv der heiligen Lade, die unversehrt den Strom passieren muß.

Die Väter vor 1500 Jahren haben zu Recht begriffen, daß man Texte dieser Art anders, als sie geschrieben sind, interpretieren müßte. Allegorese war ihr Verfahren; alles, was da steht, sagt noch etwas anderes, Geheimnisvolles, Religiöses, nur in der Seele Spielendes. Was sich damals als zum Teil recht willkürliche Phantasie über den Text hinweg ausnahm, was für die heutige Bibelauslegung mehr humorvoll geduldet denn als wirklicher Forschungsantrieb ernstgenommen wird, ließe sich nach der Psychologie, die wir heute kennen, geordnet, systematisch, in gewisser Weise konsequent durchgehen, wenn wir all das, was die Bibel hier erzählt, uns einmal als eine stellvertretende Geschichte vorstellen, die berichten will, welche Stationen und Stadien jemand durchlaufen muß, ehe er bei sich selber ankommt. Aus der Psychotherapie wissen wir um bestimmte Gesetzmäßigkeiten, um bestimmte Symbolfiguren, die immer wieder auftreten, Konflikte, die sich typisch ergeben *müssen* und ihrer Lösung harren. Erst wenn wir Menschen zuhören, die über lange Zeiten hin, auf Jahre hin vielleicht ihr Leben zu ordnen versuchten, bekommen wir einen Kommentar, der lebendig und vital genug ist, diese Texte zu verstehen. Und dann wiederum erschließen sie sich so, wie sie vielleicht früher einmal erlebt wurden: als ein Ansporn, gegen unabsehbare Schwierigkeiten und unlösbar scheinende Probleme sich trotzdem weiter nach vorn zu wagen.

Das Ausgangsgefühl scheint ganz klar zu sein. Es liegt vor uns ein verheißenes Land, ein heiliges Terrain, ein Ort der Bestimmung. Alles, was bisher war, vierzig Jahre Wüstenzug, hatten keinen anderen Sinn, als da anzulangen. Wir spüren sehr genau, daß wir dort hinkommen *müssen*, wenn irgend unser Leben sich erfüllen soll. Es gibt einen bestimmten Inhalt, etwas, das mit uns gemeint ist; das gilt es dorthin zu bringen. Gelänge dies nicht, wäre alles vertan und umsonst. Aber nun plötzlich ergibt sich in aller Bitterkeit ein unüberwindbares Hindernis, ein Strom stellt sich uns in den Weg. Dieses Bild gebrauchte die Bibel mindestens zweimal schon vorher, in der Geschichte von Jakob, der zurück will in seine Heimat, im Buche Genesis, und beim Wüstenzug unter Moses selber gleich am Anfang der Bewegung in die Freiheit, im Bild von den Wassern des Roten Meeres. In beiden Fällen und auch jetzt dürfen wir diesen großen Strom als ein Meer oder als einen reißenden Strom des Unbewußten deuten. Da liegt etwas vor uns, das wegelos ist, das wie ein Abgrund erscheint, durch den kein Weg führt, in den hinein jeder Schritt wie ein Fortgeschwemmtwerden anmuten muß, wo die Angst aufwächst zu etwas Allmächtigem. Es ist das Gefühl, nicht weiterzukönnen und bei allem Überlegen kein Mittel zu kennen, um hinüberzusetzen. Alles scheint ausweglos, ganz buchstäblich. Das Leben selber gerät hier ins Stocken. Selbst das Bild von den Wassern ist oft, am Anfang einer solchen Lebensbewegung, ganz wörtlich zu nehmen. Es ist, als müßte *alles* erst einmal ausfließen und fortfließen wie in einem Strom der Tränen. Menschen sitzen einem gegenüber, die eigentlich gar nicht zu sprechen, fast nur zu weinen vermögen. Und so erscheint ihnen jetzt ihr Leben. Sie haben *alles* versucht, alles gewagt, sich angestrengt bis zum äußersten, sie sind müde, sie brauchten dringend den Schritt, der sie hinüberbringt an das andere Ufer, um endlich *richtig* leben zu können, aber es ist weder die Kraft vorhanden noch der Mut. Das einzige, was sie möchten, wäre, sich hinzusetzen und alles fließen zu lassen. In keiner normalen Betrachtung erscheint so etwas jemals als Lösung. Wenn wir den Machern folgen, den Psychokraten oder den Technokraten der Seele, werden sie an planbaren Konzepten basteln. Immer muß man etwas Zielstrebiges unternehmen, den Verstand gebrauchen, das Leben selbst operationalisieren. Man muß sich die nächsten taktischen Schritte klug ausdenken.

An der einen Seite des Jordan ist das alles ganz gewiß viel zu früh und subjektiv völlig unmöglich. Was man akzeptieren muß, ist, daß es Momente im Leben gibt, die sich nur lösen, wenn man sie, paradox genug, gar nicht lösen will, sondern laufen läßt. Dazu gehört ein göttlicher Raum, ein Vertrauen, daß es werden wird. Eine Überlieferung der Bibel sagt, Gott habe einen Engel in den Oberlauf des Jordan gestellt und die Fluten angehalten; andere sagen, der Jordan sei einfach weggeflossen, bis fester Grund erschienen sei, Steine im Fluß, über die man trockenen Fußes habe hinwegsetzen können.

Vermutlich ist das das Geheimnis. Es *muß* die Erlaubnis geben, weinen zu dürfen, fließen lassen zu dürfen, kommen lassen zu dürfen, was immer es sei, bis alles sich klärt und durchsichtig wird. Gemacht wird da gar nichts, nur zugelassen alles, und das genügt als erstes. Es gilt, eine Kostbarkeit zu retten, die man mitbringt. Das gegenüberliegende Land mag so heilig sein, wie es will, es mag der Zielpunkt sein, den Gott in Aussicht gestellt hat, sehr wohl, aber das, was all die Zeit über schützend, wegweisend, begleitend zur Seite war, bestand in dem Geschenk eines Heiligtums, in dem Gott selbst nahe zu sein schien. So etwas im Menschen, im eigenen Herzen zu entdecken, ist fast schon der Hauptpunkt der ganzen Lösung.

Mitunter höre ich fragen, was denn Theologie und Psychotherapie überhaupt miteinander zu tun hätten; beides seien ganz verschiedene Verfahren, das eine kümmere sich um Gott und das andere um die seelischen Probleme, und beides müsse man auseinanderhalten, schon damit eine bestimmte Sorte von Theologie ihren Frieden habe, und eine bestimmte Art von Psychologie sich nicht durch Überbeanspruchung methodisch verwirren lasse. Göttliche Zielsetzungen gehörten nicht in die Psychotherapie hinein. Aber wie, wenn wir uns wirklich einmal einließen auf Menschen, die nicht weiterwissen? Stehen wir dann nicht augenblicklich vor dem Problem, woran wir wirklich glauben sollen? Je länger wir zuhören, je weiter der Fluß abläuft, desto weniger scheint uns der Abgrund fest und zuverlässig, sondern eher undurchschaubar morastig, keinesfalls vertrauensbildend. Oft genug müssen wir an einen anderen Menschen weit mehr – wortwörtlich – glauben, als er in sein eigenes Leben noch Vertrauen und Hoffnung zu setzen vermag. Je mehr er uns sein Leben erzählt und wir zwei und zwei zusammenrechnen, desto mehr scheinen sich alle Gründe zu vermehren statt abzunehmen, daß dem anderen zu helfen sei. Fordern wir von uns, wir müßten strategisch planen und mit Vernunft ordnen, so würden wir ganz gewiß sehr bald unsere Tätigkeit einstellen und erläutern, daß unter solchen Umständen eine Therapie nicht angezeigt sei, vielleicht noch ein paar Medikamente oder die Überweisung zu einem andern Arzt oder dies und das noch – wie kann man auch dem andern sagen, daß man selbst nicht weiter weiß, daß man objektiv sogar versichern kann, es sei alles aussichtslos.

Mitunter braucht man, um einem Menschen zu helfen, dem man eigentlich gar nicht helfen kann, einen Glauben daran, daß in der Seele, im Leben des andern so etwas wie ein Heiligtum ist, das verdient, bewahrt zu werden, in dem Gott selber wohnt. Selbst die kleinsten Akte der Humanität sind in sich selbst irgendwo von einem religiösen Vielmehr getragen. Überall, wo wir einen Menschen wirklich in unser Herz schließen und sagen, mit ihm möchten wir durch den Jordan gehen, nähern wir uns auch seinem Heiligtum, dem Gott, der in ihm lebt. Anders sind wir Menschen nicht. Oder sollten wir denken: Unser irdisches Dasein, egal ob's Gott gibt oder nicht, lebt erst einmal in sich und ist auch in sich selbst in Ordnung; die Religion ist ein Zusätzliches, irgendeine dekorative Verschnörkelung, so wie um alles eigentlich ein Band oder ein Packpapier gehört, damit es sich als Geschenk schön ausstaffiert dem andern in die Hand gibt? Die Religion ist der Kern, das Zentrum, niemals das Äußere, nie ein Hinzu, sondern ein Immer-Dadurch. Deswegen scheint es gleich in der ersten Szene des Buches Josua darum zu gehen, wie man die Bundeslade unbeschadet ans andere Ufer bringt. Merkwürdig, in genau dem Moment, da Josua und seinem Volk das gelingt, kommt über das gesamte gegenüberliegende Gebiet der Kanaanäer und der Amoriter ein Gottesschrecken. Die Kundschafter, die Jericho ausspionieren, erfahren von der Dirne Rahab, so sei es bestellt, Angst habe sie alle erfaßt; und das bereits gibt den Ausschlag. Es ist das erste Mal, daß das zitternde Volk der Hebräer spürt, es könnten andere vor ihm zurückweichen. Alle menschlichen Verwirrungen gehen mehr oder minder auf dieses Problem zurück: Wer hat Angst vor wem? Immer lautet das normale Rezept: Wenn du Angst hast, mußt du dir Waffen schmieden, die dem anderen noch mehr Angst machen. Und man wird erleben, daß der andere dieselbe Logik verfolgt. Und immer ist der Krieg die Folge solcher Auseinandersetzungen. Lesen wir die Erzählungen äußerlich, dann bescheinigen sie uns sogar die Richtigkeit einer solchen Analyse.

Wie aber ist es wieder, wenn wir die Erscheinung eines Engels im dritten Kapitel des Josua-Buches für ein seelisches Geheimnis nehmen? Dann wäre es, daß wir einen Mut lernen und ein Vertrauen, die uns bestimmen, uns nicht länger mehr einschüchtern zu lassen.

Dann plötzlich brauchen wir nicht mehr die anderen zu fürchten, sondern wir erleben womöglich, daß sie Angst bekommen vor uns selbst. Jean Anouilh konnte das in seinem Stück »Jeanne oder die Lerche« über die tapfere kleine Jeanne d'Arc schreiben. Als sie dem künftigen König von Frankreich begegnet und ihn auffordert zum Kampf gegen die Engländer, hat der König, der Dauphin, ein Spiel vorgesehen: Er verkleidet sich als sein eigener Page. Die Szene ist sogar historisch beglaubigt. Aber Jeanne d'Arc erkennt gleich den König, geht auf ihn zu und sagt bei Anouilh: »Kleiner Charles, ich sehe, daß du Angst hast; aber das zeigt doch nur, daß du intelligent bist. Im Unterschied zu vielen kannst du dir vorstellen, was alles auf dich zukommt. Nun, stell es dir vor. Leg es auf einen großen Haufen, all deine Vorstellungen deiner Angst, und jetzt geh hindurch. Wenn du hindurchgehst durch deine Angst, begegnet dir Gott. Das ist mein ganzes Geheimnis, das Mysterium meiner Siege. Ich bin keine Hexe, ich habe keine Alraunen, keine Wundersprüche, nur das: Geh hindurch durch deine Angst!«

Es ist manchmal ganz wörtlich zu nehmen. Es vermeidet geradewegs die Kriege, die wir gegeneinander ausfechten. Ein fast asiatisches Geheimnis. Mitten im Kampf darf der Kaiser von China sich niemals bewegen. Er muß sein wie ein Berg. Wenn der Feind mitten in der Schlacht erlebt, daß der Berg sich bewegt, erschüttert's die Erde, und der Krieg ist verloren. Fest zu sein mitten in der Auseinandersetzung, das ist wie die ganze taoistische Weisheit. Sie ist der innere Kern auch des Buches Josua.

Sollten wir's uns rückübersetzen in einfache Erfahrungen der Seele? Irgendwann ist genug geweint, und man fängt an, klar zu sehen. Wen hat man eigentlich gefürchtet? Die eigenen Eltern vielleicht, aber sie sind heute *sehr* alt geworden und gar nicht mehr so schrecklich, wenn man nur noch einmal genauer hinsieht. – Eine Frau hat Angst gehabt vor ihrem Mann ein Leben lang, aber plötzlich sieht sie, wie armselig dieser ihr Haustyrann all die Jahre über war; kein Grund, ihn zu fürchten. – Ein Mann hat Angst vor seiner eigenen Frau; vor ihr zu versagen, nicht mehr geliebt zu werden, war ihm die Vernichtung seines ganzen Selbstwertgefühls. Vielleicht sieht er noch einmal hin und erkennt, daß mindestens ein Teil aller Probleme auch im Leben des oder der anderen gelegen war.

Kann es nicht sein, daß wir ein Stückchen weiter, am Ort des Vertrauens, in dem Menschen, der uns begleiten möchte, so etwas sehen wie eine Zuversicht, einen erhobenen Speer wie zum Schutz, der uns sagt: Geh' nur einfach weiter, geradewegs auf Jericho zu?

Es scheint eine typische, nicht nur stilistisch bedingte Manier dieser Erzählungen zu sein, daß sie gleiche Bilder, gleiche typologische Reihen immer wiederholen. Auch das gehört zur psychologischen Erfahrung. Wie oft klagen da Menschen, bitten förmlich um Entschuldigung, daß derselbe, strukturell ganz gleiche Konflikt jetzt noch einmal und immer wieder erörtert werden müsse. Sie werden sich beim Hören dieser Geschichte ja gefragt haben: »Wenn Josua wirklich ein so großer Kriegsheld ist, daß er Ai besiegt und all die anderen Städte im Sturm nimmt oder mit List, wieso nicht Jericho? Ist denn das heldisch, sozusagen sieben Tage lang eine Stadt zu umschleichen wie die Katze den allzu heißen Brei und dann laut zu rufen, in der Hoffnung, irgendwelche Mauern stürzten ein?« Ist die Bibel denn überhaupt vergleichbar, obwohl doch diese Geschichten zeitgleich mit den tapferen Taten der Helden Homers erzählt werden? Wer auf dieser Ebene nach Ruhm sucht, wird die Bibel enttäuschend finden. Ein rechter Mann würde auf Jericho zugehen und im Waffengang sich messen wie ein Achill mit seinem Hektor. – Psychisch macht all das einen sehr sensiblen, fein gesponnenen symbolischen Wert aus. Es gibt Konflikte und Probleme, die lassen sich überhaupt nicht im Sturm lösen. Sowenig wie eben noch der Jordan zu durchschreiten war, ist es möglich, geradeaus nach Jericho hineinzugehen. Erst wenn die Mauern fallen, wird das ganze Volk geradeausmarschieren. Aber bis dahin wird es sich im Kreise bewegen, immer wieder dieselbe Konfliktstelle einkreisen *müssen*. Und daß die Mauern fallen, kann es nicht machen, es muß sich ergeben, die Frage ist nur, wie.

Ein kleines Beispiel dafür. Eine Frau hat jahrelang in ihrer Ehe an ihrem Mann gelitten. All die Beziehungen waren eine einzige Katastrophe. Dieser Mann ging sehr früh fremd. Er war sehr stark an seine eigene Mutter gebunden, von der er nicht loskam, und von der völlig verwirrenden Erziehung seines Vaters geprägt. Sie hat viele Jahre lang gespürt, daß da irgend etwas nicht stimmte in der Ehe, aber sie durfte es nicht sagen und wollte es nicht sagen, und als es ihr gesagt wurde, begann für sie eine Zeit endloser Leiden. Sie durfte ihrem Mann nicht einmal sagen, wie sehr sie litt, denn dann schimpfte er mit ihr, wie rückständig sie sei, wie wenig Verständnis sie habe und daß er sie verlassen werde. Das aber wollte sie am wenigsten, schon den Kindern zuliebe, als diese Ehe endlich zerbrach, und sie einen anderen Mann kennenlernte. Zu ihrer eigenen Verwunderung begannen die Verwundungen von damals zu ihr zu reden. Sie hatte fast zwei Jahrzehnte lang jeden Konflikt an der Seite ihres Mannes fast nicht mehr merken dürfen, so wie jemand barfuß übers Eis geht und die Kälte gar nicht mehr spürt, er läuft nur und läuft nur, bis ihm die Füße fast erfrieren. Erst wenn er ins Warme kommt, merkt er, wie sehr er gelitten hat, und es kommen die Schmerzen wieder, die er damals allesamt gar nicht spüren durfte, nur um immer weiterlaufen zu können, von einem Tag in den nächsten, ohne jede Empfindung für sich selbst. Wie löst man einen solchen Konflikt, der lange, lange Zeit bestanden hat? Auch heute ist die Frau geneigt zu sagen: »Ich lass' doch nicht meine eigenen Gefühle immer wieder störend in eine jetzt glückliche und so schöne Beziehung hineindrängen. Warum denn das alles? Es ist doch längst vorbei. Ich *weiß* doch: Alle Gefühle, die ich heute habe, wenn ich mit dem anderen Mann zusammen bin, passen überhaupt nicht zu uns, es kommt nur von früher.« Trotzdem wird sie all das nicht los. Es kann oft Wochen dauern, bis ihr überhaupt einfällt, warum eine bestimmte Störung, eine winzige Erinnerung sich jetzt so schrecklich und zerstörerisch wieder gemeldet hat. Alle Ungeduld auch liegt darin, es müßte schneller gehen, es müßte mit einem sozusagen frontalen Angriff das Problem zu schaffen sein. Statt dessen lautet der ganze Trost, der sich geben läßt, nur: »Es ist schon enorm viel, daß Sie heute merken, daß Empfindungen aus der Zeit von damals stammen, daß diese Vermutung zumindest schon Platz greift. Es ist auch viel wert, daß wir deutlich beobachten, die Zeiten, in denen Sie jetzt etwas mitteilen können, dauern nicht mehr Wochen und Monate lang, sondern sozusagen nur noch tagelang, vier Tage, sechs Tage.« – »Aber es ist so schrecklich«, sagt sie, »und es ist wie ein Fieber, wie eine Krankheit.« – Wieder kann man nur sagen: »Es ist eine wirkliche Wiederholung, die Gefühle jetzt sind dieselben wie vor fünfzehn oder zwanzig Jahren. Und wir werden die Zeit verkürzen, darauf kommt es an. Es wird das Einkreisen des Problems in immer engeren Spiralen möglich werden. Fast werden wir eines Tages den Punkt berühren, und Sie werden's aussprechen können. Das wird das wirkliche Wunder sein.« – Im Bild gesprochen: Irgendwann wird's erschallen wie der Stoß einer Posaune, irgendwann wird das ganze Herz Worte finden für seinen Schmerz. Und dann ist es vorbei, es gibt keine Barrieren mehr, keine Mauern mehr, die ganze Stadt, das Innenterrain der eigenen Seele wird offenliegen.

Freilich, Sie werden erschrocken sein, zu hören, wie Josua mit all den Einwohnern in Jericho verfährt. Nichts wird da geschont. Was Sie als militärische Erinnerung scheußlich, inhuman, ja als ganz absurd empfinden müssen, macht seelisch dennoch einen Sinn, ist symbolisch durchaus berechtigt. Es geht im psychischen Gebiet nicht viel anders zu als im körperlichen. Das Immunsystem wird nie aufhören, wenn es erst einen bestimmten Virus erkannt hat, den ganzen Virusstamm, Millionen Viren bis zum äußersten und letzten auszurotten, weil, solange *ein* Virus noch erhalten bleibt, alles wieder anfangen wird. Das Immunsystem des Körpers kann es sich nicht leisten, irgend etwas von dem, was es tödlich bedroht, noch in sich zu tragen. Es ist psychisch nicht anders. All die Ängste von früher gilt es bis zum letzten durchzugehen. Nichts davon darf überleben. Es ist, so gesprochen, ein wirklicher Bann, der da verhängt wird. Unter all dem, was bis dahin zerstörerisch war, getötet hat, Leben verhindert hat, gilt es aufzuräumen ohne Schonung; wirklich ein Gottesdienst, so betrachtet. Vor allem bleibt es dabei, daß es nicht möglich ist, in diese innere Prozedur der Reifung Motive ganz anderer Art einzuschieben, symbolisiert in der Person des Achan, der später mit seiner ganzen Sippe verbrannt wird. Er verdirbt das ganze Unternehmen. Die Eroberung Ais hätte sehr bald gelingen können, scheinbar eine kleine Aufgabe bei so wenig Gegnerschaft, so wenig Einwohnerschaft, aber sobald es gar nicht mehr darum geht, im göttlichen Dienst voranzukommen, sagen wir übertragen: der Wahrheit zu dienen, dem, was wirklich stimmt, ein Wort zu verleihen, sondern sobald es darum geht, irgend etwas an neuem Besitz aufzubauen, gewissermaßen die Hand auszustrecken, um sich zu bereichern, verdirbt dies die ganze Prozedur. Es ist auf diesem Weg der seelischen Entwicklung nicht die Frage, wie das sich auszahlt oder wie es zum Nutzen kommt oder wie es sich darstellt, wie man an einen wunderschönen Mantel gerät oder sehr viel Silber in die eigene Hand bekommt – die Frage ist einzig, was stimmt.

Sie merken, daß diese Texte sehr genau erzählen, denn jetzt kommt es darauf an, daß man mit eigener Überlegung, wirklich mit planender Vernunft, mit Taktik Ai überwindet; eine neue Aufgabe. Gott selbst erklärt dem Josua, wie es zu machen sei. Auch das wieder ist ein Motiv, von dem wir, selbst unter antiken Überlieferungen, nicht ohne weiteres glauben sollten, daß es sich so fügen müsse. Auch bei Homer bringen zumeist die Götter ihren eigenen Streitmächten auf Erden die Wege des Sieges bei, aber daß Josua von einem Gott belehrt werden muß, wie man eine Stadt erobert, daß der König von Ai so täppisch ist, die gesamte Besatzung in die Verfolgung des fliehenden Feindes zu schicken, all das ist unglaubwürdig erzählt. Und wieder sagen uns die Historiker: Die Stadt Jericho, eine der ältesten der Welt, über 8000 Jahre alt, ist niemals von irgendeinem Josua besetzt oder verbrannt worden, sie war längst eine Ruine, als die Hebräer nach Kanaan kamen. Und auch Ai wird nicht von irgendeinem Josua erobert worden sein. All das, darf man historisch vermuten, sind Stammesüberlieferungen des kleinen Stammes Benjamin, die dann später durch andere Traditionen aufgefüllt wurden.

Worum also geht es, wieder symbolisch? In manchen Phasen der psychischen Reifung scheint dies so nötig: Es gibt bestimmte Punkte, die man nur gewinnen kann, indem man sie herauslockt. Denken wir an all die vielen Stellen, wo es Antriebe gab, die sich nie wirklich aus den Mauern herausgetraut haben, die uns versperrt waren und die wir wirklich nur erobern können, wenn wir ihnen den Platz geben, zum Schein, siegreich zu sein, schon damit wir sie kennenlernen. Eine der Merkwürdigkeiten heutiger Psychotherapie liegt wirklich darin, den anderen zu ermutigen, alles, was in ihm lebt, erst einmal hervortreten zu lassen, es auszuagieren, es probeweise ins freie Land zu schicken und dann von rückwärts her zu besetzen, bis es ihm selber gehört. Jede Taktik im Äußeren hat gewissermaßen ihr psychisches Korrelat. So auch hier. Es ist dabei wieder entscheidend, daß es nicht darum geht, einfach irgend etwas auszutoben, wohl aber, es besser in die eigenen Hände, in die Verfügung des eigenen Herzens zu bekommen. Die wichtigste Triebenergie, die wirklich starke Sehnsucht unserer Seele wird hier überlagert durch die Wüstenei kriegerischer Auseinandersetzungen, aber wenn wir uns vorstellen, daß *ein* Inhalt, den wir uns zu eigen machen müssen, damit wir mit ihm leben können, in der Liebe selber liegen kann, dann sind wir auf der rechten Spur. Gerade die Liebe erscheint uns oft genug wie ein Feind. Wir haben soviel Angst vor ihr gelernt. Das ganze Land unseres Körpers oder unserer Seele könnte uns gehören, gäbe es nicht diese eingeklemmten Restpunkte fremder Bastionen in uns selbst. Wie sollen wir sie anders integrieren, als indem wir sie hervorlocken und uns trauen, uns auf sie einzulassen, indem sie von innen her die Türen öffnen, die wir dann besetzen können?

Freilich, daß wieder die Gegner zu Tode besiegt werden, das scheint sich wenig nach Integration auszunehmen. In Wirklichkeit aber müssen wir noch einmal sagen: Es gilt, daß uns am Ende alles gehört, was uns verheißen ist auf dem Weg des Vollständig-Werdens unserer Seele und unseres Lebens. Es hat da kein Pardon, keine Reste zu geben. Um es so zu sagen: Ein Mensch wird nie zu sich selbst kommen, wenn er über ein Land verfügt, in dem eine Ritterburg hinter der anderen an den Ufern der Ströme steht und Mautgebühren über Mautgebühren eingezogen werden. Wenn er immer noch ein Fremder bleiben muß im eigenen Land, dann muß jede Stadt, jede Zone alter Angst für sich selbst besetzt werden.

Dann kommt es am Ende zu einer phantastischen Entscheidung. »Welchem Gott wollt ihr dienen?« fragt Josua auf dem Reichstag in Sichem, wahrscheinlich eine Szene, die so oder ähnlich sogar historisch sich ereignet haben dürfte. Das frühe Israel gründet einen Stämmeverband, eine Amphiktyonie, wahrscheinlich in Sichem, ein letzter Akt nach der beginnenden Staatsgründung unter Josua. Geschlossen aber wird nicht ein politischer Kampfverband, sondern eine religiöse Gottesgemeinschaft, und die Frage ist: Wer ist der rechte Gott? Man erinnert sich, daß man vormals, in den Tagen der Väter, anderen, fremden Göttern – in der Mehrzahl – gehorcht hat; Josua und sein Haus aber werden unter dem gleichen Namen Elohim – in der Einzahl – die Gottheit verehren. Die Worte sind dieselben, die Inhalte aber absolut konträr, wie Sein oder Nichtsein, denn das ist jetzt wirklich die Frage: Ist Religion das, was von ehedem erlernt wurde, etwas von fremd Übernommenes, etwas die Seele im Plural Zerspaltendes, eine Vielzahl von Mächten, die in jedem Betracht konträr zueinander stehen und sich zerreiben auf dem Boden unserer Seele, oder ist Religion etwas, das uns selber zu einigen vermag im Gegenüber einer in sich selbst einigen Person? Dann muß gerade das Neue, dem wir verdanken, daß wir wir selbst wurden, als Inhalt der Religion bekannt werden. Dann sind all die neuen Erfahrungen, die uns auf dem Wege einer tieferen Vermenschlichung begleitet haben, das Kreditiv des Glaubens. Um diese Entscheidung geht es in Sichem. Sie ist am Ende des 20. Jahrhunderts so aktuell wie nur irgend etwas. Bedeutet Religion das Sammelsurium der tradierten Gottesvorstellungen, denen wir uns weiter verpflichtet fühlen, weil die Väter es genauso gemacht haben, oder haben wir Grund, das, was Religion bisher hieß, noch einmal zu ändern und zu sagen: Was uns befreit hat, was uns in das eigene Land geführt hat, was uns Grund und Boden unter die Füße gegeben hat, was uns leben läßt, das ist unser Gott. Dann hätte Josua recht auf dem Reichstag in Sichem. Dann hätte sein Leben und das aller Menschen sich gelohnt. Dann dürfte er, hundertzehnjährig, in Ruhe sterben, lebenssatt, wie die Bibel manchmal erzählt.

Sie können sagen: »Das sind aber schwierige Gedanken, da braucht man sehr viel Psychologie, auch eine Menge menschlicher Erfahrung, und haben wir überhaupt die Erlaubnis, mit der Bibel so umzugehen?« Immer noch höre ich den Einwand vieler Theologen, so werde die Bibel von allem Geschichtlichen entblößt, zurückgeführt auf rein Seelisches, aus ihren Erzählungen, die doch historisch beglaubigt seien, würden Mythen und Legenden gemacht. Sie haben miterlebt, daß dieser Einwand sich erledigt; die Bibel selbst ist an all diesen Stellen kein Historienbuch. Sie erzählt Geschichte, aber in Wirklichkeit bietet sie Geschichten, die selbst Sagen, Legenden und Mythen sind; also müssen wir das, was sie berichtet, an dem Ort wiederfinden dürfen, aus dem die Sagen, Legenden und Geschichten entstehen. Und dann hat das, was wir getan haben, eine gewisse gute Tradition. Fast naiv, aber mit einer unglaublichen seelischen Inbrunst haben die Geschichten von Josua und wie er durch den Jordan ging und wie beim Blasen der Trompete die

Mauern Jerichos einstürzten, am Anfang des 19. Jahrhunderts unter der Anleitung von methodistischen Geistlichen Menschen, die im Süden Amerikas auf den Baumwollfeldern keine Chance hatten, die man als Sklaven hielt, zu verhökern zwischen Bananen und Tabak auf dem Markt, diese Texte gehört und in sich aufgenommen. Ihr Gelobtes Land lag nicht in Alabama oder Virginia, an keinem Punkt der Erde; für sie war das Kanaan der Himmel selbst und der Jordan nicht ein Fluß, über den man setzt, auch nicht einmal mehr das Unbewußte der Seele, sondern die Schranke des Todes, durch die man hindurchgeht, um an der anderen Flußseite *wirklich* zu *sein*. Es ist, wie wenn da alle Bilder der psychischen Erfahrung noch einmal sich in eine jenseitige Welt hineinverlagerten, die sich selbst absolut, als eigentliche Verheißung setzt.

Auch im Deutschen sagen wir manchmal: über den Jordan gehen. Das ist soviel wie: hinübergehen in das Reich Gottes; und diese Bedeutung ergänzt, trägt mit, was wir psychisch eben nachzugestalten versucht haben. Lieder der Negro-Spirituals sagen und singen es so:

Tiefer Strom, mein Heim ist überm Jordan.
Tiefer Strom, ich möchte hinüber zu den Scharen.
O wollt ihr nicht gehen zu dem heiligen Fest
Ins Gelobte Land, wo nur Frieden ist?
Wollt ihr nicht gehen ins Gelobte Land,
Wo nur Frieden ist?

Tiefer Strom, mein Heim ist überm Jordan.
Tiefer Strom, ich möchte hinüber zu den Scharen.
Tret in den Himmel zu meinem Platz
Und werf meine Krone vor Jesu Fuß,
Tret in den Himmel
Und werf meine Krone vor Jesu Fuß.

Tiefer Strom, mein Heim ist überm Jordan.
Tiefer Strom, ich möchte hinüber zu den Scharen.
Bin ich im Himmel, lauf ich herum,
Und niemand wirft mich dort mehr vor die Tür.
Bin ich im Himmel, wirft niemand
mich dort mehr vor die Tür.

Tiefer Strom, mein Heim ist überm Jordan.
Tiefer Strom, ich möchte hinüber zu den Scharen.

Und in dem »Lied vom stillen Fluß« heißt es:

Blickst du hinunter den stillen Fluß,
Blick nach Sion, Herr, mein Herr.

Ich hatte eine Mutter, und sie ist tot.
Sie ist in Sion, du, mein Herr.

Sie ließ mich zurück in Tränen und Leid,
Sie ist in Sion, Herr, mein Herr.

Finstere Wolken im Osten stehn
Über dem Sion, Herr, du mein Herr.

Doch blick ich über den stillen Fluß
Dort nach Sion, Herr, du mein Herr.

Es gibt, glaube ich, in der Auslegungsgeschichte des Buches Josua keine tiefere, sehnsüchtigere, menschlich stimmigere als diese. Da wird eine andere Welt beschworen, um diese zu ertragen, und das Land der Verheißung, ganz anders, als die Bibel es erzählt, aus einer Stätte endloser Kämpfe und Menschenschlächtereien zu einem Ort der Versammlung und des Friedens, zur Rückkehr in ein Heimatland, zum Ort eines verlorenen Paradieses, aufgipfelnd im Berg Zion, wo der Himmel die Erde berührt, Traum aller Sehnsucht und schon deshalb Stätte religiöser Verheißung.

Wenn es nicht sein darf, die Bibel so zu lesen, dann sollten wir sie wirklich schließen, damit sie uns nichts Falsches sagt.

5. Februar 1994

12

Debora oder der Krieg der Frauen

BEI den Geschichtsüberlieferungen der Tröstung Israels, dem Alten Testament, müssen wir die Frage, oft auch die Klage wachhalten, was denn der Gott der Offenbarung Israels mit unserem Trachten und Handeln zu tun hat, mit dem, was wir Geschichte nennen. Eine besondere Frage wird dabei zum Zentrum unserer Betrachtungen zählen, nämlich welch eine Rolle denn die Frau im Erbe der patriarchalischen Überlieferungen Israels spielt. Wir werden miteinander im 5. Kapitel des Buches der Richter den Kampf und das Lied der Debora lesen.

Die Situation, in der das 5. Kapitel des Richter-Buches spielt, ist gekennzeichnet durch die Unsicherheit des Lebens im sogenannten Land der Verheißung. Unter Josua müssen Stämme Israels in das Gebiet von Kanaan eingedrungen sein, sind Generation um Generation dort eingesickert, treffen aber, je mehr ihrer werden, auf den Widerstand der ansässigen Landbevölkerung. Schon sind Teile des Wüstenvolks, des Nomadenstammes Israel, zum Ackerbau übergegangen, da formiert sich unter mehreren Stadtkönigen Kanaans ein organisierter Widerstand. Man will die Eindringlinge in einer Entscheidungsschlacht vertreiben. Bis dahin ist in den Stunden der Not immer wieder, wie man glaubt, unter dem Geist Gottes selbst jemand aufgestanden, der als Richter oder besser als Retter das Volk aus seiner aktuellen Not befreite. Das Schema des ganzen religiösen Denkens im Richterbuch ist sehr einfach. Wenn das Volk sich nicht so verhält, wie Jahwe will, gibt er zur Strafe das Volk seiner Erwählung vorübergehend den Feinden in die Hand, und wenn es dann reumütig wehklagt und bittet, erwählt er eine starke Persönlichkeit in seinem Geiste, die für einen Moment Freiheit und Sicherheit wiederherstellt. So wurde gerade vorher unter dem Richter Ehud der Stadtkönig Eglon ermordet. Der Bibel gilt das als eine gottgegebene großartige Tat. Es hat, unter Lügen die Wachen passierend, der Linkshänder Ehud, weil man die rechte, waffenführende Seite kontrollierte, in den Palast Eingang gefunden, und er ersticht meuchlings den kanaanäischen Herrscher. Von diesen Großtaten wimmelt das Richter-Buch.

TEXT: Ri 4,1–24

Als aber Ehud gestorben war, taten die Israeliten wiederum, was dem Herrn mißfiel. Darum verkaufte sie der Herr in die Hand Jabins, des Königs von Kanaan, der zu Hazor regierte; sein Feldherr aber war Sisera, der in Haroseth-Gojim wohnte. Da schrieen die Israeliten zum Herrn. Er hatte nämlich neunhundert eiserne Wagen und bedrückte die Israeliten hart, zwanzig Jahre lang. Debora aber, eine Prophetin, das Weib Lappidoths, sprach den Israeliten Recht zu jener Zeit. Sie hatte ihren Sitz unter der Deborapalme zwischen Rama und Bethel auf dem Gebirge Ephraim, und die Israeliten kamen zu ihr hinauf, sich Recht sprechen zu lassen. Die sandte hin und ließ Barak, den Sohn Abinoams, aus Kedes in Naphthali rufen und sprach zu ihm: Fürwahr, der Herr, der Gott Israels, gebietet dir: Geh, ziehe auf den Berg Thabor und nimm zehntausend Mann von Naphthali und Sebulon mit dir; dann ziehe ich den Sisera, den Feldherrn Jabins, samt seinen Wagen und seinen Heerhaufen zu dir an den Bach Kison und gebe ihn in deine Hand. Barak sprach zu ihr: Wenn du mit mir gehst, so gehe ich; gehst du aber nicht mit mir, so gehe ich nicht. Sie sprach: Gut, ich gehe mit dir; nur wird dann der Ruhm des Zuges, den du unternimmst, nicht dir zufallen; denn der Herr wird Sisera in die Hand eines Weibes verkaufen. So machte sich Debora auf und zog mit Barak nach Kedes. Da entbot Barak Sebulon und Naphthali nach Kedes, und zehntausend Mann folgten ihm auf dem Fuße; auch Debora zog mit ihm. Heber aber, der Keniter, hatte sich von den Kenitern, den Söhnen Hobabs, des Schwiegervaters Moses, getrennt und hatte zuletzt sein Zelt bei der Eiche von Zaanaim aufgeschlagen, das bei Kedes liegt. Als man nun dem Sisera meldete, daß Barak, der Sohn Abinoams, auf den Berg Thabor gezogen sei, entbot Sisera alle seine Wagen, neunhundert eiserne Wagen, und alles Kriegsvolk, das er bei sich hatte, aus Haroseth-Gojim an den Bach Kison. Debora aber sprach zu Barak: Auf! Denn dies ist der Tag, da der Herr den Sisera in deine Hand gegeben hat. Fürwahr, schon ist der Herr vor dir her ausgezogen. Da stieg Barak vom Berge Thabor herunter und zehntausend Mann ihm nach. Und der Herr brachte Verwirrung vor Barak über Sisera und alle Wagen und das ganze Heer, so daß Sisera vom Wagen sprang und zu Fuß floh. Und Barak jagte den Wagen und dem Heere nach bis Haroseth-Gojim; und das ganze Heer Siseras fiel durch die Schärfe des Schwertes, auch nicht einer blieb übrig.

Sisera aber war zu Fuß zum Zelte Jaels, des Weibes des Keniters Heber, geflohen; denn es war Friede zwischen Jabin, dem König von Hazor, und dem Hause des Keniters Heber. Und Jael trat heraus, dem Sisera entgegen, und sprach zu ihm: Kehre nur ein, Herr, kehre nur ein bei mir, fürchte dich nicht! Und er kehrte bei ihr ein ins Zelt, und sie deckte ihn mit der Decke zu. Er aber sprach zu ihr: Gib mir doch ein wenig Wasser zu trinken, ich habe Durst. Da öffnete sie den Milchschlauch, gab ihm zu trinken und deckte ihn wieder zu. Und er sprach zu ihr: Stelle dich an den Eingang des Zeltes, und wenn einer kommt und dich fragt: Ist jemand hier? so sage: Nein. Nun holte Jael, das Weib Hebers, einen Zeltpflock und nahm den Hammer zur Hand, dann ging sie leise zu ihm hinein und schlug ihm den Pflock durch die Schläfe, so daß er in die Erde drang; Sisera war nämlich vor Ermattung fest eingeschlafen. So starb er. Da kam auch schon Barak dahergestürmt, dem Sisera nach, und Jael trat heraus, ihm entgegen, und sprach zu ihm: Komm, ich will dir den Mann zeigen, den du suchst. Und als er zu ihr hereinkam, siehe, da lag Sisera tot am Boden, mit dem Pflock in der Schläfe. So demütigte Gott an jenem Tage Jabin, den König von Kanaan, vor den Israeliten. Und die Hand der Israeliten lastete immer schwerer auf Jabin, dem König von Kanaan, bis sie ihn vernichtet hatten.

Um 1100 vor Christus ist eines der ältesten Lieder entstanden, das in der Bibel überliefert wird, das Debora-Lied, von grausiger Schönheit. Es teilt viele historische Einzelheiten mit, die in der Legende, der Sage nicht weiter enthalten sind.

TEXT: Ri 5,1–31

> Damals sangen Debora und Barak, der Sohn Abinoams:
> Daß Führer führten in Israel,
> daß sich willig zeigte das Volk,
> darob preiset den Herrn!
> Höret, ihr Könige, merkt auf, ihr Fürsten!
> Ich, ja ich will singen dem Herrn,
> will spielen dem Herrn, dem Gott Israels.
> O Herr, als du auszogst von Seir,
> einherschrittest von Edoms Gefilde,
> erbebte die Erde, es troffen die Himmel,
> ja, die Wolken troffen von Wasser.
> Die Berge wankten vor dem Herrn,
> vor dem Herrn, dem Gott Israels.
> In den Tagen Samgars, des Sohnes Anaths,
> in den Tagen Jaels feierten die Karawanen,
> und die Wandrer mußten krumme Pfade ziehen.
> Es feierten die Bauern in Israel, feierten,
> bis du aufstandest, Debora,
> aufstandest, eine Mutter in Israel.
> Die Opfer für Gott hatten aufgehört,
> ausgegangen war das Gerstenbrot;
> kein Schild ward gesehen, noch Speer
> bei Vierzigtausenden in Israel.
> Mein Herz gehört den Führern Israels,
> die sich willig zeigten im Volke.
> Preiset den Herrn,
> die ihr auf weißen Eselinnen reitet;
> die ihr auf Teppichen sitzt und
> die ihr des Weges wandert, singt!
> Horch, Trompeter zwischen den Tränkrinnen!
> Dort erzählt man die Heilstaten des Herrn,
> die Heilstaten an seinen Bauern in Israel.

Da zog hinab zu den Toren das Volk des Herrn.
»Wach auf, wach auf, Debora!
Wach auf, wach auf, singe ein Lied!
Erhebe dich, Barak, und führe gefangen,
die dich gefangenführten, Sohn Abinoams!«
Da zog Israel hinab, ein Heer von Gewaltigen,
das Volk des Herrn ihm zu Hilfe gleich Helden.
Aus Ephraim stiegen sie zu Tale,
hinter ihnen Benjamin mit seinen Scharen.
Aus Machir stiegen Führer herab
und aus Sebulon die Szepterträger.
Die Fürsten in Issaschar folgten Debora,
und Naphthali mit Barak;
ins Tal zogen sie ihm nach auf dem Fuße.
In den Gauen Rubens gab's lange Überlegungen.
Was saßest du müßig zwischen den Hürden,
die Lockpfeife bei den Herden zu hören?
In den Gauen Rubens gab's lange Überlegungen.
Gilead blieb ruhig jenseits des Jordan,
und warum weilt Dan bei den Schiffen?
Asser saß im Gestade des Meeres
und blieb gemächlich an seinen Buchten.
Sebulon ist ein Volk, das sein Leben dem Tode preisgibt,
auch Naphthali auf den Höhen seines Gefildes.
Könige kamen und stritten,
Kanaans Könige stritten da,
zu Thaanach an den Wassern Megiddos;
Silberbeute gewannen sie nicht.
Vom Himmel her stritten die Sterne,
von ihren Bahnen aus stritten sie wider Sisera.
Der Kisonbach riß sie fort,
der Bach wogte ihnen entgegen, der Kisonbach.
Tritt einher, meine Seele, in Kraft!
Damals stampften die Hufe der Rosse –
der Galopp, der Galopp der Renner.
Verfluchet Meros! sprach der Engel des Herrn,
ja, fluchet seinen Bewohnern,

daß sie nicht kamen dem Herrn zu Hilfe,
dem Herrn zu Hilfe unter den Helden!
Gepriesen vor allen Frauen sei Jael,
Hebers Weib, des Keniters,
gepriesen vor allen Frauen im Zelte!
Wasser heischte er, Milch gab sie,
in herrlicher Schale reichte sie Sahne.
Ihre Hand streckte sie aus nach dem Pflock,
ihre Rechte nach dem Werkhammer,
hämmerte ein auf Sisera, zerschlug ihm das Haupt,
zermalmte, durchbohrte seine Schläfe.
Zu ihren Füßen brach er zusammen, fiel nieder, lag da;
zu ihren Füßen brach er zusammen, fiel nieder;
wo er zusammenbrach, da lag er erschlagen.
Durchs Fenster spähte und schaute aus
die Mutter Siseras, durch das Gitter:
»Warum verzieht sein Wagen zu kommen?
warum zögern die Tritte seiner Gespanne?«
Die klügste unter den Fürstinnen erwidert ihr,
auch sie selber gibt sich die Antwort:
»Sicherlich finden sie, teilen sie Beute –
ein Weib, zwei Weiber für jeden Mann!
Ein buntes Gewand, zwei bunte Gewänder als Beute für Sisera!
Ein Tuch, zwei Tücher, schön gewirkt, für den Hals der Gemahlin!«
So müssen umkommen, Herr, all deine Feinde!
Die dich aber lieben, sind wie die Sonne,
wenn sie aufgeht in ihrer Pracht.
Und das Land hatte vierzig Jahre lang Ruhe.

Wahrscheinlich kann man Geschichten wie diese aus dem Buch der Richter nicht anders anschauen als manche Bilder des spanischen Malers Francisco Goya. In seinen »Desastres de la Guerra«, in den »Schrecken des Krieges«, aus der Zeit der spanisch-französischen Wirren hat er eine Radierung gefertigt mit dem Titel »Welch ein

Mut!«. Da sieht man, inmitten von Gefallenen, an einer Kanone eine Frau stehen, welche die Lunte zündet, um den letzten Schuß aus dem Rohr auf den Feind abzufeuern. Goya hat schreckliche Bilder gemalt, in denen Frauen die Opfer des Krieges sind, geschändete, vergewaltigte, leidende; auf diesem Bild scheint die Rolle der Frau – auch sie eine Kämpfende – zumindest der Namensgebung nach wie eine Gloriole gemeint zu sein. In Wirklichkeit aber, dem ganzen Kontext der Bilder nach, ist der Titel fast ironisch zu verstehen. Wie verzweifelt müssen Menschen sein, um diese Art von Mut zu produzieren? müßte man fragen. Ist Debora in der Bibel eine Heldin oder eine Wahnsinnige, wenn sie solche Lieder singt und durch die Jahrtausende ertönen läßt, als gültiges Gotteswort eine wirkliche Offenbarung?

Warum überhaupt führen Menschen Kriege? Es gibt als Grund nur einen einzigen: Er liegt nicht, wie manche Psychologen uns nahelegen, im angeborenen oder kulturell vermittelten Sadismus, er ist nicht die Aufsummierung der kleinen privaten Bosheiten, er ergibt sich nicht, weil wir das Theologenmoralisieren immer wieder überhören, das da lautet: Der Friede beginnt im Zusammenleben zwischen zwei Menschen; er wird geboren in der Familie; er ergibt sich aus der Bereitschaft, daß der eine dem anderen verzeiht. Wenn es das wäre, gäbe es niemals Kriege. Privat können Menschen boshaft sein, hinterlistig, gemein, mit allen Tricks, die ihnen das Leben beigebracht hat. Aber der Krieg ist etwas ganz anderes. Er entsteht nicht aus persönlichen Gestimmtheiten und Motiven, immer ist er ein Kollektivereignis, das den einzelnen mitreißt, selbst wenn er nicht will, so wie Barak hier, schon aus lauter Angst, überhaupt keine Lust hat, sich auf den Tabor drängen zu lassen und den Helden zu spielen, der er auch im folgenden nimmer sein wird. Der Krieg wird geführt als Überlebenskampf für ein gesamtes Volk, anders nie, und sein Ziel ist immer das gleiche, seit Jahrtausenden: die Sicherung von Grenzen. Um 1100 vor Christus bewegen wir uns in einem Kulturraum, in dem in einer vorderasiatischen Völkerwanderungswelle einmal wieder alle Grenzen durcheinandergeraten und auf der Karte der Völker neu verschoben und gemischt werden. Was soll man tun in einer Zeit, in der Völker Völker vertreiben oder vor sich hertreiben wie Wellen, die der Sturm peitscht im Ozean?

Sie treffen irgendwann an das feste Land und versuchen sich dort auszubreiten, wohin es immer geht. Jedes Volk aber, das um sein Leben ringt, kämpft da gegen ein anderes, und es sieht darin eine Entscheidung auf Sein oder Nichtsein. Deshalb ist die Neigung so groß, das Göttliche selbst zum Attribut des eigenen Rechtsanspruchs zu erklären. Immer führt man in jenen Tagen Völkerkriege als Gotteskriege.

Man mag das verstehen um 1100 vor Christus. Aber was sagt es uns heute? Schauen wir diese Texte an wie die Bilder Francisco Goyas, so können wir sie kaum skeptisch genug lesen. Selbst in ihrer eigenen Überlieferung lassen sie uns immer wieder den Atem stokken.

Der Gott Israels war keineswegs immer so, wie er hier geschildert wird. Vormals war er ein Stammesgott, der den Vater des Volkes am Anfang der Stammesüberlieferung erwählt hatte, der Gott Abrahams oder, zusammengesetzt aus verschiedenen Stammesüberlieferungen, der Gott Abrahams, Isaaks und Jakobs. Daß dem Stammvater die Botschaft übergeben wurde, war Inbegriff des Jahwe-Glaubens in Israel. Ein einzelner Stamm sollte seinen Weg machen, indem er geführt wurde. Jahwe als Wegegott, als Begleiter viehzüchtender Nomaden in den Triften der Steppe – viel mehr war im Umkreis dieser Religion ursprünglich kaum enthalten. Bestimmte Naturerfahrungen eines vulkanischen Berggottes mögen hinzugetreten sein, aber in diesem Augenblick im Buch der Richter schaut uns ein ganz anderer Gott an. Ein Kriegsheld ist er dort, der die Menschen nötigt, als seine Diener ihm zu Hilfe zu eilen. Die Menschen sind da das Spielzeug des kriegführenden Gottes, sie sind das Instrument seines Machtwillens, sie sind die Organe seiner Selbstdurchsetzung. Ihr Schwert führt im Grunde die Hand Gottes selbst. Und die Macht, die der Gott Israels jetzt beansprucht, muß man für ihn erringen im Töten der Feinde. Israel hat inzwischen viel gelernt in der Schule der Völker, und es ist ein fast unglaubliches Paradox: Mitten in diesem Kriegslied der Debora auf Jahwe, den Gott Israels, zieht eine Fülle von Attributen auf, die im Grunde dem Baal, dem Gott der Kanaanäer, galten. Wir wissen, daß, wenn im antiken Kanaan Baal verehrt wird, es als Lobpreis eines Gottes geschieht, der im Wetterdräuen verehrt wird; ein Gewitter- und Regengott, ein

Fruchtbarkeitsgott über dem dürstenden Land ist Baal für die ackerbauenden Stämme in Kanaan. Und gerade so preist jetzt Debora Jahwe. Es ist allem Anschein nach eine historische Information darin enthalten: daß jene Schlacht am Tabor, am Kischon-Berg, zustande kam, indem überraschend ein Unwetter ausbrach. Barak gegenüber standen Hunderte kanaanäischer Kriegswagen, hergestellt aus Eisen, eine furchtbare Waffe am Ende der Bronzezeit, gegen die kein militärisches Mittel etwas vermochte, schrecklich für die Israeliten wie die Panzerwagen der Briten bei Ypern und Cambrai im Ersten Weltkrieg, rollendes Material, das über die Menschen hinweggeht, und es gibt keine Waffe, um dem Eisen standzuhalten, außer wieder Eisen, dessen Herstellung man noch nicht beherrscht. In diesem Augenblick völliger militärischer Unterlegenheit scheint ein Ungewitter die gesamte Taktik der Kanaanäer mit ihren Kriegswagen lahmgelegt zu haben. Die morastig gewordene Erde scheint ihre Kriegswagen zum Stillstand gebracht zu haben, so daß sie zu einer raschen und leichten Beute der vom Tabor herabstürmenden Kämpfer Israels werden konnten. Wie auch immer, Israels Gott schmückt sich in dieser Stunde mit Attributen, die im Grunde dem Gegengott Baal entnommen wurden; er ist mit einem Mal ein Gott des Wetterdräuens. Wenn das so ist, daß man Baal nur besiegen kann mit Baal, gegen wen führt man dann eigentlich noch Krieg? Es ist ein merkwürdiges Gesetz der Landser-Mentalität durch die Jahrtausende geblieben, daß man die Lieder des Feindes übernimmt. Im Zweiten Weltkrieg sang man an allen Fronten von »Lilli Marleen«, ob als Franzose, Brite, Italiener – auf russischer Seite vielleicht nicht, dort war der Preis zu hoch bei über zwanzig Millionen Toten in Rußland unter deutscher Hand.

Aber was nennt man da Gott? Das bleibt die dauernde Frage. Bis in unsere Tage hinein geht die Rede von der Notwendigkeit einer politischen Theologie, einer geschichtlichen Theologie, und sie scheint noch im Kampf um die menschliche Freiheit das Beste zu sein, was die christliche Theologenauskunft den Menschen bietet. Aber woher nimmt man die Sicherheit, politische Ereignisse als im Namen Gottes geschehend wissen zu wollen? Immer ist ein politischer Gott ein parteilicher Gott. Er steht an der Seite einer Menschengruppe, die absolut recht haben soll gegen andere Menschen.

Wenn aber Krieg geführt wird, gibt es mindestens zwei Menschengruppen, die glauben, im Recht zu sein, sonst würden sie nicht Krieg führen. Das gehört dazu. Wenn Menschen Menschen töten, müssen sie dahin gebracht worden sein, weder eine andere Sprache noch eine andere Vorstellung von Recht zu akzeptieren. Die Frage des Erasmus von Rotterdam aus dem 16. Jahrhundert ist bis heute gültig: Wann, wenn Völker in den Krieg ziehen, werden sie ihren Krieg nicht für gerecht halten? – Was soll dann die lausige Theologenmoral, daß nur ein gerechter Krieg ein erlaubter Krieg sei? Wann hätte diese Lehre je irgendeinen Krieg verhindert? Immer braucht's den Gott, damit er den Sieg, auf den man hofft, segnet und die Mittel zu seiner Erringung heiligspricht.

Wie wenig wir von der Hypothek eines parteilichen Gottes, wie die Bibel ihn lehrt, losgekommen sind, hat sich vor ein paar Monaten schmerzlich gezeigt, als bei dem Gaza-Jericho-Abkommen palästinensische Frauen, Christinnen und Muslime, ein Gebet sprachen, Gott möge ihnen Land geben für ihr Volk von 1,5 Millionen Menschen. Dieses Gebet wurde in den Frauenbünden heftigst angegriffen, theologischerseits schärfstens für fragwürdig erklärt. Ist das nicht Antijudaismus, was da gebetet wird? Dürfen Palästinenserinnen überhaupt zum Gott der Bibel beten? Ist nicht der Name Palästina schon ein Verrat am Judentum, stammt doch das Wort von den Philistern, einem indogermanischen Stamm, der, wie wir noch hören werden, Israel, solange es da war, immer wieder bedrückt hat? Gibt es überhaupt ein Land Palästina statt eines Landes Judäa oder Israel? Unglücklicherweise gibt es 1,5 Millionen Palästinenser. Ist das die rechte Theologie, die Politik der Schass-Partei theologisch abzusichern, die sagt: »Diese 1,5 Millionen Araber können in mehr als ein Dutzend islamischer Länder gehen, wohin immer sie wollen, aber sie gehören *nicht* in das Land, das Gott den Vätern verheißen hat, nicht nach Israel, das Gott uns verheißen hat.« Und haben wir christlichen Theologen die Pflicht, das zu legitimieren und weiter den Gott der Bibel einzufordern zum tüchtigeren Kriegführen oder zum besseren Waffenhandel oder zur besseren Wahrung unserer Erdölinteressen? Wie wird da Gott verramscht seit den Tagen der Bibel bis heute! Man kann verstehen, daß ein Volk, das nicht mehr weiß wohin, nicht zurück nach Ägypten, nicht nach draußen in die Wüste, das irgendwo leben will, sich festklammert und um sich schlägt und das, wenn es dabei Glück hat so wie hier, seinen Gott am Ende dankbar dafür preist. Das kann man verstehen. Aber daß ein Recht aus all dem Wirrwarr hervorgeht, gerade so zu tun, das kann man nicht verstehen; denn dann gibt es keine Beauftragung mehr, den Frieden zu wollen um der Menschlichkeit willen. Dann ist nicht einmal die Lehre des Debora-Lieds, man könne den siegreichen Gott Jahwe nur würdig preisen, indem man, als sein Emblem, die Gesänge des Gottes der Feinde auf ihn umdichte, zumindest im nachhinein ein Stück Völkerversöhnung. Vielleicht hat Bertolt Brecht gar nicht so unrecht, wenn er in seinem Bühnenstück »Schweyk im Zweiten Weltkrieg« wie als Antwort dem Feldgeistlichen, der wider besseres Wissen, eigentlich auch ohne sein Wollen, den Deutschen Christen beigetreten ist und den Nazi-Gott predigt und der mitmarschiert bis nach Stalingrad, weil der Kampf gegen den Bolschewismus eine heilige Christenpflicht ist, das Lied »Das deutsche Miserere« entgegenhält. Die Soldaten singen:

Eines schönen Tages befahlen uns unsere Obern
Die kleine Stadt Danzig für sie zu erobern.
Wir sind mit Tanks und Bombern in Polen eingebrochen
Wir eroberten es in drei Wochen.
Gott bewahr uns.

Eines schönen Tages befahlen uns unsere Obern
Norwegen und Frankreich für sie zu erobern.
Wir sind in Norwegen und Frankreich eingebrochen
Wir haben alles erobert im zweiten Jahr in fünf Wochen.
Gott bewahr uns.

Eines schönen Tages befahlen uns unsere Obern
Serbien, Griechenland und Rußland für sie zu erobern.
Wir sind in Serbien, Griechenland, Rußland eingefahren
Und kämpfen jetzt um unser nacktes Leben seit zwei langen
Jahren.
Gott bewahr uns.

Eines schönen Tages befehlen uns doch unsere Obern
Den Boden der Tiefsee und die Gebirge des Mondes zu erobern.
Und es ist schwer schon hier in diesem Russenland.
Und der Feind stark und die Winter kalt und der Heimweg unbekannt.
Gott bewahr uns und führ uns wieder nach Haus.

Was Brecht meint, sollten wir prinzipiell verstehen: Gott lasse uns umkehren, das soll wohl heißen, von einem Denken, das verrückt ist und vor nichts mehr haltmacht.

Wenn das Debora-Lied irgendwo immer noch kirchliche Theologie beeinflußt oder befruchtet, gebiert es Ungeheuer, und wir müssen Abschied nehmen von all dem, was wir da gehört haben, so wie beim Betrachten des mutigen Bildes von Francisco Goya vom Krieg insgesamt, vom Grauen überhaupt, das man in Gott hineinträgt, damit's von dort wie ein Ungewitter auf die Erde fällt. Wann ist eigentlich Schluß damit, daß Menschen Menschen gehorchen, wenn sie befehlen: »Du sollst dies erobern und das erobern«, wenn Menschen töten, weil wir's so brauchen?

Man könnte denken, der Krieg sei ein Geschäft der Männer, aber insgeheim führen die Männer immer Kriege zum Schutz von Frauen und Kindern. Dann ist manchmal die Frage: Warum redet man nicht von den Frauen in der Bibel, warum nicht von Debora? Weil, muß man sagen, die Gestalt der Frau in der Bibel an dieser Stelle aufs äußerste widersprüchlich ist. Debora wird hier geschildert als eine Prophetin unter der Debora-Palme bei Rama, und sie erscheint wie die Delphische Pythia, eine Orakelhüterin ihres Gottes. Sie kennt die geheimen Absichten des Unsichtbaren, und so ruft sie zum siegreichen Kampf einen Mann, der allein es nicht wagen würde. Ohne ihren Beistand an seiner Seite würde er den Tabor mit seinen Helden, zehntausend an der Zahl, nie besteigen. Der gesamte Antrieb zum Krieg und zum Kampf hier liegt allein bei Debora, und siegreich ist am Ende das Tun einer Frau, einer Keniterin, nicht einer Israelitin, der Jaël, die auf ihre Weise den Mut hat, den Gegner ins Haupt zu schlagen, so wie später Judit Holofernes töten wird, so wie wir hörten, daß Abimelech erschlagen wird mit dem Mühlstein aus den Händen einer Frau. Sind das die Taten, die Frauen aus der Bibel lernen sollten? Auch dafür gibt es Bewegungen. Emanzipatorische Feministinnen und Theologinnen auch, sind bis zu dem Punkt gelangt, daß Frauen alles können, was Männer auch können. Selbst wenn das nicht zu bestreiten sein wird, bleibt die Frage, ob sie lernen sollten, alles zu tun, was Männer können. In gewissem Sinn ist Jaël ein Abbild der heldischen Männer: sie vermag zu töten. Aber nur, indem sie die Art ihrer Weiblichkeit bis zum äußersten steigert. Sie spielt eine Weile lang die mörderische Mutter, gibt dem müde gewordenen Flüchtling Sisera statt des erwünschten Wassertrunks gar Milch, schläfert ihn ein wie ein kleines Kind unter der Decke. Wenn Debora eine Mutter in Israel genannt wird, ist's Jaël noch viel mehr.

In einer Diskussion vor einer Weile sagte eine Journalistin auf die Frage, was sie von dem neuen Slogan halte: »Women for the army«, ganz klar: »Das müssen wir auch, wieso sind wir ewig das schwache Geschlecht? Wenn mir einer an die Brust will, wird er mich kennenlernen; ich melde mich selbst, wenn's drauf ankommt.« – Amerikanische Frauen werden gerade als Bomber-Pilotinnen trainiert. Wieso auch nicht? Es ist lediglich ein technischer Job, eine Stadt auszuradieren, wenn es befohlen wird von den Obern. Frauen können das auch, ohne Zweifel. Aber wär' es nicht viel richtiger, zu sagen, sie sollten's uns Männern abgewöhnen, statt zu versuchen, uns nachzuahmen? Was gäben wir darum, wir hätten in der Bibel einmal eine Frau, die sagen wollte: »Hört auf, ihr Männer, mit dem Töten! Irgendwann erreicht es uns selbst.«

Aber das ist die Spaltung der Frauengestalt in der Bibel im 5. Kapitel des Richterbuchs. Es ist ein äußerster sadistischer, schrecklicher Kontrast, in dem Debora die Verführungskunst, die einschläfernde Mordabsicht ihrer Gefährtin Jaël schildert. Während das alles passiert, wartet fernab eine wirkliche Mutter, die den Sisera gebar, einen Kanaanäer, einen Soldaten, einen tüchtigen Mann, einen General. *Die* Frau, versteht Debora, wird wünschen wie jede Frau, wenn der Mann in den Krieg zieht, daß er siegreich sei und zurückkehre als ein Held, im Besitz reicher Beute. Und so kann man sich's vorstellen, wie man die Beute verteilt, die Weiber, die Decken, die Tücher; alles wird ihm gehören, und der Krieg wird sein wie ein Fest, eine Bereicherung, wenn man zurückkehrt. So hofft Siseras

Mutter. Und in schärfstem Kontrast dann der Abbruch, die Desillusionierung, der blanke Hohn: So krepiert Sisera unter den Händen eines Weibes. Da scheint es, als wenn Frau gegen Frau stünde, die Heldin gegen die Mutter. Aber sollte man nicht begreifen, daß es keinen Menschen gibt, auch keine Männer, keine Soldaten, die nicht irgendwann von Frauen, von Müttern geboren wären, und daß immer, wenn Menschen getötet werden, Mütter sind, die weinen um ihr Kind, das sie nicht geboren haben, damit es abgeschlachtet wird für irgendeine Heldentat?

Was lernt man von Debora und ihrem Lied? Den Worten nach nichts als den Preisgesang auf Jahwe. Dutzende der Psalmen, des Gebetbuchs Israels, werden voll sein von Gesängen dieser Art: Jahwe als Held, als Retter in der Not, als furchtbarer, schreckensgewaltiger Sieger. Aber eine Chance, die in dem Lied gar nicht ausgesprochen wird, hätten wir doch, erschräken wir über diesen Zynismus, eine Mutter zu verhöhnen in ihrem Schmerz, der sie ereilt, ihr an den Hals zu wünschen, daß es in ihr Herz dringe. Vielleicht ist das Lied gut genug im Erbe von dreitausend Jahren, einfach weil es ein Stück Dichtung ist, menschliches Grauen und menschliches Leid so zu beschwören, daß unsere Gefühle fahnenflüchtig werden und sich hinwegschleichen auf die Seite des Gegners zu der unbekannten Mutter des ermordeten Sisera und daß wir uns mit ihr beugen und mit ihr trauern. Es wäre das Ende aller Kriege. Es wäre plötzlich das Wissen eingetreten, daß Menschen überall nichts sind als Menschen, ob Keniter, Kanaaniter, Israeliten, wer auch immer.

Es ist das Testament eines Sterbenden gewesen, der im Baseler Spital wußte, daß er nur noch diese Zeilen schreiben konnte: Wolfgang Borchert, 1947. Etwa zehn Jahre nach seinem Tod hat Bernhard Meyer-Marwitz, als er seine Werke herausgab, einleitend geschrieben: »Der Mensch scheint oft des Menschen größter Feind zu sein. Aus dieser Erkenntnis und Angst erhob Borchert, wenige Tage vor seinem Tode, seine Stimme noch einmal zu einem letzten gellenden Warnruf. Hiroshima vor Augen, appellierte er an das Gewissen der Welt:«

Du. Mann an der Maschine und Mann in der Werkstatt. Wenn sie dir morgen befehlen, du sollst keine Wasserrohre und keine Kochtöpfe mehr machen – sondern Stahlhelme und Maschinengewehre, dann gibt es nur eins:

Sag NEIN!

Du. Forscher im Laboratorium. Wenn sie dir morgen befehlen, du sollst einen neuen Tod erfinden gegen das alte Leben, dann gibt es nur eins:

Sag NEIN!

Du. Pfarrer auf der Kanzel. Wenn sie dir morgen befehlen, du sollst den Mord segnen und den Krieg heiligsprechen, dann gibt es nur eins:

Sag NEIN!

Du. Mutter in der Normandie und Mutter in der Ukraine, du, Mutter in Frisko und London, du, am Hoangho und am Mississippi, du, Mutter in Neapel und Hamburg und Kairo und Oslo – Mütter in allen Erdteilen, Mütter in der Welt, wenn sie morgen befehlen, ihr sollt Kinder gebären, Krankenschwestern für Kriegslazarette und neue Soldaten für neue Schlachten, Mütter in der Welt, dann gibt es nur eins:

Sagt NEIN! Mütter, sagt NEIN!

Denn wenn ihr nicht NEIN sagt, wenn IHR nicht nein sagt, Mütter, dann:

... dann wird der letzte Mensch mit zerfetzten Gedärmen und verpesteter Lunge antwortlos und einsam unter der giftig glühenden Sonne und unter wankenden Gestirnen umherirren, einsam zwischen den unübersehbaren Massengräbern und den kalten Götzen der gigantischen betonklotzigen verödeten Städte, der letzte Mensch, dürr, wahnsinnig, lästernd, klagend – und seine furchtbare Klage: WARUM? wird ungehört in der Steppe verrinnen, durch die geborstenen Ruinen wehen, versickern im Schutt der Kirchen, gegen Hochbunker klatschend, in Blutlachen fallen, ungehört, antwortlos, letzter Tierschrei des letzten Tieres Mensch – all dieses wird eintreffen, morgen, morgen vielleicht, vielleicht heute nacht schon, vielleicht heute nacht, wenn – wenn – wenn ihr nicht NEIN sagt.

Bernhard Meyer-Marwitz fügt hinzu: »Es ist beschämend genug, daß sich eine solche Hoffnung nicht auf die menschliche Vernunft, nicht auf die Liebe gründen kann, sondern allein auf eine panische kreatürliche Angst. Gleichgültig aber, ob Borcherts Schrei immer wieder nutzlos verhallt, wer noch Verantwortung in sich trägt, wer dem Leben noch Ehrfurcht entgegenbringt, muß ihn unermüdlich, unerbittlich stets aufs neue wiederholen: ›Sag NEIN!‹«

Vielleicht gibt es in unseren Tagen kaum etwas, das beschämender ist, als daß wir einen Haushalt mit Wahnsinnsschulden ohne namhaften Widerstand in der Bevölkerung passieren lassen, in dem nach wie vor fünfzig Milliarden Mark fürs Militär vorgesehen sind. Wir nennen das allen Ernstes ein Abrüstungszeichen, daß wir aus Finanznot Herrn Rühe 1,5 Milliarden vom Bundeswehretat abzwakken und gleich dabei sind, für weit über zwei Milliarden Panzer in die skandinavischen Länder zu verkaufen, und das Waffenhandelsverbot lockern, damit wir mit anderen EG-Staaten mithalten können. Wir halten uns selbst schadlos für die Abrüstung. Wir haben nichts dagegen, daß Bill Clinton versicherte, daß der amerikanische Wehrhaushalt nicht gekürzt wird. Warum brauchen wir all das weiter? Es gibt keinen namhaften Gegner mehr, den wir bekämpfen müßten, außer uns selbst. Und die Dritte Welt. Ihre Ressourcen müssen wir sichern, die Eskalation ihres Elends im Vorfeld stoppen. Darum müssen wir gewappnet sein, die ganze Welt zu beherrschen, und wir werden weiter recht haben, all das zu tun, was wir tun zu *müssen* meinen, wenn wir es brauchen. Wann hört das auf? Niemals, es sei denn, wir wagen zu sprechen: Wir wollen's nicht mehr, und empfehlen den Müttern, keine Helden mehr zu gebären und nicht mehr zu warten auf zurückkehrende Söhne, prachtvoll geschmückt im Glanz der Trophäen ihrer Gegner, und hören auf, einem Gott zu danken, der uns beigestanden hat, siegreich zu sein.

Wenn politische Theologie überhaupt einen Sinn hat, dann nicht im Reden von der Gerechtigkeit, die man im Kampf gegen andere durchsetzt, sondern als eine universelle Option für den Frieden. Wenn ein Gott im Himmel ist, ist er der Vater aller Menschen, und wenn er alle Menschen will, möchte er wohl, daß sie alle miteinander auskommen. Das ist das einzige, was man ableiten kann: Pazifismus als politische Kultur und Bewahrung der Welt, die aus Gottes Händen hervorging. Das politisch Radikalste, Linkste, Falscheste:

der Öko-Pazifismus ist das einzige, was man theologisch begründen kann. Da mag es regnen, bis die Wüste blüht und Menschen einander Freunde werden.

Dreitausend Jahre Schrecken in der Bibel sollten genügen, sie anders zu lesen, als sie sich selbst verstanden hat, da sie entstand. Irgendwann muß Schluß sein, selbst mit einer bestimmten Sprache von Gott. Irgendwann muß eine bestimmte Theologie zu Ende sein, die immer wieder Gott benutzt für den Egoismus der Nationen, Religionen, Kulturen, Wirtschaftssysteme. Vielleicht müssen wir ganz von vorn anfangen, fromm zu werden. Und dann haben die Kritiker recht, Tucholsky, Brecht, die sagten: Redet nicht von Gott, redet von den Wüsten, die die Marketenderin verkauft, redet vom Abendessen, sprecht vom Ausruhen. Aber hört auf, die Menschen zu töten für wahnhafte Ideen. Lernt Menschlichkeit! Und was dabei herauskommt, nennt's wie ihr wollt, aber werdet Menschen im Namen des Friedens!

29. Januar 1994

13

Der Engel sprach zu Gideon

IM sogenannten Alten Testament gibt es ein großes Geschichtswerk, vermutlich im siebenten oder sechsten Jahrhundert zusammengestellt, das man in der Forschung als das deuteronomistische Geschichtswerk bezeichnet. Es umgreift das Buch Josua, die Richter, die beiden Samuel-Bücher, die beiden Königs-Bücher, im Grunde den gesamten Bestand der geschichtlichen Überlieferung außerhalb der Moses-Tradition. Dieses theologische Geschichtswerk folgt einer ganz bestimmten Logik: Gott straft unmittelbar in der Geschichte seines Volkes, indem das Volk, das von ihm abfällt, in die Hände seiner Feinde fällt. Aber Gott straft nie endgültig, er ist offen für Vergebung. In dieses Schema der Interpretation fügen sich die Gestalten auch der Richter, von denen wir nunmehr Gideon betrachten wollen.

TEXT: Ri 6,1.7–34. 36–40; 7,1.5–7. 9–15. 25; 8,1–8. 11–12. 16–35

Die Israeliten aber taten, was dem Herrn mißfiel. Da gab sie der Herr in die Hand der Midianiter, sieben Jahre lang.

Als nun die Israeliten wegen der Midianiter zum Herrn schrieen, sandte der Herr einen Propheten zu den Israeliten, der sprach zu ihnen: So spricht der Herr, der Gott Israels: Ich habe euch aus Ägypten heraufgebracht und euch aus dem Sklavenhause herausgeführt; ich habe euch errettet aus der Hand der Ägypter und aus der Hand all eurer Bedränger und habe sie vor euch vertrieben und euch ihr Land gegeben. Und ich sprach zu euch: »Ich bin der Herr, euer Gott; verehret nicht die Götter der Amoriter, in deren Land ihr wohnt.« Aber ihr habt nicht auf mich gehört.

Einst kam der Engel des Herrn und setzte sich unter die Terebinthe des Abiesriten Joas zu Ophra, während dessen Sohn Gideon in der Kelter Weizen ausklopfte, um ihn vor den Midianitern in Sicherheit zu bringen. Da erschien ihm der Engel des Herrn und sprach zu ihm: Der Herr ist mit dir, du starker Held! Gideon aber sprach zu ihm: Ach, mein Herr! Ist der Herr mit uns, warum ist uns dann all das widerfahren? Und wo sind alle seine Wunder, von denen uns unsre Väter erzählten, indem sie sprachen: »Der Herr hat uns doch aus Ägypten heraufgeführt?« Nun aber hat uns der Herr verstoßen und in die Hand der Midianiter gegeben. Da wandte sich der Herr zu ihm und sprach: Gehe hin in dieser deiner Kraft, und du wirst Israel aus der Hand der Midianiter erretten. Fürwahr, ich sende dich. Er aber sprach zu ihm: Ach, mein Herr, womit soll ich Israel erretten? Sieh, mein Geschlecht ist ja das geringste in Manasse, und ich bin der Jüngste in meines Vaters Hause. Da sprach der Herr zu ihm: Wenn ich mit dir bin, wirst du die Midianiter schlagen wie *einen* Mann. Er aber sprach zu ihm: Habe ich Gnade vor dir gefunden, so gib mir ein Zeichen, daß du es bist, der mit mir redet. Geh doch nicht von dannen, bis ich wieder zu dir komme und meine Gabe herausbringe und sie vor dir niederlege. Er sprach: Ich will bleiben, bis du wiederkommst. Und Gideon ging hinein und rüstete ein Ziegenböcklein zu und ungesäuertes Brot von einem Epha Mehl; das Fleisch legte er in einen Korb, und die Brühe tat er in einen Topf und trug es zu ihm hinaus unter die Terebinthe. Und als er herzutrat, sprach der Engel Gottes zu ihm: Nimm das Fleisch und das ungesäuerte Brot und lege es hier auf diesen Felsen und gieße die Brühe darüber. Und er tat es. Nun streckte der Engel des Herrn den Stab aus, den er in der Hand hatte, und berührte mit der Spitze das Fleisch und das ungesäuerte Brot. Da schlug Feuer aus dem Felsen und verzehrte das Fleisch und das ungesäuerte Brot. Der Engel des Herrn aber war seinen Augen entschwunden. Als Gideon sah, daß es der Engel des Herrn war, sprach er: Wehe, Herr, mein Gott, daß ich den Engel des Herrn von Angesicht zu Angesicht geschaut habe! Aber der Herr sprach zu ihm: Heil dir! Fürchte dich nicht, du wirst nicht sterben. Da baute Gideon dort dem Herrn einen Altar und nannte ihn »der Herr ist Heil«. Der steht bis auf den heutigen Tag im abiesritischen Ophra.

In jener Nacht aber sprach der Herr zu ihm: Nimm zehn Mann aus deinen Knechten und einen siebenjährigen Stier und reiße den Baalsaltar deines Vaters ein, und auch die Aschera, die daneben steht, sollst du umhauen. Dann erbaue dem Herrn, deinem Gott, oben auf der Höhe dieser Bergfeste einen Altar mit den geschichteten Steinen und nimm den Stier und bringe ein Brandopfer dar mit dem Holz der Aschera, die du umhauen sollst. Da nahm Gideon zehn Mann aus seinen Knechten und tat, wie ihm der Herr gesagt hatte; weil er aber aus Furcht vor seiner Familie und den Leuten der Stadt nicht wagte, es bei Tage zu tun, tat er es bei Nacht. Am andern Morgen in der Frühe nun fanden die Leute der Stadt den Altar Baals niedergerissen und die Aschera daneben umgehauen; auf dem neuerbauten Altar aber war ein Stier geopfert worden. Da sprachen sie zueinander: Wer hat das getan? Und als sie so fragten und forschten, hieß es: Gideon, der Sohn des Joas, hat das getan. Nun sprachen die Leute der Stadt zu Joas: Gib deinen Sohn heraus, er muß sterben; denn er hat den Altar Baals niedergerissen und die Aschera daneben umgehauen. Joas aber sprach zu allen, die um ihn her standen: Wollt ihr für Baal streiten? Oder wollt ihr ihm helfen? Wer für ihn streitet, der soll noch vor dem Morgen getötet werden. Ist er ein Gott, so streite er für sich selbst, weil man seinen Altar niedergerissen hat. An jenem Tage gab man ihm den Namen Jerubbaal, womit man sagen wollte: Baal streite wider ihn, weil er seinen Altar niedergerissen hat.

Sobald nun die Midianiter und die Amalekiter und die aus dem Osten sich alle zusammenscharten und herüberkamen und sich in der Ebene Jesreel lagerten, da kam auch schon der Geist des Herrn über Gideon, so daß er in die Posaune stieß; die Abiesriten aber folgten seinem Aufgebot. Da sprach Gideon zu Gott: Wenn du Israel durch meine Hand erretten willst, wie du verheißen hast – nun denn, ich lege da einen Haufen Wolle auf die Tenne: fällt dann bloß auf die Wolle Tau, während der Boden ringsum trocken bleibt, so weiß ich, daß du Israel durch meine Hand erretten willst, wie du verheißen hast. Und so geschah es: als er am andern Morgen früh die Wolle ausdrückte, preßte er aus der Wolle eine ganze Schale voll Tauwasser. Und Gideon sprach zu Gott: Dein Zorn entbrenne nicht wider mich, wenn ich noch einmal rede; ich möchte es nur noch diesmal mit der Wolle versuchen: die Wolle allein soll trocken bleiben, während auf den Boden ringsum Tau fällt. Und Gott fügte es so in jener Nacht: die Wolle allein blieb trocken, während auf dem Boden ringsum Tau lag.

In der Frühe nun lagerte sich Jerubbaal – das ist Gideon – mit allem Kriegsvolk, das er bei sich hatte, an der Quelle Harod; das Lager der Midianiter aber befand sich unter ihm, nördlich vom Hügel More, in der Ebene. Und er führte das Volk hinab ans Wasser. Nun sprach der Herr zu Gideon: Jeden, der mit der Zunge von dem Wasser leckt, wie der Hund leckt, den stelle beiseite; desgleichen jeden, der zum Trinken niederkniet. Es belief sich aber die Zahl derer, die leckten, auf dreihundert Mann; alle übrigen knieten nieder, um Wasser zu trinken, indem sie die Hand zum Munde führten. Und der Herr sprach zu Gideon: durch die dreihundert Mann, die geleckt haben, will ich euch erretten und die Midianiter in deine Hand geben; alle übrigen aber sollen heimgehen.

Und der Herr sprach in jener Nacht zu ihm: Steh auf und brich ins Lager ein; denn ich habe es in deine Hand gegeben. Fürchtest du dich aber, einzubrechen, so geh [vorerst einmal] mit deinem Burschen Pura hinab zum Lager und horche, was sie reden. Dann wirst du den Mut finden, ins Lager einzubrechen. Da ging Gideon mit seinem Burschen Pura hinab bis an die Krieger am Rande des Lagers heran. Die Midianiter aber und die Amalekiter und alle die aus dem Osten lagerten in der Ebene so zahlreich wie Heuschrecken, und ihre Kamele waren zahllos, so massenhaft wie der Sand am Gestade des Meeres. Als nun Gideon hinkam, erzählte gerade einer dem andern einen Traum und sprach: Sieh, ich habe einen Traum gehabt: rollte da ein Gerstenbrotkuchen ins Lager der Midianiter und kam bis ans Zelt, traf es, daß es umfiel, und warf es über den Haufen. Da antwortete der andre und sprach: Das ist nichts andres als das Schwert Gideons, des Sohnes des Joas, des Israeliten. Gott hat die Midianiter samt dem ganzen Lager in seine Hand gegeben. Als Gideon die Erzählung des Traumes und seine Deutung hörte, warf er sich nieder; dann kehrte er ins Lager Israels zurück und rief: Auf! Der Herr hat das Lager der Midianiter in eure Hand gegeben. Und sie nahmen die beiden Fürsten der Midianiter, Oreb [d.i. Rabe] und Seeb [d.i. Wolf], gefangen; und sie töteten den Oreb am

Rabenfelsen; und den Seeb töteten sie bei der Wolfskelter. Dann jagten sie den Midianitern nach; die Köpfe Orebs und Seebs aber brachten sie zu Gideon über den Jordan.

Und die Männer von Ephraim sprachen zu ihm: Warum hast du uns das angetan, daß du uns nicht riefst, als du zum Kampfe wider die Midianiter auszogst? Und sie haderten heftig mit ihm. Er aber sprach zu ihnen: Was habe ich denn nun im Vergleich zu euch geleistet? Ist nicht die Nachlese Ephraims besser als die Ernte Abiesers? In eure Hand hat Gott die Midianiterfürsten Oreb und Seeb gegeben! Was habe ich da im Vergleich zu euch zu tun vermocht? Da er so redete, ließ ihr Zorn von ihm ab.

Als nun Gideon an den Jordan kam, ging er mit den dreihundert Mann, die bei ihm waren, hinüber; sie waren aber müde und hungrig. Da sprach er zu den Männern von Sukkoth: Gebt doch den Leuten, die mir folgen, einige Brote; sie sind müde. Ich bin daran, den Midianiterkönigen Sebah und Zalmunna nachzujagen. Die Obersten von Sukkoth aber sagten: Hast du denn die Faust Sebahs und Zalmunnas schon in deiner Gewalt, daß wir deinem Heer Brot geben sollten? Da sprach Gideon: Wohlan, wenn der Herr den Sebah und den Zalmunna in meine Hand gibt, so dresche ich euer Fleisch mit Wüstendorn und Stacheldisteln. Und er zog von dort hinauf nach Penuel und redete mit den Männern von Penuel ebenso. Aber sie antworteten ihm, wie die Männer von Sukkoth geantwortet hatten. Nun zog Gideon hinauf in der Richtung auf die Beduinenstraße östlich von Nobah und Jogbeha und überfiel das Heer, während es sorglos lagerte. Sebah und Zalmunna flohen; er aber jagte ihnen nach und fing die beiden Midianiterkönige Sebah und Zalmunna ein, und das ganze Heer scheuchte er auseinander.

Und er ließ die Ältesten der Stadt greifen, nahm Wüstendorn und Stacheldistel und zerdrosch damit die Männer von Sukkoth. Die Burg von Penuel aber riß er nieder und tötete die Männer der Stadt. Darnach sprach er zu Sebah und Zalmunna: Was sind das für Männer, die ihr in Thabor getötet habt? Sie sprachen: Sie waren wie du; jedweder sah aus wie ein Königssohn. Er aber sprach: Es waren meine Brüder, meiner Mutter Söhne. So wahr der Herr lebt: hättet ihr sie am Leben gelassen, so wollte ich euch nicht töten. Dann sprach er zu Jether, seinem Erstgebornen: Auf, töte sie! Doch der

Jüngling zog sein Schwert nicht, da er sich scheute; er war eben noch ein Jüngling. Sebah aber und Zalmunna sprachen: Auf, stoße du uns nieder! Denn wie der Mann, so seine Kraft. Da erhob sich Gideon und tötete Sebah und Zalmunna und nahm die Möndchen am Halse ihrer Kamele.

Darnach sprachen die Männer Israels zu Gideon: Herrsche über uns, du sowohl als dein Sohn und deines Sohnes Sohn; denn du hast uns aus der Hand der Midianiter errettet. Aber Gideon antwortete ihnen: Ich will nicht über euch herrschen; der Herr soll über euch herrschen. Dann sprach Gideon zu ihnen: Wenn ich mir von euch etwas erbitten darf, so gebt mir ein jeder die Ringe, die er erbeutet hat. (Sie [d.i. die Feinde] trugen nämlich goldene Ringe, weil sie Ismaeliter waren.) Sie antworteten: Gewiß, die wollen wir geben. Da breitete er den Mantel aus, und ein jeder warf die Ringe darauf, die er erbeutet hatte. Und das Gewicht der goldenen Ringe, die er sich erbeten hatte, betrug 1700 Lot Gold, ungerechnet die Möndchen und Ohrgehänge und Purpurgewänder, die die Midianiterkönige getragen hatten, und ungerechnet die Ketten am Hals ihrer Kamele. Gideon machte daraus ein Ephod und stellte es in seiner Stadt Ophra auf. Und ganz Israel trieb dort Abgötterei mit ihm, und es wurde Gideon und seinem Hause zum Fallstrick. So wurden die Midianiter vor den Israeliten gedemütigt, so daß sie ihr Haupt nicht mehr erhoben. Und das Land hatte vierzig Jahre lang Ruhe, solange Gideon lebte.

Und Jerubbaal [d.i. Gideon], der Sohn des Joas, ging hin und blieb in seinem Hause. Gideon hatte aber siebzig leibliche Söhne; denn er hatte viele Frauen. Auch seine Nebenfrau, die in Sichem lebte, gebar ihm einen Sohn, dem gab er den Namen Abimelech. Und Gideon, der Sohn des Joas, starb in hohem Alter und wurde im Grabe seines Vaters Joas im abiesritischen Ophra begraben. Als aber Gideon gestorben war, gaben sich die Israeliten wieder den Baalen hin und nahmen sich den Bundesbaal zum Gott. Und die Israeliten gedachten nicht des Herrn, ihres Gottes, der sie aus der Hand aller ihrer Feinde ringsum errettet hatte, und zeigten sich auch nicht dankbar gegen das Haus Jerubbaal-Gideons für all das Gute, das er Israel erwiesen hatte.

Man wird die Erzählungen des Richter-Buches und ganze Teile

des sogenannten Alten Testamentes in religiöser Absicht wohl nur so lesen können, wie man die Erzählungen aus der Zeit japanischer Samurai oder die Gesänge aztekischer Krieger oder die Überlieferungen der Hindus aus der Bhagavadgita liest. In allem geht es scheinbar um Krieg, aber was darin gelernt werden soll und wird, ist eine bestimmte innere Haltung, die ihren historischen Anlaß bei weitem überschreitet, ja sich paradoxerweise sogar gegen ihn zu kehren scheint.

Die Kunst des Bogenschießens war in Japan zweifellos ursprünglich eine Form des Angriffs in Jagd und Krieg, aber daraus geworden ist unter buddhistischem Einfluß ein Konzentrationsverfahren, eine Meditation, ins Zentrum zu zielen, sich zu sammeln in einem Mittelpunkt, und es kann unter Anweisung buddhistischer Meister Jahre in Anspruch nehmen, auch nur richtig den Bogen zu spannen. Alles ist da symbolisch.

Carlos Castaneda konnte die Gestalt des mexikanischen Kriegers aus dem Peyote-Kult für die Nordamerikaner aktualisieren. In einer Welt, in der der Tod ein Jäger ist, gilt es für den Menschen, mit ihm zu leben, der als Gefahr oder Bruder stets neben uns auf derselben Matte hockt, manchmal nur handspannenweit von uns entfernt, unsichtbar, aber stets gegenwärtig.

Ein Krieger ist jemand, der in jedem Augenblick damit rechnet, daß der Tod bei ihm ist, und alles, was er tut, anders bewertet, als es ohne seine Gegenwart erscheinen müßte. Die indische Bhagavadgita läßt den General Arjuna in der Schlacht bei Kuruschetra den Gott Vishnu selbst sehen. Dieses Motiv hat mit der Gestalt Gideons die größte Ähnlichkeit.

Anders aber als in der großen Erzählung des Hinduismus, in welcher die Gottheit sich mitteilt und erklärt, formt sich in der Erzählung Gideons die Standortbestimmung eines einzelnen Menschen. Womit wir's zu tun haben, ist formgeschichtlich eine Berufung. Die Bibelausleger sagen, das sei typisch, historisch sei daran nichts, sondern immer, wenn Gott in der Bibel mit einem Menschen rede, weigere der sich zunächst, Gott aber verstärke seinen Aufruf, und am Ende stehe ein Bekräftigungszeichen und der Gehorsam des nunmehr überwundenen Menschen.

Das Typische ist immer das Langweilige, das vermeintlich schon

Bekannte. Wie aber, wenn in die Bibel, falls sie typisch erzählt, etwas von uns selbst Eingang findet, indem die Einladung lautet: Frag doch du dich nur selbst, wie *du* handeln würdest in gleicher Situation? Erzähl dir das scheinbar so Bekannte, daß es dir dein eigenes Leben zu erkennen gibt. Dann müßten wir mit der Erzählung Gideons ganz am Anfang beginnen.

Die deuteronomistische Klammer ist eindeutig und klar: Israel hat sich wieder einmal von seinem Gott abgewandt, was immer das heißen mag. Jedenfalls wird es bestraft, und man kann das daran erkennen, daß es in die Hand seiner Feinde gegeben wird, bis es aufschreit. Dann beruft Gott einen Retter, in diesem Sinn einen Richter. Aber erfolgreich scheint das Auftreten Gideons nur in Grenzen zu sein. Vierzig Jahre lang bringt er sein Volk zurück auf die rechte Bahn, aber dann wird alles wieder so sein, wie es war. Nichts ist endgültig verhindert. Wie wäre es, die Frage lautete gar nicht, ob wir in der Geschichte, in der wir leben, etwas Endgültiges, Unumkehrbares bewirken? Vielleicht liegt die Größe eines Menschen unter den Augen Gottes gar nicht darin, ob er in den Fluß der Zeit etwas wie ein steinernes Monument setzt, sondern ob er selbst in dem Intermezzo des Auftritts seiner paar Jahre, die ihm vergönnt sind, *richtig* gelebt hat. Dann wäre er, im deutschen Wortspiel gesprochen, ein Richter, ein richtiger Mensch, bestimmt aus innerer Ordnung, bei anderen Ordnung zu stiften.

Äußerlich stimmt die Theologie des deuteronomistischen Geschichtswerks nur selten oder gar nicht. So pünktlich gerecht ist Gott nach all unserer Erfahrung keinesfalls in dem, was wir Geschichte heißen. Die Bibel selbst gibt das zu in notvollen Klagen und Fragen, die nicht verstummen wollen. Dieses ganze Schema bricht irgendwann unter dem Druck von viel Leid und Verzweiflung auseinander, wenn wir es äußerlich nehmen. Aber innerlich kann es doch sein: Ein Mensch lebt, und alles, was er tut, zeigt ihm, daß etwas nicht stimmt. Er kann sich anstrengen, wie er will, es ist stets wie vergeudet, es kommt nie zu ihm zurück. Was er aussät, wird von anderen weggeraubt, als käme ein Heuschreckenschwarm über das Land. Alle anderen sind da wie feindliche Plünderer, die ihm sein eigenes Leben Zug um Zug stehlen; ja, je nützlicher, fruchtbarer, bemühter er ist, desto mehr scheint die Einladung sogar auf alle anderen zu wirken, ihm das Anspruchsrecht auf sein Leben zu verweigern. Am Ende steht er da wie völlig entfremdet, ausgebeutet und ausgeliefert und weiß nicht ein noch aus. Seine Klage wird sein, die anderen seien so schlimm, es derart mit ihm zu treiben. Er versteht nicht, wie Menschen so ungerecht sind. Er begreift kaum, daß Gott, wenn er im Himmel existiert, so etwas zulassen kann, sein ganzes Leben mutet ihn sinnlos und vertan an, ja er selbst wie von Gott verstoßen. Da taucht, sagt diese Erzählung, ein Prophet auf, unbekannten Namens, der erklärt: Alles hat Gott für euch getan von den Tagen Ägyptens an, aber ihr hattet nicht nötig, bei ihm zu bleiben, ihr wußtet's besser.

Paradoxerweise wissen Menschen das wirklich irgendwo insgeheim. Jeder, der wirklich verzweifelt ist, meint zunächst an seiner Umgebung zu leiden. Die engsten Angehörigen sind ihm unverständlich schlimm, die eigene Ehefrau, der eigene Ehemann, die eigenen Eltern, die eigenen Kinder, der eigene Arbeitgeber, die eigenen Verwandten; überall, wo man hinschaut, nichts als Ärger, Flucht, Verfolgung, Angst, Forderungen – es ist schwer auszuhalten. Erlaubt man aber demselben Menschen einmal, sich in Ruhe hinzusetzen und statt nach außen nach innen zu hören, statt den Blick auf die anderen zu richten, in sein eigenes Leben zu blicken, dann formt sich mit einemmal etwas, was der Stimme dieses unbekannten Propheten sehr ähnlich ist. Hat es nicht im eigenen Leben wer weiß wie viele Chancen gegeben? Waren da nicht bestimmte Führungspunkte, denen man verdankt, daß man überhaupt dahin gekommen ist, wo man heute steht? Es gab außerordentlich gefährdete Momente in der eigenen Biographie, so daß es wie ein Wunder war, noch einmal davongekommen zu sein. Und doch hat man es so nie betrachten können. Es geht nicht darum, gleich so vorwurfsvoll mit sich selbst zu reden, wie dieser Prophet im Buche der Richter es tut. Wie viele Möglichkeiten hatte man denn auch damals, sich anders zu entscheiden, als es dann kam? Was lag überhaupt in den eigenen Händen, und was wurde nicht wie von einer fremden, höheren Macht so gefügt? Wie auch immer, die Frage ist jetzt, wie es weitergeht.

Der dänische Religionsphilosoph Sören Kierkegaard hatte vor über hundertsechzig Jahren eine geniale Intuition, als er meinte:

Verzweiflung ist nur scheinbar ein Zerbrechen an den Umständen; genauer besehen, liegt sie darin, daß man sich in einem Mißverhältnis zu sich selbst befindet, und die genauere Erklärung für dieses Mißverhältnis zu sich selbst ist, daß man in einem Mißverhältnis steht zu der Macht, der wir uns verdanken. Das klingt sehr kompliziert, aber es ist der Schlüssel für die ganze Berufungsgeschichte, die wir hier lesen. Da erscheint dem Sohn Joaschs, Gideon mit Namen, einem Mann aus dem Gebiet Abiesers, der Engel Gottes. Selten spricht die Bibel davon, daß die Gottheit dem Menschen selbst sichtbar wird. Was sie den Engel Gottes nennt, ist ein bestimmter Aspekt, der in unser Leben hineinleuchtet, nie der ganze Gott. Wie auch sollten wir Menschen das ertragen! Aber eine bestimmte Seite des Göttlichen, die jetzt, in dem Moment, uns anrührt und dennoch die ganze Existenz in Beschlag nimmt, das ist die Erscheinung des Engels Gottes. Tatsächlich können wir der biblischen Erzählung dankbar sein, daß sie so typisch beschreibt, was mehr oder minder für jeden von uns gelten mag. Immer scheint mir, daß der Raum zur Interpretation des Besten an der religiösen Botschaft der Bibel heute für uns im Erfahrungsraum dessen liegt, was wir Heilwerden oder Sich-selbst-Finden oder Psychotherapie nennen, lauter Umschreibungen für einen Weg, der Station um Station sich ähnlich formen wird, wie es sich hier im Bilde ausdrückt. Da spricht der Engel Jahwes zu Gideon: »Der Herr ist mit dir, du starker Held.« – Es läßt sich schwer denken, wie eine Anrede für einen Menschen in solchem Augenblick fremdartiger, ja gradezu bizarrer noch wirken könnte, als es hier geschieht. »Du starker Held« – das wird jemandem gesagt, der in Wahrheit ganz verzagt ist, der durchaus keine Hoffnung sieht und nicht ein noch aus weiß in seiner Bedrückung. Und: »Ich bin mit dir« – als ein Anspruch von Gott? Das ist fast wie ein Hohn auf die menschliche Not. Und genauso auch antwortet Gideon: »Ist der Herr mit uns, warum dann ist uns das widerfahren, und wo sind denn all seine Wunder, von denen sie redeten immerzu?«

Wir kennen noch die Szene am brennenden Dornbusch, daß Moses die Bedrückung seines Volkes als Auftrag, sie zu überwinden, im Herzen trug, und wieviel Kraft lag in diesem Mann der Befreiung aus der ägyptischen Fremdherrschaft! Für Gideon ist es gerade umgekehrt. Alles, was dem Volke zugemutet wurde, ist wie ein Schuldspruch und eine Strafe für eine tiefe Verfehlung. Wie aber dann die Anrede Gottes? Sie läßt sich wohl nur verstehen durch den Vergleich mit den ersten wirklich tiefen, verändernden Gefühlen in einem guten, einem hilfreichen Gespräch. »Du starker Held« – wem sagt man das? Am besten *spricht* man es gar nicht zum andern, sondern führt ihn allmählich dahin, die Teile seiner Person, die Reste seines Lebens zu sammeln und zusammenzufügen, die diesem Bild entsprechen. Er aber wird das nie können, außer er fühlt sich begleitet und spürt an seiner Seite einen Beistand, der ihm dabei hilft. So entdeckt vielleicht eine Frau, die in ihrem Leben ganz und gar zerbrochen ist und sich in allem, was sie versucht hat, als Versagerin und angesichts so vieler guter Bemühungen in ihrer ursprünglichen Wahrnehmung kläglich gescheitert vorkommt, je länger man über all das spricht, was war, wieviel doch auch an Stärke in all dem lag, was sie erlebt hat. Gewiß war sie viel zu oft das Opfer, aber allein schon, sich hindurchgerettet zu haben! Es ist oft unglaublich, wieviel im Herzen von Menschen mitten in einer Welt voller zerstörter Gefühle an Sehnsucht nach Liebe geblieben ist, wieviel in einem Durcheinander von verbogenen, verlogenen Gefühlen seit Kindertagen an deutlichem Instinkt für die Wahrheit sich hindurchgerettet hat, wieviel vom eigenen Wesen trotz all des verformenden Drucks von außen sich erhalten hat, als wäre da ein Schatz gehütet worden, so wie manche Frauen 1942, als es losging mit den Bombardements, die kostbarsten Serviceporzellane oder -kristalle irgendwo tief im Keller lagerten; selbst wenn das ganze Haus unter den Bomben zerbarst, blieb das so Zusammengetragene vielleicht unzerstört und bildete den Grundstock, um noch einmal neu zu beginnen.

»Du starker Held« ist paradox, gemessen an der Schwachmütigkeit Gideons. Schon wie er spricht, stimmt es nicht. »Wo warst du denn bei uns?« sagt er, als wäre der Maßstab für das, was vor Gott gilt, die Vielzahl der andern. Solange er darauf schaut, wird er nie bei sich ankommen. Er möchte eine äußere Bestätigung, ein Wunder, eine Krafttat, die man sehen kann. Aber das wäre einfach: Es passiert von außen etwas Großartiges, und man braucht nur mitzumachen, man steigt sozusagen in den fertigen Zug, marschiert den Leuten hinterher, die als Vortrab die Geschichte anführen. Darum geht es nicht. Das ganze Schauen nach außen ist das, was nicht stimmt. Womit alles wirklich seinen Anfang nimmt, ist, daß Gideon lernt, wer er ist, und die Momente, in denen er groß ist mitten in seiner scheinbaren Niedrigkeit, zeigen ihm etwas von einer Kraft, die er wiederfinden kann. Ganz einfach gesprochen: Gideons Geschichte beginnt damit, daß ein verzweifelter Mensch lernt, an sich zu glauben. Die biblische Formel dafür ist: Ich bin mit dir. Es gibt einen göttlichen Beistand. Aber wieviel braucht es, einen Menschen bis dahin zu begleiten, daß er von sich neu zu denken beginnt: »Mit *meinem* Leben ist doch etwas gemeint. Das, was ich bin, ist doch eine noch nie wirklich gelebte Kostbarkeit. Ich trage etwas in mir, das der Welt etwas bedeuten kann, und wenn nicht im großen, dann unmittelbar im nächsten Bereich von gleich mir versklavten Menschen.« Gideons Antwort ist gleich wieder, daß in der Mutlosigkeit und Gottverstoßenheit, die er spürt, all das, was ihm andeutungsweise aufgetragen wird, nicht gelte. Aber der Gottesengel hört nicht auf, zu ihm zu sagen: »Geh in *deiner* Kraft, und du wirst Israel erlösen.« Das ist eine unerhörte Steigerung. Derselbe Mann, der voller Zweifel an sich selbst und all seinen Mitmenschen dastand, sollte etwas wie Stärke spüren in innerer Begleitung. Aber schon der nächste Satz des Gottesengels hebt sie hinweg: »Geh du in *deiner* Stärke.« Es ist unerhört, wie hier Selbstvertrauen identisch ist mit Gottvertrauen und den Beistand des Göttlichen fast ganz und gar im Rükken läßt, wie etwas Unsagbares und Unsichtbares beiseite stellt. In eigener Kraft zu gehen, das wäre, was Gott von uns möchte, damit wir *richtig* leben, zu Richtern werden in Israel, im Volk der Erwählung, im eigenen Leben.

Übersetzt in unseren Erfahrungsbereich, gäbe es da jeden Tag zu lernen. Wann hören wir auf das, was die anderen uns als richtig in unser Leben hinein sagen, und was stimmt in Wahrheit wirklich für uns? Was geht von uns aus, was ist mit unserer Person identisch und gemeint? Was stimmt wirklich für uns, und was ist nur die Kopie, das geliehene Leben, die Rolle, die von außen her entlehnt und allzugern nur übernommen wurde? Was ist die Stärke unserer Person? Allein das herauszufinden ist etwas Wunderbares. Mit einemmal findet das Klagen über das, was die anderen mit uns gemacht haben, als sie »Katz und Maus« mit uns zu spielen versuchten, ein Ende. Die Perspektive wandelt sich. Man fängt an, das Leben von sich selbst her zu betrachten, findet die eigenen Möglichkeiten wieder. Man ist ein Mann von vielleicht fünfundvierzig und glaubte sich schon wie lebendig tot, das Leben schien an einem selbst vorbeigelaufen zu sein, man fand zu sich selbst nicht mehr den geringsten Bezug und schlief sehr unruhig, bekam alle möglichen körperlichen Beschwerden, Unruhe des Nachts, Herzstörungen, Kopfschmerzen, Gefühle, wie gemartert und elend zu sein am Arbeitsplatz, die eigenen Angehörigen gingen einem auf die Nerven, aber jetzt plötzlich beginnt man sich selbst wiederzufinden, und alles erscheint noch einmal ganz anders: Man ist nicht das Opfer des heraufdämmernden Tages, man wird der Gestalter seines eigenen Lebens, man geht hin in der Zuversicht, mit einem selbst sei es irgendwie doch in Ordnung, trotz all der Einwände, die es bis dahin gab.

Natürlich, daß die Frage des Gideon wie in den Tagen des Moses am brennenden Dornbusch lauten wird: »Aber womit denn? Was habe ich in der Hand? Welche Werkzeuge, welche Fähigkeiten oder Befähigungen stünden mir denn zur Verfügung? Bin ich nicht aus dem kleinsten der Stämme Israels und dann noch aus der schwächsten der Sippen der Jüngste von allen?« Es ist immer die Einrede, die wir uns selbst in den Weg stellen. Es fällt uns so viel ein, was mit uns nicht stimmt. So, wie wir sind, kann man uns nicht akzeptieren, es wird doch nichts dabei herauskommen, wir kennen uns schließlich! So viele Jahre Mißerfolg sind kein Zufall! Irgendwie wissen wir, was alles mißraten, zu kurz geblieben ist. Jeder hat da unbewußt bestimmte Maßstäbe im Kopf, nach denen er ewig scheitern *muß*. Alles scheint zu hoch. Und wenn dann noch gesagt wird: »Du solltest aber noch einmal ganz anders leben« – wie ein Befehl von außen –, kommen wir uns noch viel minderwertiger, abscheulicher, unzureichender vor.

Tatsächlich aber ist doch dieses Gespräch mit dem Gottesengel ganz und gar innerlich. Wir müssen's nur weiter so durchgehen. Auch die Einwände müssen wir sammeln, wo wir uns noch nie wirklich getraut haben, wo wir ständig dachten, es sei von den Startbedingungen her aussichtslos, irgend etwas zu versuchen. Nur warum denn? Stimmt nicht das, was in uns liegt, auch? Da lautet die Antwort Gottes ganz einfach, indem sie beides zusammenfügt, das erste und das zweite Wort: »Wenn ich mit dir bin, gelingt's dir.« Es ist das

Schönste, was es im Leben von uns Menschen zu finden gibt: Wenn ich mit dir bin, ist es genug. Was wir da von Gott zu sehen bekommen, ist vielleicht nur ein Mensch an unserer Seite, *ein* gutes Wort, das uns aufrichtet, irgend etwas, das wir in einem Buch gerade zur rechten Zeit aufschlagen, ein Musikstück, das uns plötzlich wieder einfällt, und der Vers aus Kindertagen. Irgendwie sind wir nicht allein. Beides ist identisch: der Weg zu uns, die Individuation, die Isolation von dem, was für alle anderen gelten mag, die Berufung nur in unserer eigenen Person – und gleichzeitig das Wissen, nicht allein zu sein, sondern in den Händen Gottes zu ruhen und gerade deshalb den andern etwas werden zu können. Nichts ist unsinniger als der Dauervorwurf mancher Theologen: »Selbstfindung ist das Egoistische, das Individualistische, das zu Persönliche, man muß sehen auf die andern, hören auf die andern, dasein für die andern, wer sich selbst finden will, verleugnet den Christus, lebt an Gott vorbei.« Genau das Gegenteil! Nur ein Mensch, der seinen Wert, seine Größe, seine Berufung, sein Ich findet, wird irgend etwas Rechtes bewirken für die andern, und er wird sich nur finden unter den Augen einer Bejahung, die stark genug ist, alle Selbstzweifel zu widerlegen.

Natürlich, man kann und muß grade jetzt fragen: Ist das Ganze nicht Wahnsinn? Guter Mann, gute Frau, reden Sie sich das alles nicht nur ein? Sie, Aschenputtel bis heute, Sie sollten je noch etwas werden, und das hätte Ihnen Gott gesagt? Offenkundig nichts weiter als Wunschtraum, Vermessenheit, Wahnsinn, Dünkel! Schmink dir das ab, könnte man sagen. Achte, wie alle andern sich ducken unter den Midianitern, und keiner kommt auf die Idee, sie zu vertreiben! Mach's wie diese! Segle nicht so hoch am Wind! Wenn Sturm aufkommt, reff die Segel! Such den Hafen – aber nicht so hoch hinaus!

Tatsächlich gibt es für Gideon längst schon keine Umkehr mehr, er *muß* jetzt weiter. Und die Erklärung: Es wird Gott erscheinen, dieser Berge-Gott, dieser Vulkangott vom Sinai wie ein fressendes Feuer, genauso wie später im Kampf gegen den Baal auf dem Berge Karmel der Prophet Elija das Zeichen Gottes darin setzt, daß Feuer vom Himmel fällt und die Opferspeise verzehrt, sogar das Wasser, das man darübergegossen hat. Der Gott der Bibel als ein Feuer, das verbrennt – was für ein Bild für ein Leben in Leidenschaft! Als Irving Stone vor Jahren eine Biographie über den niederländischen Maler Vincent van Gogh schrieb, gab er ihr den Untertitel »Ein Leben in Leidenschaft«. Da gibt es keine Alternative dazu, einer bestimmten Berufung, einer bestimmten Vision, einem Auftrag, der mit der eigenen Person ganz und gar verschmolzen ist, zu folgen. Was ist da Gott oder Dämon? Es gibt nur ein wirkliches Zeichen: Es ergreift alles im Inneren, es durchglüht alles in der Seele, wie Jeremia einmal in seinen Konfessionen sagen kann: »Da wollte ich dein Wort zurückhalten, und es brannte mir im Gebein, daß ich's ausschreien *mußte*.« Wann immer wir Wahrheiten entdecken, hinter die wir gar nicht mehr zurückkönnen, wenn wir von uns etwas finden, das zu verleugnen den Tod bedeuten würde, dann können wir sicher sein: Hier redet Gott zu uns. Ein anderes Zeichen wird es nicht geben und werden wir nicht brauchen.

Nun könnten Ungeduldige unter den Bibellesern sagen: »Also wir haben's, und ran an die Midianiter, nun aufgeräumt die ganze Umwelt!« Doch wie die Bibel, schrittweise aus verschiedenen Überlieferungssträngen, erzählt, kommt zunächst etwas ganz anderes hier hinein. Es soll und wird Gideon den Altar des Baal vernichten und das Schnitzbild der fremden Gottheit verwenden, um damit das Opferfeuer für Jahwe zu entfachen. Er wird das tun bei Nacht und Nebel, aus lauter Angst. Man wird ihn am Morgen entdecken, und ein neuer Name wird ihm zuteil. Sein ganzes Wesen ist jetzt anders, nicht Gideon mehr, sondern Baal-Krieger, Jerubbaal. Der ewige Feind eines fremden Gottes, das wird sein ganzes Wesen sein.

Ein großer Psychoanalytiker und Freud-Schüler, Theodor Reik, hat eines seiner Bücher unter dem Titel »Der eigene und der fremde Gott« geschrieben, und er beschrieb darin mit den Mitteln der Psychoanalyse all das, was im Namen einer abstrusen Religion die Humanität des menschlichen Lebens vernichtet. Wieviel haben wir aus der Religion gelernt, was popanzähnlich, vampirverdächtig, blutsaugerisch, ewig glückzerstörend, freiheitraubend, untertanenschaffend, kurz: eine Entfremdung im Inneren ist! Viel schlimmer als die Midianiter ist die Tyrannei des Heiligen in seiner Zerrform im Herzen der Menschen. Wer sie nicht besiegt, wird nie Freiheit nach außen bringen. Auch das scheint ein Irrtum der heutigen

Theologie in ganz großem Umfang zu sein: Die Theologie der Befreiung bestehe darin, die politischen Strukturen zu ändern. Es ist nötig, in gewissem Sinn unverzichtbar und wichtig, aber wo denn und wann denn wären aus dieser Theologie Strukturveränderungen bis heute hervorgegangen, Änderungen des Wirtschaftssystems, der Herrschaftsverhältnisse, Abwendung der Ausbeutung, der Zerstörung der Wälder? Und selbst wenn das alles möglich wäre, wie will man den Menschen befreien mit selbst religiös versklavten Individuen? Wie soll die Befreiung der Menschen vorankommen, außer sie findet erst einmal zur Befreiung der Menschen selbst statt? Das ist die Reihenfolge *hier*: Eine in sich gereinigte Religion ist der Anfang, um dann auch nach außen Israel aus der Hand der Midianiter zu befreien. Aber das muß als erstes gewährleistet sein: Der fremde Gott in seinem Heiligtum wird angegriffen und vernichtet. Kein Mensch, der sich selbst findet, der nicht zugleich religiös anders zu glauben, zu hoffen, zu träumen lernen würde – eine Veränderung in allem. Mit einemmal steht Gott, oder was wir so nennen, auf unserer Seite, möchte uns, meint uns, will uns, begleitet uns und geleitet uns, und wir ruhen in seinen Händen. Da ist es fast schon ein Verrat, dieser Gottheit noch Opfer zu bringen, und wir werden später hören, daß an dieser Stelle Gideon-Jerubbaal sich selbst in die Falle läuft. Er wird einen goldenen Ephod, einen Gürtelumhang aus Edelmetall, wie ein neues Heiligtum seines Siegs über die Midianiter ausstellen lassen. Aber der Weg dahin ist noch lang, wenngleich er sich in groben Strichen jetzt wie etwas Folgerichtiges, ganz konsequent Selbstverständliches erzählen läßt. Die Schar der Midianiter ist erdrückend groß, und alle Angst wäre über die Maßen berechtigt. Es ist ein Augenblick, wie wir ihn tatsächlich in der hinduistischen Bhagavadgita finden, als Arjuna von der Gottheit gefragt wird, was er erbitte: die Armee des Gottes, um die eigene Schwäche auszugleichen, oder den Beistand des Gottes. Und Arjuna, stolz geworden unter der göttlichen Vision auf seinem Kampfwagen, erklärt dem Gott Krishna – Vishnu in seiner Erscheinung –, kämpfen könne er selbst, er bedürfe nichts weiter als des Beistands des Göttlichen. Das zu wissen ist die ganze Festigkeit eines Menschen.

Wenn's dann noch etwas braucht, ist es die Kunst, Träume zu verstehen. Die Bibel tut sich sehr schwer mit dem Motiv. Immer wenn sie von Träumen als aus dem Munde Gottes kommend spricht, geschieht dies in fremdem Land, in Ägypten oder hier bei den Midianitern, nie eigentlich als eine Orakelsprache der eigenen Religion. Eben daran liegt es, daß wir im jüdisch-christlichen Erbe unserer eigenen Seele, den eigenen Träumen gleichsam wegerzogen worden sind. Aber diese Stelle zeigt immerhin, wie nützlich es sein kann, Träume zu kennen, sogar die seiner Gegner. Derselbe Gideon, der seine Angst fast verloren hat, entdeckt plötzlich, wieviel Angst die anderen vor ihm haben bis in die Nächte hinein, welche Alpträume sie bekommen angesichts eines einzigen frei gewordenen Menschen. Das ist das Geheimnis, warum jetzt die Auseinandersetzung bevorsteht. Alle Macht von Menschen über Menschen gründet nur darin, daß sie Angst verbreiten können. In demjenigen, bei dem das nicht mehr funktioniert, findet sich plötzlich eine Freiheit, die den anderen Angst einjagt.

Nun beginnt die Auseinandersetzung. Was uns die Bibel erzählt, ist eine Geschichte wie ein Roman für Zwölfjährige, wie Gideon seine dreihundert Mann, die das Wasser nicht mit der hohlen Hand, sich niederknieend, schöpfen, sondern wie Hunde lecken, wilde Kerle allesamt, sich in der Vorstellung der Midianiter vermehren läßt, indem sie die Posaune blasen und die irdenen Gefäße bei Nacht zerschlagen und mit brennenden Fackeln fuchteln – eine riesige Armee scheint da über die Midianiter herzufallen –, das alles ist nichts weiter als die Widerspiegelung einer Macht, die nur dem andern so erscheint. Der Sieg, sagt uns der Text, liegt hier wirklich in etwas Seelischem, bei Gott selbst. Irgendwann kommt in jeder Psychotherapie dieser Punkt, wo jemand merkt: Die Leute, vor denen er so schreckliche Angst hatte – auch nur ein Brief am Morgen konnte vernichtend sein oder ein Telefonanruf oder ein bloßer Kontakt –, die haben doch auch nur Angst, und sie verdienen gar nicht, daß man vor ihnen Reißaus nimmt. Es genügt, daß man standhält, daß man innerlich fest wird, der ganze Rest erledigt sich fast wie von selbst. Die Midianiter bringen sich untereinander um vor lauter Angst, man muß nur zuschauen. Innerlich übertragen: Man muß nach außen nicht kämpfen, es genügt, fest zu werden.

Dann besteht am Ende noch eine Versuchung: Immer wieder, wenn ein Mensch versucht, anderen ein Stück Freiheit zu schenken, wird die Neigung wachsen, sich ihm untertänig zu machen. So abhängig scheinen die Menschen sich selbst zu wünschen, daß das, was ihnen zur Führung in die eigene Freiheit werden könnte, zu einer neuen Führerschaft mißrät. »Sei du unser König!« sagen die Israeliten zu Gideon, »*du* hast uns befreit!« Aber das ist es nicht, worum es geht: »Nur Gott soll über euch herrschen!« Das ist einer der großartigsten Sätze der ganzen Bibel. Gideon wird kein Guru, kein König, kein Priester, der sich anmaßt, im Namen Gottes menschliches Leben zu lenken; er hat nur eine Erfahrung gemacht unmittelbar vor der Schlacht gegen die Midianiter. Er hat ein Zeichen erbeten, ein sehr sonderbares mit der Wolle, die vom Tau der Nacht durchtränkt wird oder, wenn Gideon es will, auch nicht durchtränkt wird. Was das bedeutet, erklärt uns zum Teil die Religionsgeschichte, zum Teil die Psychoanalyse. Ganz sicher wird die Deutung nie sein können, aber erinnern darf man sich an das griechische Motiv der Medea und des Goldenen Vlieses. Da war fern im Osten von Griechenland eine Zauberin, die den Argonauten etwas Goldenes gab, und die Mythologen meinen, es sei ein Bild für den Mond. So könnte man's deuten. Er ist in der Erzählung der Völker oft wie ein Wassergefäß, das sich füllt und sich leert, bald an der einen Seite, bald an der anderen Seite, ein Goldenes Vlies, ein Stück vom Himmel auf Erden. Aber tiefenpsychologisch müßten wir sagen: Es ist die vollständige Herrschaft auch über die Kräfte des eigenen Unbewußten, eine vollkommene Fähigkeit, sie zu lenken und zu sammeln, wo sie Fruchtbarkeit bringen sollen, wo sie Trockenheit lassen müssen, und je nachdem ist bald dies und bald das nötig. Ein Mensch, der in sich selbst integriert und geschlossen ist, wäre ein wirklich königlicher Mensch. Ein solcher braucht andere nicht zu beherrschen, nicht zu besiegen. Was er freilich nötig hätte, wie Gideon bei seinem zweiten Heerzug, wäre Hilfe und Unterstützung in Müdigkeit und Hunger.

Da gibt es Szenen in der Bibel, von denen wir Abschied nehmen müssen, die bitter sind und scheußlich und sich überlebt haben. Als Gideon die beiden Könige gefangengenommen hat, Zalmunna und Sebach, handelt er scheinbar nach den Regeln seiner Zeit gerecht. Sie haben Mitglieder seiner eigenen Familie getötet, ohne zu schonen, und das gleiche wird auch über sie verhängt. Das ist Aug' um

Auge, Zahn um Zahn, maßvolle Rache, die wir immer noch Gerechtigkeit nennen. Es ist auch ein Teil von Kopfjagd dabei. Nicht nur, daß man die Häupter der Erschlagenen Oreb und Seeb – Rabe und Wolf – den Efraimiten schickt, es ist der eigene Sohn, der das Todesurteil exekutieren soll. Ethnologen zeigen uns auf Neuguinea, wie man in der alten Kultur der Papuas aus dem Erbe von vielen Jahrtausenden nur zum Manne wird, nachdem man einem Feind den Kopf abgeschlagen hat und ihn als Zwölfjähriger zwischen den Schenkeln hält – anders gehört man nicht zum Stamme. Praktiken dieser Art müssen hinter dieser schrecklichen Szene stehen. Jeter aber, der Sohn Gideons, weigert sich, das zu tun, und ich denke, die Bibel hat recht und auch unrecht. Er tut's nicht, weil er sich scheut, und die Bibel erklärt: »Er ist ja erst ein Kind«, das Töten aber Männersache. Sie können in der Bibel lange suchen, bis Sie eine Stelle finden, an der jemand einen Tötungsbefehl verweigert. Und immer, wenn das je passieren sollte in der Geschichte der Menschheit, werden andere dabeistehen: »Ein Schwächling, ein Feigling, ein ewiges Kind, kein richtiger Mann!«

Dieser Tage gab mir ein Psychologe eine Studie über Wolfgang Borchert, einen der ganz wenigen großen Pazifisten im 20. Jahrhundert, der sein Kotzen und seine Verzweiflung über den Zweiten Weltkrieg und jeden Krieg als Vermächtnis der Menschheit übermachte. Die Untersuchung läuft darauf hinaus, daß Wolfgang Borchert in seiner Zeit seine Jugend nicht ausleben konnte und schon deshalb ein ewiger junger Mann blieb, ein Pubeszent, der die Wirklichkeit nie erwachsen zu lernen und zu sehen vermochte. Vielleicht kämen wir einmal darauf, größer noch als Gideon seinen erstgeborenen Sohn Jeter zu sehen und aus *ihm* eine Leitfigur für ein anderes, besseres Leben zu machen! Gideon haben wir gerade kennengelernt als jemanden, in dem sich alles sammelt und integriert, aber wie wär's, er, Gideon, müßte noch lernen, Jeter zu werden, seine eigene Zukunft? – Es gibt in der Bibel keinen Kommentar, was Jesus wohl meinte, als er sagte: »Ihr müßt lernen, zu werden wie die Kinder, oder ihr kommt nie mit Gott wirklich in Zusammenhang.« Jeter war an dieser Stelle so ein Kind, das ablehnte, das zu werden, was die Erwachsenen wollten. Vielleicht ein göttliches Kind, ein großartiges Kind? Vielleicht sollten wir das, was die Erwachsenen erwarten, überhaupt niemals lernen, sondern es ihnen nach und nach abgewöhnen. Dann würden wir den Bogen nur noch spannen, um ins Zentrum zu zielen, nie mehr ins Herz von lebenden Menschen. Und wir hätten keine Macht und Herrschaft mehr über Menschen zu vergeben, sondern jeder wäre ein König im Land seines Lebens und seiner Seele.

All diese dunklen Geschichten der Bibel haben vermutlich niemandem mehr zu sagen vermocht als den Sklaven Anfang und Mitte des vergangenen Jahrhunderts in den Südstaaten von Nordamerika. Sie kennen das Lied alle: »Down by the riverside«. In einer Übersetzung lautet der Text in endlosen Wiederholungen, eindringlichen Bitten:

Werfe ab meine Bürde drunten am Uferrand;
drunten am Uferrand werfe ab meine Bürde.
O Gott, ich hab den Kampf so satt,
ich hab den Kampf so satt!
Ich lege ab mein Schwert und Schild drunten am Uferrand.
O Gott, ich hab den Kampf so satt.
Steck ich mein Schwert in goldenen Sand drunten am Uferrand,
o Gott, ich hab den Kampf so satt.
Ziehe ich an mein weißes Kleid drunten am Uferrand,
setz mir die Sternenkrone auf drunten am Uferrand,
zieh mir die goldenen Schuhe an drunten am Uferrand,
steige auf das weiße Pferd drunten am Uferrand.
O Gott, ich hab den Kampf so satt!
Spreche ich mit dem Friedensfürst drunten am Uferrand,
sprech' ich mit dem Friedensfürst:
Gott, ich hab das Kämpfen satt.

12. Februar 1994

14
Gegen menschliche Demütigung

WIR haben miteinander die Überlieferungen der Vätersagen aus der Genesis gelesen, die Sagen der Geschichte vom Auszug aus Ägypten in den Büchern Moses, und wir hatten bei all dem die Möglichkeit, Legenden und Sagen psychologisch in der Art zu deuten, daß da verschlüsselt etwas Typisches ausgesagt wird auf dem Weg zu uns selbst, Stationen der Beschreibung unserer Freiheit.

Was wir im folgenden versuchen wollen, ist ein anderes, Herausforderndes, Unsicheres. Wir begeben uns in die Teile der Bibel, mit denen Geschichtsschreibung in gewissem Sinn der Menschheit überhaupt, ganz sicher aber auf dem Bibelboden selbst beginnt. Es gibt keine Ausflucht mehr, keinen Weg, die Härte der äußeren Realität nach innen zu verlegen. Um so leidender und leidenschaftlicher erhebt sich die Frage, was denn das, was Menschen tun, zu tun haben kann mit dem, was Gott tut. Wie geht beides ineinander? Station für Station fragt sich die biblische Erzählung das selbst, und oft genug läßt sie uns dabei fast ohne Antwort. Lesen wollen wir aus dem Buche der Richter die Geschichte vom Anfang des Königtums in Israel – eine reine Usurpation der Macht, ein Gewaltstreich, der sich selbst rächt, aber beinahe gutgegangen wäre.

Wie steht die Macht Gottes zur Machtentfaltung des Menschen und sein Wille zum Tun und Treiben dessen, was wir Geschichte heißen?

Der erste, der in Israel den Titel eines Königs trägt, ist Abimelech, Sohn eines Israeliten mit dem Namen Jerubbaal und einer kanaanitischen, also nichtisraelitischen Frau. Dieser Sohn einer

Mischehe wird versuchen, kanaanäische Tradition und israelitisches Gut in seiner eigenen Person zusammenzufügen. Das ist seine Idee, aber so geht er vor:

TEXT: Ri 9,1–16. 19–57

Abimelech aber, der Sohn Jerubbaals, ging nach Sichem zu den Brüdern seiner Mutter und redete zu ihnen und zu dem ganzen Geschlechte der Familie seiner Mutter also: Sprecht doch zu allen Bürgern von Sichem: Was ist besser für euch? Daß siebzig Männer, alle Söhne Jerubbaals, über euch herrschen oder daß *ein* Mann über euch herrsche? Denkt auch daran, daß ich von eurem Fleisch und Bein bin! Da legten die Brüder seiner Mutter seine ganze Sache allen Bürgern von Sichem vor, und ihr Herz neigte sich Abimelech zu; denn sie sagten sich: Er ist unser Stammesgenosse. Und sie gaben ihm siebzig Lot Silber aus dem Tempel des Bundesbaals, und Abimelech dingte damit lose, freche Menschen, die sein Gefolge wurden. Dann ging er in seines Vaters Haus nach Ophra und ermordete seine Brüder, die Söhne Jerubbaals, siebzig Männer, auf *einem* Stein; nur Jotham, der jüngste Sohn Jerubbaals, blieb übrig, denn er hatte sich versteckt. Darnach versammelten sich alle Bürger von Sichem und alle Insassen des Millo, gingen hin und machten Abimelech zum König bei der Eiche mit dem Malstein, die bei Sichem steht.

Als man das Jotham hinterbrachte, ging er hin, trat auf die Höhe des Berges Garizim, erhob seine Stimme und rief ihnen zu:

Höret auf mich, ihr Bürger von Sichem,
daß auch Gott auf euch höre!
Einst gingen die Bäume hin,
einen König über sich zu salben.
Und sie sprachen zum Ölbaum: Sei unser König!
Aber der Ölbaum antwortete ihnen:
Soll ich meine Fettigkeit lassen,
mit der man Götter und Menschen ehrt,
und hingehen, über den Bäumen zu schweben?
Da sprachen die Bäume zum Feigenbaum:

So komm du und sei unser König!
Aber der Feigenbaum antwortete ihnen:
Soll ich meine Süßigkeit lassen
und meine köstliche Frucht
und hingehen, über den Bäumen zu schweben?
Da sprachen die Bäume zum Weinstock:
So komm du und sei unser König!
Aber der Weinstock antwortete ihnen:
Soll ich meinen Wein lassen,
Der Götter und Menschen fröhlich macht,
und hingehen, über den Bäumen zu schweben?
Da sprachen alle Bäume zum Dornbusch:
So komm du und sei unser König!
Und der Dornbusch sprach zu den Bäumen:
Wollt ihr in Wahrheit mich salben,
daß ich König über euch sei,
so kommt und bergt euch in meinem Schatten!
Wo nicht, so wird Feuer ausgehen vom Dornbusch
und verzehren die Zedern des Libanon.

Nun denn, wenn ihr treu und redlich gehandelt habt, da ihr den Abimelech zum König gemacht, und wenn ihr an Jerubbaal und an seinem Hause gut gehandelt und ihm vergolten habt, wie er es um euch verdient hat – wenn ihr also heute treu und redlich gehandelt habt an Jerubbaal und an seinem Hause, so werdet des Abimelech froh, und auch er möge euer froh werden! Wo nicht, so gehe Feuer aus von Abimelech und verzehre die Bürger von Sichem und die Insassen des Millo, und Feuer gehe aus von den Bürgern von Sichem und den Insassen des Millo und verzehre den Abimelech! Darnach entwich Jotham und flüchtete sich vor seinem Bruder Abimelech nach Beer und ließ sich dort nieder.

Als nun Abimelech drei Jahre über Israel geherrscht hatte, sandte Gott einen bösen Geist zwischen Abimelech und die Bürger von Sichem, so daß die Bürger von Sichem von Abimelech abfielen – damit der Frevel an den siebzig Söhnen Jerubbaals und ihr Blut über ihren Bruder Abimelech komme, der sie ermordet hatte, und über die Bürger von Sichem, die ihm geholfen hatten, seine Brüder zu ermorden. Und die Bürger von Sichem legten ihm Leute in den Hinterhalt auf den Höhen der Berge; die raubten jeden aus, der auf der Straße an ihnen vorüberzog. Das wurde dem Abimelech hinterbracht. Da kamen Goal, der Sohn Obeds, und seine Stammesgenossen und siedelten nach Sichem über, und die Bürger von Sichem faßten Vertrauen zu ihm. Einst nun zogen sie hinaus aufs Feld und hielten die Lese in ihren Weinbergen und kelterten; dann veranstalteten sie ein Freudenfest, gingen in den Tempel ihres Gottes, aßen und tranken und fluchten dem Abimelech. Und Goal, der Sohn Obeds, sprach: Wer ist Abimelech? Und wer sind [wir], die Sichemiten, daß wir ihm dienen sollten? Haben nicht der Sohn Jerubbaals und sein Vogt Sebul den Männern Hemors, des Vaters Sichems, gedient? Warum sollten nun wir ihm dienen? Hätte doch ich diesem Volke zu befehlen! Ich wollte den Abimelech wegschaffen, und ich ließe dem Abimelech sagen: Vermehre doch dein Heer und rücke aus! Als aber Sebul, der Oberste der Stadt, die Worte Goals, des Sohnes Obeds, hörte, entbrannte sein Zorn, und er sandte Boten an Abimelech nach Aruma und ließ ihm sagen: Sieh, Goal, der Sohn Obeds, und seine Stammesgenossen sind nach Sichem gekommen, und nun wiegeln sie die Stadt wider dich auf. So mache dich nun mit der Mannschaft, die du bei dir hast, noch in der Nacht auf und lege dich auf dem Felde in den Hinterhalt. Am Morgen in der Frühe aber, sobald die Sonne aufgeht, überfalle die Stadt! Wenn er dann mit seiner Mannschaft gegen dich ausrückt, so tue an ihm, wie du kannst. Da machte sich Abimelech mit aller Mannschaft, die er bei sich hatte, noch in der Nacht auf, und sie legten sich in vier Haufen gegen Sichem in den Hinterhalt. Goal nun, der Sohn Obeds, ging hinaus und trat an den Eingang des Stadttors; da erhob sich Abimelech mit seiner Mannschaft aus dem Hinterhalt. Als Goal die Leute sah, sprach er zu Sebul: Sieh, da kommen Leute von den Höhen des Gebirges herab. Sebul aber sprach zu ihm: Du siehst den Schatten der Berge für Menschen an. Aber Goal fuhr fort und sprach: Sieh, da kommen doch Leute vom Nabel des Landes herab, und ein Haufen kommt aus der Richtung der Wahrsager-Terebinthe. Da sprach Sebul zu ihm: Wo ist denn nun dein Maul, der du sagtest: Wer ist Abimelech, daß wir ihm dienen sollten? Nun, da sind die Leute, die du verachtet hast! Rücke jetzt aus und kämpfe mit ihnen! Da rückte

Goal an der Spitze der Bürger von Sichem aus und kämpfte mit Abimelech. Aber Abimelech jagte ihn vor sich her in die Flucht, und viele blieben erschlagen liegen bis an den Eingang des Tores. Dann kehrte Abimelech nach Aruma zurück; Sebul aber vertrieb den Goal und seine Stammesgenossen, so daß sie nicht länger in Sichem bleiben konnten.

Am andern Morgen gingen die Leute aufs Feld hinaus, und man meldete das dem Abimelech. Da nahm er die Mannschaft, teilte sie in drei Haufen und legte sich auf dem Felde in den Hinterhalt. Als er nun sah, daß die Leute aus der Stadt herauskamen, fiel er über sie her und machte sie nieder. Und zwar brach Abimelech mit dem Haufen, der bei ihm war, hervor und nahm Stellung am Eingang des Stadttors; die beiden andern Haufen aber überfielen alle, die auf dem Felde waren, und machten sie nieder. Dann kämpfte Abimelech jenen ganzen Tag gegen die Stadt und nahm sie ein. Die Leute, die darin waren, tötete er, die Stadt zerstörte er und streute Salz auf die Stätte. Als alle Insassen der Burg von Sichem das hörten, gingen sie in das Gewölbe des Tempels des Bundesgottes. Man meldete aber dem Abimelech, daß sich alle Insassen der Burg von Sichem versammelt hätten. Da ging Abimelech mit seiner ganzen Mannschaft auf den Berg Zalmon. Dort nahm er seine Axt zur Hand und hieb Buschwerk um, hob es auf und lud es sich auf die Achsel. Dann sprach er zu seiner ganzen Mannschaft: Was ihr mich habt tun sehen, das macht mir eilends nach! Da hieben auch seine Leute, Mann für Mann, ihr Teil Buschwerk um, folgten dem Abimelech, legten es auf das Gewölbe und steckten das Gewölbe über ihnen in Brand. So kamen auch alle Insassen der Burg von Sichem um, etwa tausend Männer und Frauen.

Hierauf zog Abimelech nach Thebez, belagerte Thebez und nahm es ein. Mitten in der Stadt aber stand eine starke Burg; dorthin flohen alle Männer und Frauen, alle Bürger der Stadt, schlossen hinter sich zu und stiegen auf das Dach der Burg. Da rückte Abimelech bis an die Burg vor und bestürmte sie. Als er aber nahe an den Eingang der Burg herankam, um sie in Brand zu stecken, warf ein Weib dem Abimelech einen Mühlstein auf den Kopf und zerschlug ihm den Schädel. Da rief er eilends seinen Waffenträger und sprach zu ihm: Ziehe dein Schwert und töte mich vollends, daß man nicht von mir sagt: Ein Weib hat ihn getötet. Da durchstach ihn sein Diener, und er starb. Als die Israeliten sahen, daß Abimelech tot war, gingen sie ein jeder an seinen Ort. So vergalt Gott dem Abimelech den Frevel, den er an seinem Vater begangen hatte, indem er seine siebzig Brüder ermordete. Auch den Männern von Sichem vergalt Gott alle ihre Freveltaten. So kam über sie der Fluch Jothams, des Sohnes Jerubbaals.

Warum Texte wie diese aus dem Alten Testament lesen? Gewiß nicht einfach, weil sie in der Bibel stehen und also die Mandorla des Heiligen tragen; eher schon, damit uns das Abscheuliche, das berichtet wird, mit dem entsprechenden Widerwillen und Grauen erfaßt, obwohl es im Schatten eines begleitenden mächtigen Gottes geschieht. Das unheimliche, fragwürdige, großartige Bemühen der Bibel verdient, Schritt für Schritt mitvollzogen, durchgrübelt, durchwacht, durchdacht zu werden, wie es denn möglich ist, angesichts dessen, was Menschen tun, noch Gott im Munde zu führen. Ist nicht der Widerspruch, der Abstand, der Abgrund zwischen beiden viel zu groß, um noch ein Gefüge zu schließen über den Strom der Zeit hinüber in die Sphäre des Göttlichen?

Es wird uns immer wieder ratlos zurücklassen, wenn wir hören, wie die Bibel auf den verschiedenen Stufen und Stadien ihrer eigenen religiösen Besinnung sich von Gott zu sprechen erlaubt. Aber gerade diese Auseinandersetzung – welch ein Reden von Gott kann als überzeugend gelten, welches steht in einem Strom, von dem wir uns selbst getragen fühlen können? – ist identisch mit der notwendigen Skepsis gegenüber den viel zu raschen Verfeierlichungen und Ideologisierungen des Religiösen durch die jeweiligen Hoftheologen in der entsprechenden Zeit. Schon daß wir genauer hinsehen lernen, auch in der Bibel, die doch als ganze Gottesoffenbarung zu sein verspricht, und immer wieder prüfen, was denn da Edelmetall und was Schlacke sei, ist ein notwendiges Lehrstück in unseren Tagen, vielleicht mehr noch als vor dreitausend Jahren, da die Geschichte von Abimelech spielt. Würden wir sozusagen innerlich in den Streik treten, so wäre das menschlich sehr verständlich, es würde uns aber religiös kaum weiterhelfen. Natürlich könnten wir sagen: Wir sind dieser alten Geschichten überdrüssig, Mord und Totschlag, Zynismus und Gemeinheit, Verrat und Blutvergießen, diese ganze Brutstätte von Haß und Häßlichkeit soll uns nichts angehen. Wir hätten dann den großen Vorteil, Gott um so reiner malen zu können, gewissermaßen wie ostkirchliche Ikonen: der Hintergrund ganz und gar Goldglanz, Menschen vielleicht einzig dazu bestimmt, diese *reine* Fläche, auf der Gott sich selbst aufträgt, zu verdunkeln mit ihren Umrissen, das Heilige aber könnte durch keinen Schatten getrübt werden. Wir hätten beides gesondert, das klare Licht der Sonne und den Schatten der menschlichen Geschichte. Aber beide würden nie zueinanderfinden. Wir hätten genau den Zustand des Christlichen vor Augen, an dem wir selbst am meisten leiden. Da ist eine Religion, die sich am Sonntag in feierlichen Worten verkündet und die völlig außerstande ist, auch nur die Sonntagsblattlektüre an sich heranzulassen, die wir des Nachmittags zur Erholung, zur Entspannung oder Aufregung uns selbst vor die Augen halten, vom beginnenden Montag dann ganz zu schweigen. Der Gott, an den die bestehende Religion unserer Gesellschaft glaubt, hat nichts zu tun mit den Börsenberichten, mit den Wechselkursen, der Wirtschaftspolitik, der Militärpolitik, den Rentenfragen, der Asylfrage – es sind zwei Welten, die miteinander gar nichts anderes mehr zu tun haben sollen, als daß sie sich in Ruhe lassen und auf diese Weise wechselseitig stützen. Die Bibel hat es sich, Gott sei Dank muß man sagen, so einfach nie gemacht. Sie hat den Schrei derer aufnehmen wollen, die immer wieder an die Türe des Gefängnisses des menschlichen Daseins klopften und fragten und sagten: »Nun zeigt uns doch Gott!«

Gehen wir einmal von dieser Geschichte aus. Da sind tausend Frauen und Männer in einem kanaanitischen Tempel des Baal in der Stadt Sichem und werden verbrannt. Die Leute, die das tun, werden sie nicht einmal lebendig gesehen haben. Sie kümmern sich nicht um ihre Schreie, um ihre Leiden, sie rotten sie einfach aus. Am Ende wird es heißen: Aber Gott hat Abimelech bestraft. Keiner der Frauen und Männer wird davon wieder lebendig. Ist das eine Antwort? Wie passen Gott und menschliche Geschichte zueinander? Widerlegen sie sich wechselseitig? Es wär' mitunter noch das Beste, so zu denken. Wir behielten dann einen starken Glauben trotz allem. Bedingen sie einander? Die Bibel hat die Hoffnung nicht aufgeben wollen, daß wir das, was Menschen tun, irgendwie begreifen könnten, so daß es sich aufführte unter den Augen Gottes, der doch die ganze Welt und alles, was in ihr lebt, geschaffen hat. Ja, die biblische Reihenfolge ist eigentlich sogar noch umgekehrt, sie beginnt mit dem sicheren Vertrauen: Gott hat ein einziges Volk, einen Stammvater auserwählt und ihm einen Auftrag gegeben. Selbst der Gedanke der Schöpfung der Welt formt sich nur so. Wenn wir ihn rein menschlich nachvollziehen wollen, womöglich sogar in den Horizont des sogenannten Neuen Testaments gestellt, müßte man sagen, wir würden an Gott überhaupt nicht glauben, auch nicht an den Schöpfer der Welt, außer wir begegneten Menschen, die uns vertrauenswürdig genug scheinen, daß wir ihren Glauben teilen und uns von dem tragen lassen, was sie trägt, und von dem einladen lassen, worauf sie zugehen. Das war Abraham für das Volk der Erwählung, das war Jesus für das Volk des Neuen Bundes. Nur durch Menschen vermittelt sich Göttliches. Das ist die erste, fast einzige Gewißheit der ganzen Bibel. Aber da ist auch die umgekehrte Frage: Wie werden denn Menschen zu Menschen, außer sie bezögen sich auf einen Gott, der größer ist als sie?

Erzählen wir uns die Geschichte des Abimelech einmal in ihrer fast simplen Einfachheit. Noch gibt es in Israel so etwas wie eine wirkliche Geschichtsschreibung gar nicht. Es gibt bestimmte Episoden, die man wert findet, überliefert zu werden, aber es gibt keine zusammenhängende Zeitdarstellung. Es gibt noch keine Perspektive, die es erlauben würde, die Komplexität geschichtlichen Geschehens als Ganzes darzustellen, die verschiedenen Ebenen, in denen sich die Herrscher mit dem verflechten, was die Völker tun. Um so einfacher scheint sich hier alles auf das zu reduzieren, was Menschen sind und was in ihnen vorgeht. Nichts lenkt hier ab. Wir haben, um zu begreifen, was sonst Geschichte heißt, eine Reihe Kenntnisse nötig. Wie man Metalle herstellt, sagen wir den Schülerinnen und Schülern heute in unserer Schule, hat die menschliche Geschichte mehr verändert als Alexander der Große oder Adolf Hitler. Die Erfindungen bestimmter Getreidearten sind im Verlauf der menschlichen Geschichte viel wesentlicher geworden als die Gründung einer Stadt oder der Bau einer Pyramide. Ihr müßt die Wirtschaftsformen bedenken, ihr müßt den Stand der Technik vor Augen haben; wie sich das vernetzt und ineinandergreift, davon werden die Menschen selbst angetrieben, das wirkt auf sie zurück, das kann sie groß machen oder klein. Von all dem lesen wir hier überhaupt nichts. Wir hören, daß es Weinberge gibt, in denen man sammelt und keltert, aber das trägt zum Verständnis der Geschichte nichts bei, das ist lediglich einer der Anlässe mehr, um das Grausige aufzuführen, mit dem Abimelech über die Stadt Sichem hereinfällt, die ihn doch selbst hervorgebracht hat. Kann es sein, daß die biblische Fragestellung in diesen einfachen Geschichten uns womöglich gar nicht loslassen sollte? Wenn du Gott suchst bei dem, was Menschen tun, laß dir nichts vormachen, wäre dann eine der ersten Anweisungen, klarer zu sehen. Es kann sein, daß Menschen verführbar sind durch Geld, durch Macht, durch alles mögliche, aber das sind nicht die Gesetze, aus denen heraus sich ihr Tun bestimmt. Wenn du Geschichte verstehen willst, mußt du sie von den Menschen her begreifen, und du wirst es nicht anders können, als indem du sie möglichst genau vor dir siehst. Ihre Persönlichkeit, ihren Charakter, ihre Motive – das ist es, was du begreifen mußt, wenn du Gott finden willst in ihrem Herzen oder fern von ihrem Herzen, so oder so.

Denken wir uns also einmal in einen Mann wie Abimelech hinein. In gewissem Sinne verkörpert er das, was wir auch heute noch die Kinder im Geschichtsunterricht zu beachten lehren. Männer in der Geschichte, Frauen viel weniger, sind groß, wenn sie imstande sind, aus scheinbar geringfügigen Umständen etwas Großes zu machen. Da, wo alle anderen weiterschlafen, erkennen sie ihre Chance, minimal vielleicht, aber sie ergreifen sie, und je nachdem wird etwas Großartiges oder Schreckliches daraus hervorgehen. Der Witz in der Geschichte ist, daß man's vorher noch nicht weiß. Geschichte – ein Spiel für Hasardeure, eine Art Roulette. Je nachdem kann man Glück haben und gewinnt alles, oder man vertut alles, indem man Pech hat. So scheint es zu sein. Abimelech spielt mit den Leuten seiner Zeit wie ein Glücksritter. Seine Voraussetzungen sind rasch erwähnt. Kind eines Hebräers und einer Kanaaniterin, Kind zweier Welten, die sich religiös befeinden und bekämpfen wie Feuer und Wasser. Der Gott der Hebräer zu dieser Zeit duldet überhaupt keine Bündnisse mit den Fremdstämmigen, mit den Ansässigen, mit den auf Grund des Ackerbaus einer völlig anderen Welt zugehörigen Kanaanäern, die Dörfer und Städte bewohnen, während dieses Volk aus der Wüste, diese steppegeborenen Viehzüchter immer noch einem Gott folgen, der des Nachts ihre Wege begleitet beim Treiben der Herden. Ein Stammesgott steht da gegen eine Naturgottheit, eine Geschichtsmacht gegen eine Kraft der Vegetation.

Wenn es schon möglich ist, daß im Raum der Religion das, was man für Gott erklärt, so heterogen, so völlig widersprüchlich auseinanderbrechen kann, soll man dann nicht seine fünf Sinne zusammennehmen und ganz simpel sagen: Jedes Volk macht sich seinen Gott zurecht, so wie es ihn braucht? Es scheint ein Akt der Aufklärung zu sein, wenn man dahinterkommt, was im Namen der jeweiligen Götter so alles getrieben wird. Im Grunde verklärt, so scheint es, doch nur jedes Volk seinen eigenen Geist, seine Überlieferung, seine Moralvorstellungen, seine Traditionen zu etwas Absolutem, erklärt sie für Gott und gibt sich selbst damit als legitimiert zum Antritt neu zu erobernder Macht aus. Also: Das Göttliche ist nichts weiter als die Verschleierung menschlicher Machtinteressen, was also soll das, »der Gott der Kanaanäer« und »der Gott Israels«? Das, woran man glauben kann, ist im Grunde, was dazu beiträgt, über Menschen zu herrschen. Gott mag man die absolute Macht nennen, aber das ist soviel wert, wie man die relative Macht im Geschichtsaugenblick selbst in die Hand nimmt. Kühnheit, Mut, vielleicht sogar Tollkühnheit und Wagemut zeichnen die großen Persönlichkeiten aus.

Wenn Sie sich ein modernes Beispiel in der europäischen Geschichte für diese Art Zerstörung des Religiösen vorstellen wollen, müssen Sie eigentlich nur 350 Jahre zurückgehen, nach Münster, zum Rathaus, ins Jahr 1648. Man schließt damals den Westfälischen Frieden, ein Akt der Vernunft nach dreißig Jahren blindwütigen Mordens im Namen des katholischen Gottes gegen den protestantischen Gott. Zwei Drittel Europas sind damals vernichtet worden. Es ist dem Papst noch nicht genug; er wird eine Depesche nach Münster richten, daß Frieden nicht erlaubt sei im Namen Gottes. Aber die Fürsten werden erklären: Es langt uns, wir haben bald keine Leute mehr, über die wir herrschen könnten; schlimmer, wir haben keine Leute mehr, die uns das Brot verdienen, wir selber fangen an zu hungern, es reicht jetzt. Seitdem begreift Europa, daß politische Vernunft mehr ist als alle Religion, daß man den Rednern von Gott, den Priestern aller Konfessionen, Grenzen setzen muß durch die politische Macht. Da ist die Macht das Fortschrittliche, der Herrschaftsgewinn Teil der Vernunft. Zweihundert Jahre nach dem Westfälischen Frieden wird der Philosoph Hegel erklären, daß gerade die Logik der Machtentfaltung selbst der Spiegel der Vernunft des Göttlichen sei. Wer begreift, wie Macht sich selbst gestaltet und vorantreibt aus ihren Widersprüchen zu immer neuen Synthesen, der wird auch die Offenbarung des Allmächtigen in der Macht der Mächtigen begreifen.

Ist nicht Abimelech, so betrachtet, eine Gestalt, um Jahrhunderte und Jahrtausende seiner Zeit voraus, gewissermaßen ein politisches Genie, das die Kraft hat, zynisch genug zu sein, an nichts mehr zu glauben, jedenfalls nicht im Hin und Her und den Kabalen aller möglichen Priester in diesem Tempel und in jenem Tempel? Macht ist das Göttliche, also ergreifen wir sie, denkt Abimelech. Er in seiner Person wird sich aufwerfen wollen zum König; das entspricht der Tradition der Kanaanäer, jede Stadt hat ihren Fürsten. Es müßte aber auch der Tradition der Hebräer widersprechen, die sich weigern, eine einzelne Person zwischen Gott und die Menschen gestellt zu sehen. Sichem hat bis dahin keinen König gehabt, sondern eine Sippe, statistisch zusammengezählt siebzig Leute, eine Art heiligen Rates, dem Abimelech blutsmäßig selbst zugehört. Da kann man sich vorstellen, wieviel an Irrationalität in einem solchen politischen System liegt. Man muß eine große Zahl von Menschen befragen, was geschehen soll. Die müssen miteinander diskutieren, müssen Mehrheiten bilden, sind allzu leicht zu bestechen. In Augenblicken der Not werden ihre Ratschlüsse sich viel zu langsam durchsetzen können. Zudem: Wer dem Gremium dieser Siebzig zugehört, bestimmt der Zufall des Blutes. Das wird noch bis weit in die Renaissancezeit, eigentlich bis zur Französischen Revolution so bleiben. Es ist, daß die Biologie sich zur Grundlage der Politologie auswächst. Etwas Unvernünftigeres ist schwer zu denken, aber Abimelech bekommt das Kunststück fertig, zwischen zwei wieder ganz verschiedene Prinzipien einen Einheitsgedanken zu setzen. Herkunft aus der Sippe, das mag ja bleiben, das wird sein Werbetitel sein bei den Leuten von Sichem: Ich gehöre ja selbst zu dem Kreis der Siebzig. Aber wie nun, wenn man das überalterte, das viel zu langweilige, langwierige Abstimmungsverfahren in der Kraft eines einzelnen vereinigt, die Herkunft aus der Sippe zugleich mit der Größe einer einzelnen Person? Man vereinigte sozusagen das Vergangene mit dem Zukünftigen, zu dem Abimelech ausgreift, und würde damit aufhören, daß sich Kanaaniter und Hebräer im Raum von Sichem befehden. Warum sollen sie nicht ein einziges Volk sein? Dann müßte aber eine geschlossene Kraft, ein einheitlicher Wille das nicht Zusammengehörige zusammenfügen. Macht und Politik hätten hier die Vernunft und die Zukunft auf ihrer Seite – so die Mission des Abimelech. Noch einmal: Wenn wir uns anschauen wollen, wie modern dieser Mann eigentlich sein kann, müßten wir an Größen der europäischen Geschichte denken, wie sie um 1812 noch in Europa möglich waren. Ein Mann wie Napoleon konnte im Namen der aufgeklärten Vernunft die Einheit Europas erzwingen wollen mit militärischer, diktatorischer Macht. Gerade noch hatte man den Absolutismus in den Tod getrieben, da entsteht ein neuer Alleinherrscher, der die Vernunft der Französischen Revolution mit dem alten Machtwillen paart und dem kein Opfer zu groß ist. Dostojewskij, etwa sechzig Jahre später, kann in seinem Roman »Raskolnikow« dem psychologischen Getriebe nachsinnen, das hinter solchen Größenideen stecken mag. Er läßt in der Dachkammer seinen einsamen Studenten Raskolnikow darüber grübeln: Was ist menschlich groß, und was ist menschlich klein? Er selbst, Sohn armer Eltern, Rodion Raskolnikow, verachtet sich zutiefst, leidet an schwersten Minderwertigkeitsgefühlen, findet sich sozial gedemütigt und entwürdigt, er hat nicht einmal Geld, sein Studium zu bezahlen, aber sein Kopf ist voll von großartigen Ideen. Ist nicht das, was Menschen Recht und Unrecht nennen, lediglich eine Ausgeburt derer, die Macht und Kraft genug besaßen, die Begriffe von Recht und Unrecht anderen vorzuschreiben? Liegt nicht das Geheimnis der menschlichen Geschichte überhaupt darin, daß es immer wieder Menschen gab, die sich zur Paßform der anderen machten und deren Leben ergriffen wie eine Knetmasse, in die sie selbst ihr Siegel drückten? Ein Mann wie Napoleon, denkt Raskolnikow, verliert eine ganze Armee im russischen Winter und steht in Wilna da mit einem Champagnerglas in der Hand und bringt seinen Toast aus. Tausende von Menschen können da krepiert sein, das wird die Großen nicht berühren. Sie werden weitermarschieren über ungezählt viele Leichen hinweg. Wer das kann, hat schon die Energie, groß zu sein. Alle Schwächeren werden davor zurückweichen. Wer Geschichte gestalten will, lernt man da gerade, muß imstande sein, notfalls Menschen zu töten; anders sollte er die Hände davon lassen. Abimelech beginnt, uns unheimlich zu werden.

Es gibt nur zwei Stellen in dieser in sich geschlossenen Novelle, an denen von Gott die Rede geht. Abimelech hat die Siebzig hinter sich, seine eigenen Verwandten, die ganze Sippe, und er gewinnt die Zustimmung der Bürger von Sichem. Sie wollen Abimelech als ihren Führer sehen. Aber Abimelech kann als Führer nicht länger geführt werden durch die alten Bindungen und Rücksichtnahmen. Er zerschneidet an einem einzigen Tag, an einem einzigen Ort die Fesseln, in denen er selbst groß geworden ist. Alle seine Brüder, damit es keinen Konkurrenten mehr gäbe, keine Rivalenkämpfe mehr, keine Diadochenkriege, er schaltet sie alle aus. Die endgültige Lösung der notwendigen Feindschaft derer, die unbedingt Macht wollen, läßt sich immer wieder nur lösen durch das Ende, das man Menschen bereitet durch den Tod. – Manchmal möchte man wehmütig daran denken, wie Tiere miteinander leben. Sie können sich zanken um jede Erdnuß, die man ihnen in den Käfig wirft, aber sie würden nie soweit gehen, einander zu töten; dazu gehört System, dazu gehört kriminelle Energie, dazu gehört organisierte Rücksichtslosigkeit und ein Spiel mit Menschen, das Grausamkeit zu zelebrieren vermag. Man muß sich das Abschlachten der siebzig Brüder des Abimelech vorstellen wie ein blutiges Weinlesefest, wie ein Volksschauspiel unter klatschenden, jauchzenden und tanzenden Anhängern. Ohne die Claqueure und den Beifall der Masse vollführt man solche Verbrechen nicht. Sie sind, wenn sie sich ans Tageslicht wagen, keine Verbrechen, sondern heldische Taten.

Vielleicht, daß die Älteren unter Ihnen das noch kennen. 1933, als der Führer des deutschen Volkes genauso daranging, die Leute zu beseitigen, denen er den Aufstieg überhaupt verdankte. All die Leute aus den Schlägermeuten der SA mußten beseitigt werden, weil ihre Primitivität den Winkelzügen und Feinheiten der sich erweiternden Macht nicht mehr standhielt. Der Röhmputsch war der Auftakt zu dieser Blutnacht. Aber am Morgen konnte der Mann, der es organisiert hatte, dem deutschen Volke erklären, daß er in der Stunde der höchsten Not des deutschen Volkes oberster Gerichtsherr gewesen sei, und die Rechtsphilosophen auf den deutschen Kathedern stimmten ihm zu; sie bewiesen, daß die absolute Macht in sich souverän und der Führer selbst das Prinzip aller Legitimität sei. Man kann nicht gerade sagen, daß die Theorien von Carl Schmidt offiziell und überall gelehrt wurden, aber befolgt wurden sie, und man scheute sich, ihnen eindeutig zu widersprechen.

An dieser Stelle, da das geschieht, tritt einer, der sich versteckt hat, Jotam, auf dem Berg Garizim auf und singt vom Berg herunter den Bürgern von Sichem sein Lied. Das ist die Bibel in ihrer klassischen Problemstellung: Macht und Prophetie, Königsgewalt und Protest – in dieser Spannung wird immer wieder das Ringen um Gott gehen, das Suchen nach Gott. Jotam gibt ein Gleichnis für den Wahn, mit dem Menschen glauben, über Menschen herrschen zu können. »Die Geschichte ist die stärkste antimonarchische Fabel, die die Menschheit ersonnen hat«, schrieb Martin Buber, und er hat recht. Was ist das, was man sich in Sichem – und wo eigentlich nicht – an die Spitze holt?

Die Bäume wählen ihren König, und natürlich möchten sie den besten und den edelsten. Der köstlichste Baum des ganzen Orients ist der Ölbaum. Wie lange braucht es, bis er seine Frucht gibt! So viele Jahre an Geduld setzen die Menschen darein, um alles zu bekommen, was ihnen wert ist: Öl für die sonnenverbrannte Haut, Öl für die Nahrung, die sie zubereiten – etwas Kostbareres ist im Orient nicht als der Ölbaum. Und wenn man Krieg führt in jenen Tagen und ein Volk gräßlich vernichten will, so wie die Spartaner im Peloponnesischen Krieg die Athener, dann wird man hingehen und die Ölbäume fällen. Sie sind die Lebensgrundlage. Ein König, der kostbar wäre wie ein Ölbaum – ein wunderbarer Traum. Aber Menschen, sagt Jotam, die wirklich kostbar sind für andere, die so gut sind wie das Streicheln der Haut und so stark wie das Aufrichten des eigenen Körpers, werden nicht herrschen wollen über Menschen. Sie sagen sich: Was wir sind, ist vollauf genug; nützlich zu sein – mehr braucht es nicht. Alles andere ist weniger für Menschen, die wirklich nützlich sind. Kein Ölbaum wird jemals dazu zu bestimmen sein, Herrschaft auszuüben. Selbst wenn man's ihm anträgt, er wird's *erleben* wie eine Versuchung.

Man geht ein Stück darunter, zum Feigenbaum. Er ist nicht das Nützlichste, aber das Angenehmste und Köstlichste. Sie selbst werden sich vielleicht des Geschmacks der Feigen erinnern. Dabei haben Sie nichts im Munde gehabt als die vertrocknete Form dieser zauberhaften Früchte des Orients. Im Vergleich: Es ist soviel, wie wenn Sie Backpflaumen essen wollten und verglichen sie mit dem Wohlgeschmack dessen, was Sie im Herbst von den Bäumen holen. Jedes Kind im Basar in arabischen Ländern preist die Feigen als das Schönste auf dem Markt. Wär' es denkbar, man könnte Menschen, die so angenehm sind, zärtlich und liebevoll auch sie, dahin bestimmen, Herrschaft zu erstreben? Sollte man alle Freude am Ende vergällen, nur indem man Menschen kontrolliert und beherrscht?

Noch ein Schritt weiter, und man geht zum Weinstock. Er ist der Inbegriff von allem, was Menschen bis zum Rauschhaften gefallen kann, bis sie vor Wonne trottelig sind auf den Straßen. Wär's möglich, wir feierten die Politik und die Macht wie eine große Orgie, wie ein Fest? Auch das wird nicht gehen. Menschen, die nichts weiter wollen, als anderen Freude machen, werden nicht Herrschaft ausüben wollen.

Kurzum, die Fabel des Jotam erklärt sich ganz vom anderen Ende her. Wenn ihr Leute an die Macht bekommen wollt, müßt ihr bei den niedrigsten Kreaturen suchen, sie werden sich geehrt fühlen. Wenn du's denen anträgst, dem Kroppzeug, dem Stachelstrauch, dem Allerunwertesten, dem, was am Boden grade noch kriecht, dann verstehst du, was den Menschen dahin treibt, immer mehr Macht zu wollen. Die Theorien Alfred Adlers sind in diesen Tagen völlig unbekannt, aber seine Sicht ins menschliche Herz ist abgründig tief und groß. Das, was sich groß machen will unter den Menschen, ist geboren aus der Kleinheit des Charakters. Die minderwertigen Kreaturen werden wie die Frettchen um sich beißen und nagen und so lange dranbleiben wollen, bis sie ganz oben stehen. Aber wie dumm müssen die Menschen sein, der Einladung der Stechsträucher zu folgen: Beugt euch in meinen Schatten! Höhnischer geht's überhaupt nicht. Wie geduckt müssen da die Menschen werden, um sich vom Stechstrauch beschützt zu fühlen! Dabei ist der Ruin fast schon mitgegeben. Ein einziger Funke genügt, und alles steht in Flammen, sogar die Zedern des Libanon werden davon verbrannt. Und Jotam wünscht es beiden, der Dummheit der Sichemiten genauso wie dem zynischen Machtwillen Abimelechs. Beide sollen sie, ist sein Herzenswunsch, aneinander krepieren, wechselseitig sollen sie sich fressen, das ist seine Hoffnung, oder sie müßten denn recht getan haben, was Jotam nicht glaubt.

Wenn die Bibel an genau dieser Stelle davon spricht, daß Gott einen Geist des Widerspruchs geworfen habe zwischen Abimelech und die Sichemiten, was bedeutet dann Gott eigentlich? Da sind die menschlichen Gefühle selbst von einer Art, daß sie zum Schicksal werden. Und das, was dann unvermeidbar daraus hervorgeht, soll die Grundlage dafür bilden, von Gott zu sprechen? Was aus dem Tun Abimelechs hervorgeht, ist im Grunde gar noch nicht einmal eine Reaktion gegen seine Machtusurpation, eher ein Nacheifern seiner Großtat. Wenn dieser Mann imstande ist, zu morden, zu plündern und zu rauben – nun, was *er* kann, kann man auch. Man kann wie er, nach seinem Beispiel, die Wege belagern, indem man plündert, wer immer da vorübergeht. Jeder, der noch schwächer ist, kann zum Opfer dieser Art von Beutemacherei herhalten. Abimelech im kleinen, das ist das erste, was sich unter ihm ausbildet. Noch könnte man denken, es sei die Pflicht eines wirklich starken Königs, jetzt neue Ordnung zu schaffen, sich geltend zu machen gegenüber der Wegelagerei. Merkwürdigerweise tut Abimelech das nicht. Er verspielt eine Chance, die er hätte. Er, der Tyrann, könnte als Ordnungsmacht auftreten, so wie noch heute die guten Deutschen sagen: »Das gab's aber unter dem Führer nicht! Das wäre im Dritten Reich gar nicht denkbar gewesen! Kriminalität, Frauenvergewaltigung, Kindesschändung, all das Üble nicht unter einer starken Hand!« Es wäre den rabiatesten Diktatoren immer wieder zugute zu halten, daß sie auf ihre Weise im Schatten ihrer Gewalt Ordnung stiften. Es ist die Logik des Kirchenvaters Augustinus, daß die Staaten der Völker nichts weiter sind als die Produkte solcher großen Räuberbanden, die nach außen alles das tun, was sie im Inneren verbieten, und lediglich keine Strafinstanz mehr finden, weil ihre Verbrechen viel zu groß geworden sind.

Es gibt einen anderen Gegenspieler des Abimelech, eine Weile lang fast ihm ebenbürtig: Gaal. Er nutzt die Stunde, die Sichemiten in die richtige Stimmung zu bringen. Abimelech hat in Sichem, während er selber in Ofra, auf dem Gebiet der Hebräer, seine Residenz aufgeschlagen hat, einen Vogt, einen Verwalter, zurückgelassen, Sebul. Er kann nicht verhindern, daß jener Gaal mit seinen Leuten sich an die Spitze von Sichem stellt mit Reden, wie wenn an jeder Stelle jetzt, gewissermaßen wie im modrig gewordenen Waldboden, unter allzu schwülem Klima Pilze hervorsprossen könnten. So jetzt Gaal wie Abimelech, eins für das andere. Eine merkwürdige Geschicklichkeit des Erzählens berichtet uns, wie Sebul es genießt, Abimelech früh genug auf die Gefahr hingewiesen zu haben, die ihm droht. Vier Abteilungen, um Sichem gelagert, werden Gaal und seine Leute in die Falle locken und werden ganz Sichem aufrollen bis zur Vernichtung. Da ist die Macht so sehr zum Selbstzweck geworden, daß sie jedes Opfer rechtfertigt. Wer ihr widerspricht, und sei es eine ganze Stadt, ist für schuldig zu halten, und man lernt gerade: Es gibt nur noch ein einziges Verbrechen: der Macht Widerstand entgegenzusetzen. Wer das tut, der müßte nach einem guten chinesischen Sprichwort, wenn er schon die Wahrheit sagen will, ein schnelles Pferd oder schnelle Füße haben. Die Leute in Sichem haben das nicht. Sie fliehen in den Tempel ihres Gottes, sie möchten beschützt sein in ihrem Heiligtum und werden erleben, daß der Mann, der aus ihren eigenen Reihen kam, sie als lebendige Fackeln für den Götzen seiner Macht nehmen wird. Und einmal begonnen, wird es weitergehen. Sichem ist immer nur ein Anfang. Jede dieser blutgetränkten Stationen ist immer nur eine weitere Treppe, eine Stufe, über die man schreiten muß, immer höher, immer weiter, es gibt kein Ende mehr.

Es ist schließlich ein Zufall, der Abimelech ums Leben bringt, eine Frau, die einen Mühlstein von der Stadtmauer wirft. Da sagt die Bibel ein zweites Mal: »Das war Gott. Die siebzig Söhne des Jerubbaal, Abimelechs Brüder, wurden da gerächt und die ganze Stadt Sichem, all die Vergehen des Abimelech.« Es ist erschütternd, solche fast hilflosen Worte zu hören: Die Vermessenheit richtet sich selbst. Ja wenn das stimmen würde! Am Ende ist es ein winziger Zufall. Abimelech hätte auch Glück haben können, und seine Nachfolger werden immer wieder den Finger auf diese Zufälligkeit legen. Sie werden keinen Gott am Werke sehen. Nur ein einziges Mal hat Abimelech Pech gehabt, er war so richtig auf dem Weg und am Werk, er hätte nur noch ein bißchen mehr Erfolg haben müssen. Was heißt da, von Gott zu reden?

Man muß nicht Geschichtsdozent sein und sich nicht verbürgen für die geschichtliche Logik bestimmter Vergleiche; manchmal aber, im Bemühen, das Dritte Reich, die schrecklichste Stunde der deutschen Geschichte, zu verstehen, scheint dieser Punkt innerlich doch glaubwürdig. Man spielte gegen Kriegsende, hervorgebracht aus der Propagandaindustrie des Joseph Goebbels, einen Film, der darstellt, wie Friedrich der Große, Vorbild preußischer Tugend, in einer entscheidenden Schlacht, die fast verloren ist, das Äußerste wagt. Man will in den zerbrechenden Städten den Durchhaltewillen des deutschen Volkes noch einmal stählen und stärken. In diesem Film wird ein Musiker, ein Geiger, gezeigt, der für das Kriegshandwerk gar nicht taugt. Er sucht mit seinem Geigeninstrument aus dem Hause zu fliehen, das in Flammen steht. Man wird ihn zurücktreiben, er hat dem Krieg zu dienen. Friedrich der Große konnte sieben Jahre lang Krieg führen in Schlesien, mehrfach am Rande der vollkommenen Niederlage, er konnte ganze Armeen zugrunde gehen lassen, und er hatte mehr als einmal unverdient Glück, nichts weiter als Glück. Eine Farce, von taktischer Vernunft zu reden! Aber er war der Große, der Alte Fritz. Da er manchmal ein ehrlicher und philosophisch nachdenklicher Mann war, konnte er zumindest seine Todesstätte so bezeichnen, wie es für sein Leben stimmte. Wenn, soll er gesagt haben, ich da liege, bin ich sans souci, ohne Sorge, nur im Tod. Aber wann läßt ein Mensch, der sich Glück nicht erlaubt, es sei denn als Verstorbener, Menschen glücklich werden und in Frieden leben? Wenn das das Vorbild ist, warum könnte man nicht immer wieder Glück haben, und das Spiel höbe immer wieder neu an, von Abimelech über Alexander den Großen, Dschingis-Khan, Friedrich den Großen bis, ja wagen wir ruhig zu sagen: bis Adolf Hitler? Diese Kreaturen kommen immer wieder, wenn wir's ihnen erlauben, wenn wir denken, sie seien wirklich groß, wenn wir die Stechsträucher aufsuchen, uns unter sie zu ducken.

Was ist da Gott? Weder das eine noch das andere. Die Gefühle der

Menschen mögen die Geschichte voranbringen, Machtgier kann ein starker Motor sein. Die Machtgier der Sichemiten als göttlich eingegeben zu erklären ist eine mühselige, unglaubwürdige Konstruktion. Viel schlimmer ist, daß der Gerechtigkeitswille an der menschlichen Geschichte zerbirst. Es nutzt nicht, zu sagen: Aber Abimelech ging zugrunde. Vor ihm starben allzu viele, denen das niemals, niemals ein Trost sein wird. Sollen wir wirklich denken, als Hitler sich das Leben nahm: Das war das Gericht Gottes, und wir tanzen und spielen sozusagen in alttestamentlicher Stimmung, so wie die jungen Geißlein im Grimmschen Märchen singen: »Der Wolf ist tot, der Wolf ist tot!?« Sollen wir wie große Kinder weiter Geschichte betreiben? Vielmehr müßten wir sogar der Bibel widersprechen und sagen: Die Fabel Jotams stimmt, aber man darf sie nicht auf die Ergebnisse der Geschichte beziehen. Nicht Gott handelt in der Geschichte, indem er Gerechtigkeit herstellt, sondern: der Widerstand gegen menschliche Demütigung, das ist es, was Gott treibt. Der Wille, daß Menschen selbst ihre Würde haben, ist in sich von göttlicher Berufung gezeichnet. Da gilt das althebräische Pathos der Gottunmittelbarkeit. Wir brauchen keine Könige, wir brauchen keine Herrscher, wir brauchen niemanden über uns. Jeder hat seine Freiheit, mehr soll nicht sein. *Das* ist der Ursprung, wie Gott König ist in Israel.

Wir werden später hören, daß Israel sehr bald schon findet, es brauche trotzdem einen König, es lebe in einer Geschichte, die ohne verwaltete Macht nicht auskommt. Aber wie man sie erträgt, vermenschlicht oder mindestens human kontrolliert, wird das Thema der ganzen weiteren Auseinandersetzung sein.

Es ist ein sehr, sehr weiter Weg, wenn wir, das Jotam-Lied noch in den Ohren, am Ende uns besinnen, wie ein Gebet sich richtet an den Gott Israels aus dem Munde Jesu, interpretiert von Jakob Böhme auf seine Weise, das Vaterunser in Worten der Mystik. Er sagt:

Gib mir doch recht zu erkennen, daß alle Menschen von einem hergekommen sind und deswegen alle meine Glieder Brüder und Schwestern sind wie ein Baum in seinen Ästen, daß ich sie alle lieben soll, wie du uns, o lieber Gott, mit einer einigen Liebe in Jesus Christus vor der Welt Grund geliebt hast, noch liebst, und hast uns alle in einer ewigen Liebe in deinem Sohne versöhnt. Also wecke doch auch dieselbe einige Liebe in mir und zünde meine Seele und Gemüt damit an, daß ich auch mit und in dir in deiner Liebe alle meine Mitglieder liebe und ihnen zu Dienst bin und willig sei, auf daß dein Name in uns allen geheiligt werde und dein Reich in uns komme und dein Wille in uns geschehe, auf daß wir alle in deiner Liebe deinen Segen essen und trinken. Und nimm von uns das Übel und die schwere Schuld als deinen Fluch und Zorn, auf daß nicht des Teufels Neid und Geiz in uns aufquelle und uns in Rache und Bosheit führe, daß wir uns auch mögen herzlich lieben und uns untereinander die Fehler und Schwachheiten vergeben, wie du uns in deiner Liebe in Jesus Christus täglich vergibst.

22. Januar 1994

15
Sage einmal Schibboleth

WIR wollen fortfahren mit der Lektüre von Texten aus dem sogenannten Alten Testament, der Trostschrift Israels: Im zehnten bis zwölften Kapitel des Buches der Richter begegnet uns ein Mann mit dem Namen Jefta. Ein einziges Mal in der Geschichte Israels fällt ihm eine besondere Mission zu, und wie er sie löst, unter welchen Voraussetzungen sie ihn erreicht und vor allem, was sie ihn kostet und was sich dann Gott nennt, ist die ständige Frage, die uns erschrocken und verwirrt, begeistert und getröstet bei der Lektüre des sogenannten heiligen Buchs der Bibel begleiten wird, so auch und ganz im folgenden.

Ein wenig werden Ihre Ohren schon geschult sein, die verschiedenen Erzählformen im Alten Testament deutlich zu unterscheiden. Die Schemata von Lohn und Strafe etwa entstammen dem sogenannten deuteronomistischen Geschichtswerk in den Tagen des Jeremia um 600 v. Chr., einer Interpretation wesentlich älterer Stoffe: Es geht Israel gut, wenn es sich seinem Gott anschließt, es geht ihm schrecklich, wenn es Gott verläßt, denn es ist dann selbst gottverlassen. Und die Wege Israels sind von Gott selbst geformt, seine Geschichte ist eine heilige Geschichte, auch im Verhältnis zu den anderen Völkern; die Besitzansprüche des auserwählten Volkes sind göttliches Recht. Ich gebe das zehnte bis zwölfte Kapitel aus dem Buch der Richter einmal ungekürzt, weil Sie selbst sehen werden, wo die spätere theologische Deutung einsetzt und was die alte Erzählung überliefert.

TEXT: Ri 10, 6–18; 11, 1–40; 12, 1–7

Aber die Israeliten taten wiederum, was dem Herrn mißfiel: sie dienten den Baalen und den Astarten, den Göttern der Syrer, den Göttern der Sidonier, den Göttern der Moabiter, den Göttern der Ammoniter und den Göttern der Philister; den Herrn aber verließen sie und dienten ihm nicht. Da entbrannte der Zorn des Herrn wider Israel, und er verkaufte sie in die Hand der Philister und in die Hand der Ammoniter; die plagten und bedrückten die Israeliten achtzehn Jahre lang, alle Israeliten jenseits des Jordans im Lande der Amoriter, die in Gilead wohnten. Und die Ammoniter gingen über den Jordan, um auch Juda und Benjamin und das Haus Ephraim zu bekriegen, so daß Israel in große Bedrängnis kam. Da schrieen die Israeliten zum Herrn und sprachen: Wir haben an dir gesündigt; denn wir haben unsern Gott verlassen und den Baalen gedient. Aber der Herr antwortete den Israeliten: Haben euch nicht die Ägypter, die Amoriter, die Ammoniter, die Philister, die Sidonier, die Amalekiter und die Midianiter bedrängt, und habe ich euch nicht, wenn ihr zu mir schrieet, aus ihrer Hand errettet? Ihr aber habt mich verlassen und andern Göttern gedient. Darum werde ich euch nicht mehr erretten. Geht und schreit zu den Göttern, die ihr erwählt habt! Sie mögen euch erretten in der Zeit eurer Not! Da sprachen die Israeliten zum Herrn: Wir haben gesündigt! Tue du uns, was dir wohlgefällt; nur errette uns doch heute noch! Und sie beseitigten die fremden Götter aus ihrer Mitte und dienten dem Herrn. Da wurde er ungehalten, daß Israel so geplagt war. Als aber die Ammoniter aufgeboten wurden und sich in Gilead lagerten, versammelten sich die Israeliten und lagerten sich in Mizpa. Da sprachen die Leute, die Obersten von Gilead, zueinander: Wer ist der Mann, der den Kampf mit den Ammonitern aufnimmt? Er soll das Haupt über alle Bewohner von Gilead werden.

Nun war der Gileaditer Jephtha ein tapferer Held, aber der Sohn einer Dirne. Jephthas Vater war Gilead; dieser hatte aber auch Söhne von seiner Ehefrau. Als nun die Söhne der Frau heranwuchsen, vertrieben sie den Jephtha und sprachen zu ihm: Du sollst nicht erben in unsres Vaters Haus; denn du bist der Sohn eines andern Weibes. Da floh Jephtha vor seinen Brüdern und weilte im Lande

Tob. Dort scharten sich lose Männer um ihn, die mit ihm auszogen. Ein Jahr später begann der Krieg der Ammoniter gegen Israel. Als nun die Ammoniter Israel bekriegten, gingen die Ältesten von Gilead hin, um Jephtha aus dem Lande Tob zu holen. Und sie sprachen zu Jephtha: Komm und sei unser Führer, damit wir gegen die Ammoniter kämpfen. Aber Jephtha antwortete den Ältesten von Gilead: Ihr seid es doch, die mich aus Haß vertrieben haben aus meines Vaters Hause! Warum kommt ihr jetzt zu mir, da ihr in Not seid? Da sprachen die Ältesten von Gilead zu Jephtha: Ebendarum kommen wir nun wieder zu dir; und wenn du mit uns gehst und gegen die Ammoniter kämpfst, so sollst du uns als Haupt gelten, allen Bewohnern von Gilead. Jephtha erwiderte den Ältesten von Gilead: Wenn ihr mich zurückholt, um gegen die Ammoniter zu kämpfen, und der Herr gibt sie mir preis, so will ich euer Haupt sein. Und die Ältesten von Gilead sprachen zu Jephtha: Der Herr wird Richter sein zwischen uns, wenn wir nicht nach deinem Worte tun. So ging denn Jephtha mit den Ältesten von Gilead, und das Volk machte ihn zu seinem Haupt und Führer. Jephtha aber brachte all sein Anliegen vor den Herrn in Mizpa.

Nun sandte Jephtha Boten an den König der Ammoniter und ließ ihm sagen: Was willst du von mir, daß du zu mir kommst, mein Land mit Krieg zu überziehen? Der König der Ammoniter antwortete den Boten Jephthas: Israel hat mein Land weggenommen, als es aus Ägypten heraufzog, vom Arnon bis an den Jabbok und bis an den Jordan. Nun gebt es mir gutwillig wieder zurück. Jephtha aber sandte nochmals Boten an den König der Ammoniter und ließ ihm sagen: So spricht Jephtha: Israel hat den Moabitern und den Ammonitern ihr Land nicht weggenommen, sondern als Israel aus Ägypten heraufzog und auf seiner Wanderung durch die Wüste bis ans Schilfmeer und nach Kades kam, da sandte Israel Boten an den König von Edom und ließ ihm sagen: »Wir möchten durch dein Land ziehen.« Aber der König von Edom willfahrte nicht. Auch an den König von Moab sandten sie, aber er wollte nicht. Da blieb Israel in Kades, wanderte dann durch die Wüste und umzog das Land Edom und das Land Moab. So kamen sie [in die Gegend] östlich vom Lande Moab und lagerten sich jenseits des Arnon, die Grenze von Moab aber überschritten sie nicht; denn der Arnon ist die Grenze Moabs. Hier sandte Israel Boten an Sihon, den König der Amoriter, den König von Hesbon, und Israel ließ ihm sagen: »Wir möchten durch dein Land an unsern Ort ziehen.« Aber Sihon weigerte sich, Israel durch sein Gebiet ziehen zu lassen; er sammelte sein ganzes Volk, und sie lagerten sich bei Jahaz, und er kämpfte mit Israel. Da gab der Herr, der Gott Israels, den Sihon und sein ganzes Volk in die Hand Israels, und sie schlugen sie; und Israel besetzte das ganze Land der Amoriter, die dort wohnten. Sie besetzten das ganze Gebiet der Amoriter, vom Arnon bis an den Jabbok und von der Wüste bis an den Jordan. So hat also der Herr, der Gott Israels, die Amoriter vor seinem Volke Israel vertrieben, und du, du willst es vertreiben? Nicht wahr, wen dein Gott Kamos vertreibt, dessen Land besetzest du, und wen immer Jahwe, unser Gott, vor uns vertrieben hat, dessen Land besetzen wir. Und nun, bist du etwa besser als Balak, der Sohn Zippors, der König von Moab? Hat er etwa mit Israel gerechtet oder hat er mit ihnen Krieg geführt, als Israel in Hesbon und seinen Nebenorten, in Aroer und seinen Nebenorten und in allen Städten zu beiden Seiten des Arnon saß – dreihundert Jahre lang? Warum habt ihr [sie ihnen] damals nicht entrissen? Ich habe mich nicht an dir vergangen, du aber tust mir Böses an, da du wider mich Krieg führst. Der Herr, der Richter, entscheide heute zwischen den Israeliten und den Ammonitern! Aber der König der Ammoniter hörte nicht auf die Worte, die Jephtha ihm entbot. Da kam der Geist des Herrn über Jephtha, und er zog durch Gilead und Manasse; dann zog er durch Mizpe in Gilead, und von Mizpe in Gilead zog er hinüber zu den Ammonitern.

Und Jephtha tat dem Herrn ein Gelübde und sprach: Wenn du die Ammoniter wirklich in meine Hand gibst, so soll, wer immer aus der Türe meines Hauses mir [zuerst] entgegenkommt, wenn ich wohlbehalten von den Ammonitern heimkehre, dem Herrn gehören; ich will ihn als Brandopfer darbringen. Dann zog Jephtha gegen die Ammoniter in den Krieg, und der Herr gab sie in seine Hand. Er brachte ihnen eine sehr schwere Niederlage bei, von Aroer an bis in die Gegend von Minnith – zwanzig Städte – und bis nach Abel-Keramim. So wurden die Ammoniter vor den Israeliten gedemütigt. Als nun Jephtha nach Mizpa zu seinem Haus kam, siehe, da trat gerade seine Tochter heraus, ihm entgegen mit Handpauken und im Reigentanz. Sie war sein einziges Kind; er hatte außer ihr weder Sohn noch Tochter. Als er sie sah, zerriß er seine Kleider und sprach: Ach meine Tochter! Wie beugst du mich tief! Du bringst mich ins Unglück! Ich habe meinen Mund dem Herrn gegenüber aufgetan und kann nicht zurück. Sie aber sprach zu ihm: Mein Vater, hast du deinen Mund dem Herrn gegenüber aufgetan, so tue mir, wie du es ausgesprochen hast, nachdem der Herr dir Rache verliehen an deinen Feinden, den Ammonitern. Dann sprach sie zu ihrem Vater: Dies sei mir noch vergönnt: laß mir noch zwei Monate Zeit, daß ich hingehe auf die Berge und meine Jungfrauschaft beweine, ich und meine Gespielinnen; dann will ich wieder herabkommen. Er sprach: Gehe hin! und entließ sie für zwei Monate. Da ging sie hin mit ihren Gespielinnen und beweinte ihre Jungfrauschaft auf den Bergen. Nach zwei Monaten kam sie wieder zu ihrem Vater, und er tat ihr, wie er gelobt hatte. (Sie hatte aber nie mit einem Manne verkehrt.) Daher ward es Brauch in Israel: Jahr um Jahr gehen die Töchter Israels hin, die Tochter Jephthas, des Gileaditers, zu besingen, vier Tage im Jahr.

Nun wurden die Männer von Ephraim aufgeboten, und sie zogen nach Zaphon und sprachen zu Jephtha: Warum bist du wider die Ammoniter in den Krieg gezogen und hast uns nicht gerufen, daß wir mit dir zögen? Wir werden dir das Haus über dem Kopf anzünden! Jephtha antwortete ihnen: Ich hatte einen schweren Streit, ich und mein Volk, mit den Ammonitern; doch als ich euch aufbot, habt ihr mir nicht aus ihrer Hand geholfen. Da ich nun sah, daß niemand helfen wollte, wagte ich mein Leben und zog gegen die Ammoniter, und der Herr gab sie in meine Hand. Warum also zieht ihr heute gegen mich heran, um wider mich zu kämpfen? Und Jephtha sammelte alle Männer von Gilead und bekämpfte Ephraim. Und die Männer von Gilead schlugen die Ephraimiten; denn diese hatten gesagt: Ihr seid Flüchtlinge aus Ephraim; Gilead liegt mitten in Ephraim und mitten in Manasse. Dann verlegten die Gileaditer den Ephraimiten die Jordanfurten. Sooft nun ein flüchtiger Ephraimit sprach: Laßt mich hinüber! fragten ihn die Männer von Gilead: Bist du ein Ephraimit? Wenn er dann sagte: Nein! so sprachen sie zu ihm: Sage einmal Schibboleth. Sagte er dann Sibboleth, weil er es nicht richtig aussprechen konnte, so griffen sie ihn und machten ihn an den Jordanfurten nieder. So fielen damals von Ephraim 42000 Mann. Jephtha richtete Israel sechs Jahre lang. Darnach starb Jephtha, der Gileaditer, und wurde in seiner Stadt, in Gilead, begraben.

Was die Bibel in ihren geschichtlichen Teilen erzählt, mutet auf lange Strecken an wie die Abfolge eines endlosen Hin und Her voller Widersprüche und innerer Ungereimtheiten. Wir haben von Gideon gehört, der als Richter sich weigert, König zu werden über sein Volk. Unter seinen Söhnen aber findet sich in Sichem Abimelech, der sich aufwirft, das Volk zu beherrschen. Israel bekennt sich zu seinem Gott und fällt wieder von ihm ab; es verspricht Reue und Einsicht und handelt dem kurz danach später schon wieder entgegen.

Genauso widersprüchlich wie die Menschen aber ist das Bild des Gottes, an den sie glauben. Beides scheint unauflöslich miteinander verwirrt, und zu dem ständigen Hin und Her dessen, was wir die menschliche Geschichte nennen, kommt noch das Auf und Ab der einzelnen Personen. Sie kennenzulernen als einen Teil von uns selbst, sie zu verstehen, um uns selbst besser zu begreifen, sei die Absicht, wenn wir die Gestalt und Person des Jefta, so wie die Bibel sie uns erzählt, einmal in unsere Nähe holen und ihr Leben uns erzählen lassen.

Es tritt dieser Richter in Israel an die Stelle all derer, die man haßt und verachtet von Kindesbeinen an. Er kann nichts dafür, aber er ist der Sohn einer Dirne, genau das, was das sprichwörtliche Schimpfwort ausdrückt: ein Hurensohn. Stets ist damit das Wesen eines Menschen gemeint, dem man nicht vertrauen kann, der unberechenbar ist, unzuverlässig, weil man nie weiß, ob er hält, was er verspricht, ein Bastard zwischen Tag und Nacht, zwischen Wollust und Schande, jemand, den man als ehrenwerter Bürger in Gilead meiden muß. Sogar in seinem eigenen Vaterhaus ist er den Brüdern mißliebig, die darauf sinnen, das gesamte Erbe in ihren Besitz zu bringen. Ein Verstoßener also ist Jefta sehr bald schon und bis dahin ganz ohne eigene Schuld.

Will man etwas von der Psychologie eines solchen Menschen verstehen, mag man bei Friedrich Schiller einmal die Novelle von einem »Verbrecher aus verlorener Ehre« lesen, die Erzählung von einem jungen Mann, der, gekränkt und verletzt, ohne Hoffnung, sein gebrochenes Recht wiederherstellen zu können, zu einer Bande von Umhertreibern und Räubern abirrt, an deren Spitze er sich setzt, mit Kühnheit und Verstand ihr Meister zu werden. Spät erst, als er selbst, an einer Grenze aufgehalten, sich zu erkennen gibt, kommt der Weg einer langen Irrung ohne Rettung an sein Ende. Vor zweihundert Jahren wollte Schiller in dieser Person, nicht anders als in seinem Drama »Die Räuber«, uns die Verlorenen nahebringen als die möglicherweise nur Verstoßenen und dadurch erst zu Verbrechern, zu Außenseitern Gewordenen. Schauen wir uns um bei denen, denen wir hinter den Mauern unserer sogenannten Gefängnisse begegnen, dann darf man eins gegen tausend wetten, daß man solche und *nur* solche Geschichten zu hören bekommt: von Menschen, die nie wußten, warum sie eigentlich auf der Welt sind. Daß sie nicht erwünscht sind, war ihre Grunderfahrung; daß sie sich fühlen müssen wie das Produkt eines Fehltritts, zu dem sie nicht können, der aber ihr ganzes Wesen prägt, und es hat nie einen Ausweg gegeben, außer am Ende mit Stolz und mit Kraft das zu rauben, was an Recht auf Leben verweigert wurde. Bis dahin ist die Geschichte des Jefta in Gilead nichts weiter als die Geschichte jedes Asozialen. Auch er fügt sich in eine Räuberbande ein, die Gilead und die Umgebung unsicher macht, und lebt recht und schlecht an den Rändern der Gesellschaft. Es könnte so weitergehen: ein Haufen von Marodeuren, von Landstreichern, nichts weiter – was hätte je ein Gott mit diesen Verworfenen zu tun?

Es gibt einen Augenblick, in dem man gerade Menschen dieses Schlages zu brauchen scheint, das ist der Krieg. Alles, was im bürgerlichen Leben sonst verboten ist als verbrecherisch, ruchlos und gemein, im Krieg muß man es organisieren, perfektionieren, kommandieren. Der Krieg ist die Summe aller Scheußlichkeiten, die Menschen Menschen zufügen können, und die am besten darauf Trainierten wird man als erste brauchen, so Jefta in Gilead. Plötzlich benötigt man die Kenntnis all seiner unheilvollen Praktiken. Man kann sie benutzen, und man denkt, Jefta an die Spitze der Truppe Israels gegen die Ammoniter stellen zu können. Es ist einen Moment lang, daß Jefta sich bedenkt, ob er die jetzt in Not Geratenen wirklich unterstützen soll. Aber dann wirft er sich nicht nur vom völligen Außenseiter zum Retter und Richter auf, sondern zum Haupt und Führer; der letzte springt auf, der erste zu sein.

Wenn wir im 20. Jahrhundert in Deutschland diese Geschichte lesen, stockt uns der Atem, so modern kommt uns das vor: die Psychologie eines Führers. Wann immer die 60 Millionen Deutschen im sogenannten Dritten Reich die Stimme ihres Hauptes hörten, waren sie fasziniert von der Gefühlslage Adolf Hitlers, wenn er davon sprach, was für ein Nichts er gewesen war, der Frontkämpfer aus dem Ersten Weltkrieg, der Niemand, der Namenlose, der, um den sich keiner kümmerte, der keine Arbeit hatte, keine Anstellung, keine soziale Achtung. *Er* hat all diejenigen versammelt, die genau so empfanden, rechtlos, ausgebeutet, verstoßen, sitzengelassen. Wenn sich das konzentriert, möchte man denken, gnade uns Gott, denn das einzige, was es gebären wird, ist Rache und Gewalt. Man wird die Psychologie des Faschismus wahrscheinlich nur begreifen können, wenn man Hitler auf dem Obersalzberg 1938 hört, wie er herausschreit: »Weh dem, der schwach ist!« Das ist der ganze Nationalsozialismus. Es überleben nur die Mörderischsten, die Brutalsten, denn auf allem anderen wird man herumtrampeln. Also *muß* man stark sein, weil alles Schwache verloren ist. Wenn solch eine Lektion erst einmal nicht nur in die Köpfe, sondern in die Seele der Menschen eindringt, wenn das Eisen bis zum Herzen dringt, werden wir den Ausbruch von Krieg und Mord zu gewärtigen haben. Es ist eine Spirale von fast unerbittlicher Logik, wie Jefta in Gilead zum Führer wird.

Aber diejenigen Kreise, die die Geschichte erzählen, finden merkwürdigerweise gar nichts dabei. Sie sehen darin eine große geschichtliche Stunde. Etwa ein halbes Jahrtausend später wird man einen großen Disput in die Szene hineinschieben, wie wohl die Ammoniter und die Gileaditer damals miteinander verhandelt hätten. Die Ammoniter hätten gesagt: »Wir erwarten einfach, daß ihr das Land zurückgebt, das ihr uns genommen habt.« Die Erklärung, die dann gegeben wird, ist anderthalb Seiten lang, und sie taugt zu nichts, außer den Vorwurf und die Bitte zu rechtfertigen. Soviel auch Jefta sprechen mag, der bloße Tatbestand ist nicht zu leugnen: Gebiete sind den Ammonitern gewaltsam entrissen worden beim sogenannten Auszug aus Ägypten, aber die Begründung, warum man es getan hat und nie wieder rückgängig zu machen gedenkt, ist fast überall in der Geschichte der Völker die gleiche: »Man hat uns herumgestoßen von einem Ort zum andern, wir sind kreuz und quer gelaufen, um endlich einen Ort zu finden, und jetzt haben wir einen, und wir klammern uns daran wie ein Ertrinkender an eine Planke. Das, was wir jetzt haben, lassen wir nicht mehr los.« Das ist die Logik der Verzweiflung, ins Kollektive gewendet. Und noch viel mehr: Es steht ein Gott auf unserer Seite, der es so will. Wenn beides zusammenkommt, Verzweiflung und Gläubigkeit, ist ein Standpunkt erreicht, mit dem es keine Verhandlungen mehr zu geben vermag.

Auch das kennen wir bis zum Bitteren aus der Gegenwart unserer heutigen Geschichte. Im Februar 1994 drehte der Westdeutsche Rundfunk einen Fernsehfilm von Micha Pelet: »Im Bunker Gottes«. Gezeigt wurde die Situation der jüdischen Siedler in Palästina, im Gaza-Streifen jenseits des Jordan. Man interviewte zwölfjährige Kinder, deren Gesichter ernst und alt waren wie die von Greisen. Sie sprachen nach, was man ihnen vorgesagt hatte: »Gott hat uns dieses Land gegeben; alle Araber sind unsere Feinde, alle Araber wollen nur töten. Wir werden hier nur leben, wenn wir töten. Klar würde ich den erstbesten Araber töten.« Man spielte die Sequenzen der eigenen Mutter auf Video vor, und sie sagte: »Ich bin nicht mit allem einverstanden, aber er ist tapfer, mein Sohn, und er hat ganz recht: Gott hat uns dieses Land gegeben.« Man wird keinen Flecken der Erde finden, vielleicht die Antarktis ausgenommen, auf dem nicht irgendwann schon einmal Völker gewesen sind. Und wem hat Gott dann die Erde gegeben, und wie möchte er, daß wir darauf leben? Für die Bibel herrscht an dieser Stelle keine Komplikation, kein innerer Zweifel, sondern alles ist gradlinig, bis zum Krieg, bis zum Sieg, den Gott schenkt.

Aber genau an der Stelle sind womöglich die Bilder, die Legenden wahrer als die historischen Informationen und die theologischen Interpretationen. Die Geschichte nämlich erzählt, daß Jefta, der Bandenkrieger, der Führer der Armee aus Gilead, zum Siege nur kam um den Preis eines schrecklichen Versprechens, einer Zusage, die er nie gemacht hätte, wäre er imstande gewesen, ihre Bedeutung zu erkennen. Das erste, was ihm, dem heil Zurückkehrenden, aus dem Haus entgegenkommt, wird er, ein Kriegsheld, opfern für Jahwe, den Kriegsgott. Mag sein, er meinte nur seinen Hund, aber wär's dann ganz harmlos? Ein unschuldig Tier, das gesprungen kommt, seinen Herrn wiederzusehn und ihm die Hände zu lecken und ihn zu umspielen wie seinesgleichen, verdient das, getötet zu werden? Es ist aber seine eigene Tochter, namenlos in der ganzen Geschichte, sie wird der Preis sein.

Immer wieder hört man die Theologen die Ausrede benützen, in der Szene von Abraham und Isaak auf dem Berge Morija zeige sich der biblische Humanismus. Andere Völker haben Menschenopfer gekannt, Israel hat sie vermieden. Diese Geschichte von Jefta zeigt, daß es ein altes Ritual gegeben haben muß, ganz wie bei den anderen Völkern, das auch späterhin vier Tage lang alljährlich neu aufgeführt wurde: Brautjungfern, die die Jungfrauenschaft der Tochter Jeftas beweinen. Den Sinn solcher Rituale mag man vielleicht bei ganz anderen, fremden Völkern erkennen. Von den Azteken etwa wissen wir, daß sie bei ihren Menschenopfern Jünglinge opferten, die man eine Weile noch in alle Freuden des Lebens einführte. Die so Auserwählten durften vornehme und feine Gewänder tragen, dem Gesang der Flöten lauschen, in Lied und Tanz sich drehen und wußten doch, daß sie alles Glück nur ein einziges Mal noch erfuhren, um davon Abschied zu nehmen. Es war ein indianischer Gedanke, daß man nur opfern kann, was man kennt. Aber der Sinn dieser Riten lag wohl darin, eine Art Frühlingsfest zu begehen, in dem die Freude des Aufblühens sich mischte mit dem Wissen auch um den baldigen Tod in Ernte und Vergehen. Alles, was kommt, wird nur kurzzeitig geduldet auf dieser Erde.

Die Weisheit solcher Riten scheint kaum bezweifelbar, die Gräßlichkeit und Monstrosität ihrer Aufführung aber widert uns an. Um so weniger überzeugt uns die Erklärung der Theologen, es sei der biblische Gott so ganz anders als der der anderen Völker. Im Gegenteil. Schon beim Opfer Abrahams wird sich ein unvoreingenommener Leser fragen, was denn das für ein Gott ist, der sich überhaupt mit diesem Gedanken trägt, einen Vater zu nötigen, seinen Sohn zu ermorden, und dies als Opfer der Versöhnung braucht. Hier nicht anders. Wieso denn, grob gesagt, bedarf der Gott Israels, der

Kriegsheld Jahwe, erst des Menschen Fleisch, um sich stark genug zu machen, die Feinde Israels in die Flucht zu schlagen? Was für ein Würgeengel und Kannibale ist dann dieser Götze, der da über Menschen regiert, und was für eine wahnsinnige Ausgeburt?

Sollte man nicht die Idee ganz ernst nehmen, die Menschen malten sich ihre Götter, ganz wie sie selbst sind, und wir benötigten die Psychologie, um zu verstehen, welch eine Dramaturgie von Qual sich hier aufführt? Dann hätten wir, gestützt auf die Überlieferung vieler Völker, eine solide Basis, die Geschichte des Jefta noch einmal mitten in unsere Wirklichkeit hineinzustellen. Das Motiv selbst ist uns bekannt. Die Griechen erzählen etwa von Agamemnon, der an der Spitze der ausfahrenden Flotte der Achäer vor dem Kampf gegen Troja in eine Windstille hineingerät, und es läßt sich Poseidon, der Gott des Meeres, nur versöhnen um den Preis des Opfers von Agamemnons eigener Tochter Iphigenie, die dieser aussetzt auf Tauris, denkend, sie werde den Weg der Priester nehmen: in den Opfertod zur Versöhnung des Schrecklichen. Geschichten sind dies, wie sie uns oft genug überliefert werden und also einen gewissen Wahrheitswert besitzen. Da müssen wir denken, daß es in der Psyche von Männern allemal, in gewissem Sinn aber jedes Menschen, enthalten sei, Erfolg haben zu müssen und zu wollen, um jeden Preis. Nie wird der Betroffene am Anfang selbst wissen, was ihn sein vermeintlicher Erfolg später kostet; aber die Geschichte hier erzählt's uns ganz deutlich.

Wenn wir in Jeftas Tochter einmal alles symbolisiert sehen, was ihm lieb und wert ist, seine eigene Liebe, seine eigene Zärtlichkeit, seine eigene Vaterschaft, seine eigene Seele, ist das dann nicht die Beschreibung von so vielem, dem wir beiwohnen? Ein Mann schreitet immer höher und höher im Ansehen seiner Zeitgenossen. Er gewinnt Schlacht um Schlacht, er besteht und besiegt jede Konkurrenz, er steht seinen Mann, wie man zu sagen pflegt. Und dennoch: Mit all dem, was er rings aus dem Feld schlägt, schlägt er in sich selbst etwas Eigenes tot, das ihm soviel wäre wie Freude am Leben, wie Glück und Empfindsamkeit. Immer mehr wird er nichts als ein Kriegsheld, als das Schrecklichste am Menschen, und so erfolgreich er auch immer ist, so armselig, hohl geworden kehrt er zurück und findet, daß er bei allem Töten im Grunde sich selbst getötet hat, das, was in ihm Zukunft besessen hätte und was das Schönste an seinem eigenen Wesen war. War's das dann wert?

Der Jude Lion Feuchtwanger hat in seinem Roman »Jefta und seine Tochter« einmal den späteren Jefta darüber nachsinnen lassen, was denn sein Tun, sein Leben, sein Glauben war, und Jefta prüft, ob nicht der Gott, an den er glaubte und den er verehrte, nichts weiter war als der Gedanke an die Größe seines eigenen Volkes; Jeftas Gott wäre nichts weiter als der Nationalismus Israels. Die Größe dieses Gottes ist identisch mit der Größe seines Volkes, die Grausamkeit dieses Gottes identisch mit der Grausamkeit derer, die an ihn glauben, und sie hätten nichts weiter getan, als ihr eigenes Wesen in die Gottheit zu verlegen. Der Priester an seiner Seite möchte ihn trösten: »In deinen Tagen, Jefta, war deine Tat notwendig. Spätere Zeiten werden solcher Opfer nicht länger bedürfen.« Was nützt Jefta der Traum einer menschlicheren Zeit?

Es ist psychologisch fast konsequent, daß der siegreiche Jefta augenblicklich von den Mitgliedern aus Israel selbst bekämpft wird, den Efraimiten, die im Richter-Buch immer erst dann auftreten, wenn die Siege errungen sind und sie den Siegern streitig machen: »Wir zünden dir dein Haus über dem Kopf an.« Am Ende erweckt der Erfolgreiche, der um jeden Preis erfolgreich Gewordene nichts als Neid und Haß und Mißgunst und Rachegedanken gerade bei denen, für die er dasein wollte. Am Ende muß er sogar einschlagen auf diejenigen, die er zu retten und zu richten beabsichtigte. Am Ende wird die Sprache, der Dialekt, ein kleiner Laut, wie man »Schibbolet« ausspricht, zum Todesurteil für den anderen. Die Welt wird immer enger, kleiner, gehässiger, egoistischer. Fast denkt man: Sechs Jahre Richterschaft des Jefta sind genug; wie doch, daß er bald stirbt?

Das ist die eine Seite, in der man diese Erzählung sich plausibel machen kann. Sie ist eine schreckliche Warnung vor all den Versuchen, nach oben kommen zu wollen, aus dem Nichts an die Spitze. Es ist eine Frage an uns, wann wir unser Maß finden und lernen, uns anzunehmen, ohne in solch furchtbarer Weise zu wüten, bis wir einen Platz finden in der Anerkennung der andern.

Man kann – und muß – aber die gleiche Geschichte noch einmal lesen aus der Perspektive von Jeftas Tochter. Dann ist sie ein Bild für das Leben so vieler, Frauen insbesondere. Wir kennen das Motiv nicht nur aus dem Ritus der Religionsgeschichte von dem geopferten Mädchen; auch die Märchen erzählen uns ähnliches. Die Nummer 31a der Brüder Grimm erzählt uns von dem »Mädchen ohne Hände«, die Geschichte einer Frau, die ihre Jugend sinngemäß nach der Art eines Traumbilds wiedergeben müßte. »Wenn Sie mich verstehen wollen«, müßte sie sagen, »wird es nicht anders gehen, als daß Sie ein Bild vor sich sehen, in dem mein Vater an mich herantritt und sagt: Ich werde von einem Teufel getrieben, dir deine Hände abzuschlagen, um meinen Reichtum zu retten. Wissen Sie, mein ganzes Leben bestand darin, zu verhindern, daß mein Vater auf eine Weise sich gab, die er nicht wirklich wollte. Er konnte schrecklich sein in seiner Angst, furchtbar in seinem Kampf um seine Existenz. Er kannte dann keine Rücksicht, und mein ganzes Leben als Kind war es, ihm zuvorzukommen in seinem Zorn und ihm buchstäblich meine Hände zu leihen anstelle der seinen. Nie, Vater, hätte ich sagen mögen, werd' ich mir etwas herausnehmen und herausgreifen, was du nicht selbst mir gibst wie in den Mund gelegt. Nie werd' ich eine Bitte aussprechen, es sei denn, du erfülltest sie von selbst. Ich werde versuchen zu sein wie eine Feder im Wind deines Atems und Redens, ich werde ein Nichts sein, damit du alles wirst.«

Geschichten dieser Art brauchen nur ganz einfache Lebensumstände. Eine Familie, die aus sozialen oder psychischen Gründen mit sich kaum zurechtkommt; in die hinein aber wird ein Kind geboren als eine allzu schwere Belastung, und ein solches Mädchen spürt, daß der Aufstieg des Vaters oder nur der Existenzerhalt dieses Mannes *alles* von ihm fordert und verlangt. Erzählen wir die Geschichte von Jeftas Tochter noch genauer, wie sie dahin kommt, sich dem Vater zu opfern, gefügig, freiwillig, so wie er's seinem Gott versprach. Denken Sie sich ein Mädchen, das sich von seiner Mutter nicht recht angenommen fühlt. In der Frau mag vor sich gegangen sein, was immer will, sie kam mit dem Mädchen nicht zurecht, es fühlte sich verstoßen. Um so mehr wird ein solches Kind sich an den eigenen Vater gewandt haben. Es wird gedacht haben: Da meine Mutter mich nicht liebt, wird es mein Vater um so mehr tun; *ein* Mensch muß es doch tun, wenn ich auf der Welt bin. Es wird nie für möglich gehalten haben, daß sein Vater der Tochter eher gleichgültig gegenüberstünde, ihr nie einen eigenen Namen zugesprochen und sie bestenfalls als ein Mittel zum Zweck benutzt hätte, nie als eine eigene Person. Dieses Mädchen wird ganz im Gegenteil, mit allen Fibern und Fasern, geglaubt haben, daß sein Vater es liebte, und es wird jede Interpretation gewählt haben, sich die Welt daraufhin zurechtzulegen. Selbst wenn der Vater es schlägt, ist es im Grunde nur gut gemeint. Selbst wenn er die Tochter verstößt, muß man dies als eine geheime Weise begreifen, in Weisheit die Tochter zu maßregeln und zu erziehen. Die Liebe des Vaters, selbst wenn er tötet, ist als etwas Göttliches ausgewiesen, für diesen Vater muß man *alles* tun, vor allem lernen, sich ihm zu opfern. Alle Qual, die der Tochter zugefügt wird, ist im Grunde wie eine geheime Auszeichnung: Der Vater weiß nämlich für sich selbst, daß seine Tochter das verträgt, und er eines Tages stolz sein wird auf *sein* Mädchen, das er nie gekannt hat, aber das ihm alles schenkte. Liebe bedeutet Weggeben bis zum Äußersten, lernt eine Frau auf dem Hintergrund einer solchen Kindheit.

Man braucht von Sigmund Freud nicht sehr viel zu wissen, um sich vorstellen zu können, daß diese Einstellung, die sich schon in den ersten vier, fünf Lebensjahren formt, spätestens am Beginn des Frauwerdens, mit zwölf, dreizehn Jahren, in eine schwere Krise kommt. Eine solche Frau, ein solches Mädchen hat nie anderes gelernt als mit allem, was es ist, für seinen Vater dazusein. Aber nun käm' es darauf an, wie es da lebt. Lion Feuchtwanger hat die Begebenheit, da Jefta seiner Tochter, zurückgekehrt aus dem Krieg, von seinem Gelübde erzählt, in die folgende Form gekleidet:

Du kannst den Löwen nicht töten, wenn er dich nicht liebt.

Ja'ala (so nennt Feuchtwanger Jeftas Tochter) redete eifrig von ihren kleinen Geheimnissen. Der Sieg des Vaters hatte sie nicht überrascht. Seitdem er sie gefragt hatte, ob sie mit ihm nach Rabat gehen wolle, habe sie gewußt, daß er Krieg führen werde gegen Ammon, und auch, daß er den Feind schlagen werde, wo immer und wie immer er wolle. Sie habe, verriet sie arglos, die Verse zum Preise seines Sieges schon vor der Schlacht gefügt.

Jefta hörte ihre kindliche, etwas spröde Stimme. Er sah ihre Augen. Wieviel klares, tiefes Leben war in diesen Augen. Und plötzlich stieß er einen stöhnenden, heulenden Laut aus, zerriß sein Kleid, schlug und kratzte sich die Brust und schrie: »Echah!« und: »Chah und Ach!«

»O meine Tochter«, sagte er, »wieviel Leiden bringst du über mich durch deine Lieblichkeit und durch deine Liebe. Deine Liebe trieb dich mir entgegen, und du sangest für Jahwe und für mich, und nun will der Gott dich ganz haben, nicht nur deinen Gesang. Echah, echah! Was für ein fürchterlicher Gott ist Jahwe!«

Ja'ala schaute ihn verstört an. Sie hörte seine Worte und begriff sie nicht. Dann begriff sie, daß sie selber es war, die er beklagte, und daß ihr Entsetzliches bevorstand. Sie hatte so manches Mal auf ein wundes, verendendes Tier geschaut, gierig beobachtend, wie Blut und Leben aus dem Tier strömte, und gleichzeitig voll tiefen Mit-Leidens. Dieses Mal war sie selber das Tier. Eine grausame, würgende Qual fiel sie an. Sie glitt von dem Baumstumpf, auf dem sie saß, tödlich bleich, die bräunlichen Lider schlossen sich über den Augen.

Jefta streichelte sie, drückte sie, bewegte ihre Glieder, bis ihr der Hauch zurückkehre. Sie schaute ihn an mit einem Lächeln, das ihm die Brust eng machte, und bat: »Laß mich noch eine Weile liegen, mein Vater, und dann sage mir mehr, wenn es so dein Wille ist.«

Er saß neben ihr und hielt ihre Hand. Von neuem überkam sie jene wilde, rauschende Qual, die sie umgeworfen hatte. Aber nun war der Pein Lust beigemischt, ein Erwarten, ein der Erfüllung Entgegenströmen. Noch hatte sie nicht die Worte dafür, doch war sie sicher, sie werde diesem Wilden, Festlich-Erhabenen Worte geben können. Dem Jefta seinesteils ging mancherlei Gräßliches und Süßes durch den Sinn, allein ihm blieb es wolkig und ohne Gestalt, er hätte es niemals aussagen können.

Nach einer Weile tat Ja'ala den Mund auf und verlangte: »Jetzt sprich, mein Vater, ich bitte dich.« Und Jefta, so gut er's vermochte, erzählte ihr von der Schlacht, wie sie zuerst Sieg gewesen war, wie sie sich dann wandelte in Niederlage und Not, und wie er das Gelübde tat und Jahwe es annahm, und wie der Gott aus seiner Lade herausstürmte, ihm und seinen Leuten zehnfache Kraft einhauchte und den Feinden die Kraft aus den Knochen sog.

Ja'ala hörte aufmerksam zu. Sie nickte mehrmals mit dem Kopf, nachdenklich, wägend, zustimmend, begreifend. Ein Festliches, eine wunderliche Freudigkeit erhellte ihr Gesicht, und sie sagte: »Mit allen Gliedern preise ich Jahwe. Wie sehr begnadet er mich, weil er Wohlgefallen an dir hat und weil ich von deinem Fleisch und Blut bin.«

Und sie vertraute sich ihrem Vater ganz an und enthüllte ihm, was bisher verborgen in ihrer Brust gewesen war. Jemin war ihr ein sehr guter Freund; der Gott hatte ihn ihr gesandt, sie zu retten. Aber er wollte sie auf seiner Matte haben; wenn er's ihr nicht mit Worten sagte, so doch mit seinen Augen und mit all seinem Gehabe. Und davor scheute sie zurück. Ihr Höchstes und Liebstes war, auszusagen, was ihr durch die Brust ging; in guten Stunden konnte sie es. Sie selber war nichtig, aber wenn sie auf solche Art aussagte und sang, dann lebte und spürte sie etwas vom Wesen ihres Vaters. Wenn sie sich aber zu einem Mann auf die Matte legen wird, wenn sie mit ihrem Hauch und Leben die Lust eines Mannes nähren wird, dann, das weiß sie sicher, verliert sie ihre Gabe. Und jetzt schickt ihr Jahwe in seiner Gnade Erlösung aus dieser Angst. Er gewährt ihr, daß sie sich mit ihm, dem Gott, vereint, daß ihr Blut das Seine wird und ihm zur Stärkung dient.

Was Lion Feuchtwanger da andeutet, ist eine furchtbare, schreckliche, abgründige Psychologie eines Mädchens, das nie wirklich lieben und leben darf, nur träumen und singen von dem Schönsten an Sehnsucht in seinem Herzen. Es darf einen Freund an seiner Seite nicht finden aus Treue zu seinem Vater, der es in Beschlag genommen hat von Jugendtagen an. Es wird nie frei sein, sich fortzuschenken, aus lauter angstvoller Gebundenheit, und es wird dabei sogar die Treue, die Angstbindung an den Vater überhöht in das Bild seines Gottes hineinlegen. Ihm dienstbar zu sein wird Ja'alas, der Tochter Jeftas, Ziel und Tod.

Wir kennen diese merkwürdige, ganz und gar ödipale Psychologie aus dem Erleben der viktorianischen Ära. Da ist das Brautbett identisch mit dem Grab und die Liebe mit dem Sterben, und die Umarmung im letzten Kusse haucht sich fort nur für Dahinscheidende. Da gibt es niemals ein Leben vor dem Tod, niemals ein glückliches

Sein, das man auf Erden beanspruchen oder verteidigen dürfte; es gibt nur ein Verzichten im Äußersten, eine Vereinigung ganz am Ende, daß es kaum noch gilt. Feuchtwanger deutet an, wieviel da an Verschmelzung mit dem Vater in diese Form des Opfers Eingang nimmt, ein Verzicht auf alles, um alles zu gewinnen. Es ist die genau umgekehrte Richtung, der Preis für einen Mann, der aus seiner Null ein Alles machte und eine Tochter entläßt, die ihr ganzes Leben an seiner Seite entwerten muß. Was für eine Liebe, und wie wird man davon frei?

Damit wir ein Stück Anschauung gewinnen, brauchten wir uns nur die Geschichte von Hunderttausenden von Frauen vor Augen zu stellen, die oft viele Jahre erleben mußten, wie Jeftas Tochter hier. Da war eine Mutter, von deren Seite der Mann in den Krieg fortgerissen wurde, um seine Pflicht zu tun, um etwas zu werden, was sie alle wollten. Sie aber wartete und wartete auf die Heimkehr dieses Kriegers, dieses Soldaten, dieses hoffentlich Siegreichen, vor den Schrecken des Krieges bewahrt Gebliebenen. »In meiner Jugend«, erzählte mir eine Frau, »war das an jedem Abend unser Gebet zwischen meiner Mutter und mir vor dem Photo meines Vaters, den ich nie gekannt habe. Ich spürte nur, daß er der Trost war, wenn Mutter verzweifelte, daß, wenn sie von Gott sprach, sie im Grunde nur um seine Rückkehr flehte. Alles würde gut sein, wenn er wiederkäme. Die ganze Welt würde wieder auferstehen bei seiner Heimkehr. Ich habe meinen Vater nie wirklich gekannt, aber er lebt in mir stärker, als wenn er all meine Jugend begleitet hätte. Manchmal hätte ich meine Mutter verwünschen können für ihre Gebete zu jemandem, der nie wiederkam, aber sie hörte nicht auf, an ihn zu glauben, und ich durfte nicht einmal ihr sagen, wie sehr sie sich täuschte. Manchmal, wenn ich zynisch hätte werden mögen, dachte ich, er wird irgendwo leben, fernab in Rußland, er wird sich eine andere, schönere, lustigere Frau genommen haben als seine eigene, aber so mochte ich niemals sprechen, man verbot mir den Mund. Der Vater, der nie heimkehrte, schuf eine Kindheit, die nie zu sich selbst fand.«

So erlebten es viele, daß Jefta irgendwo draußen im Feld blieb. Aber was war, wenn die Väter zurückkehrten, die in die Träume Hineingehobenen, die Retter der Zukunft? Sie waren in den Jahren des Krieges sehr anders geworden, als die Phantasie und die Hoffnung einer Frau sie sich denkt. Sie hatten gelernt, Dinge zu tun, von denen sie nie würden sprechen können, die auch nur anzudeuten sie vermieden, und waren von der ersten Stunde an den eigenen Angehörigen fremd. Ein Mädchen aber, im Schatten des zurückgekehrten Jefta, muß sich sagen: Dieser mein Vater ist identisch mit dem Traum meiner Mutter, er ist die Wirklichkeit, er ist ja die Rettung, jetzt ist er da. Und wieder müssen alle Wahrnehmungen, Wünsche verleugnet werden, geopfert werden für Jeftas Sieg. Welch ein langer Weg wird sein, Menschen frei zu machen vom Bild eines sieghaften Vaters und eines Kriegshelden von Gott!

Es gibt bei Goethe in »Iphigenie auf Tauris« den Versuch, Menschlichkeit auf einer fernen Insel gedeihen zu lassen gegen die Logik des Gottes des Agamemnon. Bevor Orest seine Schwester wiederfindet, begibt sich ein Gespräch zwischen Thoas, dem König der Taurier, und Iphigenie.

Auf die Vorhaltung des Königs:

> Es spricht kein Gott; es spricht dein eignes Herz,

antwortet Iphigenie:

> Sie reden *nur* durch unser Herz zu uns.

Und fügt hinzu:

> Der mißversteht die Himmlischen, der sie
> Blutgierig wähnt: er dichtet ihnen nur
> Die eignen grausamen Begierden an.

Und in einem Gebet an die Göttin Diana fleht sie darum in der Schlußszene dieses Aktes:

> O, enthalte vom Blut meine Hände!
> Nimmer bringt es Segen und Ruhe;
> Und die Gestalt des zufällig Ermordeten
> Wird auf des traurig-unwilligen Mörders
> Böse Stunden lauern und schrecken.

Es ist aber gegenüber dem noch zum Zweikampf mit Orest entschlossenen Thoas an all das Unheil und das Leid zu erinnern, das Frauen erdulden müssen an der Seite wehrhafter Recken unter den Männern:

> Mitnichten! Dieses blutigen Beweises

Bedarf es nicht, o König! Laßt die Hand
Vom Schwerte! Denkt an mich und mein Geschick.
Der rasche Kampf verewigt einen Mann:
Er falle gleich, so preiset ihn das Lied.
Allein die Tränen, die unendlichen
Der überbliebnen, der verlaßnen Frau
Zählt keine Nachwelt, und der Dichter schweigt
Von tausend durchgeweinten Tag und Nächten,
Wo eine stille Seele den verlornen,
Rasch abgeschiednen Freund vergebens sich
Zurückzurufen bangt und sich verzehrt.

Und Orest sekundiert:

Gewalt und List, der Männer höchster Ruhm,
wird durch die Wahrheit dieser hohen Seele
beschämt, und reines, kindliches Vertrauen
zu einem edlen Manne wird belohnt.

Aus solch dunklen Geschichten erwächst ein märchenähnliches Bild. Ein Motiv der orientalischen Überlieferung aus Tausendundeiner Nacht berichtet einmal von einem jungen, schönen und klugen Mädchen, Scheherezade geheißen, das in den Palast des Sultans kam, der blutgierig Nacht für Nacht eine seiner Gespielinnen nahm, um sie, wenn die Sonne aufging über den Kuppeln und Minaretten von Bagdad, aus Rache an allen Frauen zu töten. Scheherezade gelang es, Abend für Abend in tausendundeiner Nacht Geschichten zu erzählen, die sich immerfort weiterspinnen, und den Sultan zu besänftigen, erst durch die Neugier auf die folgende Erzählung, dann durch eine uneingestandene, leise erwachende Liebe, dann in einer allmählichen Bewunderung für den Geist und den Witz dieses Mädchens und schließlich in einer erst widerwilligen, aber dann doch übermächtigen Liebe.

Wie viele Frauen wird es geben, wie viele Menschen, die immer fürchten, für die Liebe auch nur einer Nacht fast mit dem Tod bestraft zu werden, und auf dem Glück selbst ruhte die Pflicht, *sich* zu opfern und *es* zu opfern. Wieviel an Liebe brauchten wir, um die Alpträume im Schatten der Begegnung auch nur von zwei Menschen abzutragen, bis eines Morgens die Sonne sich erhebt über den

Kuppeln und Minaretten von Bagdad und fände zwei Glückliche, die beschließen, aus den Träumen und den Alpträumen sich in den Tag zu wagen, und es gäbe keinen Krieg mehr, kein Besitzrecht mehr, keinen Streit mehr unter den Menschen, es gäbe aber einen entschlossenen Willen, nichts mehr zu opfern, über nichts mehr hinwegzuschreiten, sondern es zu sammeln zu einem Dankgesang, der keine Grenzen hat, und nie wieder an einen Gott mit blutgetränkten Händen und mordbefehlendem Maul zu glauben, selbst wenn er von Priestern verwaltet wird, selbst wenn er Heiligtümer hat, selbst wenn es Wallfahrtsorte für ihn gibt und ehrwürdig tradierte Riten. Laßt Jeftas Tochter endlich leben!

19. Februar 1994

16

Und er zerriß den Löwen

DER Sonnenheld Samson ist eine der bekannten Gestalten der Bibel, gerade seines vollkommen phantastischen Charakters wegen, ein Mann der Kraft und des Witzes, ein Drauf- und Totschläger, ein gewaltig Liebender, gewaltig Mordender, ein Stoff, aus dem die Träume der Antike sind, ein hebräischer Herakles sozusagen, ein Heros allemal. Ob er über die Antike hinaus *uns* etwas zu sagen hat, womöglich sogar etwas Religiöses, müssen wir prüfen, indem wir nicht so sehr eine Figur der Vergangenheit uns vor Augen stellen, sondern eigentlich etwas Modernes. Wir müssen uns nur fragen, nicht *was* Menschen tun, sondern *warum* sie es tun und wie sie es machen. Wir müssen einen Mittelweg finden zwischen dem Bewundern und dem Verurteilen. Dieser Mittelweg aber ist der des Verstehens. Verstehen wir einen fremden Menschen, so begreifen wir allemal etwas Fremdes in uns. Deshalb nun Samson und Dalila.

Im dreizehnten bis sechzehnten Kapitel erzählt das Buch der Richter die folgende Sage:

TEXT: Ri 13, 1–6. 8–13. 17–25; 14, 1–20; 15, 1–20; 16, 1–9. 15–31

Die Israeliten aber taten wiederum, was dem Herrn mißfiel. Da gab sie der Herr in die Hand der Philister, vierzig Jahre lang. Nun war da ein Mann namens Manoah, von Zorea aus dem Geschlechte der Daniten; dessen Weib war unfruchtbar und hatte keine Kinder. Und der Engel des Herrn erschien dem Weibe und sprach zu ihr: Siehe, du bist unfruchtbar und hast keine Kinder; aber du wirst schwanger werden und einen Sohn gebären. So hüte dich nun, Wein oder sonst berauschendes Getränk zu trinken und irgend etwas Unreines zu essen! Denn siehe, du wirst schwanger werden und einen Sohn gebären. Auf dessen Haupt soll kein Schermesser kommen; denn der Knabe soll ein Gottgeweihter sein von Mutterschoß an, und er wird anfangen, Israel aus der Hand der Philister zu erretten. Da ging das Weib hinein und sagte es ihrem Manne und sprach: Es kam ein Gottesmann zu mir; der sah aus wie der Engel Gottes, gar furchtbar. Ich fragte ihn nicht, woher er komme, und er sagte mir nicht, wie er heiße. Da betete Manoah zum Herrn und sprach: Ach Herr! Der Gottesmann, den du gesandt hast, möge doch noch einmal zu uns kommen und uns belehren, wie wir es mit dem Knaben, der geboren werden soll, zu halten haben. Gott erhörte die Bitte Manoahs, und der Engel Gottes kam noch einmal zu dem Weibe, als sie auf dem Felde saß und ihr Mann Manoah nicht bei ihr war. Da lief das Weib eilends hin und sagte es ihrem Manne und sprach zu ihm: Siehe, der Mann ist mir erschienen, der neulich zu mir kam. Manoah aber machte sich auf und folgte seinem Weibe. Als er zu dem Manne kam, sprach er zu ihm: Bist du der Mann, der mit dem Weibe geredet hat? Er antwortete: Ja, ich bin's. Da sprach Manoah: Wenn nun dein Wort eintrifft, wie soll es dann mit dem Knaben gehalten werden, und wozu ist er berufen? Der Engel des Herrn antwortete Manoah: Von allem, was ich dem Weibe gesagt habe, soll sie sich enthalten. Da sprach Manoah zum Engel des Herrn: Wie heißest du? – daß wir dich ehren können, wenn dein Wort eintrifft. (Manoah wußte nämlich nicht, daß es der Engel des Herrn war.) Der Engel des Herrn erwiderte ihm: Warum fragst du nach meinem Namen? – er ist wunderbar! Da sprach Manoah zum Engel des Herrn: Wir möchten dich gerne zurückhalten, um dir ein Ziegenböcklein herzurichten. Aber der Engel des Herrn antwortete Manoah: Wenn du mich gleich zurückhieltest, ich würde doch nicht von deiner Speise essen. Willst du es aber herrichten, so magst du es dem Herrn als Brandopfer darbringen. Da nahm Manoah das Ziegenböcklein und das Speisopfer und opferte es auf dem Felsen dem Herrn, der Wunderbares tut. Als nun die Flamme von dem Altar gen Himmel schlug, stieg der Engel des Herrn in der Flamme des Altars empor, während Manoah und sein Weib zusahen. Da warfen sie sich auf ihr Angesicht zur Erde. Der Engel des Herrn aber erschien Manoah und seinem Weibe nicht mehr. Da erkannte Manoah, daß es der Engel des Herrn war. Und er sprach zu seinem Weibe: Wir müssen sterben, denn wir haben Gott gesehen. Aber sein Weib antwortete ihm: Wenn der Herr uns hätte töten wollen, so hätte er nicht Brandopfer und Speiseopfer von uns angenommen; auch hätte er uns nicht all das sehen und uns vollends nicht dergleichen Dinge hören lassen. Und das Weib gebar einen Sohn und nannte ihn Simson. Der Knabe aber wuchs heran, und der Herr segnete ihn. Und der Geist des Herrn fing an, ihn zu treiben im Lager Dans zwischen Zorea und Esthaol.

Einst ging Simson nach Thimnath hinab, und er sah in Thimnath eine von den Töchtern der Philister. Als er wieder heraufkam, sagte er es seinem Vater und seiner Mutter und sprach: Ich habe in Timnath eine von den Töchtern der Philister gesehen; nun freit für mich um sie. Aber sein Vater und seine Mutter sprachen zu ihm: Gibt es denn unter den Töchtern deiner Stammesgenossen und in deinem ganzen Volke kein Weib, daß du hingehst, um bei den Philistern, den Unbeschnittenen, ein Weib zu holen? Simson antwortete seinem Vater: Um diese mußt du für mich freien; denn sie allein gefällt mir. Sein Vater und seine Mutter wußten eben nicht, daß das von dem Herrn so gefügt war, weil er gegenüber den Philistern einen Anlaß schaffen wollte. Zu jener Zeit nämlich herrschten die Philister über Israel. Und Simson ging mit seinem Vater und seiner Mutter nach Thimnath hinab. Als er nun zu den Weinbergen von Thimnath kam, siehe, da trat ihm ein junger Löwe brüllend entgegen. Da kam der Geist des Herrn über ihn, und er zerriß den Löwen, wie man ein Böcklein zerreißt, und er hatte doch gar nichts in der Hand. Seinem Vater und seiner Mutter aber sagte er nicht, was er getan hatte. Dann ging er hinab und redete mit dem Weibe; und sie gefiel Simson. Als er nach einiger Zeit wieder hinging, um sie zu heiraten, bog er vom Wege ab, nach dem Aas des Löwen zu sehen; siehe, da waren in dem Leib des Löwen ein Bienenschwarm und Honigwaben, die löste er heraus und nahm sie in die Hände und aß im Weitergehen. Und er ging zu seinem Vater und seiner Mutter und gab ihnen davon, und sie aßen auch. Er sagte ihnen aber nicht, daß er den Honig aus dem Aas des Löwen herausgelöst hatte.

Und als Simson zu dem Weibe herabkam, veranstaltete er dort ein Festmahl; denn so pflegten die jungen Männer es zu halten. Da man ihn aber fürchtete, bestellte man dreißig Gefährten, die dann um ihn waren. Und Simson sprach zu ihnen: Ich will euch ein Rätsel aufgeben; wenn ihr mir innerhalb der sieben Tage des Festes die Lösung sagt, so will ich euch dreißig Hemden und dreißig Feierkleider geben. Könnt ihr es aber nicht lösen, so sollt ihr mir dreißig Hemden und dreißig Feierkleider geben. Sie sprachen zu ihm: Gib dein Rätsel auf, daß wir es hören! Da sprach er zu ihnen:

Speise ging aus von dem Fresser,
und Süßes ging aus von dem Starken.

Doch sie vermochten das Rätsel drei Tage lang nicht zu lösen. Am vierten Tage nun sprachen sie zu dem Weibe Simsons: Berede deinen Mann, daß er uns das Rätsel verrät; sonst verbrennen wir dich samt deiner ganzen Familie. Habt ihr uns hierher geladen, um uns arm zu machen? Da weinte das Weib an Simsons Hals und sprach: Du bist mir nur gram und hast mich nicht lieb. Du hast meinen Volksgenossen das Rätsel aufgegeben und hast es mir nicht verraten. Er antwortete ihr: Sieh, meinem Vater und meiner Mutter habe ich es nicht verraten – und sollte es dir verraten? Sie aber weinte an seinem Halse die sieben Tage, solange sie das Fest hielten; am siebenten Tage endlich verriet er es ihr, weil sie ihn so drängte, und sie verriet das Rätsel ihren Volksgenossen. Da sprachen die Männer der Stadt am siebenten Tage zu ihm, bevor er in die Kammer hineinging:

Was ist süßer als Honig?
Und was ist stärker als der Löwe?

Er aber sprach zu ihnen:

Hättet ihr nicht mit meinem Rinde gepflügt,
ihr hättet mein Rätsel nicht erraten.

Dann kam der Geist des Herrn über ihn, und er ging hinab nach Askalon und erschlug dort dreißig Mann. Diesen nahm er ihre Gewänder ab und gab denen, die das Rätsel gelöst hatten, die Feierkleider. Und es entbrannte sein Zorn, und er ging hinauf in seines Vaters Haus. Simsons Weib aber ward seinem Gefährten gegeben, der sein Brautführer gewesen war.

Nach einiger Zeit aber, in den Tagen der Weizenernte, besuchte Simson sein Weib mit einem Ziegenböcklein und sprach: Ich möchte zu meinem Weibe in die Kammer gehen. Doch ihr Vater ließ ihn nicht hinein. Und ihr Vater sprach: Ich dachte nichts andres, als du seiest ihr gram geworden, da gab ich sie halt deinem Brautführer. Doch ist ja ihre jüngere Schwester noch schöner als sie; die sei dein an ihrer Statt! Da sprach Simson zu ihnen: Diesmal trifft mich keine Schuld, wenn ich den Philistern übel mitspiele. Und Simson ging hin und fing dreihundert Füchse; dann nahm er Fakkeln, kehrte Schwanz gegen Schwanz und tat zwischen je zwei Schwänze eine Fackel. Hierauf zündete er die Fackeln an und jagte [die Füchse] in die Kornfelder der Philister und steckte dadurch Garben sowohl als stehendes Korn in Brand, auch Weinberge und Ölgärten. Da sprachen die Philister: Wer hat das getan? Und es hieß: Simson, der Tochtermann des Thimniters, weil der ihm sein Weib genommen und sie seinem Brautführer gegeben hat. Da zogen die Philister hinauf und verbrannten sie samt den Ihrigen. Simson aber sprach zu ihnen: Wenn ihr solches tut, fürwahr, so werde ich nicht eher ruhen, als bis ich mich an euch gerächt habe. Und er hieb sie gründlich zusammen und richtete ein Blutbad unter ihnen an. Dann zog er hinab und wohnte in der Felsenkluft von Etam.

Da zogen die Philister hinauf, lagerten sich in Juda und breiteten sich aus bei Lehi. Die Männer von Juda aber sprachen: Warum seid ihr gegen uns heraufgezogen? Sie antworteten: Simson zu binden, sind wir heraufgekommen, um ihm zu tun, wie er uns getan hat. Da zogen dreitausend Mann aus Juda hinab zur Felsenkluft von Etam und sprachen zu Simson: Weißt du nicht, daß die Philister über uns herrschen? Was hast du uns da angerichtet? Er antwortete ihnen: Wie sie mir getan haben, so habe ich ihnen getan. Nun sprachen sie zu ihm: Dich zu binden, sind wir herabgekommen, um dich den Philistern auszuliefern. Und Simson erwiderte ihnen: So leistet mir einen Schwur – damit ihr mich nicht selbst erschlagt. Sie antworteten ihm: Nein, wir wollen dich nur binden und dich ihnen ausliefern, aber töten wollen wir dich nicht. Und sie banden ihn mit zwei neuen Stricken und führten ihn von dem Felsen hinauf. Schon war er bis Lehi gekommen, und schon liefen die Philister mit Triumphgeschrei auf ihn zu, da kam der Geist des Herrn über ihn, und die Stricke an seinen Armen wurden wie vom Feuer versengte Fäden, und die Bande zergingen ihm an den Händen. Und er fand einen frischen Eselskinnbacken; da streckte er seine Hand aus, ergriff ihn und erschlug damit tausend Mann. Und Simson sprach:

Mit dem Eselsbacken hab' ich tüchtig sie geschunden,
mit dem Eselsbacken schlug ich tausend Mann.

Und als er ausgeredet hatte, warf er den Kinnbacken weg. Daher nannte man jenen Ort Ramath-Lehi [d. i. Kinnbacken-Höhe]. Da ihn aber sehr dürstete, rief er den Herrn an und sprach: Du hast durch die Hand deines Knechtes diesen großen Sieg verliehen, und nun soll ich vor Durst sterben und in die Hand der Unbeschnittenen fallen? Da spaltete Gott die Höhlung im »Kinnbacken«, so daß Wasser daraus hervorquoll; und als er getrunken hatte, kehrten seine Lebensgeister zurück, und er lebte wieder auf. Darum nennt man sie bis auf den heutigen Tag »Quelle des Rufers bei Lehi«. Und er richtete Israel in den Tagen der Philister zwanzig Jahre lang.

Einst ging Simson nach Gaza, und als er dort eine Dirne sah, ging er zu ihr hinein. Den Leuten von Gaza aber wurde gemeldet: Der Simson ist hierhergekommen. Da liefen sie umher und lauerten ihm am Stadttor den ganzen Tag auf; während der ganzen Nacht aber waren sie ruhig, indem sie dachten: Warten wir, bis der Morgen tagt; dann wollen wir ihn umbringen. Simson schlief bis Mitternacht. Um Mitternacht sodann stand er auf, ergriff die Flügel des Stadttors samt den beiden Pfosten, hob sie mit dem Riegel aus, nahm sie auf die Schultern und trug sie hinauf auf die Höhe des Berges gegenüber Hebron.

Darnach begab es sich, daß er ein Weib im Tale Sorek liebgewann; die hieß Delila. Zu dieser kamen die Fürsten der Philister herauf und sprachen zu ihr: Berücke ihn, um zu erfahren, womit seine Kraft so groß ist und womit wir ihn überwinden können, damit wir ihn binden und bezwingen; dann wollen wir dir jeder elfhundert Lot Silber geben. Da sprach Delila zu Simson: Sage mir doch, wodurch deine Kraft so groß ist und womit man dich binden muß, um dich zu bezwingen. Simson sprach zu ihr: Wenn man mich mit sieben frischen Saiten bindet, die noch nicht ausgetrocknet sind, so werde ich schwach wie ein gewöhnlicher Mensch. Da brachten ihr die Fürsten der Philister sieben frische Saiten, die noch nicht ausgetrocknet waren, und sie band ihn damit, während in ihrer Kammer Leute auf der Lauer lagen. Dann rief sie ihm zu: Die Philister über dir, Simson! Da zerriß er die Saiten, wie ein Wergfaden zerreißt, wenn er Feuer riecht. So ward nicht offenbar, worin seine Kraft lag. Sie aber sprach zu ihm: Wie kannst du sagen, du habest mich lieb, wo du mir doch dein Herz verbirgst? Dreimal hast du mich nun schon betrogen und mir nicht gesagt, wodurch deine Kraft so groß ist. Und da sie ihm die ganze Zeit mit ihren Reden zusetzte und ihm keine Ruhe ließ, ward er sterbensungeduldig, offenbarte ihr sein ganzes Herz und sprach zu ihr: Es ist noch kein Schermesser auf mein Haupt gekommen; denn ich bin ein Gottgeweihter von Mutterschoß an. Wenn ich geschoren werde, so weicht meine Kraft von mir, und ich werde schwach und allen andern Menschen gleich. Als Delila sah, daß er ihr sein ganzes Herz geoffenbart hatte, sandte sie hin und ließ die Fürsten der Philister rufen und ihnen sagen: Kommt herauf; denn diesmal hat er mir sein ganzes Herz geoffenbart. Da kamen die Fürsten der Philister zu ihr hinauf und brachten das Geld mit. Sie aber ließ ihn auf ihrem Schoß einschlafen; dann rief sie einen Mann, der mußte ihm die sieben Locken seines Kopfes scheren, und er begann schwach zu werden, und seine Kraft wich von ihm. Nun rief sie ihm zu: Die Philister über dir, Simson! Da erwachte er aus seinem Schlafe und dachte: Ich komme los wie bisher immer, ich schüttle mich frei. Er wußte nämlich nicht, daß der Herr von ihm gewichen war. Die Philister aber ergriffen ihn, stachen ihm die Augen aus und führten ihn nach Gaza hinab. Dort banden sie ihn mit ehernen Fesseln, und er mußte im Gefängnis die Mühle drehen.

Aber das Haar seines Hauptes begann wieder zu wachsen, nachdem er geschoren worden war.

Nun kamen einst die Fürsten der Philister zusammen, um ihrem Gott Dagon ein großes Opferfest zu feiern und sich zu vergnügen. Und sie sangen:

> In unsre Hand gegeben hat unser Gott
> den Simson, unsern Feind!

Als sie nun guter Dinge waren, sprachen sie: Ruft den Simson her, zu unsrer Kurzweil. Da rief man den Simson aus dem Gefängnis, und er mußte ihnen Kurzweil bereiten. Dann stellten sie ihn zwischen die Säulen, und als das Volk ihn sah, lobten sie ihren Gott und sangen:

> In unsre Hand gegeben hat unser Gott
> den Simson, unsern Feind,
> der unser Land verwüstet
> und viele der Unsern erschlagen hat.

Da sprach Simson zu dem Knaben, der ihn an der Hand hielt: Laß mich los, daß ich die Säulen, auf denen das Haus ruht, betasten und mich daran lehnen kann. Das Haus aber war voll von den Männern und Frauen, die dem Spiele Simsons zusahen – auch alle Fürsten der Philister waren zugegen, und auf dem Dache bei dreitausend Männer und Frauen. Nun rief Simson den Herrn an und sprach: O Herr, mein Gott! Gedenke doch meiner und stärke mich nur diesmal noch, daß ich mich [wenigstens] für eines meiner beiden Augen an den Philistern räche. Dann umfaßte Simson die beiden Mittelsäulen, auf denen das Haus ruhte, die eine mit der rechten und die andre mit der linken Hand, und stemmte sich gegen sie; und indem Simson dachte: Sei's denn, daß ich mit den Philistern sterbe! neigte er sich mit aller Macht. Da fiel das Haus auf die Fürsten und auf alles Volk, das darin war, so daß der Toten, die er in seinem Tode tötete, mehr waren als derer, die er in seinem Leben getötet hatte. Hierauf kamen seine Brüder und alle seine Verwandten herab, hoben ihn auf und trugen ihn hinauf und begruben ihn zwischen Zorea und Esthaol im Grabe seines Vaters Manoah. Er hatte aber Israel zwanzig Jahre lang gerichtet.

Von Zeiten und Völkern wird gelten, was von jedem Einzelnen zu sagen ist. Sein Ideal spricht für die eigenen Neigungen und Wünsche. Die Verehrung und Idealisierung einer Gestalt wie Samson gehört keinesfalls der Vergangenheit an, aber solange sie Macht hat über die Phantasie von Menschen, bleibt sie gefährlich. Schon deshalb ist sie unserer größten Aufmerksamkeit wert und bedürftig.

Wir brauchen uns nur in der gegenwärtigen Filmindustrie umzuschauen, und wir werden Samson leicht in verändertem Gewande wiederbegegnen. Als James Bond beispielsweise, ein Mann, der in Feindesland Wundertaten vollbringt, ein flüchtig Liebender, ein stets durch Frauen in Gefahr zu bringender, aber bis zum Lebensgefährlichen siegreich, nur darin unterschieden von Samson, daß er für die nächste Fortsetzung noch überleben muß. Anders oder genauso Sylvester Stallone in der Rolle des Rambo in dritter und vierter Folge. Da mordet man nicht länger mit dem Eselskinnbacken, sondern hat dafür bessere Handfeuerwaffen, die israelische Uzzi, die russische Kalaschnikow, irgend etwas haben Leute dieser Art stets bei der Hand.

Um so wichtiger, daß wir den Ursprüngen solcher Phantasien einmal auf den Grund gehen, denn die Person Samsons als eine geschichtliche Sagengestalt ist die wohl früheste Fassung, die uns zeigt, wie ein Sonnenmythos zur Deutung von Geschichte wird. Tatsächlich verkörpert Samson die alte Sonnenmythologie in seiner Person; schon sein Name »Schimschon – die kleine Sonne« spricht dafür, und eine Fülle seiner Heldentaten ordnet sich ganz und gar in dieses Schema. Wenn er beispielsweise in Gaza bei einer Dirne um sein Leben fürchten muß, möchte man denken, ein Mann wie er hätte nicht nötig, ein ganzes Stadttor aus den Angeln zu heben, es genügte, daß er sich mit breiter Faust den Weg freiprügeln würde gegen diese Würmer von Philistern. Auch für einen Helden scheint es des Guten fast zuviel, wenn man ihn das Stadttor von Gaza bis nach Hebron tragen sieht. Die Geschichte hat aber Sinn, wenn wir die alte Mond- und Sonnenmythologie zum Kommentar herbeiziehen. Die Sonne, am Himmel umherwandernd, immer unstet, immer treulos, kennt im Grunde in wechselnden Gestalten nur eine einzige Geliebte: die Göttin der Nacht, die Mondgöttin selbst. Sie hat zwei Gesichter zumindest, wie Samson schon bei seiner Hochzeit bemerken muß. An die Stelle der ihm versprochenen Braut soll die Schwester rücken, schöner noch als die Geliebte und doch im Motiv der vertauschten Braut ein rächenswerter Betrug, zumindest wie es Samson erscheint. Die Mondgöttin mag auch hinüberspielen in eigene Untreue, in Dunkelgesichtigkeit nie vollständiger Identifizierbarkeit. Samson erhebt sich von ihrem Lager mitten in der Nacht, und man muß denken: Er wandert den Weg durch das Dunkel vom Westen nach Osten, er trägt die Tore der Unterwelt hinüber an die Stätte des Sonnenaufgangs. Die Krafttaten Samsons sind allesamt von dieser Art. Daß der Sonnenheld zu fesseln ist, ist in den Mythen der Völker ein häufig bekanntes Motiv. In Polynesien etwa erzählt man, wie Maoi die Sonne mit solchen Fesseln einfing, aber es ist schwer, der Sonne derlei anzutun. Immer wieder wird betont, daß alle Bande, die man Samson anzulegen versucht, abschmelzen wie unter übergroßer Glut. Immer wieder ringt die Sonne sich frei von den Anschlägen, die ihr zugefügt werden. Daß Samson am Ende dennoch kraftlos wird, als ihm im Schoß seiner Geliebten die Haare abgeschnitten werden, ist wiederum ein erkennbares Bild für die Stunden der Nacht, da der Strahlenglanz der Sonne am Himmel versinkt. Das Sonnengestirn wird schwach in der Liebe zum Mond, zum Dunkel. Freilich geht die Sonne immer wieder gestärkt daraus hervor, und es wäre ihr Untergang schließlich identisch mit dem Einsturz der ganzen Welt. Daß Füchse, die Feuer in die Saaten tragen, daß übergroßer Durst, daß das Zerspalten der Erde auf die Taten der Sonne sich fügen, ist uns aus den Traditionen der Alten fast geläufig. Der Sieg über den Löwen ist eine Tat, die auch die Griechen von ihrem Sonnenhelden Herakles erzählen, der den nemeischen Löwen tötet oder den Drachen, die Schlange von Lernäa, und ähnliche gewalttätige Monstren zur Strecke bringt.

In all dem erkennen wir, daß ein Stück Mut dazu gehört, wenn die Bibel Mythologie, zum Teil aus dem Kulturraum der Kanaanäer, zum Teil vermutlich von den indogermanischen Philistern stammend, zur Deutung der eigenen Geschichte übernimmt. Freilich wird dabei erkauft, daß die Auseinandersetzung zwischen Hell und Dunkel, Tag und Nacht, Sonne und Mond übertragen wird auf den Geschichtsverlauf selbst, auf Israel und seine Feinde, getrennt nach Gut und Böse, so daß alles, was den Philistern zugefügt wird, allemal für von Gott selbst stammend erklärt wird.

Wir werden recht daran tun, wenn wir einen Schritt weiter gehen, als die Überlieferung selbst in Gestalt der Sage es unternimmt. Wenn es möglich ist, Geschichten vom Himmel ins menschliche Handeln hineinzuziehen, aus projizierter Psychologie der Mythen phantasierte Geschichte zu konstruieren, sollten wir dann nicht erlaubtermaßen dieselben Phantasien den Menschen zurückgeben und all das ins Herz des Menschen selbst zurücktragen, was man vom Himmel in die Historie verlegt hat und dann in gewalttätige Völkerauseinandersetzungen hineinprojiziert, statt es da aufzusuchen, wo es seinen Ausgang nimmt, in der Seele des Menschen? Treiben wir also Mythologie als Psychologie oder historische Sage als Auslegung menschlichen Lebens. Lernen wir nichts über eine phantastische Vergangenheit, sondern lernen wir aus den eigenen Schreck- und Traumbildern unserer Seele, ihren Verheißungen, Irrwegen, Größen und Niederlagen.

Dann beeindruckt zunächst an der Oberfläche der Gestalt des Samson ohne Zweifel die Anfallartigkeit seines Handelns, umschrieben damit, daß der Geist des Herrn über ihn kommt. Es tobt sich in ihm so etwas aus wie ein berserkerhafter Mut; ein Anfallstäter ist er voller Leidenschaft und Jähzorn. Das Motiv seiner Handlungen ist eigentlich niemals mit Vorbedacht geplant, folgt nie einer strategischen Vernunft, nicht einmal einem Freiheitsdrang zugunsten des eigenen Volkes. Es ist ein einfaches Rachemotiv, eine Art Django-Haltung: Man mordet aus verletztem Stolz, aus gekränkter Ehre, aus zugefügtem Leid. Lesen wir aber die Geschichte, so scheint uns Zug um Zug ins Maßlose gesteigert, was Samson da als sein Recht ausgibt. Uns will scheinen, daß die Philister, die Familie, in die er hineinheiraten möchte, weit mehr recht haben als er mit seinen Krafttaten, die er, sich selbst Recht zusprechend, dann an den Philistern verübt. Was also hat es mit Samson auf sich? Was steht vor allem hinter diesem Irrzug in all seinen Liebesgeschichten? Stets wenn ein Samson einer Frau begegnet, droht ihm offenbar Todesgefahr, Verrat, Überwältigung, Blendung und Tod. Wie geht da scheinbare menschliche Größe, Kraftmeierei, Heroismus und Gewalt einher mit der Bedrohung durch das, was im Grunde doch das

Menschlichste sein sollte, die Liebe zwischen Mann und Frau? Das Motiv des Geschlechterkampfs, zum letztenmal großartig und schrecklich in den Strindbergschen Dramen auf die Bühnen Europas gebracht, nimmt hier seinen Anfang. Mann und Frau scheinen hier so zerrissen zu sein wie in der alten Mythologie Sonne und Mond. Wir werden überlegen müssen, woher dieser Widerspruch stammt, und vielleicht gar, was wir tun könnten, ihn zu versöhnen. Denn soviel begreifen wir am Anfang schon: Es wird das Wüten der Gewalt nie aufhören, solange Menschen Grund haben, die Liebe so sehr zu fürchten, wie Samson es anscheinend muß. Die simple psychoanalytische Theorie, Kriege würden so lange nötig sein, wie man die Liebe zwischen Mann und Frau verstört, verängstigt, unterdrückt oder verbietet, scheint hier in mythologischer Form ihre Nahrungsquelle zu haben.

Alles beginnt mit einer im Grunde vertrauten Erzählung über die Geburt eines Samson, einer typischen Heldenmythe, die wir in ihren psychologischen Charakterstrichen gar nicht genau genug lesen können. Immer ist da die Mutter über lange Zeit unfruchtbar, und wenn sie schließlich ihr Wunschkind, einen Sohn allzumal, zur Welt bringt, geschieht es durch ein göttliches Wunder, durch einen Machterweis, der nicht mehr zu vermuten stand. Der Sohn wird seinen Vater kaum kennen, um so mehr aber an der Seite seiner Mutter stehen. Früh schon wird er in aller Regel von den Eltern getrennt und dann ausziehen, um über eine Kette von Machterweisen in seine Heimat zurückzufinden.

Nehmen wir dieses typische Modell einer Heldensage einmal beim Wort, und beginnen wir damit, was passiert, wenn eine Frau sich nach einem Kind sehnt, es aber nicht empfangen mag, wie wir vermuten dürfen, aus seelischen Gründen. Unterstellen wir einmal, daß Manoach und seine Frau, deren Namen wir nicht einmal kennen, auf eine Weise zusammenleben, die immer wieder zu einer Erniedrigung der Frau führen muß. Was ist das für eine Ehe, die uns überliefert wird, indem wir die Vaterlinie sehr genau mitgeteilt bekommen, von der Frau aber nicht einmal der Name für mitteilenswert erachtet wird? Sollte man nicht denken, eine solche Frau fühlte sich an der Seite ihres Mannes so mißachtet, so erniedrigt, so gekränkt in ihrem Stolz, daß sie sich über die Maßen nach einem Kind sehnt, das ihrem Leben Sinn und Inhalt schenken würde? Es wäre ihr aber ganz unmöglich, dieses Kind zu bekommen von dem Mann, den sie kennt. Es ist ein Widerspruch, den Mann zu brauchen, um ihn in gewissem Sinne überflüssig zu machen. Aber ganz so werden wir uns die Ehe zwischen Manoach und seiner namenlosen Frau wohl vorstellen müssen. Die Erscheinung des Engels läßt sich vermutlich so übersetzen, wie wir's in anderen Mythen oder Sagen auch tun würden, wenn etwa Alkmene lange Jahre auf ihren Gemahl Amphitryon wartet, der aus dem Trojanischen Krieg endlich zurückkehren soll, in der Brautnacht aber Alkmene nicht umarmt wird von ihrem Gatten, sondern von Zeus selbst, um mit dem Gott des Himmels den Sohn Herakles zu gebären. Sollte man da nicht sagen, daß diese Götterhochzeit, die Vereinigung einer Sterblichen mit dem Höchsten der Olympier, identisch ist mit dem Wunschtraum einer Frau, an der Stelle ihres schändlichen, weil schändenden, niedrigen, weil erniedrigenden Gatten einen Gott in die Arme zu schließen, um gerade mit ihm einen heldischen Sohn zu zeugen? Wir müßten das Dazwischentreten des Engels als eine solche Wunschphantasie einer lieblos verstoßenen Frau interpretieren dürfen, und wir hätten eine langdauernde Ehegeschichte als Schlüssel in dieser Sage angeboten. Wir müßten von Frauen sprechen, die sich ihren Männern nie und nimmer hingeben, um von ihrer Art nicht beleidigt zu werden. Sie könnten's aber, wenn sie, wie eine Frau mir einmal sagte, zu träumen vermöchten: »Eigentlich kann ich mit ihm nur zusammensein, wenn ich ihn mir anders vorstelle, an andere Männer denke.« Eben dieses in der Phantasie Überirdische, Schwebende, weit Großartigere als das in der Wirklichkeit Auffindbare macht es überhaupt nur möglich, so scheint es, daß eine unbekannte Frau mit einem Jemand wie Manoach sich zur Ehe einläßt, um ein Kind zu gebären. Die Geschichte ist verräterisch genug. Manoach selbst, mißtrauisch geworden, wer dieser andere überhaupt sei, will dazugebeten werden, um in Kenntnis gesetzt zu werden, was zwischen der Frau und diesem anderen eigentlich besprochen wurde. Er hat eine gute Chance, dieselbe Sache noch einmal zu erfahren, aber als es dann wie in einem lodernden Opfer, entflammend auf dem Altar, zu dem wesentlichen Geschehen kommt, ein Liebeszauber, wie wir denken können, bei dem der Engel Gottes selbst in Rauch aufgeht und nur noch Manoach und seine Frau übrig bleiben, haben beide sozusagen den Dienst der Liebe getan. Der Gottesengel, erklärt uns der Text ganz unverblümt, wird nie mehr wiederkommen, eine solche entflammende Liebe die beiden nie mehr ergreifen, ein erfüllter Traum, der Gestalt gewinnt in einem Sohn.

Das nun ist eine andere Geschichte. Von dem Tag an können wir Manoach vergessen. Auch von der Mutter des Samson wird eigentlich nicht viel erzählt. Wohl aber werden wir denken müssen, daß eine Frau, die ihre Ehre, ihre Fruchtbarkeit, ihr Leben wiederfindet in ihrem Kind, eine übergroße Bedeutung für ihren Heldensohn behalten wird.

Um Geschichten dieser Art in die uns vertraute Alltagswelt, in die ganz normale Realität eines menschlichen Lebens zu übertragen, müßten wir sprechen von all den Frauen, die von ihren Männern, aus Schuld oder Nicht-Schuld, aus Fähigkeit oder Unfähigkeit, aus Vermögen oder Unvermögen, allein gelassen wurden, und uns nun umgekehrt fragen: Was bedeutet denn, so zur Welt gekommen zu sein, für das Erleben eines Kindes?

Ein Mann, der sehr groß in der Gesellschaft dastand, erzählte mir seine Kindheit eindrucksvoll mit wenigen Worten: daß er groß geworden ist in den ersten drei, vier Jahren des sogenannten Zweiten Weltkriegs, daß sein Vater, fern an der Front, später in Gefangenschaft geraten, erst zurückkam, als der Junge schon sechs, sieben Jahre alt war. In all der Zeit war auf die Rückkehr dieses Mannes viel an Hoffnung gesetzt worden. Die Mutter hatte sich auf diesen Zeitpunkt hin so sehr ausgestreckt. In all der Zeit hatte der Junge gespürt, daß er seine Mutter trösten mußte, daß er den vermißten Vater an ihrer Seite zu ersetzen hatte, Grund genug dafür, daß, als er endlich kam, der spät Heimgekehrte von dem Sohn als Konkurrent empfunden wurde. Der Mann war, nach Krieg und Gefangenschaft, innerlich zerbrochen und müde geworden, er hatte zum Leben kaum noch recht Lust. Statt dessen war ihm auferlegt, die ganze Aufbauarbeit zu leisten, er sollte den Laden noch einmal in Schwung bringen. Es war im Grunde die Aufgabe des Jungen, das zu tun. Immer wenn seine Mutter unzufrieden, verzweifelt war über das schier Unmögliche, das jetzt, 1949, verlangt wurde, war es die

Aufgabe des Jungen, stärker zu sein als sein Vater. Und man muß sagen: Es war nicht nur seine Last, es war auch sein Stolz, seine Freude. Er war imstande, siebenjährig, zwölfjährig, den Vater, diesen Schwächling, diesen Psychokrüppel, diesen Versager an der Seite seiner Mutter, aus dem Felde zu schlagen. Noch nicht erwachsen, war er im Grunde dem erwachsenen Vater längst überlegen.

Eine kleine Geschichte nur, die wir in vielen Varianten ausdehnen können, um zu zeigen, aus welchem Zeug Helden geschnitzt werden. Wir können die Geschichten variieren. Ein Sohn erlebt einen Vater, der als Alkoholiker die Mutter drangsaliert, mißhandelt, terrorisiert. Ein solcher Sohn wird sehr bald fühlen, daß er das Leben, die Welt seiner Mutter retten muß, indem er stärker, tüchtiger, disziplinierter ist als sein Vater. Das Motiv, daß kein Rauschtrank je an einen Nasiräer wie Samson kommen darf, mag dann sogar bis ins Wörtliche hinein Platz greifen. Der Sohn wird nie in dieser Weise um seine Selbstbeherrschung zu bringen sein. Wohl daß das Hin und Her seines Vaters ihn oft genug bestimmt, ähnlich ungehalten, jähzornig zu reagieren. Mag sein, daß sehr bald schon eine solche gestaute Wut und Aggression in einem solchen Kind sich ausdehnt.

Ein Junge, der in dieser Art seinen Vater erlebt hat, litt sehr unter dem Gefühl, daß er mitunter einfach dazwischenschlagen wollte. Er tat es nie, aber in langen Gesprächen gab er sich zu: »Wenn mein Vater so einfach dalag auf dem Sofa, wieder mal, ich hätte ihn umbringen können!« Da werden plötzlich Mordgefühle, Aggressionen bis zum äußersten wach aus Liebe zu einer Mutter, die eines starken Sohnes bedarf, um sich und ihre zerrüttete Ehe am Leben zu erhalten. Wir müssen diesen Kreis jetzt nur noch ein Stück ausdehnen und uns vorstellen, daß an die Stelle der Familie immer weitere Aufgaben rücken können, ein ganzes Volk, eine ganze Nation, da gibt es keinen anderen Weg mehr, als sich an die Spitze von allem zu setzen, alles zu retten. Die Geschichte überliefert uns so etwas ähnliches von Alexander dem Großen, von seiner Mutter Olympia und dem Haß, den der junge Alexander auf seinen Vater Philipp hatte. Er soll mit dem Speer in der Hand vor ihm gestanden sein. Das war vermutlich der Grund, weswegen er nicht rastete und ruhte, bis er die ganze Welt, die damals bekannt war, unter seine Füße brachte, bis am

Ende die Paranoia über ihn hereinbrach und er jeden nur noch für seinen Feind halten konnte, ganz wie Samson in der Erzählung. Da wird jemand, müssen wir denken, zum Helden aus einer ungeheuren Überforderung seit Kindertagen und aus einer schrecklichen Angst. Das ist das Paradoxe hier. Da sehen wir, von außen, einen Samson vor uns, der geradewegs, mit Heldenmut einfach draufhauend, unbekümmert, ein unverbrauchter Naturbursche, von keiner Furcht getrieben, seinen Weg geht, mit Tücke und Hinterlist ab und zu, wenn man die Füchse dazu rechnet, aber das sind harmlose Späße für einen Mann, der so geradeaus dazwischenzugehen vermag. Im Hintergrund aber begreifen wir, wieviel hier an verdrängter Furcht, an durchlittener Angst, an ständiger Sorge – wenn ich schwach bin, werden sie mich umbringen – einen Mann wie Samson nach vorn und nach oben peitscht. Und dieses tiefere Verstehen werden wir dringend brauchen, um den Mythos der Helden zu zerstören. Wenn wir nicht lernen, sie als Menschen zu sehen, werden sie keine Erlaubnis haben, Menschen zu werden. Solang wir immer noch Größen von dieser Art benötigen, in dem Wahn, sie könnten uns retten, werden wir sie in Taten hineintreiben, die womöglich zu einem bestimmten Zeitpunkt als hilfreich erscheinen, in Wirklichkeit aber für alle Betreffenden und Betroffenen einer Katastrophe gleichkommen.

Die Bewährung Samsons und sein Untergang liegen immer wieder in den Versuchen der Liebe verborgen. Das ganze Drama eines solchen Helden, die Prüfung seiner Menschlichkeit müßte erbracht werden in den Augenblicken, wo er als Mann es wagen würde, glücklich zu sein. Es muß uns überraschen, daß Samson niemals auch nur ansatzweise eine Frau aus seinem eigenen Volk, aus dem Stamm Israels, in seine Nähe läßt. Stets ist er auf der Suche, sozusagen exogam, bei dem gegnerischen Volk der Philister. Wir dürfen denken, daß diese Zwangsbestimmung: »Suche eine Frau niemals im Eigenen, sondern möglichst entfernt in der Fremde!« dem folgt, was wir in der Psychoanalyse zur Erklärung solcher Exogamieregeln gelernt haben: eine verborgene Inzestscheu; ins einfache Deutsch übersetzt: Wir sehen einen Mann vor uns, der in gewisser Weise aufs äußerste vermeiden muß, in einer Frau, die er lieben könnte, noch einmal seiner Mutter zu begegnen. Er braucht das vollkommen Fremde aus lauter Angst, noch einmal so gefordert, so überbürdet zu werden mit Verantwortung, wie er's in Kindertagen war. Jede Ähnlichkeit, jede Annäherung an das, was er einmal erlebt hat, treibt ihn voller Angst in die Ferne. Wir aber können schon voraussagen, daß die Angst, die einen Menschen um die ganze Welt treibt, ihn mit Sicherheit dahin führen wird, an den Ausgangsort zurückzukehren. Was Samson nicht weiß, was ihn unbewußt drängt, wird ihn ganz sicher wieder einholen: all die Widersprüche und Ambivalenzen, die seine erste Liebe, die des Kindes zu seiner Mutter, bestimmt haben und als Hypothek jetzt sein ganzes Leben begleiten.

Erzählen wir uns also die Geschichte des Samson, des Sonnenhelden, einmal als die Erzählung einer Suchwanderung der Liebe. Wir wissen schon, daß wir einer sich über drei Stationen hin vollziehenden Tragödie beiwohnen. Wir hören zum ersten, daß Samson eine Frau liebt, deren Name uns wiederum nicht mitgeteilt wird, nur daß sie ihm gefällt und daß sie schön ist, so sehr, daß er seine Eltern nötigt, die Brautwerbung auszusprechen, gegen deren Widerspruch. Daß Samson eine Frau liebt, ist genug; kein Gesetz in Israel vermag ihn davon abzuhalten. Da haben wir ihn wieder, den Kraftmeier, den Starken, den scheinbar völlig Souveränen, den Fesseln Zerbrechenden. Mehr noch: Wie in vielen Mythen und Märchen ist auf dem Weg zur Geliebten eine Heldentat nötig: die Tötung des Löwen. In der Mythologie ist der Löwe das Tier der Ischtar. Die Angst vor der Liebe stellt sich hier dar, auch die Angst vor der eigenen Triebgewalt. Sie muß beherrscht, muß zerrissen werden, und es muß aus dem so Getöteten eigene, neue Kraftnahrung gewonnen werden. So Samson auf dem Wege hinüber zu seiner Geliebten in Timna.

Aber dann dieser Scherz, das Rätsel der Brautnacht, und die beginnende Angst, die drohende Lebensgefahr. Merkwürdig, wie ein so einfaches Scherzrätsel, das Samson sieben Tage lang den Philistern aufgibt, in eine solche Dramaturgie hineinführt. Der Scherz selbst, auf die Brautnacht bezogen, ist auch ohne viel freudianische Phantasie recht grob. Da geht Speise aus vom Kräftigen und Süße vom Starken; soviel Obszönität traut man der Bibel nicht immer zu. Die Sache scheint uns klar, nur daß diesmal alles ganz anders gemeint ist, als es auf der Hand liegt. In der Sonnenmythologie scheint das Rätsel einigen Sinn zu verraten. Da geht aus dem Tod neues Leben hervor, aus dem Aas kommt Sonnennahrung, Honig. Da ist ein Urgegensatz angesprochen; er zieht sich in der Gestalt des Samson jetzt tatsächlich zu etwas Wesentlichem herab. Um ihn zu lieben, müßte man etwas begreifen, nämlich daß die einfache Liebe, sozusagen die derbe Frivolität eines rein animalischen Tuns, für einen Samson nicht genügt. Um ihn zu verstehen, muß man nicht wissen, wer er ist, sondern was er vollbringt, was er tut; und erst wenn man das weiß, weiß man sein Geheimnis. Die Liebe, die er zuläßt, hat zur Voraussetzung die erbrachte Tat, die großartige Leistung, die Lebensgefahr, die bestanden wurde. Da ist in einem einzigen Bild der ganze Samson verborgen, aber auch die ganze Angst, es könnte jemals ein Fremder erraten, was es mit ihm auf sich hat; drum das Versteckspiel, das jetzt wirklich ein Kampf auf Leben und Tod ist. Es geht nicht eigentlich mehr um Gewänder, es geht um das Rätsel eines ganzen Charakters, um ein Wesen, das sich davor scheuen muß, aufgelöst zu werden. Die Philister ihrerseits bedrohen die Braut mit Niederbrennen ihres Hauses, sie machen sie sozusagen zur Geisel ihrer Erpressung. Sie muß das Rätsel von Samson in Erfahrung bringen. Und so geschieht es. Was sich dann begibt in dem Motiv der vertauschten Braut, kennen wir aus anderen Erzählungen, z. B. von Jakob, der um Rahel freite und mit Lea betrogen wurde – ein häufiges Motiv der Erzählungen der Märchen und der Mythen.

Wir müßten sagen, daß ein Mensch, der so widersprüchlich ist wie Samson selbst, eine Frau zu lieben meint und sie nicht anders erfahren kann als in sich zerrissen und widersprüchlich. Was ist da Schönheit, was ist Vertrauen? Die Geliebte Samsons weint sieben Tage lang, und daß er sich ihr mitteilt, geschieht wie aus Mitleid. Er kann das, was er ist, ihr nicht freiwillig sagen, aber er wird es ihr sagen, um ihre Traurigkeit zu beheben. Später dann aber, durch seine eigenen Taten, wird er die Philister genau dahin bestimmen, daß sie tun, wovor seine Frau solche Angst hat: Sie zünden ihr das Haus über dem Kopf an, und die ganze Familie schicken sie in den Tod. Es ist nicht nur für Samson gefährlich, sich zu verlieben, sondern offenbar für jeden, der sich mit ihm einläßt. Er wird schließlich sogar zu einer Gefahr für seine eigenen Volksgenossen. Sie beginnen Samson zu fürchten und sagen ihm, sie seien es selbst, die ihn auslieferten an die Gegner, die Philister.

An dieser Stelle kann man Samson noch ein letztes Mal bewundern. Er ist mitten in seiner Angst mutiger als die Israeliten, die die Philister so sehr fürchten, daß sie ihren stärksten Mann an sie verraten möchten. Sie unterschätzen Samson in seiner Gewalttätigkeit. Er wird hingehen und mit dem Eselskinnbacken so sehr wüten, daß er am Ende der Gotteshilfe bedarf, um im Durst zu trinken, ähnlich wie der Gottesheld im 110. Psalm, vom Bach am Wege.

Was sich dann begibt, ist ein zweites Mal dieselbe Geschichte von vorn. Alle Gesetzmäßigkeit, aller Wiederholungszwang scheint nur eine einzige Form der Begegnung zuzulassen, in der Samson mit der Gestalt der Göttin der Nacht, der Dalila, alles noch einmal aufführen muß, nur daß es sich jetzt sehr verändert. Von außen betrachtet, ist Samson nun endlich reif zu einer *freien* Liebe, so scheint es. Keine Hochzeit ist mehr vonnöten, es ist einfach sein Gefühl, das über die Beziehung entscheidet. So möchte man, nach der Episode in Gaza mit der Dirne, Samson am Ende seiner Entwicklung im Gefühlsbereich wähnen, und dennoch ist gerade in dem Moment die Gefahr für ihn selbst um so größer. Dalila wird ihn nicht mehr ausliefern, weil sie mit dem Tod bedroht, mit Angst erpreßt würde, sondern einfach weil sie korrumpiert und mit Geld bestochen ist. Dalila ist eine wirklich Treulose, die mit ihrer Schönheit Samson verzaubert, eine Fesselnde im doppelten Sinn, als Frau und Verräterin.

Wir müßten denken, daß Liebe für Männer so sein kann, so überaus problematisch, und werden's nicht anders verstehen, als daß wir den Hintergrund der Geburtslegende noch einmal bemühen, um es zu begreifen. Männer sind da, die glauben, in der anderen noch einmal ihre Mutter schützen, retten, erlösen zu können, und sind ihr doch um so mehr ausgeliefert. Äußerlich glauben sie Heldentaten zu vollbringen, in Wirklichkeit aber sind sie gezogen von der Hypnose der eigenen Kindheit und kommen aus diesem Schema nicht heraus, finden zu der Freiheit nicht, soviel sie auch an Stärketaten ins Werk setzen. Sie sind fasziniert von einem Bild, das sie kennen und das sie doch gleichzeitig fliehen. Sie begegnen ihm um so sicherer wieder, als sie die halbe Welt zwischen ihre Kindheit und ihre Gegenwart legen. Dalila ist soweit entfernt von der unbekannten Mutter, der Frau des Manoach, wie nur irgend möglich, und doch wird man bis hin zu Dalila in all den Frauengestalten immer wieder ihr Bild sehen und vermuten dürfen. Die Frage ist daher für uns: Wie denn erlöst man einen solchen Sonnenhelden zu sich selbst, von sich selbst und macht ihn fähig zur Liebe?

Die Geschichte des Samson endet mit einem masochistischen Triumph. Der buchstäblich geblendete Held – wieder ein neuerliches Motiv der Sonnenmythologie – geht hin und reißt am Festtag eines fremden Gottes den gesamten Tempel und Festsaal seiner Gegner nieder, bringt sie alle um und reißt sich selbst damit in den Tod. Er, der wie zum Unglück Verfluchte, wird am Ende in der Vernichtung aller seinen letzten großen Triumph feiern. Liebe oder Tod, ein furchtbares Motiv, das im Spanischen Bürgerkrieg seine Wiedererstehung feierte; buchstäblich so: »¡Viva la muerte!« Heldentum um den Preis der zerstörten Liebe und der zerstörerischen Leidenschaft – wie sind Menschen aus diesem Teufelskreis zu befreien?

Vor langer Zeit erzählte mir ein Mann seine Geschichte fast so ähnlich. Er war als Ordenspriester aufgewachsen bei einer Mutter, die in ihrer Neurasthenie ständig der Hilfe des Sohnes bedurfte. Es war ein Geheimnis, warum er sehr früh schon in den Orden eingetreten war. Hochintelligent, hochleistungsfähig, auf einer steilen Bahn der Karriere begriffen, schwenkte sein Leben plötzlich um, als er zum erstenmal in die Nähe einer Frau geriet. Ihm erschien's wie Verrat, wie Versuchung. Dennoch ließ er sich auf sie ein, mit vielen Schuldgefühlen, anrüchig bis hin zum Sündhaften, zunächst unfreiwillig gezogen, ganz so, wie wir uns die Liebschaften Samsons denken müssen, immer im Heimlichen, Nachtschattigen, im halb Zugegebenen, halb Erzwungenen, und dann der Ausbruch, den er versuchte, ganz so wie hier, bis hin zum Selbstmörderischen alles fahren zu lassen. Er selbst kannte sich nicht wieder, schwere psychosomatische Störungen suchten ihn heim, er kam sich buchstäblich als ein Gefesselter vor. »Um meine Brust liegt es oft«, sagte er, »wie wenn Fesseln den ganzen Körper einschnürten.« Zustände bis zum Herzasthma peinigten ihn, und er wußte nicht mehr aus noch ein. Er hatte oft die Neigung, sich ins Auto zu setzen, draufzuhalten und irgendwo dagegenzufahren, möglichst noch irgendeine Katastrophe herbeizuführen und großartig unterzugehen; andere Phantasien kannte er kaum noch, eine Apokalypse des eigenen Lebens bis hin zu solchen Weltuntergangsphantasien.

Der Weg, um da herauszukommen, ist fast ein märchenhafter, einer, der sich gegen die Sage richtet und die Motive des Samson aufgreift, um noch einmal mit ihrer Hilfe eine andere, integralere, erlösendere Geschichte zu erzählen. Was wir dann vor uns hätten, wäre eine Liebesgeschichte, ein sich erfüllendes Märchen, etwas, das psychotherapeutisch manchmal gelingt. Es wäre identisch damit, jemanden bei der Hand zu nehmen und ihn wegzuführen aus den Ängsten, Größenphantasien, Erniedrigungen, Überkompensationen seiner Kindheit, aus seiner Mutterbindung und seinem Vaterhaß, aus seinen Schuldgefühlen, seinen Ängsten, seinen reaktiven Krafttaten und Leistungsansprüchen. Der Weg dahin wäre identisch mit der Probe, auf die Samson sich immer wieder stellt, mit dem Rätsel seines Wesens. Es müßte gelingen, auch nur einem einzigen anderen Menschen einmal zu sagen, wer man ist, worin die wahre Stärke gründet, und es wäre völlig identisch damit, dem anderen anzuvertrauen, wo die Punkte der eigenen Schwäche und Verwundbarkeit liegen. Beides ist ein und dasselbe. Wenn das möglich wäre, wäre alle Angst besiegt. Aber Sie spüren: Es ist identisch damit, den ganzen Lebensweg noch einmal neu zu erzählen und durchzugehen. Da müßte man, nicht aus Mitleid und ganz sicher nicht ungehalten, weil die Frau soviel jammert und bittet, sondern in Ehrlichkeit, als ein langsames Sichöffnen in wachsendem Vertrauen, das ganze Wesen dem andern noch einmal sagen, anvertrauen, übereignen, und erst so wüchse die Liebe, erst so würde die Einheit zwischen zwei Menschen. Es begäbe sich, wenn es gelingen würde, etwas ganz Wunderbares: Da hätten Menschen nicht mehr die Furcht: wenn ich mich ausliefere, bin ich geliefert, sondern indem ich mich dem anderen hingebe, finde ich mich selbst. Denn das ist ganz klar: Zwischen Samson und Dalila Liebe zu stiften wäre auch identisch damit, daß Samson selbst sein eigenes Wesen in Gänze abrunden dürfte. Er wäre nicht mehr der einlinige, einseitige Sonnenheld, der die Kräfte der Nacht immer fürchten muß, er bliebe nicht auf der Flucht vor seinem eigenen Dunkel, er hätte nicht immer das Fremde, andere zu suchen, um darin unterzugehen, sondern umgekehrt, er machte die fremdstämmige, philistäische Dalila zu seiner ihm Zugehörigen, Anverwandten und Vertrauten. Wir hätten das Motiv unzähliger Märchen von einer verzauberten Prinzessin vor uns, einer in fremdem Land gehaltenen, die schließlich heimgeführt würde. Es wäre Samsons Erlösung identisch mit der Erlösung Dalilas; es wäre die Versöhnung zwischen zwei Welten, dem Bewußtsein und dem Unbewußten, es wäre der Beginn auch des Friedens zwischen zwei Völkern, den Israeliten und den Philistern. Wir hätten zum erstenmal das Bild der Sonnenmythe aufgelöst in seiner Tragik zu einem Weg langsam, geduldig reifenden Glücks.

Es gibt in der Bibel zumindest den Versuch, die Gestalt des Samson als so etwas wie eine wirkliche Retterfigur zu interpretieren. Die Väter-Literatur hat immer wieder in Samson, der sein Volk durch den eigenen Tod befreit, eine Vorläuferfigur des Christus erblicken wollen – eine etwas herbeigeholte Deutung. Aber wenn wir einmal glauben würden, die biblische frühchristliche Theologie hätte so unrecht nicht, wenn sie andeutet, die Person Jesu habe im Grunde zwei verschiedene Sphären – die Dogmatik später wird sagen, zwei verschiedene Naturen – in sich vereinigt, eine göttliche und eine menschliche, und eben deshalb sei sie rettend geworden, hätten wir eine gute Fluchtrichtung in die Wahrheit, die einen Samson selbst befreien könnte. Es müßte zusammenkommen, was so zerbrochen scheint: die Helligkeit des Bewußtseins, die Männlichkeit der Kraft und die Stärke des Gefühls, die Bewußtwerdung des eigenen Unbewußten, eine Hochzeit von Tag und Nacht, von Sonne und Mond in Schönheit und Stärke, und es wäre kein Gegensatz mehr. Schwach zu sein *und* stark zu sein, groß zu sein *und* klein zu sein, ganz einfach *Mensch* zu sein wäre das wirklich Bewundernswerte. Es höben die Gegensätze sich auf zwischen Himmel und Erde, und der Gegensatz zwischen den Religionen, den Völkern schwände dahin, aus einem Kriegshelden würde die liebende Gestalt eines Völkerversöhnenden.

Wie lange müssen wir warten, bis wir keine Helden mehr brauchen, sondern uns erlauben, Liebende zu werden? Es gibt einen Psalm, der als Gebet formuliert, was im Umkreis der Sage von Samson zu denken ist.

TEXT: Psalm 27, 1–3. 10–12

Von David.
Der Herr ist mein Licht und mein Heil,
vor wem sollte ich mich fürchten?
Der Herr ist meines Lebens Zuflucht,
vor wem sollte ich erschrecken?
Wenn Bösewichte mich überfallen,
mich zu zerfleischen,
meine Dränger und meine Feinde,
so müssen *sie* straucheln und stürzen.
Mag ein Heer sich wider mich lagern,
mein Herz fürchtet sich nicht;
mag Krieg sich wider mich erheben,
ich bleibe dennoch getrost.
Denn Vater und Mutter haben mich verlassen,
aber der Herr nimmt mich auf.
Lehre mich, Herr, deinen Weg
und leite mich auf ebener Bahn
um meiner Feinde willen.

Es ist erstaunlich in der Samson-Sage, daß sie das ödipale Motiv selbst auflöst. Im entscheidenden Augenblick betet Samson zu seinem Gott, und das wird ihm Kraft schenken. Wir aber sollten glauben, daß der Gott in seiner Form, in seinem Bild, das er im Herzen des Menschen hinterläßt, sich selbst wandelt mit der Gestalt unserer Menschlichkeit. Samson kennt nur einen Gott, der Stärke gibt in Kraft und aggressiver Energie nach außen; der Gott, von dem wir lernen, wenn wir Samson vermenschlichen, wäre selbst ein menschlicher Gott, der uns erlaubt, einig zu werden jenseits der Gegensätze.

26. Februar 1994

17

Das Ziel vom wechselseitigen Glück

DAS Portrait des Mannes Samson, zwischen Mythos und Geschichte tief verwurzelt in der Tradition der Sage, haben wir in groben Strichen in einer Art erster Annäherung uns vor Augen gestellt, viele psychologische Aspekte aber sind dabei noch nicht zum Klingen gekommen, insbesondere die Frage, was eigentlich das Faszinierende an einer solchen Gestalt, auch für unsere heutigen Gefühle, ausmacht, und noch viel mehr die Frage, was es denn für eine Frau bedeuten kann, mit einem solchen Menschen zusammenzuleben, leben zu wollen, leben zu müssen, was für eine Tragödie des Scheiterns sich um die Figur des Samson wesenhaft, zwanghaft immer wieder aufbaut und wie man daher einen Menschen von solcher Größe und solcher Niedrigkeit zu erlösen vermag zu sich selbst, zu einem in relativ bescheidenen Grenzen sich ermöglichenden Glück. Das alles wollen wir verstehen als eine religiöse Frage auf der Suche nach uns selbst und den Menschen an unserer Seite.

Lassen Sie uns noch einmal die drei Szenen der Begegnung Samsons mit einer Frau aus dem Land und dem Volk der Philister lesen. Den Text finden Sie auf den Seiten 313–320.

Was ist es um die Gestalt eines Mannes wie Samson, daß sie über den Abstand von Jahrtausenden auf uns Heutige eine so merkwürdig irritierende Faszination ausüben kann, und wer sind wir selber, daß wir in ihm schaudernd, neugierig, bewundernd etwas Eigenes wahrnehmen, vermuten, vielleicht gar ersehnen?

Eine der ältesten Erzählungen der Menschheit, das mesopotamische Gilgamesch-Epos, berichtet auf den ersten Tafeln von einem

Grundmotiv der Auseinandersetzung, die seit vielen Jahrtausenden die Kulturgeschichte der Menschheit, ihr Verhalten, ihr Fühlen, ihr Denken durchzieht. Sie berichtet von dem ewig scheinenden Konflikt zwischen der Zivilisation und der Wildheit, zwischen der Stadt und der Steppe. Der bepelzte Jäger Enkidu wird da verführt durch die Werke eines Weibes, der Dirne von Uruk. Eine Woche lang liegt er ihr bei, aber dann, aus dem Rausch der Sinne erwachend, findet er sich fremd vor in einer Welt, die er nicht mehr kennt und in welcher die Tiere vor ihm Reißaus nehmen. Alles Vertraute ist eingestürzt, und das Neue muß bezahlt werden durch das Wissen um den Tod. Die Schwelle zur Menschwerdung, der Übergang zur Kultur erkauft sich da mit der Zerstörung der naturhaften einfachen Identität.

Es ist nicht ganz so, daß man die gleiche Härte des Konfliktes und die Konsequenz der Durcharbeitung in der Sage des Sonnenhelden Samson wiederfinden könnte, aber seine Ausstrahlung in unseren Tagen ist ganz noch dieselbe geblieben. Wie denn, wird mancher von Ihnen fragen, sollen auch wir uns immer am Anfang aller Kultur wähnen, am Beginn der Zivilisation, halb Wilde immer noch? Offenbar ja. Irgendwie empfinden wir eine große Sehnsucht und Sympathie für den Wind aus der Wüste, für das offene, ungebundene Leben der Weite, das noch nicht heimisch gewordene, eine merkwürdige Verwandtschaft mit diesen ständig nur halb Zugehörigen, den nie Festgelegten, nie ganz Verwurzelten. Ein Grundmotiv der Samson-Gestalt ist gerade dies: stets unterwegs zu sein, nie eine Heimat zu kennen, unbehaust und wild hereinzubrechen, stets von draußen kommend, verheerend in seiner Wucht und seiner Kraft, verlockend fast in seiner Dämonie, aber stark in seiner Größe als Mann.

Wie sonderbar uns das berührt, lehrt uns in unserer Zeit wohl kein Mythos so sehr wie der zweideutige Ruhm des amerikanischen Schriftstellers Ernest Hemingway. Es braucht nur sein Name genannt zu werden, und die Träume von Millionen gehen auf Reisen; gleich stehen auch sie an der Bar von Key West, trinken Scotch Whisky, der die Stimme rauh macht und die Fäuste schwingend, sie selbst ganz Männer, Drillichanzug, doppelläufige Flinte daneben, Gefahr ausstrahlend, wo keine ist, erlegte Barrakudas, gerade von

See hereingebracht, um die eigene Größe auszumessen – es umweht solche Helden stets der Geruch des Todes und des Tödlichen. Kriegsreporter aus Leidenschaft war Ernest Hemingway, Bewunderer von Stierkämpfen, von Männern, die sich bewähren, mit scheinbar kaltblütigen Nerven, indem sie briefmarkengenau die Stelle zwischen den Schulterblättern eines Stiers im Angriff finden. Der Bruchteil einer Sekunde muß genügen auf Leben und Tod für den Stier oder den Torero. Dieses sadistische Ritual, dieser funebre Tanz im Rondell des Rituals des Todes, war die wahre Religion des Ernest Hemingway: Ein Mann darf nicht schwach werden. Wenn er je nachläßt in seinen Kräften, ist er selbst zum Tod verurteilt. Wie schreibt man einen einzigen wahren Satz? war das Problem dieses Journalisten und Künstlers. Wie spricht man Worte, die nicht lügen? Wie findet man sich selbst? Eine bis zum Selbstmord unlösbare Aufgabe.

Ernest Hemingway steht für eine ganze Zeit, welche die Männer bestimmt als die Kämpfer, die Jäger. Es gibt keinen Moment des Selbstzweifels, den sie anders lösen könnten, als wir es in der amerikanischen Gesellschaft in weiten Kreisen, bis hinauf zu den Politikern, finden. Wenn sie eine Wahlschlappe einstecken, wenn die Gazetten höhnisch über sie herziehen, findet ihre Männlichkeit keine andere Zuflucht, als irgendwo in den Steppen und Savannen Afrikas Löwen zu erlegen oder in den Flüssen von Alaska Fische zu töten. Es ist eine sonderbare Macht, die sich da genießt, nicht vernichtet zu werden, indem man selbst Manns genug ist, Tiere oder – wie in der Samson-Sage – Menschen wahllos und in Massen zu erschlagen. Es bestätigt sich da eine Kraft, die eine Distanz, eine Unnahbarkeit braucht, um sich ihre Größe zu erhalten.

Frauen sind im Umkreis dieses Typs der Männlichkeit jagbare Wesen, auch sie. Es ist selten, daß es darum gehen würde, eine einzelne Beziehung zu festigen, eine einzelne Person wirklich zu lieben. Fast geht es um eine sportliche Eroberung. Der Rausch der Liebe ist ein neuerlicher Beweis, noch auf dem Posten zu sein, eine Leistung, die zu erbringen ist, um sich Fett von den Rippen zu schwitzen, etwas, das man braucht, wie das Meer, wie die Brandung an die Felsen spült, bis in der Bewußtlosigkeit alles verströmt und die Nacht sucht, bis ein dämmriger Morgen zwischen Glück und

Schande, Reue und neuem Aufbruch das Leben weckt oder verflucht. Es ist ein Gefühl, daß alles, was da geschehen würde, der Bewunderung, der Anbetung, in gewissem Sinn der Zärtlichkeit, ja der Suche nach wirklicher Liebe gilt, aber sie darf nie gefunden werden, sich nie finden lassen. Die Biographen des amerikanischen Dichters sagen nur, wie schwer gespalten das Bild seiner Mutter war. Ständig suchte er nach einer Frau, die sie hätte ersetzen können, und stets fürchtete er sich davor, sie zu finden; die alte Angst holte ihn immer wieder ein, in dem Moment, wo er sich hätte Ruhe erlauben können. Da ist der ständige Aufbruch, die immer neue Wanderschaft, das gierig gewordene Suchen wie ein Medikament der Betäubung, keine wirkliche Hilfe zum Heil, wohl aber ein Surrogat der Betäubung, das zumindest.

Es bleibt faszinierend an solchen Gestalten einer Scheinvitalität, einer ins Dunkel strahlenden Größe, daß wir sie unabhängig wähnen. Sie zerbrechen die kleinlichen Gesetze, sie haben nichts von der spießerhaften Alltäglichkeit an sich, sie dulden keine verblassende Gewöhnung; immer haftet ihnen etwas an von Spannung, Rausch und Abenteuer, nie sind sie anzutreffen in der Langeweile des Einerleis, nie machen sie durch Gewöhnung gewöhnlich. Das alles ist faszinierend, grandios und in gewissem Sinne großartig. Aber wie ist es möglich, mit solchen Menschen wirklich zu leben? Was passiert mit denen, die sich auf sie einlassen? Welch ein Motiv gibt es überhaupt, sich einen Samson zu wünschen, ihn ins eigene Haus zu lassen, nach seiner unmöglichen Liebe Verlangen zu tragen und ihn zu umwerben bis zum Ruin, bis zur Zerstörung, bis zum Untergang von allem?

Es gibt in der griechischen Überlieferung eine entfernt verwandte Geschichte, von Medea und Jason, dem heldischen Führer der Argonauten, der in der Fremde eine Zauberin findet, welche einen Drachen bewacht, der wiederum das Goldene Vlies hütet, das zurückgebracht werden will an die Gestade Griechenlands. Von diesem Fremden ist Medea so sehr beeindruckt, daß sie ihm alle Geheimnisse des Wegs hinüber zur verborgenen Kostbarkeit offenbart und sich ihm anschließt wie eine Blinde, eine selbst Verzauberte, nur um miterleben zu müssen, daß der Mann, dem sie ihre Heimat, ihre Verwandten, ihr ganzes Dasein, alles geopfert hat, zurückgekehrt, sie verläßt und ausstößt wie eine Würdelose. In dem Moment wird Medea, die Liebende, zur Hassenden, die Geduldige zur Rächerin, die Kindergebärende zur Kindermordenden, die Zauberin zur Hexe. Die Griechen kannten diese unheimliche Kraft zwischen Mann und Frau, den Geschlechterkampf der wechselseitigen Zerstörung zwischen Hingabe und Verwüstung, aber sie hatten als die größte Überlieferung, ihr Geschenk an das Abendland, auch die Gesänge Homers von dem Helden Odysseus, der zurückkehrt vom zehnjährigen Kampf um eine geraubte Schöne. Der Trojanische Krieg wurde geführt um ein Mädchen, die mondschöne Helena. Es ist ein Stoff, der in dem Mund des Sängers Homer den langen Weg der Männer zurück zur Frau ihrer ursprünglichen Liebe und damit zu ihrer Heimat und ihrer eigenen Wurzel erzählt. Der Sieg über Troja ist nur der Anfang. Seestürme des zürnenden Meergottes Poseidon gilt es da zu bestehen, und Odysseus muß lernen, der Zauberin Kirke standzuhalten und ihr zu entkommen, welche die Macht hat, die Männer berührend, sie in Tiere zu verwandeln. Wie besiegt ein Mann seine eigene Animalität, die ihn um jede Menschlichkeit bringt, die ihn verwüstet zu einem grunzenden Schwein, so die Gefährten des Odysseus im Stall der Zauberin Kirke?

Einen Schritt weiter: Wie ist es möglich, daß Odysseus, in den schattigen Höhlen der Kalypso gefangengenommen und von wirklicher Sehnsucht und Liebe verwöhnt, unter allen Worten und Taten fraulicher Zärtlichkeit die Sehnsucht nach seiner Frau an den Gestaden von Ithaka nie ganz verliert und darin, zurückzukehren, seinen wirklichen Auftrag sieht? Es ist, als wenn Kirke und Kalypso, die Vitalität und die Verzauberung, erst neu gelernt werden müßten, um schließlich Nausikaa, einem Mädchen auf der Insel der Phäaken, zu begegnen. Ungeschützt, angeschwemmt aus den Fluten des Meeres, schutzlos, fast lächerlich muß dort Odysseus sein ganzes Leben, seine Biographie erzählen. Dann erst gelingt es ihm, auf den schnellen Schiffen der Phäaken zurückzukehren nach Ithaka und seine Frau wiederzufinden – ein Epos der Gattenliebe, der Unzerstörbarkeit, wie Menschen zusammengehören, die sich einander bestimmt fühlen in ihrem Leben. Es scheint sehr sprechend für ein ganzes Volk, für eine Zeit, für das Sentiment einer Sprachwelt zu sein, wie sie sich artikuliert in den Mythen und Epen, die sie selbst tragen. Die Römer kannten die Erzählungen Homers, aber sie machten daraus die Geschichte des Äneas, der den Armen der karthagischen Dido entflieht, die selbst in den Tod geht, aus sehnsüchtiger, verschmähter Liebe heraus. Äneas *muß* so handeln, um kriegerisch Italien zu erobern. Da sind die Männer bereits so sehr in Machtgier, Eroberungssucht und Herrscherleidenschaft gefangen, daß eine Frau sie auf dem Wege dahin nicht zurückhalten könnte, und sie müssen, was sie erlösen könnte, vernichten, um dem Wahn ihrer Freiheit zu folgen.

Es mag Kulturhistoriker geben, die es als eine Steigerung betrachten, wenn sie uns im Deutschen das Nibelungenlied rezitieren hören, wie da doch der Kampf zwischen Mann und Frau bis zum Mord und zur Verwüstung von allem gerät. Die Kleinheit der Männer, die sich umgürtet mit einer geliehenen Kraft, Gunter und Siegfried, und die Eifersucht der Frauen untereinander, Kriemhild und die von ferne hergekommene, mit Eisen und Stärke gegürtete Brunhilde. Ihr Kampf wird ein ganzes Volk in den Untergang stürzen.

Wir brauchen diesen epischen, sagenhaften Hintergrund, um Samson noch einmal zu lesen, unsere Gefahren, unsere Verführbarkeiten, unsere Hoffnungen darin wiederzuerkennen, und wir müssen uns fragen: Was ist es mit einer Frau wie der Unbekannten, Namenlosen, die Samson als erste aufsucht und so schön findet, daß er sie heiraten *muß*, im Widerspruch sogar zum Willen seiner Eltern?

Auf der Seite Samsons müßten wir, könnten wir uns eine solche Liebe zum Fremden am einfachsten vorstellen als das Typische an der Person eines Helden. Er hat nie eine Heimat gefunden, er war sich fremd seit Kindertagen, darum sucht er jetzt die Heimat im möglichst weit von sich selbst Entfernten. Nirgendwo anders meint er heimisch zu werden, als dort, wo es ganz sicher niemals sein kann. So bei ihm. Aber wie nun bei dieser Frau, von der wir nur hören, daß sie eine Woche lang an seiner Seite weint und weint, aus lauter Angst vor der Drohung ihrer Volksangehörigen, sie würden das ganze Haus in Brand stecken, verrate sie ihnen nicht das Geheimnis ihres Mannes.

Um sie besser nachvollziehen zu können ist es am einfachsten, eine solche unmögliche Liebe einmal so zu erzählen, daß sie in der Wirklichkeit spielt, am Beispiel einer Frau, die ganz parallel zum

Schicksal der Samson-Sage ihr Leben erzählen müßte. Ein wenig verstellt, um alle erkennbaren Hinweise zu löschen, hört es sich etwa so an: »Als ich zur Welt kam, wollte meine Mutter mich von Herzen gern ins Leben senden, aber sie konnte mit mir überhaupt nichts wirklich anfangen. Es hat Jahre gedauert, bis ich dahinterkam, daß sie unmittelbar nach der Geburt einfach verreist ist. Sie übergab mich meiner Großmutter, und ihr Mann, mein Vater, bekam von ihr die ersten Grüße aus dem Urlaub. Sie lebte nach der Devise, daß, ein Kind geboren zu haben, Anstrengung genug sei, jetzt gelte es, sich selbst zu erholen.« An der Liebe dieser Frau hing dieses Mädchen zeit seines Lebens. Es gab und gibt keine Person, die auf ihr Leben eine größere, magischere Beeinflussung ausübte als die Mutter, die eine stets sich entfernende und gleichzeitig terrorisierende Person ist. Im Leben ihrer Tochter weiß sie jeglichen Lebensplan – aber nicht konstruktiv vorzuschlagen, sondern zu verhindern. Was die Fünfzehnjährige wollte, wurde von der Mutter gleich mit den Erklärungen für das Bessere zerstört, was die Zwanzigjährige sich selbst in Aussicht stellte, überboten durch die scheinbar viel praktischeren, lebensnäheren Vorschläge der Mutter, so daß diese Frau schließlich mit zweiundzwanzig Jahren gar keinen anderen Weg mehr vor sich sah, als von der Mutter buchstäblich zu fliehen in einen fernen Studienort. Aber man kann als Studentin noch so weit sich vom Heimatort entfernen, es geht die Gestalt der Mutter, die ewig gesucht und nie gefunden wurde, insgeheim mit. Das Studium gestaltete sich als eine einzige Tragödie. Immer war der Kommentar gegenwärtig: »Du wirst es nicht schaffen! Du mußt Angst haben! Du kannst es nicht! Du solltest eigentlich etwas ganz anderes lernen! Nein, daß du dich mit so etwas Niedrigem abgibst!« Die Folge war, daß aus lauter Angst vor dem beruflichen Scheitern eine um so größere Sehnsucht im Privaten sich ansiedelte. Das mangelnde Selbstvertrauen aber kompensierte sich in dem Wunsch nach einem möglichst starken, großen Mann. Wenn er käme, würde er alle Schwächen im eigenen Leben bis zum Vergessen auslöschen können. Er als ein Großer würde die eigene Minderwertigkeit vollkommen überstrahlen; seine Leistung würde alles ungeschehen machen, was an eigenem Versagen viele Jahre hin gefürchtet wurde. Dieser andere, Große aber konnte nicht vermutet werden in einem Durchschnittsstudenten auf derselben Bank im Hörsaal, er mußte von weither kommen, buchstäblich ein Fremder, ein Ausländer, jemand aber, der es irgendwie geschafft hatte. Und so begann das neue Suchen in unmöglichen Bindungen.

Beide, Samson wie seine Braut, seine namenlose Gefährtin, leben in einer Welt, die nach einer Liebe sucht, die man nie erfahren hat und die man sich selbst ins Unmögliche setzt durch die Bedingungen, in denen man die Leiden der eigenen Kindheit wiederholt. Das Erreichbare erscheint da als zu gering, als zu niedrig, als verachtenswert, das Große als erstrebenswert; das Mögliche ist da das seelisch am weitesten Entfernte, das Unmögliche liegt viel näher. Man ist so weit geflohen vor sich selbst, man ist so sehr durchsetzt von Angst, daß man sich nirgendwo mehr traut, wirklich geborgen zu sein. Und einen Schritt weiter schon beginnt die Angst vor der möglichen Enttäuschung. Um nur ja nie wieder verlassen zu werden, möchte man jetzt alles ganz fest. Es beginnt das Klammern, das Weinen, das Leiden am andern. Wer ist er nur, Samson, dieser vermeintlich Große, Strahlende, Starke? Wie versteht man einen Menschen von dieser Unstetigkeit, dieser ewigen Treulosigkeit, dieser Liebe sozusagen zwischen Bahngeleisen, dieser ständigen Fluchtbewegung in einer flüchtigen Annäherung, dieser fast seelenlosen Zerstörungspraxis, die nicht einmal darauf abzielt, zu verwüsten, sondern nur zu streifen und im Vorüberstreifen zurückzulassen? Sie meint niemanden wirklich. Das schon wäre das Geheimnis eines Samson, aber welch eine Frau, die so liebt, würde sich trauen, es zu erkennen? Wir hören noch den zynischen Scherz in der Brautnacht, in der Samson die Liebe, die Sexualität ins Komische ummünzt. Aber wie viele Ehen können wir uns denken, die nicht sieben Tage lang im Weinen sich selbst als Tragödie aufführen, sondern Jahr um Jahr nichts anderes sind als ein Flehen der Frau an der Seite des Mannes: »Sag mir, wer du bist, sag mir dein Rätsel, sag mir deinen Segen oder deinen Fluch. Was macht dich so seltsam?« Da wurde das Fremde geliebt, aber jetzt ist alles darauf gestellt, es heimisch zu machen, es zu domestizieren, den Mann aus der Steppe städtisch werden zu lassen. Aber genau das löst bei den Samsons Angst aus, sie fühlen sich gebunden, und dagegen müssen sie sich wehren. Sie führen immer wieder das Spiel auf: Feßle mich!, nur um sich zu beweisen, daß sie alles zerreißen können. Wie viele guten Worte werden da gegeben als Reif um die Arme des Samson, wieviel guter Wille wird da investiert, wieviel an Liebeskunst geübt, Samson zu binden, aber immer wird er seine Kraft daran setzen, alles zu vernichten. Ein einziger bitterer Scherz, und schon ist er wieder frei; eine einfache Terminansage, und schon muß er fort; irgendeine höhere Berufung, und schon treibt's ihn weg von den Gestaden Karthagos. Ewig haben die Samsons Größeres im Sinn als eine einfache Frau.

Aber auch die Geliebte Samsons steht unter einem ungeheuren psychischen Druck. Es ist die Angst vor dem eigenen Volk. Das zu verlassen würde bedeuten, den letzten Rest von Heimat preiszugeben, und erneut begegnen wir da der merkwürdigen Heimwehkrankheit derer, die nie wirklich eine Heimat gehabt haben. Wie könnte man den Bereich der Philister verlassen und einem Samson folgen, ohne alles aufzugeben, was man dringend gebraucht hat seit Kindertagen, um so mehr, als man's ja nie in Ruhe kennengelernt hat? So paradox sind die Wünsche von Menschen, daß sie am Ende auf Leben und Tod alles dort suchen, wo sie's nie finden und nie finden können. Und wie befreit man sie nun aus ihrem Suchen nach einem Dasein, das es so nötig wie die Liebe zwischen zwei Menschen brauchen würde, daß das Leiden aneinander, das Weinen übereinander und der Hohn und der Spott als Quittung dafür endlich ihr Ende fänden?

Würden wir Samsons Frau auch nur nach sieben Tagen zuhören, würde sie so sagen müssen: »Meine ganze Ehe mit diesem Menschen ist ein einziges Weinen, eine ewige Schande, eine ständige Demütigung, ein endloses Bitten und Betteln, mir doch nur ein einzig klares und wahres Wort zu sagen. Und schließlich mußte ich eine ganz andere werden und blieb noch unerreichbarer« – das Motiv der vertauschten Braut, der untergeschobenen Schwester. Man selbst ist nicht mehr erreichbar, der andere nicht mehr erreichbar.

Spätestens an dieser Stelle kommen uns Zweifel, ob der Titel eines Sonnenhelden für Samson überhaupt gerechtfertigt ist. Freilich, wir bewundern die klare Bahn, die diese Gestalten quer durch die menschliche Geschichte zu ziehen scheinen; wir sehen sie immer strahlend und groß am Firmament stehen. Aber in der Wirkung ihrer Taten sollten wir sie viel eher für Kometengestalten erklären, in der Art, wie uns die Astronomen heute das Bild der Kometen vorstellen. Sie seien, lehren sie uns, die Relikte aus den Tagen, da sich das Planetensystem und die Sonne formten, sie seien die zurückgebliebene, gefrorene Kälte aus dem Abstand von fast fünf Milliarden Jahren; sie hätten den gesamten Weg der Gestaltung unseres Planetensystems einfach nicht mitgemacht, und nun drängen sie von fernher, aus den Rändern dieses Systems, in die Planetenbewegungen ein. Daß sie in den Nächten zu leuchten scheinen, sei nichts weiter als der Prozeß ihrer schneekalten Selbstauflösung unter den Strahlen des Sonnenwinds. Nie leuchten sie wirklich, nur geliehen, und selbst das noch müssen sie fürchten wie ihren Tod. Die Alten hatten so unrecht gar nicht, wenn sie in diesen Haarsternen, in den Kometen, Unglücksboten zu erkennen meinten. Immer fallen sie von fremd dazwischen, immer wirken sie groß, immer irritieren sie die Bahnen, und immer vergehen sie fast wie ein Spuk.

Man könnte manche Sequenz in den Erzählungen der Völker als eine innere Entwicklungsgeschichte lesen; die Sage des Samson in der Staffelung der drei Bekanntschaften mit einer Frau liest sich gerade als ein Abstieg in den Untergang. Da ist die unmöglich gewordene Ehe. Das Noch-einmal-sich-Aufbäumen als Schlagetot findet ein kurzes Pläsier bei der Dirne von Gaza, wieder in fremdem Land, diesmal noch heimatloser. Das Rotlicht wird da sozusagen zur zweiten Stätte eines verlorenen Zuhauses, nichts weiter als das Pläsier, das Sich-schadlos-Halten, die Liebe als Revanche sozusagen. Aber auch da würde man Samson falsch verstehen, wenn man ihm in diesem Augenblick schon sagen würde, daß er dabei sei, sich zu verlieren. Noch ist er der Kerl, der dafür sorgt, die Dinge an ihren rechten Platz zu bringen. Das Stadttor von Gaza, das Monument der Knechtschaft, wird einfach verleugnet und dahin verrückt, wo es paßt. Die Fakten sind, wie er sie setzt, muß man denken. Immer noch ist er der unverwüstliche Große, der durch nichts zu Bindende, der durch keine Schande zu Korrumpierende, immer ist er noch ganz im Besitz dessen, was sein Stolz, seine Stärke, seine Kraft ist.

Es ist das dritte Mal, daß wir uns fragen müssen, wie man solche Menschen der Wüste, solche verwüstenden Wüstlinge, wirklich lieben kann mit der Seele einer Frau, die jetzt zum erstenmal überhaupt einen Namen bekommt, Dalila. Sie hat einen merkwürdigen Traum, anders, fast berechnend klar. Die Philister haben ihr erklärt: »Wenn du uns sagst, worin die Kraft Samsons liegt, werden wir dich hoch bezahlen.« Es ist möglich, daß man einen Mann liebt, um an seiner Seite einzutreten in die Welt der Karriere. Man kann durchaus wissen, wie ein Kennedy lebt, wie er das Weiße Haus zum Bordell macht, welche Affären er hatte; es ist kein Grund, vor ihm zurückzuschaudern. Eine ganze Jugend wird ihn anbeten, einen wirklich strahlenden Charakter. Man wird nie vergessen, wie er in Berlin zu sagen wußte: »Ich bin ein Berliner.« Man wird ihn bewundern, wenn er im Jahre 1962 das strategische Bomberkommando in die Luft schickt, möglicherweise den fünfzig- oder hundertmillionenfachen Tod in wenigen Sekunden vorzubereiten. Es ist kein Fauxpas, in der Schweinebucht sich einmal vertan zu haben, um Kuba zu erobern. Jeder Fehler wird ihm vergeben, so groß ist er, so stark ist er, so liebenswürdig dafür, daß er jedes menschliche Maß gesprengt hat. Man liebt am Ende nur noch die Macht als Jacqueline Kennedy, und wenn er ermordet wird, heiratet man Onassis, eine zweite Größe, des Geldes, nicht mehr der Macht, und man erfüllt sich den amerikanischen Traum vom Leben: Aus dir kann noch alles werden, wenn du als Frau nur den rechten Mann findest, den wirklichen Samson, den strahlenden Helden. Aber du darfst nie wirklich fragen, was dahintersteht, was sich in ihm verbirgt. Wenn du das herausfindest, entschwindet er deinen Händen, er hört auf zu leben, denn du wirst entdecken, daß er ein Nichts ist. Scher seinen Kopf, und darunter ist die Leere, ein Garnichts, eine Kraftmeierei ohne Substanz, groß allenfalls noch im Untergang.

Es ist nicht nötig, daß wir uns die Stärke des Samson in unseren zivilisiert erscheinenden Tagen martialisch denken; es genügt, daß wir einfach Umschau halten in unseren Amüsements in den Party-Gesellschaften, wie da Männer und Frauen miteinander leben. Jeder Zynismus ist ihnen recht zur Erheiterung. Was der andere kennt und liebt, wird geradezu pflichtgemäß verächtlich gemacht. Man hat sozusagen die Aufgabe, alles zu kennen, alles zu wissen, in allem die Überlegenheit zu demonstrieren. Wirkliche Gefühle sind da etwas Kleinbürgerlich-Mickriges, etwas was nur Wert hat für den, der mit Blindheit geschlagen ist – ein wirklich sehender Mensch in unserer Zeit wird wissen, daß alles, was an Wahrheit gesprochen wird, nur die Vortäuschung, die Propaganda, die Zwecklüge darstellt. Und auch was man selbst als Überzeugung verkündet, läßt sich nur sagen in Überzeugungslosigkeit; es ist nichts weiter als ein neues Spiel um Anerkennung. Das einzige, was es da zu fürchten gibt, ist das Nachlassen der Kräfte, das Schwächerwerden der Stärke, das Alter mit anderen Worten. Irgendwann verlischt das alles.

Es ist eine bittere Welt, die Welt der Samson-Sage, um so mehr als diese hebräische Variante uns versichert, daß Gottes Geist in ihr wohne. Das müssen wir leugnen, fast mit religiösem Protest verneinen. Hier wohnt kein Gott, allenfalls daß er negativ damit zu tun hat.

Um so mehr sollten wir uns fragen, wie man einen Samson vermenschlicht, wie man es ihm erlaubt, ein Mann zu sein, der imstande ist, damit aufzuhören, ein Monstrum zu sein. Es gibt vielleicht in der Literatur des 20. Jahrhunderts keinen Stoff, der Samsons Herausforderung standhielte, außer den Erinnerungen der mutigen Skandinavierin Tania Blixen. Sie hat in »Jenseits von Afrika« ihr Leben so erzählt, daß es auf liebenswürdige, großartige Weise uns Samson noch einmal anders zeigt; fast dabei, befreit zu werden zu sich selbst.

Wir müssen uns, ehe wir Tania Blixen referieren, einen Gedanken abgewöhnen, den wir kulturkritisch, wie wir sind, fast immer lernen. Wir hören, daß es die Verführbarkeit solcher schrecklichen Helden nur gebe durch ein Zuviel an bürgerlicher Mentalität. Wir hören sagen, der Faschismus, etwa die Gestalt eines Adolf Hitler, sei nur möglich geworden durch allzuviele Kleinbürger, die nichts weiter zu tun vermocht hätten, als biedermeierisch ihren Vierundzwanzig-Stunden-Alltag mit geregeltem Ein- und Auskommen zu leben in einem kleinen Häuschen mit ein paar Kindern, und mehr sei halt in dieser vernebelten Welt nicht möglich gewesen; das erlaube den Diktatoren den Aufstieg zum Ruin, die Karriere zur Destruktion. Man wird umgekehrt sagen müssen, daß der verhinderte Kleinbürger, der Ekel vor dem Durchschnittlichen, die Verweigerung vor dem Normalen im Alltag das wirkliche Problem darstellen. Die Biographen eines Mannes wie Adolf Hitler sind sich einig darin, es hätte uns eine der ganz großen Furien unserer Geschichte nicht jagen und erlegen müssen, wenn das, was später der deutsche Führer hieß, auch nur die Chance gehabt hätte, seine eigene Nichte, Geli Raubal, so zu lieben, daß sie beide drüber glücklich hätten werden können. Der Selbstmord seiner Nichte war der Beginn des entschlossenen Kampfs, in die Politik einzutreten. Wir finden den Führer einer ganzen Nation, eines Sechzig-Millionen-Volkes, am Ende im Kreise seiner Sekretärinnen, vor denen er unablässig die Geschichte von dem großen einsamen Frontkämpfer aus dem Ersten Weltkrieg, dem großen Streiter, dem Niemand aus den zwanziger Jahren, an den niemand glaubte, auftischt, riesige Portionen Kuchen verschlingend und an die Front meldend, daß seine Hündin gerade ein Junges geboren habe. Es ist eine ganz kleine, buchstäblich bürgerliche Welt voller Sehnsucht nach einem bißchen Anerkennung, die, wenn sie dann verweigert wird, zum Schrecklichen gerät. Aber eben der Haß gegenüber dem Normalen, die Unmöglichkeit, eine Begrenzung zu akzeptieren, die fixe Idee, schwach zu sein heiße vernichtet zu werden, auch nur eine Bitte auszusprechen, vom anderen ergänzt zu werden, sei eine Schande, die sich nie wiedergutmachen lasse – dieses Gefühl ist die wirkliche Gefahr im Schatten des Samson.

Und darauf antwortet mit merkwürdiger Hellsichtigkeit Tania Blixen. Sie hat Essays geschrieben, die über dem Status der Ehe ein einziges Scherbengericht hinterlassen. Die großen Moralisten unserer Zeit, weiß sie, halten immer noch die Fahne der ehelichen Treue hoch, aber selbst sie sind fahnenflüchtig geworden; ihr einziges Argument für den Bestand der Ehe ist die Liebe. Daraus leiten sie die Treue ab, mit der sie argumentieren; also glauben selbst die Verteidiger der Ehe nicht an die Ehe, sondern an die Liebe. Geben wir's uns zu: Das einzig Stabile im menschlichen Leben ist die Liebe, keine Institution kann sie ersetzen, sie schafft die wirkliche Freiheit, in der Individuen sich aushalten in einem kleinen Leben mit einer eigenen menschlichen Größe, die gelernt hat, sich nicht länger zu verachten. Also beginnt sie ihre Geschichte »Jenseits von Afrika«. Ich hab' da eine Farm am Fuße der Ngong-Berge. – Sie hat einen reichen Lebemann geliebt, der sie betrog und betrog und sie syphiliskrank machte, aber ihr wirkliches Gefühl begann dem Jäger

Finch-Hatton zu gehören, Jäger im wörtlichen Sinn, ein Mann aus der Fremde, ein Liebender der Freiheit, ein Charakter der offenen Savanne. Als Tania einmal erklärt, was sie aufgebaut hat auf ihrer Farm und wie sie leidet unter dem Verlust, als Feuer die Ernte verzehrt, weiß er, daß ihr *gar nichts* gehört: nicht deine Arbeiter, nicht deine Farm, nicht deine Felder. Erst wenn du das begreifst, bist du frei. Und Tania begreift die Freiheit eines Finch-Hatton. Auch sie tut etwas, aus den Banden ihrer Tradition sich zu befreien, einen wichtigen Schritt. Auch sie lernt, daß die Fesseln der Liebe nicht einengen dürfen, erst dann sind sie wirklich verbindlich. Finch-Hatton aber lernt wie ein scheues Tier immer mehr, nicht häuslich und heimisch zu werden, aber vertraut zu werden und nah zu kommen. Der Film über ihren Roman beginnt mit einem Bekenntnis und einer wunderbaren Szene: Ehe er starb, machte er mir ein unvergleichliches Geschenk. Er hatte seine Geliebte eingeladen, mit dem Flugzeug über die Savanne zu fliegen und einmal die Welt mit den Augen Gottes zu sehen, wie klein sie ist und wie groß sie ist, wie weit sie ist und schön, welch eine geringe Rolle wir darin spielen und wie bedeutend wir doch sind. Wenn dies geschehen könnte, wäre ein wirklicher Sonnenheld geboren: Er schenkte in seiner Liebe einem anderen eine ganze Welt. Aber er wird nur geboren in der Nähe einer Frau, die ihn ganz und gar in ihr Wesen aufnimmt und es verwandelt, indem sie selbst sich wandelt. Dazu gehört als Voraussetzung nicht nur viel Mut, nicht nur viel Liebe, nicht nur viel Hingabe, sondern eine ganze Portion Selbstbewußtsein. Es gilt die ständigen Scheinattacken eines Samson aufzufangen, ihm seine Größe nicht zu glauben, nicht seinen Spott, nicht seine Flucht, nicht seinen Zynismus, nicht seine Kraftexplosionen, nicht sein machohaftes Sich-bewähren-Wollen als Protz in allen Dingen – man müßte sein Wesen kennen, noch ehe man's erfragt, und ihm, ohne ihn zu beschädigen, seine Schwäche schenken, aus der er leben kann in Ehrlichkeit.

Es ist ein wunderbares Bild der Bibel, wenn sie einmal sagt: Am Anfang, noch vor der Kulturwerdung im Paradies der Welt, in der Einheit mit der Natur, vermochten Menschen voreinander nackt zu sein, ohne sich zu schämen. Was da als Wesensbeginn ist, ist Ziel und Ende aller wirklichen Liebe. Man darf so werden, wie man ist, sein und bleiben, was in einem angelegt wurde, und es ist die Schwäche, sich ergänzen zu lassen durch den andern, die Bitte um Hilfe keine Schuld mehr, und das eigene Wesen hört auf, ein Geheimnis im Verborgenen zu bleiben. Da endet der Geschlechterkrieg, da endet der Wahn: wenn ich mich einlasse auf den andern, schwächt es, die Frau und den Mann – die Liebe als Kraftberaubung. In Wahrheit ist sie die einzige Energie, die uns leben läßt, die alles durchströmt und nach der zu suchen wir uns erlauben sollten, bis sie uns glücklich macht, statt zum Einsturz von allem zu führen.

Es gibt ein gutes Kriterium für das, was wahr ist im menschlichen Leben und was bis in die Religion hinein verlogen ist. Dieser Maßstab ist die Bejahung eines bescheidenen Glücks im Augenblick unseres Alltags. Jede Ideologie, jede Philosophie, jede Art von Frömmigkeit, die dies verleugnet und dagegen etwas anderes, Größeres, vermeintlich Göttlicheres und Menschenwürdigeres setzt, ist in sich selbst dabei, faschistoid zu werden, selbst ein Stück der Samson-Nachfolge, ein Gegenprogramm zu uns Menschen. Dann sollten wir skeptisch bleiben.

Es gab einmal in der Pop-Szene ein Lied, einen Song, der so genannt wurde: »We don't need another hero – Wir brauchen keine neuen Helden mehr.« Was wäre, eine Generation von Frauen stünde auf und würde nicht nur protestieren gegen die Männer wie in diesen Tagen gerade, sondern sagen: »Solange wir Mütter sind, ziehen wir keine Kinder, keine Jungen mehr groß, denen wir die Aufgabe zusprechen, Helden zu werden, indem wir sie nötigen, unser eigenes nicht gelebtes Leben zu erfüllen, unsere eigenen Probleme mit unseren Männern stellvertretend zu lösen, Siebenjährige, die uns Müttern näherstehen als der eigene Ehemann, Tröster in den Stunden, wo man den Gatten um nichts fragen konnte, aber den Jungen doch umarmte. Wir lernen, daß das Beste, was wir tun können, darin besteht, selbständig zu werden und dann wechselseitig soviel Liebe auszutauschen, als es irgend geht.«

Wechselseitiges Glück – ein anderes Ziel ist für uns Menschen nicht erfunden worden seit den Tagen des Paradieses. Also kehren wir dahin zurück, lernen wir, schutzlos zu werden, wahr zu werden, offen zu sein und die kleinen Dinge zu sagen, auf die es wirklich ankommt.

Es gibt einen sehr schönen, kurzen Psalm, ein Gebet, das Jesus sehr gefallen hätte, nicht viele Worte, nur ein einziger, wunderbarer Gedanke:

TEXT: Psalm 131

Ein Wallfahrtslied. Von David.
Herr, mein Herz ist nicht hoffärtig,
und meine Augen sind nicht stolz;
ich gehe nicht mit Dingen um,
die mir zu hoch und zu wunderbar sind.
Fürwahr, ich habe meine Seele
gestillt und beruhigt.
Wie ein Entwöhnter bei seiner Mutter,
wie ein Entwöhnter ist stille in mir meine Seele.
Harre, Israel, auf den Herrn
von nun an bis in Ewigkeit!

12. März 1994

18

Als es noch keinen König in Israel gab

DIE letzten Kapitel 17 bis 21 aus dem Buch der Richter enthalten Geschichten von erschütterndem, abgründigem, bitterem Sarkasmus, indem eine bestimmte Ordnung, die nicht existiert, förmlich postuliert werden soll. Aber die Konsequenzen dessen, was wir hören werden, sind mehr ein Hilfeschrei als ein wirklicher Lösungsweg. Mit anderen Worten: Wir werden wahrscheinlich nicht viel klüger, als wir ohnehin schon sind, aber vielmehr nachdenklich, einfühlender, hellsichtiger vielleicht auch in der Wahrnehmung dessen, was uns erzählt wird, kurzum menschlicher, und das ist vermutlich der einzige Fortschritt, der sich erzielen läßt.

Hören Sie die folgenden Erzählungen einfach einmal in der Art, wie wenn Sie eine Zeitung lesen würden, die vor 3000 Jahren im Nahen Osten geschrieben wurde:

TEXT: Ri 17, 1–13; 18, 1–31; 19, 1–30; 20, 1–24; 21, 1.15–25

Es war ein Mann vom Gebirge Ephraim mit Namen Micha. Der sprach zu seiner Mutter: Die elfhundert Lot Silber, die dir genommen worden sind – du hast ja einen Fluch ausgestoßen, vor meinen Ohren hast du ihn gesprochen – ich habe das Geld, ich habe es genommen; doch nun will ich es dir zurückgeben. Da sprach seine Mutter: Gesegnet sei mein Sohn vor dem Herrn! So gab er seiner Mutter die elfhundert Lot Silber zurück, und seine Mutter sprach: Ich weihe das Geld dem Herrn und gebe es zugunsten meines Sohnes hin, damit ein geschnitztes und gegossenes Bild daraus gemacht werde. Dann nahm seine Mutter zweihundert Lot Silber und gab sie dem Goldschmied; der machte daraus ein geschnitztes und gegossenes Bild; das kam in das Haus Michas. Nun besaß aber der Mann Micha ein Gotteshaus, und er machte ein Ephod und einen Theraphim und füllte einem seiner Söhne die Hand, damit er ihm als Priester diente. Damals gab es noch keinen König in Israel; ein jeder tat, was ihn recht dünkte.

Es war aber ein Jüngling von Bethlehem in Juda, aus dem Geschlechte Judas; der war ein Levit und hielt sich dort als Fremdling auf. Und der Mann zog aus der Stadt, aus Bethlehem in Juda, fort, um sich als Fremdling niederzulassen, wo es sich gerade träfe. Und als er so seines Weges zog, kam er auf das Gebirge Ephraim zum Hause Michas. Da fragte ihn Micha: Wo kommst du her? Er antwortete ihm: Ich bin ein Levit von Bethlehem in Juda und bin unterwegs, um mich niederzulassen, wo es sich gerade trifft. Da sprach Micha zu ihm: Bleibe bei mir und sei mir Vater und Priester. Ich gebe dir jährlich zehn Lot Silber, ferner die Ausstattung mit Kleidern und deinen Lebensunterhalt. Der Levit willigte ein, bei dem Manne zu bleiben, und dieser hielt den Jüngling wie einen seiner Söhne. Und Micha füllte dem Leviten die Hand, und so wurde der Jüngling sein Priester und blieb im Hause Michas. Und Micha dachte: Nun weiß ich, daß der Herr mir wohltun wird, weil der Levit mein Priester geworden ist. Damals gab es noch keinen König in Israel.

Zu jener Zeit suchte sich der Stamm der Daniten einen Erbbesitz, um sich anzusiedeln; denn bis dahin war ihm unter den Stämmen Israels noch kein Land als Erbbesitz zugefallen. Daher sandten die Daniten von ihrem Geschlechte fünf Männer, kriegstüchtige Leute aus ihrer Mitte, von Zorea und Esthaol aus, um das Land auszukundschaften und zu erforschen, und sprachen zu ihnen: Geht, erforscht das Land. Und sie kamen auf das Gebirge Ephraim zum Hause Michas und blieben dort über Nacht. Als sie beim Hause Michas waren, erkannten sie die Stimme des Jünglings, des Leviten, und sie wandten sich dorthin und sprachen zu ihm: Wer hat dich hierher gebracht? Was machst du an diesem Ort? Was hast du hier zu tun? Er antwortete ihnen: So und so hat Micha mit mir abgemacht; er hat mich gedungen, und so bin ich sein Priester geworden. Da sprachen sie zu ihm: Befrage doch Gott, daß wir erfahren, ob der Weg, den wir ziehen, zum Ziele führt. Der Priester antwortete ihnen: Zieht hin mit Glück! Das Auge des Herrn ruht auf dem Wege, den ihr zieht. Da zogen die fünf Männer weiter und kamen nach Lais, und sie sahen, daß die Leute darin sicher wohnten nach Art der Sidonier, ruhig und sorglos, nichts ermangelnd, was es auf der Welt gibt, vielmehr im Besitz von Reichtum, und daß sie weit weg von den Sidoniern waren und mit den Syrern keinen Verkehr hatten. Als sie nun wieder zu ihren Brüdern nach Zorea und Esthaol kamen, sprachen ihre Brüder zu ihnen: Was bringt ihr? Da sprachen sie: Auf! laßt uns wider sie hinaufziehen! Denn wir haben das Land besehen, es ist wirklich sehr schön; und da wolltet ihr stillesitzen? Seid nicht träge und zieht nach Lais, um das Land einzunehmen; denn Gott hat es in eure Hand gegeben. Wenn ihr hinkommt, so kommt ihr zu einem sorglosen Volke, und das Land ist weit nach allen Seiten, ein Ort, wo kein Mangel ist an allem, was es auf Erden gibt.

Da brachen sie von dort auf, von Zorea und Esthaol, sechshundert waffengerüstete Männer aus dem Geschlechte der Daniten. Und sie zogen hinauf und lagerten sich bei Kirjath-Jearim in Juda. Daher nennt man jenen Ort bis auf diesen Tag »Lager Dans«; es liegt westlich von Kirjath-Jearim. Von dort zogen sie weiter auf das Gebirge Ephraim und kamen zum Hause Michas. Da hoben die fünf Männer, die ausgezogen waren, um das Land auszukundschaften, an und sprachen zu ihren Brüdern: Wißt ihr, daß es in diesen Häusern Ephod und Theraphim und ein geschnitztes und gegossenes Bild gibt? So verstehet nun, was ihr zu tun habt! Und sie wandten sich dorthin und traten in das Haus des Jünglings, des Leviten, in das Haus Michas, und begrüßten ihn. Die sechshundert waffengerüsteten Männer von den Daniten aber standen vor dem Tore. Nun gingen die fünf Männer, die ausgezogen waren, um das Land auszukundschaften, hinauf, drangen dort ein und nahmen das Schnitzbild, Ephod, Theraphim und Gußbild, während der Priester samt den sechshundert waffengerüsteten Männern am Eingang des Tores stand. Als nun jene in das Haus Michas eindrangen und Schnitzbild, Ephod, Theraphim und Gußbild nahmen, sprach der Priester zu ihnen: Was macht ihr da? Sie antworteten ihm: Schweig! Halte den Mund und zieh mit uns und sei uns Vater und Priester! Was ist wohl besser für dich: Priester für das Haus eines einzelnen Mannes zu sein oder Priester für einen Stamm oder ein Geschlecht in Israel? Da war's der Priester zufrieden; er nahm Ephod, Theraphim und Schnitzbild und trat mitten unter die Leute. Darnach wandten sie sich und zogen ab. Die Kinder aber und das Vieh und die wertvolle Habe stellten sie an die Spitze. Doch kaum hatten sie sich vom Hause Michas entfernt, da taten sich die Männer, die in den Häusern bei dem Hause Michas wohnten, zusammen und holten die Daniten ein. Als sie nun die Daniten anriefen, wandten sich diese um und sprachen zu Micha: Was willst du, daß du deine Leute aufgeboten hast? Er antwortete: Meinen Gott, den ich gemacht, habt ihr genommen samt dem Priester und seid abgezogen. Was bleibt mir da noch? Und wie könnt ihr da noch zu mir sagen: Was willst du? Aber die Daniten sprachen zu ihm: Laß dich nicht weiter bei uns hören; sonst könnten verzweifelte Leute auf euch stoßen, und du würdest dich selbst und dein Haus ins Verderben stürzen. Damit zogen die Daniten ihres Weges. Da Micha sah, daß sie stärker waren als er, wandter er sich und kehrte nach Hause zurück.

Sie aber nahmen, was Micha gemacht, samt dem Priester, den er gehabt hatte, und überfielen Lais, ein ruhiges und sorgloses Volk, schlugen sie mit der Schärfe des Schwertes und verbrannten die Stadt. Niemand kam zu Hilfe; denn sie lag fern von Sidon, und sie hatten keinen Verkehr mit den Syrern. (Sie lag nämlich im Tale von Beth-Rehob.) Dann bauten sie die Stadt wieder auf und ließen sich darin nieder. Und sie nannten die Stadt Dan, nach dem Namen ihres Stammesvaters Dan, der dem Israel geboren wurde. Vordem aber hieß die Stadt Lais. Darnach stellten die Daniten das Bild für sich auf, und Jonathan, der Sohn Gersoms, des Sohnes Moses, und seine Söhne waren Priester des Stammes der Daniten bis zu der Zeit, da die Bevölkerung in die Verbannung wanderte. Und sie stellten das Bild für sich auf, das Micha gemacht hatte, [und es blieb dort,] solange das Haus Gottes in Silo bestand.

Es begab sich aber zu jener Zeit – noch war kein König in Israel –, da weilte ein Levit als Fremdling zuhinterst im Gebirge Ephraim; der nahm sich eine Nebenfrau aus Bethlehem in Juda. Da aber seine Nebenfrau sich über ihn erzürnte, lief sie ihm davon und ging in das Haus ihres Vaters nach Bethlehem in Juda. Dort blieb sie eine Zeitlang, vier Monate. Dann machte sich ihr Mann auf und zog ihr nach, um ihr freundlich zuzureden und sie so zur Rückkehr zu bestimmen; und er hatte seinen Knecht und ein Paar Esel bei sich. Als er zum Hause ihres Vaters kam und der Vater des Mädchens ihn erblickte, lief er ihm freudig entgegen. Und sein Schwiegervater, der Vater des Mädchens, hielt ihn fest, und er blieb drei Tage bei ihm; und sie aßen und tranken und übernachteten dort. Am vierten Tage aber, des Morgens in aller Frühe, wollte er sich auf den Weg machen. Da sprach der Vater des Mädchens zu seinem Tochtermann: Stärke dich zuvor mit einem Bissen Brot; darnach mögt ihr ziehen. Da blieben sie, und die beiden aßen und tranken miteinander. Dann sprach der Vater des Mädchens zu dem Manne: Laß es dir doch gefallen und bleibe übernacht und laß dir's wohlsein! Aber der Mann stand auf, um aufzubrechen. Doch sein Schwiegervater drang in ihn, bis er nochmals daselbst übernacht blieb. Am Morgen des fünften Tages in aller Frühe wollte er sich auf den Weg machen. Da sprach der Vater des Mädchens: Stärke dich doch zuvor! So beredete er ihn, daß sie verzogen, bis der Tag sich neigte, und die beiden aßen. Jetzt erhob sich der Mann, um mit seiner Nebenfrau und seinem Knechte aufzubrechen; aber sein Schwiegervater, der Vater des Mädchens, sprach zu ihm: Sie doch, der Tag nimmt ab, und es ist bald Abend; bleibe doch hier übernacht und laß dir's wohlsein! Morgen in der Frühe mögt ihr euch dann auf den Weg machen, und du magst zu deinen Zelten ziehen. Aber der Mann wollte nicht übernacht bleiben, sondern machte sich auf den Weg und kam bis in die Gegend gegenüber von Jebus (das ist Jerusalem); er hatte aber ein Paar gesattelter Esel und seine Nebenfrau und seinen Knecht bei sich.

Als sie nun bei Jebus waren, hatte sich der Tag schon stark geneigt. Da sprach der Knecht zu seinem Herrn: Komm, wir wollen in der Stadt der Jebusiter hier einkehren und darin übernacht bleiben. Aber sein Herr sprach zu ihm: Wir wollen nicht in einer Stadt von Fremden einkehren, die nicht zu den Israeliten gehören, sondern wollen bis Gibea weiterziehen. Und er sprach zu seinem Knechte: Komm, laß uns zu einer jener Ortschaften hingehen und in Gibea oder Rama über Nacht bleiben. So zogen sie ihres Weges weiter, und nahe bei Gibea, das zu Benjamin gehört, ging ihnen die Sonne unter. Da bogen sie dorthin ab, um hineinzukommen und in Gibea übernacht zu bleiben. Als er hineinkam, blieb er auf dem Platz der Stadt; aber es war niemand, der sie zum Übernachten ins Haus aufnehmen wollte. Siehe, da kam ein alter Mann am Abend von seiner Arbeit vom Felde. Der Mann stammte vom Gebirge Ephraim und wohnte als Fremdling in Gibea; die Leute des Ortes aber waren Benjaminiten. Als der alte Mann seine Augen erhob und den Wanderer auf dem Platz der Stadt sah, sprach er: Wo willst du hin, und wo kommst du her? Er antwortete ihm: Wir reisen von Bethlehem in Juda zuhinterst ins Gebirge Ephraim; von dort bin ich her. Ich war nach Bethlehem in Juda gezogen und bin jetzt auf der Heimreise; aber niemand will mich ins Haus aufnehmen und ich habe doch Stroh und Futter für unsre Esel und Brot und Wein für mich und deine Magd und für den Knecht bei mir; es fehlt an nichts. Da sprach der alte Mann: Sei willkommen! Doch, was du irgend brauchst, ist meine Sache; auf dem Platze darfst du jedenfalls nicht übernachten. Damit führte er ihn in sein Haus und mischte Futter für die Esel, und sie wuschen ihre Füße und aßen und tranken.

Während sie sich's wohlsein ließen, siehe, da umringten die Leute der Stadt, ruchlose Menschen, das Haus, polterten an die Türe und sprachen zu dem alten Manne, dem Besitzer des Hauses: Gib den Mann heraus, der in dein Haus gekommen ist, daß wir ihm beiwohnen! Da trat der Mann, der Besitzer des Hauses, zu ihnen hinaus und sprach zu ihnen: Nicht doch, meine Brüder! Tut doch nichts Böses! Nachdem dieser Mann in mein Haus gekommen ist, dürft ihr keine solche Schandtat begehen! Seht, da ist meine jungfräuliche Tochter; die will ich herausbringen, und ihr mögt sie schwächen und mit ihr machen, was euch gefällt; aber an diesem Mann dürft ihr keine solche Schandtat verüben. Doch die Leute wollten nicht auf ihn hören. Da ergriff der Mann seine Nebenfrau und führte sie zu ihnen hinaus, und sie wohnten ihr bei und trieben ihren Mutwillen mit ihr die ganze Nacht hindurch bis zum Morgen. Erst als die Morgenröte heraufstieg, ließen sie sie los. Als der Morgen anbrach, kam das Weib zurück, fiel vor der Haustüre des Mannes, bei dem ihr Herr war, nieder [und blieb da liegen] bis zum hellen Tag. Als nun ihr Herr am Morgen aufstand, die Haustüre öffnete und hinaustrat, um seines Weges zu ziehen, siehe, da lag seine Nebenfrau am Eingang des Hauses mit den Händen auf der Schwelle. Er sprach zu ihr:

Steh auf, wir wollen gehen. Aber niemand antwortete. Da hob sie der Mann auf den Esel, machte sich auf und zog an seinen Ort. Und als er heimkam, nahm er das Messer, ergriff seine Nebenfrau und zerstückte sie Glied um Glied in zwölf Stücke und sandte diese in alle Gaue Israels. Und er befahl den Männern, die er aussandte: So sollt ihr zu allen Männern Israels sprechen: Ist dergleichen je geschehen seit der Zeit, da die Israeliten aus dem Lande Ägypten heraufgezogen sind, bis auf diesen Tag? Überlegt es euch, beratet und redet! Und ein jeder, der es sah, sprach: Dergleichen ist nicht geschehen noch gesehen worden seit der Zeit, da die Israeliten aus dem Lande Ägypten heraufgezogen sind, bis auf diesen Tag.

Da zogen alle Israeliten aus, und die Gemeinde, von Dan bis Beerseba und vom Lande Gilead, versammelte sich wie *ein* Mann vor dem Herrn in Mizpa.

Und die Israeliten machten sich auf, zogen nach Bethel, befragten Gott und sprachen: Wer von uns soll zuerst hinaufziehen, um wider die Benjaminiten zu streiten? Der Herr antwortete: Juda zuerst. So machten sich die Israeliten am nächsten Morgen auf und lagerten sich wider Gibea. Und die Männer von Israel zogen aus, mit Benjamin zu streiten, und stellten sich wider sie in Schlachtordnung gegen Gibea hin.

Und die Männer Israels kehrten zu den Benjaminiten zurück und schlugen sie mit der Schärfe des Schwertes, Menschen sowohl als Vieh, überhaupt alles, was sich vorfand; auch verbrannten sie alle Städte, die sich vorfanden.

Nun hatten die Männer Israels in Mizpa geschworen: Keiner von uns soll seine Tochter einem Benjaminiten zum Weibe geben. Dem Volke aber tat es leid um Benjamin, da der Herr einen Riß unter die Stämme Israels gemacht hatte.

Da sprachen die Ältesten der Gemeinde: Was sollen wir tun, um den Übriggebliebenen zu Frauen zu verhelfen? Die Frauen von Benjamin sind ja ausgerottet. Und sie sprachen: Wie können die Benjaminiten, die entronnen sind, erhalten bleiben, so daß nicht ein Stamm aus Israel vertilgt wird, da wir ja unsre Töchter ihnen nicht zu Frauen geben können? Die Israeliten hatten nämlich geschworen: Verflucht ist, wer einem Benjaminiten ein Weib gibt! Dann sprachen sie: Alljährlich findet ja das Fest des Herrn in Silo statt, das nördlich von Bethel liegt und östlich der Straße, die von Bethel nach Sichem führt, und südlich von Lebona. Und sie geboten den Benjaminiten: Geht und lauert in den Weinbergen. Wenn ihr dann seht, daß die Töchter von Silo herauskommen, um Reigentänze zu tanzen, so brecht aus den Weinbergen hervor und raubt euch ein jeder ein Weib aus den Töchtern Silos und geht ins Land Benjamin. Wenn dann ihre Väter oder ihre Brüder kommen, mit euch zu hadern, so antwortet ihnen: Vergebt uns; denn nicht jeder von uns hat sich ein Weib gewonnen im Kriege. Nicht ihr habt sie uns ja gegeben; sonst freilich würdet ihr euch verschulden. Die Benjaminiten taten so; sie nahmen Frauen nach ihrer Zahl aus den Reigentänzerinnen, die sie raubten, zogen ab und kehrten in ihren Erbbesitz zurück. Dann bauten sie die Städte wieder auf und wohnten darin. Jetzt gingen auch die Israeliten von dort auseinander, ein jeder zu seinem Stamm und zu seinem Geschlecht, und sie zogen von dannen, ein jeder in seinen Erbbesitz. Zu jener Zeit gab es noch keinen König in Israel; ein jeder tat, was ihn recht dünkte.

Es gibt geologische Formationen, die bestehen obenauf aus Kreide und Kalk, darunter aus vulkanischem Basalt und darunter aus der Kohle der Karbonzeit; ganz im Untergrund also üppiges vegetatives, urwaldähnliches Leben, darüber der Ausbruch von Feuer aus den Tiefen der Erde und darüber die Kreide, mit der man die Tafel beschreibt. Ganz ähnlich muß man die Texte am Ende des Richter-Buchs lesen. An der Oberfläche tritt die Ideologie oder die Theologie des Königtums zutage. Das gesamte Richter-Buch ist in sich zwiespältig und widersprüchlich. Wir haben bereits im neunten Kapitel dieses Buches von dem Aufstand des Abimelech in Sichem gehört, wie da ein Mann an die Alleinherrschaft, ans Königtum drängt, und dies galt in der Jotam-Fabel, im Kommentar dazu, als eine vermessene Selbstübersteigerung des Menschen, als eine Anmaßung, als etwas in sich Wahnsinniges und Widergöttliches. Wer Herrschaft will, zählt zu dem Gemeinsten, Verkrüppeltsten, Niederträchtigsten, weil Niedrigsten und ist in sich selbst für alle, die sich ihm unterwerfen, brandgefährlich. Das ist ein ganzer Teil des Richter-Buches. Das Königtum ist nichts anderes, als daß ein paar

Eitle oben herumschmarotzen zum Leid ihrer eigenen Untertanen. Es ist die Karikatur des Menschlichen. Bis dahin hat das alte Nomadenideal in Israel selbst Kraft und Gewicht, auch noch im Kulturland. Es ist die Vision einer Gottunmittelbarkeit des gesamten Volkes. Wenn da überhaupt von Königen die Rede geht, dann im Widerspruch Israels zu all den Kulturen und Zivilisationen ringsum, zu den Stadtkönigen der Kanaanäer, zu den Großkönigen Mesopotamiens und Ägyptens. Man ist nicht aus Ägyptenland geflohen, um eine ähnliche, scheinbar von Gott gegebene Despotie in den eigenen Reihen neu zu errichten oder zu dulden. Man hat nicht die Freiheit gewählt, um sich wieder, womöglich jetzt mit eigener Stimme, mit eigener Zustimmung beherrschen zu lassen. Dies ist der eine Teil, der auch im Richter-Buch sich versammelt; dieses Buch enthält die Warnung, den leidvollen Aufschrei vor dem Gang der Menschen zu ihrem eigenen Schlachthof, zur Verabschiedung ihrer Größe und Freiheit an die Hände der Mächtigen. Aber dann, je länger wir im Richter-Buch lesen, stoßen wir auf Geschichten wie diese. Viermal hintereinander gestaffelt, 17, 6;18, 1;19, 1;21, 25: »Es gab aber damals keinen König in Israel.« Das ist der Grund für all die Ungeheuerlichkeiten, die da berichtet werden. So können Menschen *auch* sein, wie sie da handeln, und es scheint nur eine einzige Macht zu geben, die das verhindern kann: eine zentrale Autorität. Es genügt offensichtlich unter Menschen nicht, daß man recht hat; es kommt darauf an, daß es *einen* gibt, der das Recht durchsetzt. Und das kann nur ein König sein, glaubt man. Einen solchen gibt es noch nicht, aber im Rückblick rechtfertigt sich die eigene israelitische Institution des Königtums angesichts der Geschichte.

Es hat historisch eine Reihe von Gründen gegeben, warum Israel auch sich selbst das Königtum eingerichtet hat. Die meisten dieser Gründe stammen von außen, aus der Philistergefahr, aus den Auseinandersetzungen mit den umgebenden Stämmen der Ammoniter, Amalekiter. Gegen die standen bisher gerade im Richter-Buch unmittelbar Berufene, die den Heerbann notfalls von Dan bis Beerscheba im Augenblick der Not organisierten und Widerstand leisteten. Hatten sie ihr Werk getan, war die Not vorüber, bedurfte man ihrer nicht länger. Da schienen Freiheitswille nach innen und Freiheitswille nach außen zusammenzugehen. Aber was wir jetzt hören, ist, daß die Menschen die Freiheit nicht ertragen; sie entartet ihnen immer wieder zur Willkür. Und dann braucht es starke Gesetze, starke Institutionen, den absoluten Zentralismus, damit Recht sei über Israel. Denn die Freiheit in dieser Art, wie sie von den Daniten praktiziert wird, will man nicht länger erleben. Wenn das möglich ist in Israel: Freiheit zu verwechseln mit Unmenschlichkeit, dann hilft uns nichts mehr. Wie hat man denn gerade noch die Kundschafter gehört, die den Daniten Bericht geben über die sorglose, friedliche, wohlanständige und wohlstehende Stadt Lajisch? Nur weil sie keine Machtbündnisse eingegangen ist, nur weil sie weit genug weg liegt von den Syrern, ist die billige Formel: Sitzt hier nicht herum, denn Gott hat sie euch in die Hand gegeben! Gott hat gegeben, das heißt genausogut: Plündert und mordet und raubt – weil ihr stärker seid – straflos! Eignet euch an, was immer ihr wollt! Gott ist ein himmlischer Raubritter und stets auf der Seite der Stärkeren. – Wem das nicht als Verhöhnung Gottes gilt, wie wäre dem beizukommen?

Aber auch die Selbststeuerung des Rechtes, wie soll sie funktionieren nach der ungeheuerlichen Tat, die man in Gibea erfahren hat? Schon wie sie zustande kam, erinnert sehr an das 19. Kapitel des Buches Genesis. Eine Untat, wie sie damals in Sodom geschah und von Gott unmittelbar, durch Schwefel vom Himmel, gerächt wurde in der Zerstörung der Stadt, bleibt hier scheinbar unter einem schweigenden Himmel straffrei, stünden nicht die Menschen selbst auf. Aber wie handeln sie da? Fast muß man denken: genauso irrsinnig wie die Gottheit in der Genesis. Da ist ein furchtbares Verbrechen begangen worden, ein unfaßliches, wie es nie war. Gastfreundschaft wurde gesühnt, indem man eine Unschuldige ausliefert zum Verbrechen einer langen Nacht, und anderentags, als die Tote zum Beweis in zwölf Teilen an die zwölf Stämme geschickt wird, zieht man aus zur Rache über Gibea. Aber sie fällt dann so maßlos aus, daß sie all die Geschichten, wie Josua Ai erobert – im 8. Kapitel des Josua-Buches – oder Abimelech sich hermacht über Sichem – im 9. Kapitel des Richter-Buches –, zusammenfaßt. Es geschieht immer wieder, daß Gott auf seiten der Racheaktionen auftritt, die Bewohner von Gibea aber viele Zehntausende der Angreifer zu töten vermögen, bis schließlich List dazu führt, Gibea und die umliegenden Städte gründlich auszurotten und zu vernichten. Ist das die Art, wie man das Recht pflegt, gegen schreiendes Unrecht kollektiv vorzugehen?

Wenn man dies liest, glaubt man, man habe es mit Tollwütigen zu tun, die, selbst wenn sie Recht setzen, in der Maßlosigkeit ihres Gerechtigkeitswillens nur neues Unrecht schaffen. Man denkt: Gottlob, das ist dreitausend Jahre her, längst vergangene Vergangenheit, wir leben heute doch in zivilisierten Zeiten. Aber tun wir das wirklich, wenn wir Krieg führen? Haben wir als Kriegsgrund nicht immer wieder dieselben Erklärungen? Die Gegner sind Unmenschen, sie haben Furchtbares getan. Grundsätzlich bei jeder Kriegsvorbereitung wird uns die Propaganda Geschichten von vergewaltigten Frauen auftischen, um deren Ehre, um deren Schutz die Männer jetzt geschlossen in den Krieg ziehen müssen. Die Barbarei liegt grundsätzlich bei der Gegenseite. Und was wir dann tun, ist rechtens, denn es sind Frauen vergewaltigt worden. Das Schema ist so uralt, daß man erschrocken ist, wie es dreitausend Jahre danach noch immer funktioniert. Als es 1991 im Januar in den Golfkrieg ging, waren wir fast stumm hier auf dem Marktplatz von Paderborn, weil uns gezeigt wurde, wie Frauen vergewaltigt werden, wie Kinder in Kuwait von irakischen Soldaten aus Brutkästen gerissen und getötet werden. Dagegen gibt es scheinbar keine mäßigenden Argumente mehr. Wenn Menschen so etwas tun, muß eingeschritten werden. Jedem leuchtet das ein, und alles, was dann geschieht, hat die Genehmigung des Rechts. Was wir damals nicht wußten, war, daß die Bilder von den aus den Brutkästen herausgerissenen Kindern in Kuwait von der amerikanischen Propaganda gestellt waren. Das weiß man jetzt, und wer es wissen will, kann es nachlesen beim ehemaligen Justizminister Ramsey Clark, der es dokumentiert. Die Amerikaner wußten, was für Bilder sie montieren müssen, um eine Weltbevölkerung in einen Krieg zu treiben, der an sich durch Verhandlungen vermeidbar gewesen wäre. Aber als man soweit war, aus moralischen Gründen draufhalten zu müssen, um des Rechtes willen, um der Völkergemeinschaft der UNO wegen Recht zu sprechen im Irak, war es völlig unvermeidbar, Hunderttausende Tote anzurichten in einem Bombardement, wie es noch nie gewesen war. Alles ging da in Ordnung, Bagdad in Flammen.

Am Ende freilich bauen wir alles das wieder auf. Es tut uns fast schon wieder leid, nur daß selbst das Leidtun über die Maßlosigkeit, wie wir Recht gewirkt haben, neues Unrecht schafft. Wie rettet man den Stamm Benjamin vor dem Untergang, weil man aus Rechtmäßigkeit sich verweigert, ihm eigene Frauen zur Verfügung zu geben? Eigentlich nur, indem man neues Unheil und Unrecht setzt: Frauenraub wie im alten Rom bei den Sabinerinnen. Und dann kommen die Lokalrivalitäten hier in den Text hinein. Das Königtum unter David wird sich aus dem Süden von Hebron nach Jerusalem verlegen, in die Jebusiterstadt. Sie wird annektiert werden von den Israeliten und fortan das Zentrum Israels bleiben. Aber dann gibt es noch einzelne Reste von Heiligtümern, z. B. Schilo. Das kann nicht gutgehen, eine Konzentration der Macht und eine Zersplitterung der Religion. Da gilt es, daß man im Namen des Königtums die alten Reste von lokalen Frömmigkeitszentren ausradiert, und dazu gehört, daß Schilo nicht länger als ein Ort Gottes gilt. Wie war das in Schilo? Eigentlich doch nur, daß man da Heidentum und persönlichen Aberglauben verfeierlicht hat. Der Hintergrund der Priesterschaft von Schilo ist ein gewisser Micha, der sich einmal ein Schnitzbild gemacht hat, ein Sexualkultbild, ein Ephod, also ein göttliches Lendentuch, und Terafim, weibliche Gottheiten – ruchlos zu sagen schon, und die Priesterschaft dort war von Anfang an nichts weiter als bestochen und bestechlich, sie folgte der Macht und dem Geld. Eben damals gab es noch keinen König. Wenn es den gäbe, hätten wir geordnete Priester, einen geordneten Tempeldienst und wahre Frömmigkeit. Und alles wäre in Ordnung, weil wir einen König haben, in Jerusalem wohlgemerkt, nicht in Schilo. Gibea im übrigen liegt zehn Kilometer, fünfzehn Kilometer im Nordosten von Jerusalem, und Mizpa, wo man sich versammelt, liegt zehn bis fünfzehn Kilometer im Nordwesten von Jerusalem. All das spielt schon verdächtig nahe am späteren Zentrum. So zerrissen ist das Buch der Richter in seiner Theologie und in seiner Ideologie. Die Menschen müßten frei sein und imstande, sich selbst zu steuern und zu konzentrieren, aber so wie sie handeln, muß man sie beschützen vor sich selbst und den einen vor dem andern. Und was soll man dann machen, als zu tun, was man überhaupt nicht will: so werden wie alle andern Völker auch, einen König in Israel einsetzen. Das ist die obere Schicht dieser Texte, ihre theologische, ideologische, widersprüchliche Lehre. Es liegt darunter, bereits in ihr enthalten, die Frage nach dem Magma der menschlichen Psyche. Mit was für Personen haben wir es hier zu tun? Was für ein Menschenbild wird uns da vorgelegt? Ein genauso widersprüchliches.

Beginnen wir mit dem Mann Micha. Er scheint uns in der ganzen Erzählung hier fast am sympathischsten. Er ist auf der ideologischen Ebene der Inbegriff für das Heidentum, das es zu überwinden gilt, für den Mann, der sich buchstäblich selbst seinen Gott macht, für den Charakter, der all das verkörpert, was in der israelitischen Frömmigkeit um keinen Preis geduldet werden kann, reinweg ein Götzendiener. Aber ein wirklicher Mensch, möchte man denken. Er hat seine eigene Mutter bestohlen. Das war furchtbar, und als seine Mutter einen Fluch aussprach über den Dieb, konnte die magische Angst vor der Verwünschung den Sohn zum Geständnis treiben. Er wollte seiner Mutter alles zurückgeben. Das ist erschütternd; heidnisch, aber menschlich so nah. Da kann ein Dieb eine ehrliche Angst bekommen vor den menschlichen Folgen seiner Tat, und die Mutter wiederum, die ihren Sohn, der sie bestohlen hat, gleichwohl liebt und ihm all das Geld wiedergibt, das sie besaß, damit ihr Sohn es widme für ein Heiligtum. Wie gebrochen können da Menschen sein! Besitzgierig scheinbar eben noch und dann alles schenkend! Soll man das einen Götzen nennen, für den Menschen bereit sind, auf unmittelbare egoistische Ansprüche im Leben zu verzichten? Freilich, Micha bildet sich einen Gott, wie es die Landeskultur, wie es die Religion seiner Zeit vorbereitet hat. Es geht dabei um Götzenbilder, um Fruchtbarkeitsriten, um all das. Und was ein Priester ist, ein Vater gar – genauer müßte man sagen: ein Gottesvater, denn das *sind* die Priester, sie erzeugen die Götter, und dann erst fangen sie an, ihnen zu dienen –, das wird hier von Micha eingesetzt zu seinem eigenen Vorteil. Aufs beste glaubt er alles bestellt, schon gar, als von Israel ein Levit ins Gebirge von Efraim kommt. Auch da hört man schon bei den lokalen Namen eine gewisse Rivalität. Die Efraimiten kamen in der ganzen Zeit des Richter-Buches nicht gut weg. Immer wenn die Retter aus Israel aufstanden und eine große Tat vollbracht hatten, ob Gideon, ob Jefta, dann kamen, wenn alles vorbei war, die Efraimiten und maulten herum, sie seien zu spät gefragt worden, man habe sie an den Großtaten nicht früh genug beteiligt, und es gab wieder neuen Ärger. Tatsächlich, wie Sie sich entsinnen werden – 46. Kapitel im Buch der Genesis im Vers 20 –, werden Efraim und Manasse als die beiden Söhne eingeführt, die Josef in Ägypten mit Asenat zeugte, der Tochter des Potifera, eines Priesters im ägyptischen On, der Sonnenstadt Heliopolis. Efraim gehört zu Israel, das läßt sich nicht leugnen, aber nicht ganz; halb ist es heidnisch, halb ist es draußen. Und so ist, was in Efraim geschieht, immer ein bißchen lästig oder auch verdächtig, und wir begreifen, daß Erzählungen über Verwandtschaftsbeziehungen in der Sage der Antike in aller Regel politische Beziehungen widerspiegeln, die man nur ins Biologische zurückprojiziert. Micha handelt jedenfalls auf eine Weise, daß der Levit, der zu ihm kommt, bestellt werden kann wie ein würdiger Gottesdiener. Selbst ein Levit aus Israel kann einem fremden Gott huldigen. Und Micha glaubt sein Glück auf immer gesichert. Wie sehr möcht' man's ihm gönnen! Ein ganz kleines, bescheidenes menschliches Glück im Schatten seiner Mutter, im Schatten eines selbstgeschaffenen Gottes. Natürlich ahnen wir, daß da ein Mann ist, der nichts weiter anbetet als einen kleinen, bescheidenen Frieden für die kurze Strecke seines Lebens von ein paar Jahrzehnten. Was ihm alles das stört und zerstört, hat mit ihm im Grunde gar nichts zu tun. Auch das ist Geschichte. Es fällt buchstäblich über uns herein, meint uns gar nicht, spült uns aber weg wie Auswurf am Rande des Meeres, wenn die Flut zurückweicht.

Die Geschichte der Daniten, die darauf aus sind, das unschuldige Lajisch zu plündern, verwebt sich eigentlich nur zufällig mit der Erzählung von Micha. Im Gebirge von Efraim sind die fünf Kundschafter auf ihn aufmerksam geworden und behalten, ohne weitere Absicht zunächst, in Erinnerung, was sie da gesehen und gehört haben, auch die Geschichte von jenem Leviten, dessen Sprache man dialektgemäß als aus Betlehem stammend erkennt. Aber dann, als man hinüberzieht, Lajisch auszunehmen wie ein Vogelnest, bedient man sich auch der heidnischen Götter des Micha und seines levitischen Priesters. Jetzt spätestens wird er die Macht und das Geld und ihren Inbegriff anbeten, die menschliche Willkür. Es ist ein unglaublicher Satz, als diesem Leviten und Unbekannten gesagt wird: Was ist besser für dich, einem einzelnen Mann zu dienen und seinem Götzen oder einem ganzen Volk? Natürlich mit Blick auf Schilo soll hier gesagt werden: Alles, was da geschieht im Tempel von Schilo, ist nichts weiter als die Ausdehnung dieses Gedankens: Man dient der menschlichen Willkür, dem Geld und der Macht. *Das* ist die Religion, wie man sie unter den Daniten hat. Micha kann sprechen, wie immer er will, er kann hinweisen auf sein Recht, er wird es nicht bekommen, und er muß am Ende schweigen, da er nicht die Kraft hat, sein Recht durchzusetzen. Man hat ihm alles genommen, selbst das, was ihm heilig war, selbst was er geformt hat aus seiner Sehnsucht. Es wird nicht gelten und genausowenig in Lajisch. Nichts wird überleben, nicht einmal der Name. Man wird ihn später ändern. Nicht einmal die Ruinen werden zum Zeugnis bleiben; man wird Lajisch auferbauen als eine neue Stadt.

Das wirklich Furchtbare in der menschlichen Geschichte ist, daß, indem sie geschieht, sie immer weitergeht. Die Zeit arbeitet für sich selbst. Ein Unrecht in ihr, das auch nur die Kraft hat, weil es groß genug ist, zehn Jahre zu währen oder mindestens fünfzig Jahre zu dauern, formt sich scheinbar selbst zu einem neuen Titel von Recht. Selbst der Wille, das alte Recht wiederherzustellen, könnte nur um den Preis neuen Unrechts sich verwirklichen. Am Ende wird man den sich selbst überlebenden Micha noch einmal fragen: Was willst du? Und er kann seine traurige Geschichte erzählen, wem immer er will, man wird ihn nicht hören, nicht verstehen. Selbst die ganze sidonische Stadt Lajisch ist einmal gewesen; unter den neuen Bauten wird es niemanden geben, der sich daran erinnert oder auch nur Sinnes wäre, das alte Lajisch je wiederherzustellen. Gründlicher kann die Zeit den Anspruch des Rechts nicht zerstören, als es hier geschieht. Und wieder soll man da denken: Recht läßt sich nur schützen, indem die Macht zu ihm hinzutritt. Das unschuldige Lajisch hätte frühzeitig Bündnispolitik treiben müssen. Aber dann hätte es den Menschen schlimmer mißtrauen müssen, dann hätte die Regel »der Mensch ist des Menschen Wolf« längst den Frieden von Lajisch gestört, und seine Mauern wären gewesen wie Trutzburgen gegen die Gewalt. Freilich, am Ende der Steinzeit, in der beginnenden Bronzezeit umgürtet jede Ortschaft sich gegen den möglichen Feind. Lajisch tat das nicht gründlich genug. War das seine Schuld, politische Dummheit oder seine Größe, nicht mißtrauisch genug gewesen zu sein?

Da sind wir gleich bei den nächsten Geschichten jenes Mannes, der auf der Suche nach seiner Nebenfrau, die ihm entläuft, vier Monate später zu seinem Schwiegervater geht und nach langem Hin und Her mit Nebenfrau, Diener und Eseln des Abends nach Gibea hinfindet, wieder durch Zufall. Nichts ist da geplant. Er hätte es genausogut in einem anderen Ort treffen können, in Rama zum Beispiel, gleich nebenan. Was Menschen bis zur Vernichtung treibt, ist in der Geschichte, die wir kennen, oft nichts weiter als ein Abbiegen nach links oder rechts und überhaupt nicht erkennbar in den Folgen. Und was für Menschen sind *wir* nun? Vielleicht müßten wir uns die Geschichte dieses Mannes, dessen Name wir nicht erfahren, und seiner Nebenfrau noch einmal anders erzählen. Offensichtlich läuft diese Frau, die Nebenfrau dieses Mannes, ihm fort, weil sie viel zu sehr an ihrem Vater hängt. Dessen ganze Art wird uns ausführlich geschildert. Er ist ein redseliger, gastfreundlicher Mensch, der kein anderes Ziel hat, als den anderen zuzuprosten und immer wieder zu sagen: Wohlsein! Jede Bewegung im Raum scheint ihm ungemütlich; die Behaglichkeit zu sitzen, zu essen und zu trinken dagegen ist sein Leben. Es ist unschwer zu vermuten, warum die Tochter unbedingt zu ihrem Vater zurück will. Er vermag es, jeden festzuhalten bei sich durch seine Art, gutmütig zu sein; auch diesen Fremden, der da kommt, um nach drei Tagen schon wieder seine Nebenfrau mit sich fortzuführen. Eine Nacht, zwei Nächte, dann zieht sich der Tag bis gegen Abend. Es braucht sehr viel Entschlußkraft, um mit der Frau nun endlich dem Schwiegervater Lebewohl zu sagen. Und was er nicht weiß, ist: Er geht in den Tod seiner Geliebten. Sie wird der Willkür der Männer bis zum Scheußlichen ausgesetzt sein. Väterliche Güte oder Verwöhnung und männliche Brutalität – beides ist im Menschen. Auf der einen Seite ein Übermaß von Gastfreundschaft bei dem Vater und bei dem Fremden dann in Gibea. Er hört grade noch: »Alle Futtermittel für die Esel, aller Proviant für die Menschen!« An nichts hat es Mangel, als er selbst hingeht, die Tiere zu füttern, selbst dem Fremden die Füße wäscht, ein alter Mann. »Nicht darfst du bleiben auf dem Marktplatz!« Das sind Menschen auch, großartige Menschen. Und es *gibt* Gastfreundschaft, eine der ältesten, allgemeinsten Regeln des Verhaltens im ganzen Orient, ein sehr strenges Gesetz. Als die Männer von Gibea mit ihrem sodomitischen Anliegen kommen: »Gib den Fremden heraus, daß wir ihn sexuell vergewaltigen!«, da weiß dieser alte Mann nicht anders, als ihnen die eigene Tochter anzubieten. Es ist in gewissem Sinn seine *Pflicht*, den Fremden zu schützen. Dem aber ist es nicht recht, den so gastfreundlichen Alten zu schädigen. Schadlos hält er sich an seiner Nebenfrau. Das sind die Geschichten, wie die Bibel sie uns oft genug erzählt hat, selbst von Abraham, als er in Gerar und in Ägypten war und von seiner eigenen Frau Sara erklärte, sie sei seine Schwester, daß, falls die Männer sie begehren würden, sie sie überfallen könnten, ohne ihn als Mann zuvor töten zu müssen. Wie hilflos sind da die Männer oft und wie ausgeliefert die Frauen!

Und fragen mag man sich bis heute: Wie kommen Männer dazu, zu handeln wie die Leute in Gibea oder vormals in Sodom? Da es immer wieder so geschieht, da wir jeden Tag aus Bosnien so und nicht anders hören, scheint es, als sei es nicht einfach nur das Verlangen einzelner, nicht eine privat begangene kriminelle Handlung, sondern es ist buchstäblich das Kollektiv, das hier aufmarschiert, die Männer von Gibea, Leute im Rudel. Immer wieder trifft man Frauen, die erlebt haben, was 1944, 1945 im Osten geschehen konnte und wie alle Greuel der Roten Armee, genauso wie die Propaganda sie in Aussicht stellte, Wirklichkeit wurden. Berichtet wird dann immer wieder, daß nicht einzelne eine einzelne Frau anfielen, Männer, die vielleicht jahrelang von ihren Familien entfernt waren, sondern daß, wennschon – dennschon, die ganze Gruppe, ein ganzer Zug, zehn Männer, zwanzig Männer über ein Mädchen, über eine Frau herfallen konnten. Es ist buchstäblich dieser kollektive Zwang: Wir Männer haben jetzt das Recht über eine Fremde, und es ist kein rechter Kerl, wer da nicht mitmacht. Viel schlimmer, müssen wir erkennen, als der Sexualtrieb ist dieser Trieb, einer Gruppe zuzugehören, und was sie dann tut, ist in sich selbst das Erlaubte, und alle außerhalb dieser Gruppe Befindlichen sind die im Unrecht Stehenden. Diese furchtbare Gleichung »Gruppenegoismus ist etwas Heiliges« ist der Untergrund, weswegen Menschen beides sein können: wunderbar und schrecklich. Selbst die Leute, die Lajisch überfallen haben: Subjektiv werden sie nur gedacht haben: wir vergrößern den Stamm Dan, er hat noch kein Erbland, Gott hat's ihm nicht gegeben, nun bietet sich uns die Chance, und wir tun's, und alles, was dann geschieht, scheint richtig, pflichtgemäß, von Gott gefügt. Dies ist das wirklich Schlimme, Schwierige: die Menschen zu lehren, daß die Gruppengesetze nichts weiter sind als Bestimmungen, ausschnitthaft menschlich zu sein, und schon dadurch unmenschlich, daß sie die Neigung haben, sich absolut zu setzen gegen andere Menschen. An dieser Stelle liegt das wirkliche Problem. Auch was später dann von den Stämmen Israels über Gibea als Bann an allen vollstreckt wird, an den Kindern, an den Frauen, den ganz gewiß Unschuldigen, den damit in keinem Zusammenhang Stehenden, ist ja wieder nichts weiter als eine Maßlosigkeit von Gruppeninteressen, nur jetzt umgekehrt. – Wie ist es möglich, in eine solche Welt hinein Recht und Ordnung zu stiften?

Da sind wir bei der dritten, sozusagen geschichtsphilosophischen Frage, und wie wir sie lösen, bleibt vollends rätselhaft. In unserer jetzigen Zeit sind wir genau bei demselben Punkt angelangt, bei dem man damals, am Ende des Richter-Buches, stand. Wenn so etwas möglich ist wie Bosnien, brauchen wir eine zentrale Regierung, brauchen wir eine Ordnungsmacht, sei es die UNO, die wir aber mit militärischem Vermögen zur Intervention ausstatten müssen. Also empfehlen wir die überholte NATO der UNO, gegen deren Widerstand, wie man erkennen kann, aber die UNO braucht offenbar die NATO, jedenfalls sucht die letztere jede Chance, sich nützlich zu machen, wo immer es geht, als der bewaffnete Arm, der sie gerne sein möchte. Leider noch, daß die UNO ahnt, was ihr blühen wird, wenn das so kommt; sie selbst ist schon der abgerichtete Hund der USA und ihrer Interessen, außerstande, in Grenada oder in Panama für Recht zu sorgen, aber im Irak, wenn's um amerikanisches Öl geht, auf der Stelle und prompt. Was erst soll werden, wenn die NATO das Schwert der UNO wird, außer daß die amerikanischen Interessen noch viel stärker dominierend werden und wir keinen Weltfrieden haben, sondern einen amerikanischen Frieden? So etwas kennt man. Aber gibt es daran vorbei eine Alternative? Genau das ist die Frage. Der Weg Israels wird gleich im nächsten Buch – 1 Samuel – der Aufstieg des Königtums sein. Dann hat man eine zentrale Macht. Es ist von da an jederzeit möglich, organisiert Gewalt zu unterdrücken durch befohlene Gegengewalt. Es ist möglich, dem Recht den Arm der Stärke zu schenken und es gegen Widerstände durchzusetzen. Ein enormer kultureller Fortschritt, möchte es scheinen, wenn am Ende die Regierenden auf den Thronen nicht wieder Menschen wären, genauso anfällig für Willkür, und wenn nicht der Egoismus im einzelnen lediglich seine staatliche Organisationsform fände. Zwischen beiden Gedanken schwanken wir bis heute hin und her und wissen sie kaum zu vereinigen. Da ist auf der einen Seite das Ideal der frühsozialistischen, anarchistischen Bewegung. Wenn es möglich ist, 1914 Deutsche, Franzosen, Russen, Österreicher, Italiener – Kulturvölker – nach Jahrtausenden des Christentums, nach Jahrtausenden der menschlichen Bildung aufeinanderzuhetzen wie wütende Ungeheuer und sie in die Materialschlachten des Ersten Weltkrieges zu treiben, wenn es möglich ist, daß irgendwo ein Kaiser in Moskau oder in Berlin oder in Paris erklärt: »Ihr müßt kämpfen!« und die Menschen übereinander herfallen und einander ausrotten wie Ungeziefer, ist dann nicht der Wahn die Ursache von allem Schrecklichen, daß der Staat recht habe, einfach weil er der Staat ist? Muß man dann nicht wieder anfangen, den heiligen Augustinus zu lesen, der sagte: Die Staaten sind nichts weiter als große Räuberbanden, deren Verbrechen lediglich eine solche Größe erreicht haben, daß es niemanden mehr gibt, der sie bestrafen kann? Die Staaten schaffen kein Unrecht ab, meinte 1915 Sigmund Freud in einem Brief an Albert Einstein, sie erheben auf das Unrecht lediglich das Monopol, wie wenn sie Tabak und Zucker beim Handel für sich selbst ausbeuten. Man wußte all die Zeit, daß die Staaten uns belügen, nur nicht in dem Umfang wie jetzt. All die Dinge, die man dem einzelnen verbieten würde, Mord, Raub, Lüge, Diebstahl, Arroganz, sind eine heilige Pflicht, sobald sie vom Staat dem Bürger geboten werden. Und selbst die Kirchen stehen bereit, es abzusegnen. Sie werden die Glocken läuten! Wenn die Deutschen zum zweiten Mal nach 1871 in Paris einmarschieren, wenn sie's schon 1914/18 nicht geschafft haben, werden sie die Glocken läuten zum Triumph des Adolf Hitler. Es ist eine heilige Pflicht, so zu handeln, und man hat Staat und Kirche, man hat König und Priester so dicht beieinander, daß es einen davor grausen möchte. Haben deswegen nicht die Anarchisten recht, wenn sie sagen: Schafft den Staat ab, und vor allem: Schafft seine Grundlage ab, das Geld? Gibt es das Geld nicht und gibt es die Herrschaft nicht, habt ihr *freie* Menschen, und ihr könnt endlich leben. Gedanken sind das, die weit zurückgehen, bis 500 vor Christus, in den Taoismus: Man müßte die Menschen nur leben lassen. Selbst ein Kommunist wie Bertolt Brecht konnte sagen: Der Staat ist so gut, als man ihn nicht bemerkt. Das war fast taoistisch philosophiert. Der Staat hat die Pflicht, sich überflüssig zu machen. Ein starker Staat, ein heldischer Staat ist immer identisch mit Krieg und Gewalt.

Aber kaum fängt man an, so zu denken, beginnt unterhalb der staatlichen Zentralisierung der Macht- und Gewaltmittel wieder das menschliche Tollhaus. Stalins Diktatur war furchtbar, Titos Diktatur war furchtbar, aber waren sie schlimmer als das, was passiert, wenn die Völker gegeneinander gehen, ohne daß eine zentrale Macht sie bändigt wie der Dompteur mit der Peitsche die Raubtiere? Dann schreit wieder alles nach dem starken Mann, nach der zentralen Regierung. Und wie zwischen beiden Ideen eine vernünftige Synthese sei, haben die Theologen bis heute nicht herausgefunden und kein Geschichtsphilosoph. Das ist der Punkt, an dem wir nicht klüger werden, aber vielleicht wissender in der Ratlosigkeit, denn das sei schon vorweg gesagt: Daß das Königtum in Israel die Lösung wäre, haben die Propheten nie geglaubt, aus religiösen Gründen nicht und aus menschlicher Einsicht nicht. Man muß die Könige kontrollieren, die an der Macht sind. Durchschaubar machen – das ist das Beste, was uns bis heute eingefallen ist. Alle Macht soll vom Volk ausgehen. Aber wer ist denn das Volk, und wie führt man es an der Nase herum? Auch da ist das letzte Wort noch lange nicht gesprochen.

Was uns bleibt, ist die Parteinahme für die kleinen Leute. Dieser Micha – welch einen Trost gibt es für ihn? Selbst wenn er sich an die Geschichte wendet, wird sie nicht antworten. Sie wird sagen: Du bist unzeitgemäß, das Rad der Zeit hat sich weitergedreht. Oder was ist es mit dieser armen Nebenfrau, die in Gibea geschändet wurde? Vielleicht hat sie sogar in dem Moment verstanden, daß sie sich opfern mußte, damit nicht noch Schlimmeres passiere. Aber eine ganze Nacht das zu erleben – wer könnte das überleben, selbst wenn er's physisch vermöchte? Und was für ein Bild von den Menschen bleibt übrig, wenn sie so *auch* sein können? – Die menschliche Geschichte wird zu all dem schweigen. Was sie ist, ist der ewige Karfreitag.

Der 94. Psalm im Gebetbuch Israels formuliert das, was man damals für eine Lösung hielt. Er ist ein Aufschrei, ein wirkliches Flehen. Aber selbst das, worum er bittet, macht uns nicht gläubig, fast eher noch genauso verwirrt. Aber es ist die einzige Antwort auf die Texte, die wir eben gelesen haben.

Du Gott der Rache, erscheine!
Erhebe dich, Richter der Welt,
Vergilt den Stolzen ihr Tun.
Wie lange noch sollen die Gottlosen, o Herr,
Wie lange noch sollen sie frohlocken?
Es stoßen trotzige Reden aus,
Es brüsten sich alle Übeltäter.
Sie zertreten dein eigenes Volk, Herr,
Und bedrücken dein Eigentum.
Sie erwürgen Witwe und Fremdling
Und morden die Waisen
Und denken: Der Herr sieht's ja nicht,
Der Gott Jakobs merkt's ja nicht!
Merkt es doch euch, ihr Narren im Volk!
Wann werdet ihr klug?
Der das Ohr gepflanzt, sollte nicht hören selber?
Der das Auge gebildet, sollte sehen selber nicht?
Der die Völker erzieht, sollte der nicht strafen,
Er, der die Menschen Erkenntnis lehrt?
Der Herr kennt das Sinnen der Menschen.
Sie sind nur Hauch.
Wohl dem Mann, den du erziehst, Herr,
Den du unterweisest aus deinem Gesetz,
Ihm Ruhe zu schaffen vor den Tagen des Unglücks
Bei den Gottlosen, daß sie in der Grube begraben werden.
Denn der Herr wird sein Volk nicht verstoßen,

Wird nicht verlassen sein Eigentum.
Die Richtergewalt wird wieder an den Gerechten kommen,
Und ihm folgen alle, die redlichen Herzens sind.
Wer erhebt sich für mich wider die Bösewichte,
Wer tritt für mich auf wider die Übeltäter?
Wäre der Herr nicht meine Hilfe,
Meine Seele wohnte heute schon im Lande der Stille.
Wenn ich denke: Jetzt wankt mein Fuß,
So stützt mich deine Gnade, o Herr.
Bedrückt die Menge der Sorgen mein Herz,
Erquickt dein Trost meine Seele.
Hat Gemeinschaft mit dir der Thron des Verderbens,
Der das Gesetz vorschützt und Unheil schafft?
Sie rotten sich zusammen wider das Leben der Gerechten
Und verurteilen unschuldiges Blut.
Aber der Herr ist meine Burg, mein Fels, meine Zuflucht,
Er vergilt ihnen ihren Frevel
Und vertilgt sie in ihrer Bosheit.
Es vertilgt sie der Herr, unser Gott.

So war der Traum Israels, als es einen König wählte: er handele zugunsten des Rechts und schaffe Frieden auf Erden. Es ist eine sehr lange Geschichte bis zu dem König des Friedens, der *ohne* Macht die Herzen der Menschen von innen befrieden zu können glaubt. Und als er kam, vor zweitausend Jahren – wie lange ist das her! Wieviel davon ist je in unser Herz gedrungen? Und ist es ein Trost, zu sagen: Micha, und du, junge Frau, die Geschichte schafft euch kein Recht und Gott im Himmel wohl auch nicht, nichts läßt sich gutmachen von all den Verbrechen, die man euch zufügte, aber hofft auf eine andere Welt? Vielleicht muß es viel mehr geben als die menschliche Geschichte. Und hoffentlich, hoffentlich hat Hegel unrecht, wenn er meinte: Die Weltgeschichte ist das Weltgericht. Sollten wir darauf hoffen, wären wir Verlorene. Aber worauf sonst, sagt uns das Alte Testament nicht; an der Stelle läßt es uns allein mitten in der Ratlosigkeit, mitten im ewigen Karfreitag.

19. März 1994

Theologie bei Piper

Eugen Drewermann
im Gespräch mit Felizitas von Schönborn
Sind Propheten dieser Kirche ein Ärgernis?
74 Seiten. Serie Piper 1616

Herbert Haag
Vor dem Bösen ratlos?
In Zusammenarbeit mit Katharina und Winfried Elliger.
320 Seiten. Serie Piper 951

Karl Jaspers
Die maßgebenden Menschen
Sokrates – Buddha – Konfuzius – Jesus. 210 Seiten. Serie Piper 126

Lebensberichte verheirateter Priester
Autobiographische Zeugnisse zum Konflikt zwischen Ehe und Zöllibat.
Herausgegeben von Georg Denzler. 237 Seiten. Serie Piper 964

Leidenschaft für die Armen
Die Theologie der Befreiung.
Herausgegeben von Norbert Greinacher. 411 Seiten. Serie Piper 1065

Lust an der Erkenntnis
Russisches Christentum
Ein Lesebuch. Herausgegeben und eingeleitet von
Ingeborg Fleischhauer. 358 Seiten. Serie Piper 866

Lust an der Erkenntnis
Die Theologie des 20. Jahrhunderts
Ein Lesebuch. Herausgegeben und eingeleitet von Karl-Josef Kuschel.
506 Seiten. Serie Piper 1853

Ralf-Peter Märtin
Pontius Pilatus
Römer, Ritter, Richter.
147 Seiten. Serie Piper 889

PIPER

Heinz Zahrnt

Gotteswende

Christsein zwischen Atheismus und neuer Religiosität
276 Seiten. Serie Piper 1552

Heinz Zahrnt analysiert die religiöse Situation der Gegenwart und ihre Zukunftsperspektive: Wenn das Christentum den Dialog mit den Suchenden nicht scheut und auf eine Verbindung von Weltvernunft und Spiritualität hinarbeitet, kann es Antworten finden, die auch in der Zukunft tragfähig sind.

Jesus aus Nazareth

Ein Leben. 320 Seiten. Serie Piper 1141

Heinz Zahrnt hat *sein* Jesus-Buch geschrieben: keine Biographie, keine Christologie, sondern »ein Lebensbild, geformt aus den verschiedenen Aspekten seiner Erscheinung und so lebendig und anschaulich erzählt, wie Stoff und Autor es hergeben«.

Leben als ob es Gott gibt

Statt eines Katechismus
256 Seiten. Geb.

Geistes Gegenwart

Die Wiederkehr des heiligen Geistes
85 Seiten. Serie Piper 165

Die Sache mit Gott

Die protestantische Theologie im 20. Jahrhundert
430 Seiten. Serie Piper 890

Wie kann Gott das zulassen?

Hiob – Der Mensch im Leid
96 Seiten. Serie Piper 453

PIPER